:: 中華文化促進會主持編纂

:: 國家"十一五"重點圖書出版規劃項目

:: 中國社會科學院哲學社會科學創新工程學術出版資助項目

出品人 王石 段先念

今注本二十四史

隋書

唐 魏徵等 撰

馬俊民 張玉興 主持校注

中國社會科學出版社

九　志〔八〕

隋書　卷三三

志第二十八

經籍二 史

《史記》一百三十卷。《目録》一卷。漢中書令司馬遷撰。

　　司馬遷：字子長，漢左馮翊夏陽（今陝西韓城市）人。從小深受其父太史令司馬談的影響，從師董仲舒、孔安國，後又漫游大江南北，爲撰寫《史記》（漢時稱《太史公書》）奠定了雄厚的學識基礎。因李陵之禍遭受腐刑，後爲中書令，忍辱完成《太史公書》。《史記》卷一三〇、《漢書》卷六二有傳。《漢志》著録《太史公》百三十篇，班固注曰，十篇有録無書。又著録《司馬遷賦八篇》。《史記》是中國第一部紀傳體通史，"紀以包舉大端，傳以委曲細事，表以譜列年爵，志以總括遺漏……"（《史通·二體》）。以後的正史皆基本沿襲了這一體例。《史記》有本紀十二、表十、書八、世家三十、列傳七十，共一百三十篇，記載了從傳説的黄帝至漢武帝太初年間近三千年的歷史。魏張晏曰"遷没之後，亡《景紀》《武紀》《禮書》《樂書》《律書》《漢興以來將相年表》《日者列傳》《三王世家》《龜策列傳》《傅靳䣙成列傳》。元成之間，褚先生補闕，作《武帝紀》《三王世家》《龜策》《日者列傳》，言辭鄙陋，非遷本意也"（《史記》卷一三〇裴駰《集解》）。近代學者余嘉錫以爲，補《太史公書》者，除褚少孫之外，尚有馮商、劉向、劉歆、揚雄、馮衍、史岑諸人。本志著録的《史記》注有三種：《史記》八十卷，南朝宋裴駰注；《史記音義》十二卷，南朝宋徐廣注；《史記音》三卷，梁鄒誕生撰。唐代有數種《史記》注，而《新唐志》著録的司馬貞《史記索隱》三十卷、張守節《史記正義》三十卷，與南朝宋裴駰《史記集解》是流傳至今最重要的《史記》三家注。清代研究史學者多涉及《史記》，如趙翼、錢大昕等，其間較深入探求者當屬梁玉繩，撰成《史記志疑》。二十世紀日本學者瀧川資言著《史記會注考證》，可謂《史記》注釋之集大成者。另，清王仁俊輯有《史記佚文》一卷。現存最早附有三家注的《史記》是宋建安黃善夫家塾刻本，通行本有清武英殿本、百衲本、中華書局點校本。

《史記》八十卷。宋南中郎外兵參軍裴駰注。

　　裴駰：河東聞喜（今山西聞喜縣）人，裴松之之子，宋南中郎參軍。所作《史記集解》與其父所著文論及《晉紀》並行於世。《宋書》卷六四、《南史》卷三三有傳。本志集部尚有裴駰著述一部。《史記集解》是現存《史記》三家注之一。裴駰搜集七十餘家注釋，以徐廣《史記音義》爲主，"采經傳百家並先儒之説，豫是有益，悉皆抄内"，並下己意，可謂集前人注《史記》之大成。此書現存最早的本子是宋紹興淮南路轉運司刻宋元明初遞修本，通行本是還包括唐司馬貞《索隱》、張守節《正義》的三家注《史記》，有武英殿本、百衲本、中華書局點校本等。

《史記音義》十二卷。宋中散大夫徐野民撰。

　　徐野民：即徐廣，見本書卷三二"詩類"。此書爲徐廣參酌多人注釋而成。兩《唐志》著録《史記音義》十三卷，《宋志》無載，亡佚。

《史記音》三卷。梁輕車録事參軍鄒誕生撰。

　　鄒誕生：見本書卷三二"小學類"。兩《唐志》有載，《舊唐志》作《史記音義》。《宋志》無載，亡佚。

《古史考》二十五卷。晋義陽亭侯譙周撰。

　　譙周：見本書卷三二"論語類"。《三國志》本傳載其爲陽城亭侯。兩《唐志》史部"雜史類"著録此書，《宋志》無載，亡佚。清章宗源、黄奭各輯《古史考》一卷。

《漢書》一百一十五卷。漢護軍班固撰，太山太守應劭集解。

　　班固：見本書卷三二"小學類"。《漢書》包括十二紀、八表、十志、七十列傳，凡一百篇，後人析爲一百二十卷。記漢高祖劉邦元年至王莽地皇四年，約二百三十年的歷史。班固在其父班彪續《史記》之作《後傳》六十五篇的基礎上撰《漢書》，後因受竇憲牽連，死於獄中。當時八表和《天文志》尚未寫就，後由其妹班昭等補作完成。東漢有應劭、服虔爲《漢書》作注。以後陸續爲《漢書》作注者衆，其間影響較大者有唐顏師古，他彙集隋以前二十三家注釋，撰成《漢書注》；又有清王先謙，其作《漢書補注》，徵引與參訂的著述多至六十七家，而且考證翔實。現存《漢書》多附顏師古注，最早的本子是北宋刻遞修本，通行本有武英殿本、金陵書局本、中華書局點校本等。應劭：字仲遠，或作仲瑗，汝南南頓（今河南項城市北）人。靈帝時舉孝廉。中平六年，拜太山太守。著《漢官禮儀故事》，撰《風俗通》等，凡著述百三十六篇，又集解《漢書》，皆傳於時。後卒於鄴。《後漢書》卷四八有傳。本志史、子部尚有應劭四部著述。

《漢書集解音義》二十四卷。應劭撰。

　　顏師古以爲此書非應劭所作，是晋初臣瓚總集諸家音義附以己見撰成，凡二十四卷，分二帙，而後人不審，乃謂其爲應劭等所作《漢書集解》。見《漢書叙例》。兩《唐志》有載，《宋志》無載，亡佚。

《漢書音訓》一卷。服虔撰。

服虔：見本書卷三二"春秋類"。兩《唐志》有載，《宋志》無載，亡佚。

《漢書音義》七卷。韋昭撰。

韋昭：見本書卷三二"詩類"。兩《唐志》有載，《宋志》無載，亡佚。

《漢書音》二卷。梁尋陽太守劉顯撰。

劉顯：字嗣芳，沛郡相（今安徽濉溪縣）人。天監初舉秀才，累遷尚書儀曹郎、尚書左丞，後爲尋陽太守。《梁書》卷四〇、《南史》卷五〇有傳。兩《唐志》無載，亡佚。

《漢書音》二卷。夏侯詠撰。

夏侯詠：見本書卷三二"小學類"。兩《唐志》著録夏侯泳撰《漢書音》二卷，《宋志》無載，亡佚。

《漢書音義》十二卷。國子博士蕭該撰。

蕭該：蘭陵（今江蘇常州市）人。梁封其爲攸侯。性篤學，尤精《漢書》。開皇初，賜爵山陰縣公，拜國子博士。撰《漢書音義》《文選音義》。《隋書》卷七五、《北史》卷八二有傳。本志史、集部尚有蕭該二部著述。此書兩《唐志》、《日本國見在書目録》皆有著録，然顏師古《漢書注》未提及此書，《宋志·經部·小學類》著録此《漢書音義》三卷。清臧庸輯《漢書音義》三卷。

《漢書音》十二卷。廢太子勇命包愷等撰。

　　包愷：字和樂，東海（今江蘇境內）人。明五經，又從王仲通受《史記》《漢書》。大業中，爲國子助教，數千人從其學。《隋書》卷七五、《北史》卷八二有傳。兩《唐志》著錄包愷撰《漢書音》十二卷，《宋志》無載，亡佚。勇：即楊勇，隋文帝長子，開皇元年立爲太子，二十年廢爲庶人。

《漢書集注》十三卷。晋灼撰。

　　晋灼：河南（今河南洛陽市）人，晋尚書郎。此書是晋灼集服虔、應劭等注釋爲一部，凡十四卷，又頗以己意增益，號曰《漢書集注》。此書雖存，不至江左，南方學者皆未見之。見《漢書叙例》。兩《唐志》著錄《漢書集注》十四卷，而《新唐志》又別出晋灼《漢書音義》十七卷。姚振宗推測當爲《漢書集注》之別本。

《漢書注》一卷。齊金紫光禄大夫陸澄撰。

　　陸澄：字彥淵，吳郡吳（今江蘇蘇州市）人。仕宋，官至御史中丞。入齊，累遷國子祭酒。隆昌元年，以老疾，轉光禄大夫。《南齊書》卷三九、《南史》卷四八有傳。本志史、子部尚有陸澄六部著述。《漢疏》條下注又載“梁有陸澄注《漢書》一百二卷，亡”。兩《唐志》皆著錄陸澄《漢書新注》一卷。《宋志》無載，亡佚。

《漢書續訓》三卷。梁平北諮議參軍韋稜撰。

　　韋稜：字威直，京兆杜陵（今陝西西安市）人。起家安成王府行參軍，官至光禄卿。《梁書》卷一二、《南史》卷五八有傳。兩《唐志》著錄《漢書續訓》二卷，《宋志》無載，亡佚。

《漢書訓纂》三十卷。陳吏部尚書姚察撰。

姚察：字伯審，吳興武康（今浙江湖州市）人。陳時，累遷吏部尚書，領著作。入隋，詔授秘書監，別敕成梁、陳二史。所著《漢書訓纂》及《説林》文集等並行於世。梁、陳二史雖未竟，生前以體例誡約子思廉，最終得以完成。《陳書》卷二七、《南史》卷六九有傳。本志史、集部尚有姚察五部著述。兩《唐志》有著錄，《宋志》無載，亡佚。

《漢書集解》一卷。姚察撰。

本傳未提及此書，兩《唐志》無載，亡佚。

《論前漢事》一卷。蜀丞相諸葛亮撰。

諸葛亮：字孔明，琅邪陽都（今山東臨沂市）人。得徐庶賞識薦與劉備，任軍師中郎將。劉備即帝位，以丞相録尚書事，領司隸校尉。建興元年封武鄉侯，十二年卒於軍中，謚忠武侯。《三國志》卷三五有傳。《舊唐志》無載，《新唐志》著錄諸葛亮《論前漢事》一卷，又《音》一卷。《宋志》無載，亡佚。

《漢書駁議》二卷。晋安北將軍劉寶撰。

劉寶：字道真，高平（今山東金鄉縣西北）人。晋中書郎，歷任安北將軍等職。侍皇太子講《漢書》，別有《駁議》。見《漢書叙例》。兩《唐志》有載，《宋志》無載，亡佚。

《定漢書疑》二卷。姚察撰。

《陳書》卷二七記劉臻竊於姚察公館，訪《漢書》疑事十餘條，並爲剖析，皆有經據。姚振宗疑此書即爲劉臻所訪十餘條。兩《唐志》無載，亡佚。

《漢書叙傳》 五卷。項岱撰。

項岱：生平事迹不詳。此書《舊唐志》著録五卷，《新唐志》著録八卷。本志集部提及梁有項氏注《幽通賦》三卷。《漢書·叙傳》爲《漢書》末卷，其中録有《幽通賦》，疑五卷本爲他人析出別行者。

《漢疏》 四卷。梁有《漢書》孟康《音》九卷，劉孝標注《漢書》一百四十卷，陸澄注《漢書》一百二卷，梁元帝注《漢書》一百一十五卷，並亡。

不署撰者。兩《唐志》無載，亡佚。孟康：字公休，安平廣宗（今河北安平縣）人。魏散騎侍郎，歷任弘農太守、中書令，封廣陵亭侯。見《三國志》卷一六裴注引《魏略》、《漢書叙例》。兩《唐志》著録孟康《漢書音義》九卷，《宋志》無載，亡佚。劉孝標：名峻，原名法武，字孝標，平原平原（今山東平原縣）人。天監初，入西省典校秘書。居東陽，吳、會人士多從其學。《梁書》卷五〇、《南史》卷四九有傳。本志史、子、集部尚有劉孝標四部著述。兩《唐志》無載，亡佚。陸澄注《漢書》：《史通·補注》言及陸澄注《漢書》。兩《唐志》無載，亡佚。梁元帝：見本志"大序"。梁簡文帝《答湘東王書》曰，"注《漢》工夫轉有次第，思見此書，有甚饑惄"。見《廣弘明集》卷二七。即指此《漢書注》。兩《唐志》無載，亡佚。

《東觀漢記》 一百四十三卷。起光武記注至靈帝，長水校尉劉珍等撰。

劉珍：一名寶，字秋孫，南陽蔡陽（今湖北棗陽市西南）人。永初中，爲謁者僕射。受詔校定東觀五經、諸子傳記、百家藝術。延光四年，拜宗正，轉年遷衛尉，卒官。著誄、頌等七篇，又撰《釋名》。《後漢書》卷八〇上有傳。《日本國見在書目録》稱，"本朝見在百四十二卷"。《舊唐志》著錄《東觀漢記》一百二十七卷，劉珍撰；《新唐志》著錄劉珍等《東觀漢記》一百二十六卷，又《錄》一卷。《宋志》"別史"著錄劉珍等《東觀漢記》八卷。《直齋書錄解題·傳記》著錄《東觀漢記》十卷，漢謁者僕射劉珍、校書郎劉騊駼等撰。《四庫全書總目》卷五〇著錄《東觀漢記》二十四卷，提要曰，此書北宋時尚有殘本四十三卷，南宋僅存鄧禹、吳漢等九人傳。四庫館臣據《永樂大典》各韻所載，參考諸書，補其闕疑，所增者幾十之六，並有所勘正，輯成永樂大典本《東觀漢記》二十四卷，即今流傳之本。另有清王仁俊輯《東觀漢記》一卷，陶棟《東觀漢記》二卷、《拾遺》二卷。

《後漢書》一百三十卷。無帝紀，吳武陵太守謝承撰。

　　謝承：字偉平，會稽山陰（今浙江紹興市）人。拜五官郎中，後遷武陵太守。撰《後漢書》百餘卷。事見《三國志》卷五〇。本志史部尚有謝承一部著述。《舊唐志》著錄一百三十三卷；《新唐志》著錄一百三十卷，另有《錄》一卷。《宋志》無載，亡佚。清有姚之駰、汪文臺、黃奭、王仁俊輯本。

《後漢記》六十五卷。本一百卷，梁有，今殘缺。晋散騎常侍薛瑩撰。

　　薛瑩：字道言，沛郡竹邑（今安徽宿州市）人。初爲秘府中書郎。孫皓初，領太子少傅，後遷光禄勳。至洛陽，爲散騎常侍。著書八篇，名《新議》。見《三國志》卷五三。兩《唐志》著錄《後漢記》一百卷，《宋志》無載，亡佚。清有姚之駰、汪文臺、黃奭輯本。

《續漢書》八十三卷。晋秘書監司馬彪撰。

　　司馬彪：字紹統，河內温縣（今河南温縣）人。初拜騎都尉。

泰始中，爲秘書郎，轉丞。注《莊子》，作《九州春秋》《續漢書》。惠帝末年卒，時年六十餘。《晋書》卷八二有傳。本志史、子、集部尚有司馬彪四部著述。兩《唐志》皆有著録，《新唐志》則又有《録》一卷。《宋志》無載，亡佚。清有姚之駰、汪文臺輯本。

《後漢書》十七卷。本九十七卷，今殘缺。晋少府卿華嶠撰。

　　華嶠：字叔駿，平原高唐（今山東禹城市西南）人。累官散騎常侍、領國子博士、侍中。元康初，封樂鄉侯。撰成《後漢書》九十七卷，其中十典尚未完成。卒，追贈少府，謚曰簡。《晋書》卷四四有傳。本志集部尚有其一部著述。《文心雕龍·史傳》稱此書"準當"。兩《唐志》著録華嶠《後漢書》三十一卷，《宋志》無載，亡佚。清有姚之駰、汪文臺、黃奭、王仁俊、杜文瀾輯本。

《後漢書》八十五卷。本一百二十二卷，晋祠部郎謝沈撰。

　　謝沈：見本書卷三二"尚書類"。兩《唐志》著録謝沈《後漢書》一百二卷、《後漢書外傳》十卷。《宋志》無載，亡佚。清有姚之駰、汪文臺、黃奭輯本。

《後漢南記》四十五卷。本五十五卷，今殘缺。晋江州從事張瑩撰。

　　張瑩：生平事迹不詳。《世説新語·文學》第二條、《言語》第七條注皆引《漢南記》，李善注干寶《晋紀總論》引張瑩《漢南記》。兩《唐志》著録《漢南記》五十八卷，《宋志》無載。《説郛》存一卷六節，未注出處。

《後漢書》九十五卷。本一百卷，晋秘書監袁山松撰。

　　袁山松：陳郡陽夏（今河南太康縣）人。著《後漢書》百篇。

官爲吳郡太守。隆安五年，孫恩作亂，守滬瀆，城陷被害。《晋書》卷八三有傳。《舊唐志》著錄此書一百二卷，《新唐志》著錄此書一百一卷，《錄》一卷。《宋志》無載，亡佚。清有姚之駰、汪文臺、黃奭、杜文瀾輯本。

《後漢書》九十七卷。宋太子詹事范曄撰。

范曄：字蔚宗，順陽（今河南淅川縣）人。召爲秘書丞，遷尚書吏部郎。元嘉初，不得志，乃删衆家《後漢書》爲一家之作。後遷左衛將軍、太子詹事。《宋書》卷六九、《南史》卷三三有傳。本志集部尚有其一部著述。兩《唐志》著錄范曄《後漢書》九十二卷，又《後漢書論贊》五卷。《郡齋讀書志》卷五著錄范曄《後漢書》九十卷、志三十卷，章懷太子李賢注。《宋志》與其同。今流傳本《後漢書》九十卷。四庫館臣稱，此書歷代相傳無所亡佚，祇因不同時期對其卷數有所分合而已。見《四庫全書總目》卷四五。清王先謙、錢大昭、沈欽韓、惠棟，近代楊樹達對此書多有研究。此書現存最早的有宋紹興刻宋元遞修本、王叔邊本，通行本有武英殿本、中華書局點校本等。

《後漢書》一百二十五卷。范曄本，梁剡令劉昭注。

劉昭：字宣卿，平原高唐（今山東禹城市）人。天監初，起家奉朝請，後歷任無錫令、通直郎，出爲剡令，卒官。劉昭集《後漢書》同異以注范曄書，《集注後漢》一百八十卷。又有《幼童傳》十卷、文集十卷。《梁書》卷四九、《南史》卷七二有傳。本志史部尚有其著述一部。兩《唐志》著錄劉昭補注《後漢書》五十八卷，《新唐志》又有劉熙注范曄《後漢書》一百二十二卷。章宗源以爲此卷數與范曄紀傳九十二卷加續志三十卷卷數相合，"熙"乃"昭"之誤。《直齋書錄解題》卷四著錄《後漢志》三十卷，曰劉昭所注，乃司馬彪《續漢書》之八志，其與范曄紀、傳自別爲一書。乾興初，孫奭建議校勘，衹言補亡補缺，將劉昭注、司馬彪之續志與范曄書合併，而不著其爲司馬彪書。此書現存最早的本子爲宋紹興刻宋元遞修本、王叔邊本，通行本有武英殿刻本、中華書局點校本等。

《後漢書音》一卷。後魏太常劉芳撰。

　　劉芳：見本書卷三二“詩類”。《舊唐志》無載，《新唐志》有著録，《宋志》無載，亡佚。

《范漢音訓》三卷。陳宗道先生臧兢撰。

　　臧兢：生平事迹不詳。《雲笈七籤》卷五《唐茅山昇真王先生傳》作臧矜。兩《唐志》著録《後漢書音》三卷，臧兢撰。《宋志》無載，亡佚。

《范漢音》三卷。蕭該撰。

　　兩《唐志》著録《後漢音》三卷，《宋志》無載，亡佚。

《後漢書讚論》四卷。范曄撰。

　　兩《唐志》著録《後漢書論贊》五卷。《宋志》無載，疑其論贊已綴各卷末矣。

《漢書續》十八卷。范曄撰。梁有蕭子顯《後漢書》一百卷，王韶《後漢林》二百卷，韋闡《後漢音》二卷，亡。

　　兩《唐志》“雜史類”著録范曄《後漢書續》十三卷，《宋志》無載，亡佚。蕭子顯：見本書卷三二“孝經類”。兩《唐志》無載，亡佚。王韶：生平事迹不詳。姚振宗疑此書即梁王規集《後漢》衆家異同，所注《續漢書》二百卷。見《梁書》卷四一。韋闡：京兆杜陵（今陝西西安市）人。爲建寧令，位通直郎。見

《南史》卷五八。兩《唐志》無載，亡佚。

《魏書》四十八卷。晋司空王沈撰。

王沈：字處道，太原晋陽（今山西太原市）人。與荀顗、阮籍共撰《魏書》。累官守尚書令，轉驃騎將軍，録尚書事等。卒，謚曰元。轉年，贈司空。《晋書》卷三九有傳。本志集部尚有其一部著述。《史通·古今正史》言王沈獨就其業，勒成《魏書》四十四卷。《宋書》的《五行志》和《律曆志》説王沈《魏書》缺志。章宗源據《水經注》引《魏書·郡國志》，以爲《魏書》僅缺《五行》《律曆》而已。此書兩《唐志》有著録，《宋志》無載，亡佚。

《吳書》二十五卷。韋昭撰。本五十五卷，梁有，今殘缺。

韋昭：見本書卷三二“詩類”。《史通·古今正史》稱此書最後由韋昭獨立完成，定爲五十五卷。兩《唐志》皆有著録，《舊唐志》列於“僞史類”，《新唐志》列於“正史類”。《宋志》無載，亡佚。

《吳紀》九卷。晋太學博士環濟撰。晋有張勃《吳録》三十卷，亡。

環濟：見本書卷三二“禮類”。兩《唐志》“編年類”著録環濟《吳紀》十卷，《宋志》無載，亡佚。張勃：《史記·伍子胥傳》《索隱》曰，張勃，晋人，吳鴻臚嚴之子，作《吳録》。兩《唐志》“雜史類”著録此書，《宋志》無載，亡佚。《説郛》存一卷，清杜文瀾、王謨、葉昌熾有輯本。

《三國志》六十五卷。叙録一卷，晋太子中庶子陳壽撰，宋太中大夫裴松之注。

陳壽：字承祚，巴西安漢（今四川南充市）人。仕蜀，爲觀閣令史。蜀平，除佐著作郎，出補陽平令。撰《魏吳蜀三國志》，凡六十五篇。起爲太子中庶子，未拜，病卒。又撰《益都耆舊傳》等傳世。《晋書》卷八二有傳。本志史部尚有其一部著述。《舊唐志》"正史類"著録《魏國志》三十卷，"僞史類"著録《吳國志》二十一卷、《蜀國志》十五卷。《新唐志》"正史類"著録陳壽《魏國志》三十卷、《蜀國志》十五卷、《吳國志》二十一卷，並裴松之注。《宋志》著録陳壽《三國志》六十五卷，裴松之注。裴松之：見本書卷三二"禮類"。《四庫全書總目》卷四五提及裴松之注《三國志》，雜引諸書，亦時下己意。凡六朝舊籍今所不傳者，尚一一見其大略，又多首尾完具，故考證之家取材不竭，轉相引據者反多於陳壽本書焉。《三國志》現存最早的本子有宋刻本，通行本有武英殿本、百衲本、中華書局點校本等。

《魏志音義》 一卷。盧宗道撰。

盧宗道：生平事迹不詳。兩《唐志》無載，亡佚。

《論三國志》 九卷。何常侍撰。

何常侍：闕名。姚振宗以爲是何琦，字萬倫。屢徵不起，公車再徵通直散騎侍郎、散騎常侍。著《三國評論》等，行於世。《晋書》卷八八有傳。兩《唐志》無載，亡佚。

《三國志評》 三卷。徐衆撰。梁有《三國志序評》三卷，晋著作佐郎王濤撰，亡。

徐衆：咸康中爲黄門郎，建元初進侍中。見《全晋文》卷一三一。兩《唐志》"雜史類"著録徐衆《三國評》三卷，《宋志》無載，亡佚。王濤：字茂略，堂邑（今江蘇南京市）人。歷任著作郎、無錫令。見《晋書》卷七一。本志集部尚有其一部著述。《新唐志》"雜史類"著録王濤《三國志序評》三卷，《宋志》無載，亡佚。

《晋書》八十六卷。本九十三卷，今殘缺。晋著作郎王隱撰。

　　王隱：字處叔，陳郡陳（今河南淮陽縣）人。太興初，召爲著作郎，令撰晋史。後坐事免官，在庾亮的幫助下撰成《晋書》。《晋書》卷八二有傳。《日本國見在書目録》著録王隱《晋書》七十六卷，兩《唐志》皆著録此書八十九卷，《宋志》無載，亡佚。清畢沅、王謨、黄奭、湯球、王仁俊、陶棟有輯本。

《晋書》二十六卷。本四十四卷，訖明帝，今殘缺。晋散騎常侍虞預撰。

　　虞預：本名茂，字叔寧，會稽餘姚（今浙江餘姚市）人。封平康縣侯，遷散騎侍郎，除散騎常侍。以年老歸，卒於家。著《晋書》四十餘卷、《會稽典録》二十篇等，傳於世。《晋書》卷八二有傳。本志史、集部尚有其二部著述。兩《唐志》著録虞預《晋書》五十八卷，《宋志》無載，亡佚。清湯球、黄奭有輯本。

《晋書》十卷。未成，本十四卷，今殘缺。晋中書郎朱鳳撰，訖元帝。

　　朱鳳：據《晋書》卷五二載，太興初，秘書監華譚薦晋陵朱鳳爲著作佐郎。兩《唐志》皆有著録，《宋志》無載，亡佚。清湯球、黄奭有輯本。

《晋中興書》七十八卷。起東晋。宋湘東太守何法盛撰。

　　何法盛：生平事迹不詳。《南史》卷三三載，何法盛竊高平郗紹所作《晋中興書》，據爲己有。《史通·古今正史》曰，"至宋湘東太守何法盛始勒成一家，首尾該備"。兩《唐志》著録何法盛《晋中興書》八十卷，《宋志》無載，亡佚。《説郛》存一卷，清湯球、黃奭、王仁俊、陶棟有輯本。

《晉書》三十六卷。宋臨川內史謝靈運撰。

謝靈運：見本書卷三二"大序"。兩《唐志》著錄此書爲三十五卷，《宋志》無載，亡佚。清湯球、黃奭有輯本。

《晉書》一百一十卷。齊徐州主簿臧榮緒撰。

臧榮緒：東莞莒（今山東莒縣）人。括東西晉爲一書，紀、錄、志、傳百一十卷。《南齊書》卷五四、《南史》卷七六有傳。本志史部尚有其一部著述。《舊唐書》卷六六載，房玄齡受詔重修《晉書》，奏請以臧榮緒《晉書》爲主，參考諸家，甚爲詳洽。兩《唐志》有著錄，《宋志》無載，亡佚。清湯球、黃奭、王仁俊、陶棟有輯本。

《晉書》十一卷。本一百二卷，梁有，今殘缺。蕭子雲撰。

蕭子雲：見本書卷三二"小學類"。兩《唐志》著錄此書爲九卷，《宋志》無載，亡佚。清湯球、黃奭有輯本。

《晉史草》三十卷。梁蕭子顯撰。梁有鄭忠《晉書》七卷，沈約《晉書》一百一十一卷，庚銑《東晉新書》七卷，亡。

蕭子顯：見本書卷三二"孝經類"。兩《唐志》"編年類"著錄《晉史草》三十卷，蕭景暢撰。蕭子顯字景陽，疑"暢"爲"陽"之誤。《宋志》無載，亡佚。清湯球、黃奭有輯本。鄭忠：生平事迹不詳。所撰《晉書》兩《唐志》無載，亡佚。沈約：見本書卷三二"論語類"。《梁書》卷一三記沈約著《晉書》一百一十卷。兩《唐志》無載，亡佚。庚銑：潁川（今河南漯河市）人。官至大司馬記室參軍。見《南齊書》卷五二。兩《唐志》無載，亡佚。

《宋書》六十五卷。宋中散大夫徐爰撰。

徐爰：見本書卷三二"易類"。《宋書》卷九四載，元嘉中，使何承天草創國史，又使山謙之、蘇寶生踵成之。大明六年，由徐爰完成。兩《唐志》著錄此書爲四十二卷，《宋志》無載，亡佚。

《宋書》六十五卷。齊冠軍錄事參軍孫嚴撰。

孫嚴：生平事迹不詳。《舊唐志》著錄孫嚴《宋書》四十六卷，《新唐志》著錄孫嚴《宋書》五十八卷，《宋志》無載，亡佚。

《宋書》一百卷。梁尚書僕射沈約撰。梁有宋大明中所撰《宋書》六十一卷，亡。

沈約《宋書自序》稱，其被敕撰《宋書》，永明六年二月完成。所記始自義熙肇號，終於昇明三年，本紀、列傳合志、表七十卷。《史通·古今正史》則曰，"爲紀十，志三十，列傳六十，合百卷，名曰《宋書》"。《四庫全書總目》卷四五言及《宋書》的卷數記載有異同，以爲此書非沈約原本之舊，已經後人分割編次。兩《唐志》、《宋志》皆著錄《宋書》一百卷，今本亦爲一百卷。此書現存最早的本子爲宋刻元明遞修本，通行本有武英殿本、百衲本、中華書局點校本。大明中所撰《宋書》：疑即前列徐爰所撰《宋書》。

《齊書》六十卷。梁吏部尚書蕭子顯撰。

《梁書》卷三五記載，蕭子顯著《齊書》六十卷。《史通·古今正史》言，《齊書》爲紀八、志十一、列傳四十，合成五十九篇。《郡齋讀書志》卷五言，江淹已作十志，沈約又有紀，子顯自表別修。《四庫全書總目》卷四五稱，《齊書》至唐已佚一卷，宋以後又多有缺失。《新唐志》著錄六十卷，《舊唐志》《宋志》著錄五十九卷，今流傳本亦爲五十九卷。現存最早的本子爲宋刻元明遞修本，通行本有武英殿本、百衲本、中華書局點校本等。

《齊紀》十卷。劉陟撰。

　　劉陟：爲學士，曾與杜之偉抄撰羣書，各爲題目。見《陳書》卷三四、《南史》卷七二。《舊唐志》著録劉陟《齊書》八卷，《新唐志》著録劉陟《齊書》十三卷，《宋志》無載，亡佚。

《齊紀》二十卷。沈約撰。梁有江淹《齊史》十三卷，亡。

　　《梁書》卷一三載沈約撰《齊紀》二十卷。《日本國見在書目録》著録沈約《齊書》廿卷，兩《唐志》“編年類”著録沈約《齊紀》二十卷，《宋志》無載，亡佚。江淹：字文通，濟陽考城（今河南蘭考縣）人。齊永明初，遷驃騎將軍，掌國史。後以秘書監兼衛尉、吏部尚書。梁天監元年，爲散騎常侍，封醴陵侯。著《齊史》十志。《梁書》卷一四、《南史》卷五九有傳。本志集部尚有其一部著述。兩《唐志》無載，亡佚。

《梁書》四十九卷。梁中書郎謝吳撰，本一百卷。

　　謝吳：生平事迹不詳。《史通·古今正史》稱，《梁史》在梁武帝時，由沈約與謝吳等相承撰録。錢大昕《十駕齋養新餘録》卷中稱，“吳與昊字形相涉，未知孰是”。《舊唐志》著録謝吳、姚察等《梁書》三十四卷，《新唐志》著録謝吳、姚察《梁書》三十四卷。《宋志》無載，亡佚。

《梁史》五十三卷。陳領軍、大著作郎許亨撰。

　　許亨：字亨道，高陽新城（今山東淄博市）人。入陳，爲中散大夫，領羽林監，領大著作，知梁史事。初撰《齊書》，遇戰亂亡失，後撰《梁史》五十八卷。《陳書》卷三四、《南史》卷六〇有傳。據《隋書》卷五八載，許亨所撰成《梁史》者凡五十八卷，其子善心所續成者合爲七十卷。五十三卷《梁史》，不知出自誰人，大概皆爲殘本。兩《唐志》無載，亡佚。

《梁書帝紀》七卷。姚察撰。

據《陳書》卷二七載，梁、陳二史本多是察所撰，其臨亡之時，仍以體例誡約子思廉，泣涕奉行。《史通·古今正史》稱，貞觀初，其子思廉爲著作郎，奉詔撰成二史，於是憑其舊稿，加以新錄，彌歷九載，方始畢功，定爲《梁書》五十卷，行於世。此書當爲姚思廉撰《梁書》之藍本，兩《唐志》已無載，亡佚。

《通史》四百八十卷。梁武帝撰。起三皇，訖梁。

梁武帝：見本書卷三二"易類"。《梁書》卷三載，武帝又造《通史》，躬制贊序，凡六百卷。兩《唐志》著録此書爲六百二卷。《宋志》無載，亡佚。

《後魏書》一百三十卷。後齊僕射魏收撰。

魏收：字伯起，鉅鹿下曲陽（今河北晉州市）人。齊天保元年除中書令，兼著作郎，封富平縣子。二年，詔撰魏史。五年秋，完成紀、傳，十一月完成十志。河清二年兼僕射。有集七十卷。《魏書》卷一〇四、《北齊書》卷三七、《北史》卷五六有傳。齊天保二年，高洋命魏收撰《魏史》。《史通·古今正史》言魏收所撰《魏書》，世薄其書，號爲穢史。兩《唐志》、《宋志》皆著録《魏書》一百三十卷。其實《魏書》自宋初業已殘缺，《直齋書録解題》卷四稱，"今紀闕二卷，傳闕二十二卷，又三卷不全，志闕《天象》二卷"。《增訂四庫簡明目録標注》卷五曰，"今本又缺卷十二《孝静帝紀》、卷十三《皇后傳》，不知以何書補亡。以《太平御覽》所引魏澹書校之，疑亦取魏澹書也"。今本《魏書》一百一十四卷，現存最早的本子爲宋刻元明遞修本，通行本有武英殿本、百衲本、中華書局點校本等。

《後魏書》一百卷。著作郎魏彦深撰。

魏彦深：名澹，字彦深，鉅鹿下曲陽（今河北晋州市）人。參與修撰《御覽》，書成，除殿中郎中、中書舍人。入隋，爲太子舍人。受詔別撰《魏史》，合九十二卷。六十五歲，卒。《隋書》卷五八、《北史》卷五六有傳。本志子部尚有其一部著述。《日本國見在書目録》著録《後魏書》百卷，隋著作郎魏彦撰（疑脱“深”字）。兩《唐志》著録魏澹《後魏書》一百七卷，《宋志》著録魏澹《後魏書紀》一卷，下有注“本七卷”，疑“七”前脱“一百”二字。《崇文總目》稱，“世以收史爲主，故澹書亡闕，今纔《紀》一卷存”。此書亡佚。

《陳書》四十二卷。訖宣帝，陳吏部尚書陸瓊撰。

陸瓊：字伯玉，吳郡吳（今江蘇蘇州市）人。太建中，累遷太子中庶子，領大著作，撰國史。遷吏部尚書。有集二十卷，行於世。本志史部尚有其一部著述。兩《唐志》無載，亡佚。

《周史》十八卷。未成。吏部尚書牛弘撰。

牛弘：見本書卷三二“大序”。《史通·古今正史》稱，隋開皇中，秘書監牛弘追撰《周紀》十有八篇。兩《唐志》無載，亡佚。

右六十七部，三千八十三卷。通計亡書，合八十部，四千三十卷。

八十部：實際是八十一部。

古者天子諸侯，必有國史，以紀言行，後世多務，其道彌繁。夏、殷已上，左史記言，右史記事，周則太史、小史、內史、外史、御史，分掌其事，而諸侯之國，亦置史官。又《春秋國語》引周志、鄭書之説，推尋事迹，似當時記事，各有職司，[1]後又合而撰之，總成書記。其後陵夷衰亂，史官放絶，秦滅先王之典，遺制莫存。至漢武帝時，始置太史公，命司馬談爲之，以掌其職。時天下計書，皆先上太史，副上丞相，遺文古事，靡不畢臻。談乃據《左氏》《國語》《世本》《戰國策》《楚漢春秋》，[2]接其後事，成一家之言。談卒，其子遷又爲太史令，嗣成其志。上自黄帝，訖于炎漢，合十二本紀、十表、八書、三十世家、七十列傳，謂之《史記》。遷卒以後，好事者亦頗著述，然多鄙淺，不足相繼。至後漢扶風班彪，[3]綴後傳數十篇，并譏正前失。彪卒，明帝命其子固，續成其志。以爲唐、虞、三代，世有典籍，史遷所記，乃以漢氏繼於百王之末，非其義也。故斷自高祖，[4]終於孝平、[5]王莽之誅，爲十二紀、八表、十志、六十九傳，潛心積思，二十餘年。建初中，[6]始奏表及紀傳，其十志竟不能就。固卒後，始命曹大家續成之。[7]先是明帝召固爲蘭臺令史，[8]與諸先輩陳宗、[9]尹敏、[10]孟冀等，[11]共成《光武本紀》。擢固爲郎，典校秘書。固撰後漢事，作列傳載記二十八篇。其後劉珍、劉毅、[12]劉陶、[13]伏無忌等，[14]相次著述東觀，謂之《漢記》。及三國鼎峙，魏氏及吳，並有史官。晋時，巴西陳壽删集三國之事，唯魏帝爲紀，其功臣及吳、蜀之主，並皆爲傳，仍各依其國，部類相從，謂之

《三國志》。壽卒後，梁州大中正范頵表奏其事，[15]帝詔河南尹、洛陽令，就壽家寫之。自是世有著述，皆擬班、馬，以爲正史，作者尤廣。一代之史，至數十家。唯《史記》《漢書》，師法相傳，並有解釋。《三國志》及范曄《後漢》，雖有音注，既近世之作，並讀之可知。梁時，明《漢書》有劉顯、韋稜，陳時有姚察，隋代有包愷、蕭該，並爲名家。《史記》傳者甚微。今依其世代，聚而編之，以備正史。

[1]職司：即職務。

[2]世本：詳見本志本部"譜系類"。　戰國策：詳見本志本部"雜史類"。　楚漢春秋：詳見本志本部"雜史類"。

[3]班彪：字叔皮，扶風安陵（今陝西咸陽市）人。永平中爲郎，篤志於博學，以著述爲業。有感漢太初以後，闕而不錄，作後傳數十篇。所著賦、論、書、記、奏事合九篇。《漢書》卷一〇〇、《後漢書》卷四〇上有傳。

[4]高祖：即漢高祖劉邦，字季，沛縣豐邑（今江蘇沛縣）人。秦末起兵反秦，最終擊敗項羽，建立漢王朝，在位十二年。《史記》卷八、《漢書》卷一有紀。

[5]孝平：即漢平帝劉衎，字樂，在位五年。《漢書》卷一二有紀。

[6]建初：東漢章帝年號（76—84）。

[7]曹大家：即班昭，字惠班，一名姬，扶風安陵（今陝西咸陽市）人，和帝詔班昭就東觀藏書閣，完成其兄班固未竟之八表和《天文志》。帝數召其入宮，令皇后等師事之，號曰曹大家。作《女誡》七篇，又有賦、頌、銘、書等十六篇。《後漢書》卷八四有傳。

[8]明帝：即東漢明帝劉莊。《後漢書》卷二有紀。

[9]陳宗：曾任睢陽令，其他事迹不詳。見《後漢書》卷四〇上。

[10]尹敏：字幼季，南陽堵陽（今河南方城縣東）人。建武初，拜郎中，辟大司空府。永平十一年，除郎中，遷諫議大夫。《後漢書》卷七九上有傳。

[11]孟翼：《後漢書》作孟異，官拜司隸從事，其他事迹不詳。見《後漢書》卷四〇上。

[12]劉毅：建初二年，封平望侯。永寧中鄧太后召劉毅與謁者劉珍著《中興以下名臣列士傳》。《後漢書》卷八〇上有傳。

[13]劉陶：字子奇，一名偉，潁川潁陽（今河南許昌市西南）人。明《尚書》，作《中文尚書》。封中陵鄉侯，後又拜諫議大夫。著書數十萬言，又有賦、書、記等。《後漢書》卷五七有傳。

[14]伏無忌：琅邪東武（今山東諸城市）人。襲不其侯。順帝時，爲侍中、屯騎校尉。元嘉中，受詔與崔寔等共撰《漢記》，又採集古今，删著事要，作《伏侯注》（亦名《古今注》）。見《後漢書》卷二六。

[15]范穎：《晋書》卷八二作范頵（yūn）。《晋書》載梁州大中正、尚書郎范頵等上表曰，“臣等案：故治書侍御史陳壽作《三國志》，辭多勸誡，明乎得失，有益風化，雖文艷不若相如，而質直過之，願垂采錄”。於是詔下河南尹、洛陽令，就家寫其書。

《紀年》十二卷。汲冢書，并《竹書同異》一卷。

據《晋書》卷五一載，太康初年，汲郡人不準盜魏襄王墓，得竹書數十車，其《紀年》十三篇，記夏以來至周幽王爲犬戎所滅，以事接之，三家分晋，仍述魏事至安釐王之二十年，所載與《春秋》皆多相應。晋杜預《春秋左傳集解後序》提及“《紀年》起自夏、殷”。劉宋裴駰《史記集解》在《夏本紀》《殷本紀》中引

《汲冢紀年》語，唐劉知幾亦有引用。兩《唐志》著錄《紀年》十四卷，下有注曰"汲冢書"。《宋志》著錄《竹書》三卷，荀勖、和嶠編。而宋《郡齋讀書志》《直齋書錄解題》《文獻通考》皆不載此書。今傳《竹書紀年》二卷，並題沈約注。歷代學者多考證今本《竹書紀年》已非晋舊本，疑爲明代人僞造。詳見《四庫全書總目》卷四七、錢大昕《十駕齋養新録》卷一三、姚際恒《古今僞書考》。今傳本現存最早的本子爲明萬曆年間刻本，通行本爲四部叢刊本、四部備要本等。《竹書同異》：兩《唐志》無載，亡佚。

《漢紀》三十卷。漢秘書監荀悦撰。

荀悦：字仲豫，潁川潁陰（今河南許昌市）人。累遷秘書監、侍中。獻帝令其依《左傳》體以爲《漢紀》三十篇。《後漢書》卷六二有傳。本志史部尚有其一部著述。兩《唐志》、《宋志》、《四庫全書總目》皆著錄《漢紀》三十卷。此書現存最早的本子爲與《後漢紀》合刻的明嘉靖黃姬水刻本，通行本爲四部叢刊本等。

《後漢紀》三十卷。袁彥伯撰。

袁彥伯：即袁宏，見本書卷三二"孝經類"。《史通·古今正史》曰，"晋東陽太守袁宏抄撮漢氏後書，依荀悦體，著《後漢紀》三十篇"。兩《唐志》、《宋志》、《四庫全書總目》卷四七皆著錄《後漢紀》三十卷。此書現存最早的本子爲與《漢紀》合刻的明嘉靖黃姬水刻本，通行本爲四部叢刊本等。

《後漢紀》三十卷。張璠撰。

張璠：見本書卷三二"易類"。裴松之注《三國志》卷四稱，張璠撰《後漢紀》雖似未成，辭藻可觀。兩《唐志》有著錄，《宋志》無載，亡佚。清汪文臺、黃奭有輯本。

《獻帝春秋》十卷。袁曄撰。

　　袁曄：字思光，廣陵（今江蘇揚州市）人。作《獻帝春秋》。見《三國志》卷五七裴松之注。兩《唐志》著録《漢獻帝春秋》十卷，《宋志》無載，亡佚。《説郛》存一卷，清黄奭輯一卷。

《魏氏春秋》二十卷。孫盛撰。

　　孫盛：字安國，太原中都（今山西平遥縣西北）人。起家佐著作郎，因功進封吴昌縣侯，累遷秘書監，加給事中。著《魏氏春秋》《晋陽秋》，並有詩、賦、論等數十篇。《晋書》卷八二有傳。本志史部、集部尚有其著述二部。兩《唐志》著録《魏武春秋》二十卷，《宋志》無載，亡佚。《説郛》存《魏春秋》一卷，清黄奭輯《魏春秋》一卷。

《魏紀》十二卷。左將軍陰澹撰。

　　陰澹：晋敦煌太守。永寧初，張軌以陰澹等爲股肱謀主。見《晋書》卷八六、卷九四。兩《唐志》有著録，《宋志》無載，亡佚。

《漢魏春秋》九卷。孔舒元撰。

　　孔舒元：即孔衍，見本書卷三二"禮類"。兩《唐志》"雜史類"著録孔衍《漢春秋》十卷、《後漢春秋》六卷、《後魏春秋》九卷（疑"後"爲衍文）。《宋志》無載，亡佚。

《晋紀》四卷。陸機撰。

　　陸機：見本書卷三二"詩類"。兩《唐志》著録《晋帝紀》四卷，《宋志》無載，亡佚。清湯球、黄奭有輯本。

《晋紀》二十三卷。干寶撰。訖愍帝。

干寶：見本書卷三二"易類"。《史通・古今正史》稱《晋紀》"自宣帝訖愍帝五十三年，凡二十三卷。簡略直而能婉，甚爲當時所稱"。兩《唐志》著錄《晋紀》二十二卷，干寶撰，又著錄《晋紀》六十卷，干寶撰，劉協注。《宋志》無載，亡佚。清湯球、黃奭、陶棟有輯本。

《晋紀》十卷。晋前軍諮議曹嘉之撰。

曹嘉之：或作曹嘉。《三國志》卷二〇裴松之案曰，嘉入晋，封高邑公。元康中，爲國子博士，後爲東莞太守。《世說新語》之《方正》、《賞譽》注及《文選・思舊賦》注皆提及曹嘉之《晋紀》。兩《唐志》有著錄，《宋志》無載，亡佚。清湯球、黃奭有輯本。

《漢晋陽秋》四十七卷。訖愍帝。晋滎陽太守習鑿齒撰。

習鑿齒：字彦威，襄陽（今湖北襄樊市襄陽區）人。爲桓溫辟爲從事，累遷別駕，又爲滎陽太守。著《漢晋春秋》，起漢光武終於晋愍帝，凡五十四卷。《晋書》卷八二有傳。本志史、集部尚有其二部著述。兩《唐志》著錄《漢晋春秋》五十四卷，《宋志》無載，亡佚。清黃奭、湯球、王仁俊有輯本。

《晋紀》十一卷。訖明帝。晋荆州別駕鄧粲撰。

鄧粲：長沙人。應荆州刺史桓沖之請爲別駕，因病篤歸家。著《元明紀》十篇，注《老子》，並行於世。《晋書》卷八二有傳。兩《唐志》有著錄，《宋志》無載，亡佚。清湯球、黃奭有輯本。

《晋陽秋》三十二卷。訖哀帝。孫盛撰。

《日本國見在書目錄》著錄《晋陽秋》三十卷，訖哀帝，孫盛撰。《舊唐志》著錄《晋陽春秋》二十二卷，鄧粲撰；《新唐志》著錄孫盛《晋陽秋》二十二卷，又著錄鄧粲《晋陽秋》三十二卷。

《宋志》著録《晋陽秋》三十卷，孫盛撰。《玉海》卷四一載，"《晋陽秋》孫盛撰，《隋志》本二十二卷，今止存宣帝一卷、懷帝下一卷、唐人所書康帝一卷，餘亡"。清湯球、黃奭有輯本。

《晋紀》二十三卷。宋中散大夫劉謙之撰。

　　劉謙之：彭城呂（今江蘇徐州市）人。撰《晋紀》二十卷。義熙末，爲始興相，廣州刺史。後爲中散大夫。見《宋書》卷五〇《劉康祖傳》。兩《唐志》著録《晋紀》二十卷，《宋志》無載，亡佚。清湯球、黃奭有輯本。

《晋紀》十卷。宋吳興太守王韶之撰。

　　王韶之：字休泰，琅邪臨沂（今山東臨沂市）人。私撰《晋安帝陽秋》，即除著作佐郎，使續後事，訖義熙九年。元嘉十二年，爲吳興太守，其年卒。有文集行世。《宋書》卷六〇、《南史》卷二四有傳。本志史、集部尚有其三部著述。兩《唐志》著録王韶之《崇安紀》十卷（安帝年號爲隆安，《唐志》避"隆"故作"崇"），《宋志》無載，亡佚。清黃奭有輯本。

《晋紀》四十五卷。宋中散大夫徐廣撰。

　　《宋書》卷五五載，義熙十二年，徐廣撰《晋紀》成，凡四十六卷，表上之。兩《唐志》有著録，《宋志》無載，亡佚。清黃奭有輯本。

《續晋陽秋》二十卷。宋永嘉太守檀道鸞撰。

　　檀道鸞：字萬安，高平金鄉（今山東金鄉縣）人。位國子博士，永嘉太守。撰《續晋陽秋》二十卷。《南史》卷七二有傳。《舊唐志》著録《晋陽秋》二十卷，檀道鸞注；《新唐志》著録檀道鸞《晋陽秋》二十卷。章宗源考證，《舊唐志》之"注"爲

"續" 之誤，《新唐志》脱 "續"。《宋志》無載，《説郛》存檀道鸞《續晉陽秋》一卷，清湯球輯《續晉陽秋》一卷。

《續晉紀》 五卷。宋新興太守郭季産撰。

郭季産：宋前廢帝時，領軍王玄謨有所親故吏郭季産。見《宋書》卷五七《蔡興宗傳》。其他事迹不詳。兩《唐志》著録《晉續紀》五卷，《宋志》無載，亡佚。

《宋略》 二十卷。梁通直郎裴子野撰。

裴子野：見本書卷三二 "禮類"。《梁書》卷三〇載，齊永明末，沈約所撰《宋書》既行，子野更删撰爲《宋略》二十卷。兩《唐志》、《宋志》著録此書，《崇文總目》《郡齋讀書志》《直齋書録解題》《文獻通考》無載，宋代以後此書亡佚。

《宋春秋》 二十卷。梁吴興令王琰撰。

王琰：《法苑珠林·敬佛篇》言太原王琰，於交阯賢法師所受五戒，以觀音令供養，遂奉還揚都。其他事迹不詳。本志史部尚有王琰一部著述。《新唐志》有著録，《宋志》無載，亡佚。

《齊春秋》 三十卷。梁奉朝請吴均撰。

吴均：字叔庠，吴興故鄣（今浙江湖州市）人。梁武帝召其爲待詔著作，後遷奉朝請。使撰《通史》，草本紀、世家已畢，列傳未就。普通元年卒。注范曄《後漢書》九十卷，著《齊春秋》三十卷等，又有文集二十卷。《梁書》卷四九、《南史》卷七二有傳。本志史、集部尚有其二部著述。《舊唐志》著録《齊春秋》三卷，《新唐志》著録《齊春秋》三十卷，《宋志》無載，亡佚。《説郛》存一卷，清黄奭輯《齊春秋》一卷。

《齊典》五卷。王逸撰。

　　王逸：當即王逡之（亦作王遵），見本書卷三二"禮類"。兩《唐志》"儀注類"著錄王逸《齊典》四卷，《宋志》無載，亡佚。

《齊典》十卷。

　　不署撰者。《南齊書》卷五二、《南史》卷七二皆載豫章熊襄著《齊典》，並引其自序言此書又名《河洛金匱》。兩《唐志》"雜史類"著錄熊襄《十代記》十卷，《宋志》無載，亡佚。

《三十國春秋》三十一卷。梁湘東世子蕭方等撰。

　　蕭方等：字實相，梁元帝蕭繹長子。求征伐不受令的河東王，拜爲都督，軍敗溺亡，謚忠壯世子。注范曄《後漢書》未就，所撰《三十國春秋》行於世。《梁書》卷四四、《南史》卷五四有傳。《舊唐志》"編年類"、《新唐志》"僞史類"、《宋志》"編年類"皆著錄蕭方等《三十國春秋》三十卷，《郡齋讀書志》《直齋書錄解題》《文獻通考》皆無載，此書宋以後亡佚。

《戰國春秋》二十卷。李槩撰。

　　李槩：見本書卷三二"小學類"。《北史》卷三三載，李公緒弟槩著《戰國春秋》行於世。疑李槩記十六國事。此書又列於"霸史類"，爲是。列於此類，當屬重出。《舊唐志》"編年類"、《新唐志》"僞史類"著錄此書，《宋志》無載，亡佚。

《梁典》三十卷。劉璠撰。

　　劉璠：字寶義，沛國沛（今江蘇徐州市）人。仕梁，爲蜀郡太守。入周，官至内史中大夫，封平陽縣子。天和三年卒。著《梁典》三十卷，未及刊定，臨終託其子休徵，經其治定繕寫，行於世。《周書》卷四二、《北史》卷七〇有傳。唐人稱此書"足爲清典，蓋近代之佳史歟"。見《周書》卷四二。兩《唐志》有著録，《宋志》無載，亡佚。清陶棟有輯本。

《梁典》三十卷。陳始興王諮議何之元撰。

何之元：廬江灊（今安徽霍山縣東北）人。陳時，任諮議參軍。後屛絶人事，專心著述。以爲梁氏肇自武皇，終於敬帝，其興亡之運，盛衰之跡，足以垂鑒戒，定褒貶。七十五年行事，草創爲三十卷，號曰《梁典》。《陳書》卷三四、《南史》卷七二有傳。兩《唐志》有著録，《宋志》無載，亡佚。清陶棟有輯本。

《梁撮要》三十卷。陳征南諮議陰僧仁撰。

陰僧仁：生平事迹不詳。兩《唐志》有著録，《宋志》無載，亡佚。

《梁後略》十卷。姚最撰。

姚最：原作姚勖，據《周書》《北史》其本傳改。字士會，吳興武康（今浙江德清縣）人。隋文帝時，除太子門大夫，襲爵北絳郡公。轉爲蜀王楊秀友，秀有異謀，最竟坐誅。撰《梁後略》十卷，行於世。《周書》卷四七、《北史》卷九〇有傳。本志史、子部尚有其三部著述。《日本國見在書目録》著録《梁後略》十卷，姚最撰；兩《唐志》著録姚最《梁昭後略》十卷；《宋志》無載，亡佚。

《梁太清紀》十卷。梁長沙蕃王蕭韶撰。

蕭韶：字德茂，南蘭陵中都里（今江蘇常州市）人。太清初爲舍人，城陷奉詔西奔。封長沙王，遂官郢州刺史。蕭韶爲《太清紀》，其諸議論，多謝吳爲之。《南史》卷五一有傳。兩《唐志》有著録，《宋志》"傳記類"有著録，《崇文總目》亦載此書，《郡齋讀書志》《直齋書錄解題》無載，此書宋以後亡。

《淮海亂離志》四卷。蕭世怡撰。叙梁末侯景之亂。

蕭世怡：名泰，以字行，南蘭陵中都里（今江蘇常州市）人。大同元年，封豐城縣侯。侯景亂，被執，不久逃至江陵，後奔齊。尋歸周，拜開府儀同三司，封義興郡公，授蔡州刺史。《周書》卷四二、《南史》卷五二、《北史》二九有傳。這三史《蕭世怡傳》均未提及蕭世怡撰此書。《周書》卷四二《蕭圓肅傳》則載蕭圓肅撰《淮海亂離志》四卷，行於世。《史通》之《補注》《雜説》中提及《淮海亂離志》，皆稱爲蕭大圜作。《舊唐志》“編年類”、《新唐志》“雜史類”著錄《淮海亂離志》四卷，蕭大圓撰（“圜”與“圓”通）。《宋志》無載，亡佚。

《齊紀》三十卷。紀後齊事。崔子發撰。

崔子發：博陵（今河北安平縣）人。北齊時以通經進仕。入隋，與牛弘等論新禮降殺輕重。見《北史》卷八一、《隋書》卷四九。本志集部尚有其一部著述。兩《唐志》無載，亡佚。

《齊志》十卷。後齊事。王劭撰。

王劭：見本書卷三二“孝經序”。《隋書》卷六九載，王劭初撰《齊誌》，爲編年，二十卷，復爲《齊書》紀傳，一百卷。兩《唐志》“編年類”著錄王劭《北齊志》十七卷，《新唐志》“正史類”又著錄王劭《齊志》十七卷，似爲重出。《宋志》無載，亡佚。

右三十四部，六百六十六卷。

自史官放絶，作者相承，皆以班、馬爲準。起漢獻帝，雅好典籍，以班固《漢書》文繁難省，命穎川荀悦作《春秋左傳》之體，爲《漢紀》三十篇。言約而事詳，辯論多美，大行於世。至晋太康元年，[1]汲郡人發魏襄王冢，[2]得古竹簡書，字皆科斗。[3]發冢者不以爲意，往往散亂。帝命中書監荀勗、[4]令和嶠，[5]撰次爲十五部，八十七卷。多雜碎怪妄，不可訓知，唯《周易》《紀年》，最爲分了。其《周易》上下篇，與今正同。《紀年》皆用夏正建寅之月爲歲首，[6]起自夏、殷、周三代王事，無諸侯國別。唯特記晋國，起自殤叔，[7]次文侯，[8]昭侯，[9]以至曲沃莊伯，[10]盡晋國滅。獨記魏事，下至魏哀王，[11]謂之“今王”，蓋魏國之史記也。其著書皆編年相次，文意大似《春秋經》。諸所記事，多與《春秋》《左氏》扶同。[12]學者因之，以爲《春秋》則古史記之正法，有所著述，多依《春秋》之體。今依其世代，編而叙之，以見作者之別，謂之古史。

[1]太康：晋武帝司馬炎年號（280—289）。

[2]汲郡人：指發魏襄王墓的不準。汲郡：在今河南衛輝市。魏襄王，名嗣。見《史記》卷四四。

[3]科斗：亦作科斗文、科斗書。中國古代文字之一種，其字形以頭粗尾細如蝌蚪而名。

[4]荀勗：字公會，穎川穎陰（今河南許昌市）人。仕魏，辟大將軍曹爽掾。文帝時，賜爵關内侯。晋武帝受禪，封濟北郡公。後領秘書監，與張華依劉向《別録》，整理記籍。及得汲郡冢中古文竹書，受詔撰次之，以爲《中經》，列在秘書。《晋書》卷三九有傳。本志史、集部著録其三部著述。

[5]和嶠：字長輿，汝南西平（今河南西平縣西）人。襲父爵

上蔡伯。爲給事黄門侍郎，遷中書令。惠帝時，拜太子少傅，加散騎常侍、光禄大夫。《晋書》卷四五有傳。

[6]夏正：農曆正月的省稱，夏以正月爲歲首。建寅，夏以寅月爲歲首，寅月即農曆正月。

[7]殤叔：晋穆侯二十七年卒，其弟殤叔自立，太子仇出奔。四年，仇率其徒攻殺殤叔。見《史記》卷三九。

[8]文侯：晋穆侯子，名仇。見《史記》卷三九。

[9]昭侯：晋文侯子，名伯。其元年，封文侯弟成師於曲沃，號爲桓叔。七年，昭侯被潘父弑。見《史記》卷三九。

[10]曲沃莊伯：桓叔子，名鱓，晋孝侯八年代桓叔，是爲曲沃莊伯。見《史記》卷三九。

[11]魏哀王：魏襄王子。《史記集解》引荀勖語，以爲今王當爲魏襄王，非哀王。

[12]扶同：相扶、相同。

《周書》十卷。汲冢書，似仲尼删書之餘。

余嘉錫以爲是書自《隋書》稱汲冢，然《晋書》之《荀勖傳》《束皙傳》載汲冢書無《周書》，《漢志》乃有《周書》七十一篇，與今本合。見《增訂四庫簡明目録標注》史部四。許慎作《説文》、馬融注《論語》、鄭玄注《周禮》皆引《周書》，亦可證《周書》不出於汲冢。此書即《漢志》所著録之《周書》七十一篇，顔師古注曰，劉向云周時誥誓號令也，蓋孔子所論百篇之餘也。今存者四十五篇矣。本志稱《周書》爲汲冢書，誤。《舊唐志》著録《周書》八卷，孔晁注；《新唐志》著録《汲冢周書》十卷、孔晁注《周書》八卷；《宋志》“尚書類”著録《汲冢周書》十卷，晋太康中，於汲郡得之，孔晁注；“別史類”著録《汲冢周書》十卷。此書今稱《逸周書》十卷七十一篇，現存最早的本子爲元至正刻本，通行本有叢書集成本、四部備要本等。

《古文瑣語》四卷。汲冢書。

　　《晋書》卷五一載，汲冢竹書中有《瑣語》十一篇，諸國卜夢妖怪相書也。兩《唐志》著録《古文鎖語》四卷，《宋志》無載，亡佚。清馬國翰、洪頤煊、王仁俊有輯本。

《春秋前傳》十卷。何承天撰。

《春秋前雜傳》九卷。何承天撰。

　　何承天：見本書卷三二"禮類"。《宋書》卷六四載，《前傳》《雜語》《纂文》並傳於世。兩《唐志》著録何承天《春秋前傳》十卷，又著録《春秋前傳雜語》十卷，疑即《春秋前雜傳》。《宋志》無載，亡佚。

《春秋後傳》三十一卷。晋著作郎樂資撰。

　　樂資：生平事迹不詳。《史通・六家》稱，晋著作郎樂資乃追採二史，撰爲《春秋後傳》。其書始以周貞王續魯哀公後，至王赧入秦。又以秦文王之繼周，終於二世之滅，合成三十卷。兩《唐志》著録樂資《春秋後傳》三十卷，《宋志》無載，亡佚。清王謨《漢魏遺書鈔》中有數條此書之佚文。

《戰國策》三十二卷。劉向録。

　　劉向：見本書卷三二"尚書類"。當時此書名稱繁多，劉向以爲其內容是戰國時游士輔所用之國爲之策謀，宜爲《戰國策》，其事繼春秋以後訖楚漢之起二百四十五年間之事。見《七略別録》。《史通・六家》稱《戰國策》有東西二周，秦、齊、燕、楚、三晋、宋、衛、中山，合十二國，分爲三十三卷。《漢志》"春秋家"著録《戰國策》三十三篇，兩《唐志》著録劉向《戰國策》三十二卷。《宋志》"縱橫家"著録高誘注《戰國策》三十三卷。現存最早的本子爲有高誘注的宋紹興刻本，通行本爲四部叢刊本、叢書集成本等。

《戰國策》二十一卷。高誘撰注。

高誘：涿郡涿（今河北涿州市）人。建安中，爲東郡濮陽令，遷監河東。見高誘《淮南子注》自序。本志子部尚有其二部著述。《日本國見在書目録》著録《戰國策》三十二卷，劉向撰高誘注；兩《唐志》著録《戰國策》三十二卷，高誘注；《宋志》子部著録高誘注《戰國策》三十三卷；《崇文總目》曰，高誘注本二十卷，今缺第一、第五、第十一至二十，止存八卷。曾鞏校定序曰，《崇文總目》存者八卷，今存者十篇。《四庫全書總目》卷五一曰，有誘注者僅二卷至四卷，六卷至十卷，與《崇文總目》八篇合。又最末三十二、三兩卷合前八卷，與曾鞏序十篇合。而其餘二十卷則皆宋姚宏所補注。以後又有南宋鮑彪注《戰國策》十卷，元吳師道有《戰國策》校注十卷，清吳曾祺《戰國策補注》三十三卷，又有日人橫田惟孝《戰國策正解》十卷等。此書現存最早的本子爲宋紹興刻本，通行本有四部叢刊本、叢書集成本等。

《戰國策論》一卷。漢京兆尹延篤撰。

延篤：字叔堅，南陽犨（河南魯山縣）人。桓帝時以博士徵，拜議郎，著作東觀，遷京兆尹。論解經傳，多所駁正，服虔以爲折中。所作詩、論、銘、書等，凡二十篇。《後漢書》卷六四有傳。兩《唐志》有著録，《宋志》無載，亡佚。

《楚漢春秋》九卷。陸賈撰。

陸賈：楚人。以客從漢高祖定天下，因受命賜趙佗印，功成，拜太中大夫。立孝文帝，鼎力助之。後以壽終。《史記》卷九七、《漢書》卷四三有傳。本志子部尚有其一部著述。《史記集解序》之《索隱》曰《楚漢春秋》，漢太中大夫楚人陸賈所撰，記項氏與漢高祖初起及説惠文間事。《舊唐志》著録《楚漢春秋》二十卷，疑誤。《新唐志》著録《楚漢春秋》九卷，《宋志》無載，亡佚。清洪頤煊、茆泮林、黃奭有輯本。

《古今注》八卷。伏無忌撰。

章懷太子注稱，伏無忌書上自黃帝，下盡漢質帝，爲八卷，見行於今。見《後漢書》卷二六。《舊唐志》史部"雜史類"著録伏無忌《古今注》八卷，《新唐志》子部"雜家類"著録伏侯《古今注》三卷，《宋志》無載，亡佚。清馬國翰、茆泮林、黃奭有輯本。

《越絶記》十六卷。子貢撰。

子貢：即端木賜，字子貢，衛人。孔子弟子。孔子稱其爲瑚璉（宗廟之貴器）。其出，存魯，亂齊，破吳，強晉而霸越。卒於齊。《史記》卷六七有傳。兩《唐志》著録《越絶書》十六卷，子貢撰。《宋志》"霸史類"著録《越絶記》十五卷，注曰或云子貢所作。《崇文總目》著録《越絶記》十五卷，子貢或曰子胥之書也。宋趙希弁則稱或以爲子貢所作，或疑似子胥所作，皆無所據。見《讀書附志》。《四庫全書總目》卷六六著録《越絶書》十五卷，不署撰者。認爲此書爲後漢初會稽袁康所作，同郡吳平所定。此書現存最早的本子爲明嘉靖刻本，通行本有四部叢刊本、四部備要本等。

《吳越春秋》十二卷。趙曄撰。

趙曄：見本書卷三二"詩類"。《後漢書》卷七九下載，趙曄著《吳越春秋》。《郡齋讀書志》卷六曰《吳越春秋》十二卷，吳起泰伯，盡夫差；越起無餘，盡勾踐。《增訂四庫簡明目錄標注》史部九曰，《吳越春秋》"元徐天祐注，《隋志》作十二卷，今佚二卷，漢魏叢書本並爲六卷，彌失其初"。此書現存最早的本子爲元大德刻本《吳越春秋》十卷，趙曄撰，徐元祐注。通行本有十卷本的四部叢刊本、四部備要本，六卷本的叢書集成本等。

《吳越春秋削繁》五卷。楊方撰。

楊方：見本書卷三二"論語類"。《晋書》卷六八載楊方更撰《吳越春秋》行於世。兩《唐志》著録《吳越春秋削煩》五卷，《宋志》無載，亡佚。

《吳越春秋》十卷。皇甫遵撰。

皇甫遵：生平事迹不詳。兩《唐志》有著録，《宋志》"別史類"有著録。《崇文總目》稱此書乃爲皇甫遵合趙曄與楊方二家之書，考定而注之。見《崇文總目》卷二。宋以後亡佚。

《吳越記》六卷。

不署撰者。《日本國見在書目録》著録《吳越記》七卷，兩《唐志》著録《吳越記》六卷。《經義考》卷二七五"擬經類"有張遐《吳越春秋外紀》，姚振宗疑此書即《吳越記》，撰者爲後漢張遐。《宋志》無載，亡佚。

《南越志》八卷。沈氏撰。

沈氏：即沈懷遠，吳興武康（今浙江湖州市）人。坐事徙廣州。前廢帝世，流徙者並聽歸本，歸家。官至武康令。撰《南越志》及《懷文文集》，並行於世。見《宋書》卷八二、《南史》卷三四。兩《唐志》、《宋志》"地理類"皆著録沈懷遠《南越志》五卷。《直齋書録解題》卷八著録此書爲七卷。《玉海》卷一六稱《南越志》五卷"載三代至晋南越疆域事迹"。宋以後亡佚。

《小史》八卷。

不署撰者。宋晁載之《續談助》抄《殷芸小説》所引《小史》一條。殷芸爲梁人，可以推測《小史》撰於梁以前。兩《唐志》無載，亡佚。

《漢靈獻二帝紀》三卷。漢侍中劉艾撰。殘缺，梁有六卷。

劉艾：原作"劉芳"，據《後漢書》卷九、兩《唐志》改。《後漢書·獻帝紀》載，興平元年，使侍中劉艾，出讓有司。據《後漢書》卷七二《董卓傳》知其曾爲董卓長史。兩《唐志》著録劉艾《漢靈獻二帝紀》六卷，《宋志》無載，亡佚。

《山陽公載記》十卷。樂資撰。

後漢獻帝於延康元年十月遜位，爲山陽公，魏青龍二年三月薨，以漢天子禮葬於禪陵。其孫劉康繼位。晋永嘉中，山陽公劉秋被胡賊殺，國除。見《後漢書》卷九。《舊唐志》著録《山陽義紀》樂資撰，《新唐志》著録樂資《山陽公載記》十卷，《宋志》無載，亡佚。

《漢末英雄記》八卷。王粲撰。殘缺，梁有十卷。

王粲：見本書卷三二"尚書類"。《舊唐志》著録《漢末英雄記》十卷，王粲等撰；《新唐志》著録王粲《漢書英雄記》十卷。《四庫全書總目》卷六〇著録《漢末英雄記》一卷，此乃王世貞雜抄諸書而成，並非王粲原作，其書久佚。

《九州春秋》十卷。司馬彪撰，記漢末事。

《晋書》卷八二載，司馬彪爲秘書郎轉丞，作《九州春秋》。兩《唐志》著録此書爲九卷，《宋志》"別史類"、"霸史類"皆著録此書十卷，明《世善堂藏書目録》卷上著録《九州春秋》九卷。《説郛》存一卷，清黄奭有輯本。

《魏武本紀》 四卷。梁并曆五卷。

不署撰者。《舊唐志》"編年類"著録《魏武本紀》三卷，"雜史類"著録《魏武本紀年曆》五卷；《新唐志》"編年類"著録《魏武本紀》四卷，"雜史類"著録《魏武本紀年曆》五卷；《宋志》無載，亡佚。

《魏尚書》 八卷。孔衍撰。梁十卷，成。

孔衍：見本書卷三二"禮類"。《史通·六家·尚書家》提及孔衍所作，"由是有《漢尚書》《後漢尚書》《漢魏尚書》（疑"漢"爲衍文），凡爲二十六卷"。《舊唐志》著録孔衍《漢尚書》十卷、《後漢尚書》六卷、《後漢尚書》十四卷（此當《魏尚書》十卷），《新唐志》著録孔衍《漢尚書》十卷、《後漢尚書》六卷、《後魏尚書》十四卷（此當《魏尚書》十卷），《宋志》無載，亡佚。梁十卷成："成"字疑爲衍文。

《魏晋世語》 十卷。晋襄陽令郭頒撰。

郭頒：生平事迹不詳。《世説新語·方正》注曰，郭頒西晋人，爲《魏晋世語》。《三國志》卷四裴松之注稱，郭頒晋之令史，出爲官長，撰《魏晋世語》。干寶、孫盛等多采其言以爲《晋書》。兩《唐志》著録郭頒《魏晋代説》十卷，《宋志》無載，亡佚。《説郛》存一卷。

《魏末傳》 二卷。梁又有《魏末傳》并《魏氏大事》三卷，亡。

不署撰者。《三國志》卷二八有注曰，"臣松之以爲《魏末傳》所言，率皆鄙陋"。兩《唐志》無載，亡佚。《魏末傳》并《魏氏大事》三卷，當是二書合帙者。

《吕布本事》一卷。毛范撰。

毛范：生平事迹不詳。兩《唐志》無載，亡佚。

《晋諸公讚》二十一卷。晋秘書監傅暢撰。

傅暢：字世道，北地泥陽（今甘肅寧縣東南）人。少有重名，爲秘書監。没入石勒，爲大將軍司馬。作《晋諸公叙讚》二十二卷，又爲《公卿故事》九卷。《晋書》卷四七有傳。本志史、集部尚有其二部著述。兩《唐志》有著録，《宋志》無載，亡佚。清黄奭、傅以禮有輯本。

《晋後略記》五卷。晋下邳太守荀綽撰。

荀綽：字彦舒，潁川潁陰（今河南許昌市）人。撰《晋後書》十五篇，傳於世。永嘉末，爲司空從事參軍。没入石勒，爲參軍。《晋書》卷三九有傳。本志史、集部尚有其二部著述。《舊唐志》著録《晋後略記》五卷，《新唐志》著録《晋後略》五卷，《宋志》著録荀綽《晋略》九卷，《崇文總目》《郡齋讀書志》《直齋書録解題》《玉海》皆不載此書，亡佚。清黄奭有輯本。

《晋書鈔》三十卷。梁豫章内史張緬撰。

張緬：字元長，范陽方城（今河北固安縣南）人。起家秘書郎，出爲淮南太守。累遷北中郎諮議參軍，出爲豫章内史。中大通三年，遷侍中，未拜，卒。爲《後漢紀》四十卷、《晋抄》三十卷、文集五卷。《梁書》卷三四、《南史》卷五六有傳。本志史部尚有其著述一部。兩《唐志》有著録，《宋志》無載，亡佚。

《晋書鴻烈》六卷。張氏撰。

疑此書亦張緬所抄，附於《晋書鈔》之後者。

《宋中興伐逆事》二卷。

　　不署撰者。記宋孝武帝伐元凶劭之事迹。兩《唐志》“故事類”著録《中興伐逆事》二卷，《宋志》無載，亡佚。

《宋拾遺》十卷。梁少府卿謝綽撰。

　　謝綽：陳郡陽夏（今河南太康縣）人。天監初，爲廷尉卿，終少府卿。有《宋拾遺》十卷。見《全梁文》卷五九。本志集部尚有其著述一部。兩《唐志》著録謝綽《宋拾遺録》十卷，《宋志》無載，亡佚。

《左史》六卷。李槩撰。

　　李槩：見本書卷三二“小學類”。《新唐志》有著録，《宋志》無載，亡佚。

《魏國統》二十卷。梁祚撰。

　　梁祚：北地泥陽（今甘肅寧縣東南）人。辟秘書中散，稍遷秘書令。撰並陳壽《三國志》，名曰《國統》，頗行於世。《魏書》卷八四、《北史》卷八一有傳。《舊唐志》著録梁祚《國紀》十卷，《新唐志》著録梁祚《魏書國紀》十卷，《宋志》無載，亡佚。

《梁帝紀》七卷。

　　不署撰者。疑此書爲“正史類”著録之姚察《梁書帝紀》七卷之重出。兩《唐志》“編年類”著録《皇帝紀》七卷，《宋志》無載，亡佚。

《梁太清録》八卷。

　　不署撰者。《史通·雜説中·周書》有注曰，其王褒、庾信等事，又多見裴政《太清實録》、杜臺卿《齊紀》。《隋書》卷六六載，裴政著《承聖降錄》十卷；《北史》卷七七載，裴政作《承聖實錄》十卷。梁元帝於太清六年改元爲承聖，裴政所作可稱《太清實錄》，亦可稱《承聖實錄》，有可能是此書。兩《唐志》著錄《梁太清實錄》八卷，亦不署撰者。《宋志》無載，亡佚。

《梁承聖中興略》十卷。劉仲威撰。

劉仲威：南陽涅陽（今河南鎮平縣）人。梁承聖中爲中書侍郎。入齊，終於鄴中。《陳書》卷一八、《南史》卷五〇有傳。兩《唐志》無載，亡佚。

《梁末代紀》一卷。

不署撰者。兩《唐志》"編年類"有著錄，《宋志》無載，亡佚。

《梁皇帝實錄》三卷。周興嗣撰。記武帝事。

周興嗣：見本書卷三二"小學類"。《梁書》卷四九載，周興嗣所撰《皇帝實錄》《皇德記》等百餘卷。《舊唐志》"起居注類"著錄《梁皇帝實錄》三卷，《新唐志》"實錄類"著錄《梁皇帝實錄》二卷，《宋志》無載，亡佚。

《梁皇帝實錄》五卷。梁中書郎謝昊撰。記元帝事。

《舊唐志》"起居注類"在周興嗣《梁皇帝實錄》三卷後，有"又三卷"，未署撰者。《新志》"實錄類"著錄謝昊《梁皇帝實錄》二卷，《宋志》無載，亡佚。

《棲鳳春秋》五卷。臧嚴撰。

臧嚴：字彥威，東莞莒（今山東莒縣）人。初爲安成王侍郎，累遷湘東王宣惠輕車府參軍。又爲鎮南諮議參軍，卒官。有文集十卷。《梁書》卷五〇、《南史》卷一八有傳。兩《唐志》"編年類"著錄此書，《宋志》無載，亡佚。

《陳王業曆》一卷。陳中書郎趙齊旦撰。

　　趙齊旦：名知禮，天水隴西（今甘肅隴西縣）人。天嘉元年，進爵為伯，遷右衛將軍，領前軍將軍。《陳書》卷一六、《南史》卷六八有傳。兩《唐志》著錄《王業曆》二卷，趙弘禮撰（"弘"乃"知"之誤），《宋志》無載，亡佚。

《史要》十卷。漢桂陽太守衛颯撰。約《史記》要言，以類相從。

　　衛颯：字子産，河內修武（今河南境內）人。建武二年，辟大司徒鄧禹府，後除桂陽太守。因有疾歸家，終於家。《後漢書》卷七六有傳。兩《唐志》著錄衛颯《史記要傳》十卷，《宋志》無載，亡佚。

《典略》八十九卷。魏中郎魚豢撰。

　　魚豢：京兆（今陝西西安市周邊）人。《史通·古今正史》曰，"魏時京兆魚豢私撰《魏略》，事止明帝"。《廿二史考異》卷一五有曰，"魚豢《魏略》今已不存，其諸傳標目，多與它史異"。《舊唐志》"雜史類"著錄《典略》五十卷，"正史類"著錄《魏略》三十八卷；《新唐志》"雜史類"著錄《魏略》五十卷（此與《舊唐志》著錄之《典略》當為一書），《宋志》無載，亡佚。《說郛》存魚豢《三國典略》一卷，清王仁俊輯《魏略》一卷。

《史漢要集》二卷。晋祠部郎王蔑撰。抄《史記》，入《春秋》者，不錄。

　　王蔑：生平事迹不詳。兩《唐志》有著錄，《宋志》無載，亡佚。

《三史略》二十九卷。吴太子太傅張温撰。

張温：字惠恕，吴郡吴（今江蘇蘇州市）人。以吴輔義中郎將使蜀，蜀亦重其才，故遭孫權猜忌。《三國志》卷五七有傳。兩《唐志》著録《三史要略》三十卷，《宋志》無載，亡佚。

《史記正傳》九卷。張瑩撰。

兩《唐志》有載，《宋志》無載，亡佚。

《後漢略》二十五卷。張緬撰。

《梁書》卷三四載，張緬抄《後漢》衆家異同，爲《後漢紀》四十卷。《舊唐志》"雜史類"著録《後漢書略》二十五卷；《新唐志》"雜史類"著録《後漢書略》二十五卷，"編年類"著録張緬《後漢略》二十七卷，二者當有一爲重出；《宋志》無載，亡佚。

《漢皇德紀》三十卷。漢有道徵士侯瑾撰。起光武，至沖帝。

侯瑾：字子瑜，敦煌（今甘肅敦煌市）人。州郡累召，公車有道徵，稱病不到。按《漢紀》撰中興以後行事，爲《皇德傳》三十篇，行於世。《後漢書》卷八〇下有傳。兩《唐志》"編年類"著録此書，《宋志》無載，亡佚。

《洞紀》四卷。韋昭撰。記庖犧已來，至漢建安二十七年。

韋昭：見本書卷三二"詩類"。《三國志》卷六五載，韋昭獄中上辭稱其作《洞紀》，起自庖犧，至於秦漢，凡爲三卷。《舊唐志》著録《洞紀》九卷，《新唐志》著録《洞紀》四卷，《宋志》無載，亡佚。

《續洞紀》一卷。臧榮緒撰。

兩《唐志》無載，《玉海》卷四七載，臧榮緒《續洞紀》一卷。《宋志》無載，亡佚。

《帝王世紀》十卷。皇甫謐撰。起三皇，盡漢、魏。

皇甫謐：字士安，幼名静，安定朝那（今寧夏固原市東南）人。武帝頻下詔徵爲議郎、著作郎，皆不起。所著《帝王世紀》《年曆》等並重於世。《晋書》卷五一有傳。本志史、子、集部尚有其七部著述。《日本國見在書目録》著録皇甫謐《帝王世紀》卅卷，兩《唐志》著録皇甫謐《帝王代紀》十卷，《宋志》著録皇甫謐《帝王世紀》九卷。《玉海》卷四七載，晋正始初，安定皇甫謐撰《帝王世紀》並《年曆》合十二篇，起太昊迄漢獻帝。清宋翔鳳稱此書唐以後亡。《説郛》存一卷，清宋翔鳳、顧觀光、王仁俊有輯本。

《帝王世紀音》四卷。虞綽撰。

虞綽：字士裕，會稽餘姚（今浙江餘姚市）人。仕陳，爲太學博士。隋大業初，爲秘書學士，與虞世南等撰《長洲玉鏡》等書十餘部。後因楊玄感而徙且末，坐斬。《隋書》卷七六、《北史》卷八三有傳。兩《唐志》無載，亡佚。

《帝王本紀》十卷。來奧撰。

來奧：生平事迹不詳。史部尚有其一部著述。兩《唐志》有著録，《宋志》無載，亡佚。

《續帝王世紀》十卷。何茂材撰。

何茂材：生平事迹不詳。《日本國見在書目録》著録《續帝王紀》十卷，何茂林撰；《舊唐志》著録《續帝王代紀》十卷，何集撰；《新唐志》著録何茂林《續帝王代紀》十卷；《宋志》無載，亡佚。

8。

《十五代略》十卷。吉文甫撰。起庖犧，至晋。

　　吉文甫：見本書卷三二"小學類"。兩《唐志》有著録，《宋志》無載，亡佚。

《帝王要略》十二卷。環濟撰。紀帝王及天官、地理、喪服。

　　環濟：見本書卷三二"禮類"。兩《唐志》"雜史類"著録環濟《帝王略要》十二卷，《宋志》無載，亡佚。

《周載》八卷。東晋臨賀太守孟儀撰。略記前代，下至秦。本三十卷，今亡。

　　孟儀：生平事迹不詳。兩《唐志》著録孟儀注《周載》三十卷，《宋志》無載，亡佚。

《漢書鈔》三十卷。晋散騎常侍葛洪撰。

　　葛洪：見本書卷三二"禮類"。《晋書》卷七二載，葛洪又鈔五經史漢百家之言、方伎雜事三百一十卷。《新唐志》著録葛洪《漢書鈔》三十卷，《宋志》無載，亡佚。

《拾遺録》二卷。僞秦姚萇方士王子年撰。

　　王子年：名嘉。見本書卷三二"讖緯類"。《晋書》卷九五載，王子年又著《拾遺録》十卷，其記多詭怪。兩《唐志》著録王嘉《拾遺録》三卷，《宋志》無載，亡佚。

《王子年拾遺記》十卷。蕭綺撰。

　　蕭綺：生平事迹不詳。《郡齋讀書志》卷九稱，《王子年拾遺

5記

8《王子年拾遺

記
5記
8《王子年拾遺

記

8《王子年拾遺

記

記》百二十篇，載伏羲以來異事，前世奇詭之説。《增訂四庫簡明
目録標注》卷一四稱《拾遺記》"原本十九卷，百二十篇，經亂佚
闕，梁蕭綺掇拾殘文，編爲十卷，並爲叙録"。兩《唐志》"雜史
類"著録《拾遺記》十卷，蕭綺録。《宋志》"小説類"著録《王
子年拾遺記》十卷，則署晉王嘉撰，其實此爲蕭綺所撰。此書現存
最早的本子爲明萬曆漢魏叢書本，通行本有四庫本等。

《華夷帝王世紀》三十卷。楊曄撰。

楊曄：生平事迹不詳。兩《唐志》著録楊曄《華夷帝王記》
三十七卷，《宋志》無載，亡佚。

《正史削繁》九十四卷。阮孝緒撰。

阮孝緒：見本書卷三二"小學類"。兩《唐志》著録阮孝緒
《正史削繁》十四卷，《宋志》無載，亡佚。

《童悟》十二卷。

不署撰者。兩《唐志》"儀注類"著録《童悟》十三卷，疑此
書有便於童蒙，助其穎悟之作用。《宋志》無載，亡佚。

《帝王世録》一卷。甄鸞撰。

甄鸞：生平事迹不詳。《四庫全書總目》卷一〇七《五經算
術》提要稱，"北周甄鸞精於步算，仕北周，爲司隸校尉、漢中郡
守"。據本志"曆數類"著録《七曜本起》三卷，後魏甄叔邊撰；
而《新唐志》"曆算類"著録甄鸞《七曜本起曆》五卷，可知甄鸞
字叔邊。本志子部尚有其六部著述。兩《唐志》、《宋志》皆無載，
亡佚。

《先聖本紀》十卷。劉紹撰。

劉縚（tāo）：字言明，平原高唐（今山東禹城市）人。大同中，爲尚書祠部郎，不久即去職，不再仕。《南史》卷七二有傳，又見《梁書》卷四九。兩《唐志》有著錄，《宋志》無載，亡佚。

《年曆帝紀》三十卷。姚恭撰。

姚恭：生平事迹不詳。兩《唐志》著錄姚恭《年曆帝紀》二十六卷，《宋志》無載，亡佚。

《帝王諸侯世略》十一卷。

不署撰者。兩《唐志》無載，亡佚。

《王霸記》三卷。潘傑撰。

潘傑：生平事迹不詳。兩《唐志》無載，亡佚。

《歷代記》三十二卷。

不署撰者。兩《唐志》著錄《歷代記》三十卷，庾和之撰。《宋志》無載，亡佚。

《隋書》六十卷。未成。秘書監王劭撰。

《隋書》卷六九載，王劭撰《隋書》八十卷。《舊唐志》"雜史類"、《新唐志》"正史類"著錄王劭《隋書》八十卷，《宋志》無載，亡佚。

右七十二部，九百一十七卷。通計亡書七十三部，九百三十九卷。

七十二部：實際是七十一部。七十三部：實際是七十二部。

自秦撥去古文，篇籍遺散。漢初，得《戰國策》，蓋戰國游士記其策謀。其後陸賈作《楚漢春秋》，以述誅鋤秦、項之事。又有《越絶》，相承以爲子貢所作。後漢趙曄，又爲《吳越春秋》。其屬辭比事，皆不與《春秋》《史記》《漢書》相似，蓋率爾而作，[1]非史策之正也。靈、獻之世，[2]天下大亂，史官失其常守。博達之士，愍其廢絶，各記聞見，以備遺亡。是後群才景慕，作者甚衆。又自後漢已來，學者多鈔撮舊史，自爲一書，或起自人皇，[3]或斷之近代，亦各其志，而體制不經。又有委巷之説，[4]迂怪妄誕，[5]真虛莫測。然其大抵皆帝王之事，通人君子，必博采廣覽，以酌其要，故備而存之，謂之雜史。

[1]率爾：輕率的樣子。

[2]靈：漢靈帝劉宏，漢章帝之玄孫。年十二，桓帝崩，無子，迎其即帝位。《後漢書》卷八有紀。獻，漢獻帝劉協，靈帝子。董卓廢少帝，立協爲帝，時年九歲。建安二十一年，曹丕建魏，廢帝爲山陽公，漢亡。《後漢書》卷九有紀。

[3]人皇：三皇（天皇、地皇、人皇）之一，傳説中遠古部落的酋長。

[4]委巷：僻陋曲折的小巷。

[5]迂怪：迂闊荒誕。

《趙書》十卷。一曰《二石集》，記石勒事。僞燕太傅長史田融撰。

《二石傳》二卷。晋北中郎參軍王度撰。

《二石僞治時事》二卷。王度撰。

田融：生平事迹不詳。王度：太原（今山西太原市）人。仕石

虎，爲中書著作郎。見《全晋文》卷一四八。《史通·古今正史》
載，燕太傅長史田融、宋尚書庫部郎郭仲産、北中郎參軍王度追撰
二石事，集爲《鄴都記》《趙記》等書。《史通·雜說》自注曰，
田融《趙史》謂勒爲前石，虎爲後石。石勒字世龍，據襄國稱趙，
太興二年僭即王位。見《晋書》卷一〇四、《魏書》卷九五。《舊
唐志》著録田融《趙石記》二十卷、《二石記》二十卷，王度、隋
劇等撰《二石僞事》六卷；《新唐志》著録田融《趙石記》二十
卷、又《二石記》二十卷，王度、隨劇《二石僞事》六卷，《二石
書》十卷。疑《二石記》與《趙石記》爲一書重出，隋（隨）劇
似"陸劇"之誤。此書《宋志》無載，亡佚。清湯球輯王度《二
石傳》一卷、田融《趙書》一卷。

《漢之書》十卷。常璩撰。

常璩（qú）：字道將，江原（今四川崇州市）人。李勢時官至
散騎常侍。見《四庫全書總目》卷六六。《史通·古今正史》曰，
李勢散騎常侍常璩撰《漢書》十卷。後入晋秘閣，改爲《蜀李
書》。兩《唐志》著録常璩《蜀李書》九卷，《新唐志》又有《漢
之書》十卷。《宋志》無載，亡佚。清湯球輯《蜀李書》一卷。

《華陽國志》十二卷。常璩撰。梁有《蜀平記》十卷，《蜀漢僞官故事》一卷，亡。

《直齋書録解題》卷五稱，《華陽國志》志巴蜀地理、風俗、
人物及公孫述、劉焉、劉璋先後主以及李特等事迹。《舊唐志》著
録此書三卷（疑"三"前脱"十"），《新唐志》著録此書十三卷，
《宋志》著録此書爲十二卷。《增訂四庫簡明目録標注》卷六稱，
《四庫全書總目》著録《華陽國志》十二卷，附録一卷，"世所行
何鏜、吳琯本不足，以影寫宋本補足，並附以張佳胤所補一卷"。
此書現存最早的本子爲明嘉靖張佳胤刻本，通行本爲四庫本、四部

叢刊本、叢書集成本等。《蜀平記》《蜀漢僞官故事》皆不署撰者。丁國鈞《補晉藝文志》曰，"此書當是記桓温平李勢事"。

《燕書》二十卷。記慕容儁事。僞燕尚書范亨撰。

范亨：生平事迹不詳。慕容儁，永和五年僭即燕王位。見《晋書》卷一一〇、《魏書》卷九五、《北史》卷九三。兩《唐志》、《宋志》皆著録范亨《燕書》二十卷，然《直齋書録解題》《郡齋讀書志》皆無載，亡佚。清湯球有輯本。

《南燕録》五卷。記慕容德事。僞燕尚書郎張詮撰。

張詮：生平事迹不詳。慕容德，字玄朗，據滑臺稱南燕，隆安四年僭皇帝位。見《晋書》卷一二七、《魏書》卷九五、《北史》卷九三。《舊唐志》著録張詮《南燕書》五卷，《新唐志》著録張詮《南燕書》十卷，《宋志》無載，亡佚。清湯球有輯本。

《南燕録》六卷。記慕容德事。僞燕中書郎王景暉撰。

王景暉：生平事迹不詳。《史通·古今正史》曰，"南燕有趙郡王景暉，嘗事德、超，撰二主起居注。超亡，仕於馮氏，官至中書令，仍撰《南燕録》六卷"。《舊唐志》著録《南燕録》六卷，王景暄撰，《新唐志》著録王景暉《南燕録》六卷，《宋志》無載，亡佚。清湯球有輯本。

《南燕書》七卷。遊覽先生撰。

遊覽先生：生平事迹不詳。兩《唐志》無載，亡佚。

《燕志》十卷。記馮跋事。魏侍中高閭撰。

高閭：字閭士，漁陽雍奴（今天津市）人。太平真君九年，徵拜中書博士。文明太后臨朝，以功進爵爲侯。世祖朝，以光禄大夫致仕，卒於家，謚曰文侯。好爲文章，集詔令碑頌等百餘篇，凡三十卷。《魏書》卷五四、《北史》卷三四有傳。馮跋，字文起。太元二十年，僭稱天王於昌黎，國曰燕。見《晋書》卷一二五、《魏書》卷九七、《北史》卷九三。《魏書》卷六○載韓顯宗撰《燕志》十卷，其當爲此書撰者，而高閭則因監其事而署名。兩《唐志》著錄《燕志》十卷，不署撰者。《宋志》無載，亡佚。清湯球有輯本。

《秦書》八卷。何仲熙撰。記苻健事。

何仲熙：生平事迹不詳。苻健，字建業，永和七年僭稱天王，置百官於長安，稱秦。見《晋書》卷一一三、《魏書》卷九五。兩《唐志》無載，亡佚。

《秦記》十一卷。宋殿中將軍裴景仁撰，梁雍州主簿席惠明注。

裴景仁：生平事迹不詳。《宋書》卷五四載，殿中員外將軍裴景仁助成彭城，多悉戎荒事。（沈）曇慶使撰《秦記》十卷，叙苻氏僭偽本末，其書傳於世。席惠明：生平事迹不詳。兩《唐志》著錄《秦記》十一卷，裴景仁撰，杜惠明注。《宋志》無載，亡佚。清湯球有輯本。

《秦紀》十卷。記姚萇事。魏左民尚書姚和都撰。

姚和都：生平事迹不詳。《史通·古今正史》稱，"和都仕魏，爲左民尚書，又追撰《秦紀》十卷"。姚萇，字景茂。太元十一年僭即皇帝位於長安，國號大秦。見《晋書》卷一一六、《魏書》卷九五、《北史》卷九三。兩《唐志》無載，亡佚。清湯球有輯本。

《涼記》八卷。記張軌事。偽燕右僕射張諮撰。

張諮：生平事迹不詳。張軌，字士彥，安定烏氏（今甘肅平涼市西北）人。晋愍帝拜張軌爲侍中、太尉、涼州牧、西平公。在州十三年卒，謚曰武公。見《晋書》卷八六、《魏書》卷九九。兩《唐志》著録張諮《涼記》十卷，《宋志》無載，亡佚。清湯球有輯本。

《涼書》十卷。記張軌事。僞涼大將軍從事郎劉景撰。

　　劉景：即劉昞（或作昺），字延明，敦煌（今甘肅敦煌市）人。李嵩私署，徵爲儒林祭酒，又遷撫夷護軍。著有《涼書》十卷、《敦煌實録》二十卷等，世祖平涼州，拜樂平王從事中郎。七十餘歲歸鄉，途中遇疾而卒。《魏書》卷五二、《北史》卷三四有傳。本部尚有其一部著述。《新唐志》著録劉昞《涼書》十卷，《宋志》無載，亡佚。

《西河記》二卷。記張重華事。晋侍御史喻歸撰。

　　喻歸：《晋書》卷八六作俞歸，生平事迹不詳。張重華，張軌重孫，字泰臨。永和二年自稱持節、護羌校尉、涼州牧、假涼王。升平末，晋詔遣侍御史俞歸拜重華護羌校尉、涼州刺史、假節。將受詔，未及而卒。見《晋書》卷八六、《魏書》卷九九。兩《唐志》著録段龜龍《西河記》二卷，《宋志》無載，亡佚。清張澍、湯球輯有喻歸《西河記》一卷。

《涼記》十卷。記吕光事。僞涼著作佐郎段龜龍撰。

　　段龜龍：生平事迹不詳。吕光：字世明，略陽（今甘肅天水市一帶）氐人。太元十年九月據姑臧，自稱涼州刺史，二十一年僭即天王位。見《晋書》卷一二二、《魏書》卷九五。《新唐志》著録段龜龍《涼記》十卷，《宋志》無載，亡佚。《説郛》存一卷，名爲《涼州記》，清張澍、湯球有輯本。

《涼書》十卷。高道讓撰。

高道讓：名謙之，渤海蓨（今河北景縣）人。襲父爵，除國子
博士。以父舅氏沮渠蒙遜曾據涼土，乃修《涼書》十卷，行於世。
後坐事，入獄賜死，時年四十二。見《魏書》卷七七、《北史》卷
五〇。兩《唐志》無載，亡佚。

《涼書》十卷。沮渠國史。

不署撰者。《史通·古今正史》"宗欽記沮渠氏"。宗欽，字景
若，金城（今甘肅蘭州市）人。仕沮渠蒙遜，爲中書郎、世子洗
馬。世祖平涼州，賜爵臥樹男，拜著作郎。崔浩被誅，欽亦賜死。
見《魏書》卷五二、《北史》卷三四。疑此書即高道讓所言國書。
兩《唐志》無載，亡佚。

《托跋涼錄》十卷。

不署撰者。錢大昕稱此書"當時記南涼事，禿髮即托跋聲之轉
也"。見《廿二史考異》卷三四。禿髮烏孤，河西鮮卑人。據涼州
稱南涼。見《晋書》卷一二六、《魏書》卷九九。兩《唐志》有著
錄，《宋志》無載，亡佚。

《敦煌實錄》十卷。劉景撰。

此書記李暠事。李暠，字玄盛，隴西狄道（今甘肅臨洮縣）
人。隆安四年，據敦煌，私署護羌校尉、秦涼二州牧、涼公。卒，
國人上謚曰武昭王。見《晋書》卷八七、《魏書》卷九九、《北史》
卷一〇〇。《舊唐志》"雜傳類"著錄《燉煌實錄》二十卷，劉延
明撰；《新唐志》"僞史類""雜傳記類"皆著錄劉昞《燉煌實錄》
二十卷，其一爲重出。《宋志》無載，亡佚。《說郛》存一卷，清
湯球有輯本。

《十六國春秋》一百卷。魏崔鴻撰。

　　崔鴻：字彦鸞，東清河鄃（今山東平原縣西南）人。孝昌初，拜給事黄門侍郎，尋加散騎常侍、齊州大中正。卒，贈鎮東將軍、青州刺史。崔鴻撰《十六國春秋》，勒成百卷，因其舊記，時有增損褒貶。《魏書》卷六七、《北史》卷四四有傳。兩《唐志》著錄崔鴻書爲一百二十卷，《宋志》《直齋書録解題》《郡齋讀書志》皆無載。《四庫全書總目》卷六六稱，此書亡於北宋，現存《十六國春秋》乃明屠嘉孫、項琳之僞作。《增訂四庫簡明目録標注》卷六則言，屠、項刻《十六國春秋》於萬曆中，而汲古閣家藏已有此書抄本，故此書雖爲僞託，但早於屠、項。

《纂録》一十卷。

　　不署撰者。兩《唐志》無載，亡佚。

《戰國春秋》二十卷。李槩撰。

　　本書已見本志“古史類”，此係重出。

《漢趙記》十卷。和苞撰。

　　和苞：劉曜大興土木，建宮、築陵，侍中和苞上疏諫，封其平輿子，領諫議大夫。見《晋書》卷一〇三。漢，即匈奴人劉元海在惠帝永興元年據離石所建立的漢政權。趙，指劉元海族子劉曜在元帝大興元年僭即皇帝位，國號趙。見《晋書》卷一〇一、一〇三。《舊唐志》著錄《漢趙記》十卷，《新唐志》著錄《漢趙記》十四卷，《宋志》著錄《漢趙記》一卷，後亡佚。清湯球有輯本。

《吐谷渾記》二卷。宋新亭侯段國撰。梁有《翟遼書》二卷，《諸國略記》二卷，《永嘉後纂年記》二卷，《段業傳》一卷，亡。

　　段國：生平事迹不詳。吐谷渾，慕容廆之庶長兄。屬永嘉之亂，始度隴而西。其後子孫據有西零以西甘松之界，極乎白蘭數千里。見《晉書》卷九七。兩《唐志》無載，亡佚。清張澍輯段國《沙州記》一卷，認爲此即《吐谷渾記》。《説郛》存段國《沙州記》一卷。《翟遼書》：記零丁翟遼事。孝武帝太元八年十二月，前句町王翟遼背苻堅舉兵於河南，後自號大魏天王，屯滑臺，十五年敗於王師。見《晉書》卷九、《北史》卷九三。《諸國略記》《永嘉後纂年記》：皆不署撰者。兩《唐志》無載，亡佚。《段業傳》：不署撰者。段業，京兆（今陝西西安市東）人，爲呂光之建康太守。隆安三年，據張掖，自稱北涼王。五年，被沮渠蒙遜殺。見《晉書》卷一〇、一〇一、一二九。兩《唐志》無載，亡佚。

《天啓紀》十卷。記梁元帝子謂據湘州事。

不署撰者。據史載，梁元帝無名爲謂之子。梁元帝臣王琳以功封建寧縣侯，爲湘州刺史。魏克江陵，王琳將年方七歲的元帝子蕭莊迎還湘中。梁敬帝即位，蕭莊出質於齊。王琳請莊於齊以主梁嗣，太平二年二月，即位於郢州，年號天啓。見《南史》卷五四、《北齊書》卷三二。兩《唐志》著録《天啓紀》十卷，守節先生撰。《宋志》無載，亡佚。

右二十七部，三百三十五卷。通計亡書，合三十三部，三百四十六卷。

《傳》曰："不有君子，其能國乎？"[1]自晉永嘉之亂，皇綱失馭，[2]九州君長，據有中原者甚衆。或推奉正朔，[3]或假名竊號，然其君臣忠義之節，經國字民之務，[4]蓋亦勤矣。而當時臣子，亦各記録。後魏克平諸國，據有嵩、華，[5]始命司徒崔浩，博採舊聞，綴述國史。諸國記注，盡集祕閣。尒朱之亂，並皆散亡。今舉其見在，謂之霸史。

[1]傳曰：見《左傳》文公十二年。文曰，不是有了君子，難道能治理國家嗎？

[2]皇綱：封建王朝統治天下的紀綱。

[3]正朔：一年的第一天。古代改朝換代，新王朝要重定正朔，故此正朔表示朝代更迭。

[4]字民：撫養百姓。

[5]嵩華：中岳嵩山與西岳華山。

《穆天子傳》六卷。汲冢書。郭璞注。

郭璞：見本書卷三二"詩類"。束晳稱，《穆天子傳》五篇，言周穆王游行四海，見帝臺、王母。見《晋書》卷五一。荀勖言，此書記見西王母事，與《太史公記》同。見《全晋文》卷三一。兩《唐志》、《宋志》皆著録郭璞注《穆天子傳》六卷。《郡齋讀書志》卷九稱，汲縣人發冢得此書，六卷八千五百一十四字。此書現存最早的本子爲明天一閣奇書本，通行本有四部叢刊本、四部備要本、叢書集成本等。

《漢獻帝起居注》五卷。

不署撰者。袁宏《後漢紀序》提及其撰《後漢紀》，所掇會者有《漢靈獻起居注》等。兩《唐志》有著録，《宋志》無載，亡佚。

《晋泰始起居注》二十卷。李軌撰。

李軌：見本書卷三二"易類"。泰始，晋武帝年號（265—274）。兩《唐志》有著録，《宋志》無載，亡佚。清有黄奭輯本。

《晋咸寧起居注》十卷。李軌撰。

　　咸寧，晋武帝年號（275—280）。《新唐志》著録《晋咸寧起居注》二十二卷，《宋志》無載，亡佚。清有黄奭輯本。

《晋泰康起居注》二十一卷。李軌撰。

　　泰康，晋武帝年號（280—289）。兩《唐志》著録此書爲二十二卷，《宋志》無載，亡佚。清有黄奭輯本。

《晋元康起居注》一卷。梁有《永平元康永寧起居注》六卷，又有《惠帝起居注》二卷，《永嘉建興起居注》十三卷，亡。

　　不署撰者。元康，晋惠帝年號（291—299）。兩《唐志》無載，亡佚。《永平元康永寧起居注》：不署撰者。永平，晋惠帝年號（291）；永寧，晋惠帝年號（301—302）。兩《唐志》著録《晋永平起居注》八卷，李軌撰。《宋志》無載，亡佚。《惠帝起居注》：不署撰者。《宋書》卷五七載，傅亮與蔡廓書信中提及陸士衡《起居注》。此《起居注》有可能爲陸機所作。兩《唐志》無載，亡佚。清有黄奭、湯球輯本。《永嘉建興起居注》：永嘉，懷帝年號（307—313）；建興，愍帝年號（313—317）。兩《唐志》無載，《舊唐志》著録《晋愍帝起居注》三十卷，李軌撰。《宋志》無載，亡佚。

《晋建武大興永昌起居注》九卷。梁有二十卷。

　　不署撰者。建武（317）、大興（318—321）、永昌（322），皆爲晋元帝年號。兩《唐志》著録此書爲二十二卷，《宋志》無載，亡佚。清黄奭有《建武起居注》《太興起居注》之輯本。

《晋元康起居注》一卷。

　　不署撰者。此當爲前書之重出。

《晋咸和起居注》 十六卷。李軌撰。

咸和：晋成帝年號（326—334）。兩《唐志》著録此書爲十八卷，《宋志》無載，亡佚。清有黄奭輯本。

《晋咸康起居注》 二十二卷。

不署撰者。咸康，晋成帝年號（335—342）。兩《唐志》著録《晋咸康起居注》二十二卷，李軌撰。《宋志》無載，亡佚。清黄奭有輯本。

《晋建元起居注》 四卷。

不署撰者。建元，晋康帝年號（343—344）。兩《唐志》有著録，《宋志》無載，亡佚。清黄奭輯《晋康帝起居注》。

《晋永和起居注》 十七卷。梁有二十四卷。

不署撰者。永和，晋穆帝年號（345—356）。兩《唐志》著録此書二十四卷，《宋志》無載，亡佚。清有黄奭輯本。

《晋升平起居注》 十卷。

不署撰者。升平，晋穆帝年號（357—361）。兩《唐志》有著録，《宋志》無載，亡佚。

《晋隆和興寧起居注》 五卷。

不署撰者。隆和（362—363）、興寧（363—365），晋哀帝年號。兩《唐志》有著録，《舊唐志》“隆”作“崇”，爲避唐諱。《宋志》無載，亡佚。

《晋咸安起居注》 三卷。

不署撰者。咸安，晋簡文帝年號（371—372）。兩《唐志》有
著録，《宋志》無載，亡佚。

《晋泰和起居注》六卷。梁十卷。

不署撰者。泰和，晋廢帝年號（366—371）。此書應列在《晋
咸安起居注》之前。

兩《唐志》有著録，《宋志》無載，亡佚。

《晋寧康起居注》六卷。

不署撰者。寧康，晋孝武帝年號（373—375），兩《唐志》有
著録，《宋志》無載，亡佚。

《晋泰元起居注》二十五卷。梁五十四卷。

不署撰者。泰元，晋孝武帝年號（376—396）。兩《唐志》著
録《晋泰元起居注》五十二卷，《宋志》無載，亡佚。

《晋隆安起居注》十卷。

不署撰者。隆安，晋安帝年號（397—401），《舊唐志》著録
《晋崇安起居注》十卷，《新唐志》著録《晋崇寧起居注》十卷
（"寧"爲"安"之誤），《宋志》無載，亡佚。

《晋元興起居注》九卷。

不署撰者。元興，晋安帝年號（403—404）。兩《唐志》有著
録，《宋志》無載，亡佚。

《晋義熙起居注》十七卷。梁三十四卷。

不署撰者。義熙，晋安帝年號（405—418）。兩《唐志》著録
《晋義熙起居注》三十四卷，《宋志》無載，亡佚。清黃奭有輯本。

《晉元熙起居注》二卷。

不署撰者。元熙，晉恭帝年號（419—420）。兩《唐志》有著録，《宋志》無載，亡佚。

《晉起居注》三百一十七卷。宋北徐州主簿劉道會撰。梁有三百二十二卷。

劉道會：生平事迹不詳。兩《唐志》著録此書三百二十卷，《宋志》無載，亡佚。清王仁俊輯《晉起居注》一卷，未署原撰者。

《流別起居注》三十七卷。梁有《晉宋起居注鈔》五十一卷，《晉宋先朝起居注》二十卷，亡。

不署撰者。《梁書》卷二五載，徐勉嘗以《起居注》煩雜，乃加删爲《流別起居注》六百卷，《南史》卷六〇作六百六十卷，疑此書爲徐勉所作之殘本。《新唐志》著録《流別起居注》四十七卷，《宋志》無載，亡佚。《晉宋起居注鈔》《晉宋先朝起居注》：皆不署撰者。《新唐志》著録何始真《晉起居鈔》五十一卷、《晉起居注鈔》二十四卷，《宋志》無載，亡佚。

《宋永初起居注》十卷。

不署撰者。永初，宋武帝年號（420—422）。兩《唐志》著録《宋永初起居注》六卷，《宋志》無載，亡佚。

《宋景平起居注》三卷。

不署撰者。景平，宋少帝年號（423—424）。兩《唐志》有著録，《宋志》無載，亡佚。

《宋元嘉起居注》 五十五卷。梁六十卷。

不署撰者。元嘉，宋文帝年號（424—453）。《舊唐志》著録此書六十卷，《新唐志》著録此書七十一卷，《宋志》無載，亡佚。《説郛》存一卷。

《宋孝建起居注》 十二卷。

不署撰者。孝建，宋孝武帝年號（454—456）。《新唐志》著録《宋孝建起居注》十七卷，《宋志》無載，亡佚。

《宋大明起居注》 十五卷。梁三十四卷。又有《景和起居注》四卷，《明帝在藩注》三卷，亡。

不署撰者。大明，宋孝武帝年號（457—464）。《舊唐志》著録此書八卷，《新唐志》著録此書十五卷，《宋志》無載，亡佚。《景和起居注》：景和，宋前廢帝年號（465）。兩《唐志》無載，亡佚。《明帝在藩注》：此書當記明帝元嘉二十五年封淮陽王，景和末入朝被留停都，後與心腹合謀殞廢帝事。兩《唐志》無載，亡佚。

《宋泰始起居注》 十九卷。梁二十三卷。

不署撰者。泰始，宋明帝年號（465—471）。兩《唐志》無載，亡佚。

《宋泰豫起居注》 四卷。梁有《宋元徽起居注》二十卷，《昇明起居注》六卷，亡。

不署撰者。泰豫，宋明帝年號（472）。兩《唐志》無載，亡佚。《宋元徽起居注》：不署撰者。元徽，宋後廢帝年號（473—477）。兩《唐志》無載，亡佚。《昇明起居注》：不署撰者。昇明，宋順帝年號（477—479）。兩《唐志》無載，亡佚。清王仁俊輯有

《宋起居注》一卷。

《齊永明起居注》二十五卷。梁有三十四卷。又有《建元起居注》十二卷,《隆昌延興建武起居注》四卷,《中興起居注》四卷,亡。

不署撰者。永明,齊武帝年號(483—493)。《南齊書》卷五二載,王逡之撰《永明起居注》,《新唐志》著録《齊永明起居注》二十五卷,《宋志》無載,亡佚。《建元起居注》:不署撰者。建元,齊太祖年號(479—482)。兩《唐志》無載,亡佚。《隆昌延興建武起居注》:不署撰者。隆昌,齊鬱林王年號(494);延興,齊海陵王年號(494);建武,齊明帝年號(494—498)。兩《唐志》無載,亡佚。《中興起居注》:不署撰者。中興,齊和帝年號(501—502)。兩《唐志》無載,亡佚。

《梁大同起居注》十卷。

不署撰者。大同,梁武帝年號(535—546)。《新唐志》著録《梁大同七年起居注》十卷,《宋志》無載,亡佚。清王仁俊輯有《梁起居注》一卷、《梁天監起居注》一卷、《梁大同起居注》一卷。

《後魏起居注》三百三十六卷。

不署撰者。《魏書》卷七下載,孝文帝太和十四年"初,詔定起居注制"。卷三九載李伯尚撰《太和起居注》,卷四三載撰《世宗起居注》,卷六七載撰《高祖世宗起居注》。兩《唐志》著録《後魏起居注》二百七十六卷,《宋志》無載,亡佚。

《陳永定起居注》八卷。

不署撰者。永定,陳武帝年號(557—559)。《陳書》卷一六載，"初，世祖敕（劉）師知撰《起居注》，自永定二年秋至天嘉冬，爲十卷"。兩《唐志》無載，亡佚。

《陳天嘉起居注》二十三卷。

不署撰者。天嘉，陳文帝年號（560—566）。兩《唐志》無載，亡佚。

《陳天康光大起居注》十卷。

不署撰者。天康，陳文帝年號（566）；光大，陳廢帝年號（567—568）。兩《唐志》無載，亡佚。

《陳太建起居注》五十六卷。

不署撰者。太建，陳宣帝年號（569—582）。兩《唐志》無載，亡佚。

《陳至德起居注》四卷。

不署撰者。至德，陳後主年號（583—586）。兩《唐志》無載，而著錄《陳起居注》四十一卷，不著年號，似殘佚所餘集成一帙。

《後周太祖號令》三卷。

不署撰者。據《周書》卷一載，周太祖宇文泰原爲魏重臣。宇文覺受禪，尊宇文泰爲文王，廟號曰太祖。故此書所記應爲魏之號令。兩《唐志》無載，亡佚。

《隋開皇起居注》六十卷。

不署撰者。開皇，隋文帝年號（581—600）。《隋書》卷六九載，王劭入隋，修《起居注》。《新唐志》著錄《隋開皇元年起居注》六卷，疑爲此書之殘本。

《南燕起居注》一卷。

不署撰者。南燕（398—410），慕容德所建政權，傳至其子慕容超乃亡。《史通·古今正史》載，"南燕有趙郡王景暉嘗事德、超，撰二主《起居注》"。兩《唐志》無載，亡佚。

右四十四部，一千一百八十九卷。

四十四部：實際著録四十二部。另有亡書十二部，未載。

起居注者，録紀人君言行動止之事。《春秋傳》曰："君舉必書，書而不法，後嗣何觀?"[1]《周官》，内史掌王之命，遂書其副而藏之，[2]是其職也。漢武帝有《禁中起居注》，[3]後漢明德馬后撰《明帝起居注》，[4]然則漢時起居，似在宫中，爲女史之職。[5]然皆零落，不可復知。今之存者，有漢獻帝及晉代已來起居注，皆近侍之臣所録。晉時，又得汲冢書，有《穆天子傳》，體制與今起居正同，蓋周時内史所記王命之副也。近代已來，別有其職，[6]事在《百官志》。今依其先後，編而次之。其僞國起居，唯《南燕》一卷，不可別出，附之於此。

[1]此句見《左傳》莊公二十三年。

[2]此句《周官》作"内史掌王命，遂貳之"。其注曰，"副寫藏之"。見《周禮注疏》卷二六。

[3]《禁中起居注》：久佚。《史通·史官建置》有所提及，稱其著述，似出宫中。

　　[4]明德馬后：伏波將軍馬援之女，明帝皇后。自撰《顯宗起居注》。

　　[5]女史：屬天官冢宰，掌王后之禮職，掌內治之貳，以詔后治內政。見《周禮注疏》卷八。

　　[6]別有其職：梁以來，秘書省著作郎掌國史，集注起居。見《隋書》卷二六。

《漢武帝故事》二卷。

　　不署撰者。《西京雜記》卷末有曰，"（葛）洪家復有《漢武帝禁中起居注》一卷、《漢武故事》二卷，世人稀有之者，今并五卷爲一秩，庶免淪没焉"。兩《唐志》"故事類"著録此書，《宋志》"故事類"著録班固《漢武故事》五卷。《郡齋讀書志》卷九"傳記類"著録《漢武故事》一卷，稱"右世言班固撰。唐張柬之《書洞冥記後》云，《漢武故事》，王儉造"。《四庫全書總目》卷一四二著録《漢武故事》一卷，提要對其內容有所質疑，亦未考其所始。現存最早的本子爲明嘉靖歷代小史本，通行本爲叢書集成本、四庫本。

《西京雜記》二卷。

　　不署撰者。此書卷末有葛洪序，稱其家有劉子駿《漢書》一百卷，"試以此記考校班固所作，殆是全取劉書有小異同耳，並固所不取，不過二萬許言，今抄出爲二卷，名曰《西京雜記》"。兩《唐志》"傳記類""地理類"皆著録《西京雜記》二卷，葛洪撰。《宋志》"傳記類"著録葛洪《西京雜記》六卷，《郡齋讀書志》卷六著録此書二卷，《直齋書録解題》卷七著録此書六卷。《四庫全書總目》卷一四〇著録此書六卷，稱舊題晋葛洪撰，此實起于唐。《增訂四庫簡明目録標注》卷一四著録此書六卷，稱"舊本或題漢劉歆撰，或題晋葛洪撰，實則梁吳均撰"。盧文弨《抱經堂校刊序》曰，"此書或以爲晉葛洪著，或以爲梁吳均撰，余則以此漢人所記無疑也"。此書現存最早的本子爲明萬曆本，通行本有四庫本、四部叢刊本等。

《漢魏吳蜀舊事》八卷。

不署撰者。兩《唐志》有著録，《宋志》無載，亡佚。

《晋朝雜事》二卷。

不署撰者。《梁書》卷五一載，庾詵撰有《晋朝雜事》五卷。兩《唐志》有著録，亦不署撰者。《宋志》無載，亡佚。清黄奭有輯本。

《晋宋舊事》一百三十五卷。

不署撰者。兩《唐志》著録《晋宋舊事》一百三十卷，《宋志》無載，亡佚。

《晋要事》三卷。

不署撰者。《舊唐志》無此書，著録《晋故事》三卷，疑即此書。《新唐志》著録《晋要事》三卷，《宋志》無載，亡佚。

《晋故事》四十三卷。

不署撰者。兩《唐志》有著録，《宋志》無載，亡佚。

《晋建武故事》一卷。

不署撰者。兩《唐志》著録《晋建武以來故事》三卷，《宋志》無載，亡佚。

《晋咸和咸康故事》四卷。晋孔愉撰。

孔愉：字敬康，會稽山陰（今浙江紹興市）人。建興初，始出應召，爲丞相掾。累遷尚書僕射、會稽内史，加散騎常侍。後棄官居山陰湖南侯山。《晋書》卷七八有傳。兩《唐志》著録《晋建武咸和咸康故事》四卷，《宋志》無載；亡佚。

《晋修復山陵故事》五卷。車灌撰。

車灌：《晋書》卷八載，永和十二年十一月，遣兼司空、散騎常侍車灌等持節如洛陽，修五陵。《舊唐志》著録《修復山陵故事》五卷，車灌撰；《新唐志》著録車灌《晋修復山陵故事》五卷；《宋志》無載，亡佚。

《交州雜事》九卷。記士燮及陶璜事。

不署撰者。士燮，見本書卷三二"春秋類"。《三國志》卷四九載，士燮爲交阯太守，董督七郡，在郡四十餘歲。陶璜，字世英，丹陽秣陵（今江蘇南京市）人。父陶基爲吴交州刺史，其家族自陶基至陶綏四世五人爲交州。兩《唐志》著録《交州雜故事》九卷，《宋志》無載，亡佚。

《晋八王故事》十卷。

不署撰者。據《晋書》卷五九序稱，"趙倫、齊冏之輩，河間、東海之徒，家國俱亡，身名並裂"。兩《唐志》著録《晋八王故事》十二卷，盧綝撰。《宋志》無載，亡佚。《説郛》存一卷，清黄奭有輯本。

《晋四王起事》四卷。晋廷尉盧綝撰。

盧綝：范陽涿（今河北涿州市）人，官爲尚書郎。見《晋書》卷四四、七一。四王乃爲齊王冏、成都王穎、河間王顒、長沙王乂。惠帝永寧元年，趙王倫篡位，四王起兵討之。兩《唐志》有著録，《宋志》無載，亡佚。清黄奭輯盧綝《晋四王遺事》一卷。

《大司馬陶公故事》三卷。

不署撰者。記陶侃事，《晋書》卷六六有《陶侃傳》。兩《唐志》有著録，《宋志》無載，亡佚。

《郗太尉爲尚書令故事》三卷。

不署撰者。記郗鑒事，《晋書》卷六七有《郗鑒傳》。《舊唐志》著録此書二卷，《新唐志》著録此書三卷，《宋志》無載，亡佚。

《桓玄僞事》三卷。

不署撰者。記桓玄篡位始末，見《晋書》卷一〇、九九。《舊唐志》著録《桓公僞事》二卷，應德詹撰；《新唐志》著録《桓玄僞事》二卷，不署撰者；《宋志》無載，亡佚。

《晋東宫舊事》十卷。

不署撰者。據《顏氏家訓·書證》載，張敞應是《東宫舊事》的作者，其官侍中、尚書、吳國内史。見《宋書》卷五三。《舊唐志》著録《晋東宫舊事》十一卷，張敞撰；《新唐志》著録張敞《東宫舊事》十卷；《宋志》無載，亡佚。《説郛》存一卷。

《秦漢已來舊事》十卷。

不署撰者。《舊唐志》著録《秦漢已來舊事》八卷，《新唐志》著録《秦漢以來舊事》八卷，《宋志》無載，亡佚。

《尚書大事》二十卷。范汪撰。

范汪：見本書卷三二“禮類”。《舊唐志》著録《尚書大事》

二十一卷，不署撰者；《新唐志》著録范汪《尚書大事》二十一卷；《宋志》無載，亡佚。

《沔南故事》三卷。應思遠撰。

應思遠：名應詹，汝南南頓（今河南項城市附近）人。初爲太子舍人，累遷益州刺史、光禄勳，封觀陽縣侯。《晋書》卷七〇有傳。《舊唐志》著録《江南故事》三卷，不署撰者；《新唐志》著録應詹《江南故事》三卷；《宋志》無載，亡佚。

《天正舊事》三卷。釋撰，亡名。

撰者爲僧人，闕名。《梁書》卷五六載，大寶二年，侯景迎豫章王蕭棟即皇帝位，改元爲天正元年。《南史》卷五三載，武陵王蕭紀大寶二年僭號於蜀，改年曰天正，暗與蕭棟同名。此書大抵記其事迹。《新唐志》著録僧亡名《天正舊事》三卷，《宋志》無載，亡佚。

《皇儲故事》二卷。

不署撰者。兩《唐志》無載，亡佚。

《梁舊事》三十卷。内史侍郎蕭大圜撰。

《周書》卷四二載，蕭大圜撰《梁舊事》三十卷。《新唐志》著録蕭大圜《梁魏舊事》三十卷，《宋志》無載，亡佚。

《東宫典記》七十卷。左庶子宇文愷撰。

宇文愷：字安樂，朔方（今内蒙古境内）人。在周，以功臣子封安平郡公。入隋，拜太子左庶子，遷將作少監。《周書》卷一九、《隋書》卷六八、《北史》卷六〇有傳。《隋書》卷五八載，陸爽與左庶子宇文愷等撰《東宫典記》七十卷。《舊唐志》著録《東宫典記》七十卷，字文愷等撰；《新唐志》“儀注類”著録陸開明、宇文愷《東宮典記》七十卷；《宋志》無載，亡佚。

《開業平陳記》二十卷。

不署撰者。兩《唐志》“雜史類”著録《隋開業平陳記》十二卷，裴矩撰。《舊唐書》卷六三載，裴矩撰《開業平陳記》十二卷。《宋志》無載，亡佚。

右二十五部，四百四卷。

古者朝廷之政，發號施令，百司奉之，藏于官府，各修其職，守而弗忘。《春秋傳》曰，吾視諸故府，則其事也。[1]《周官》，[2]御史掌治朝之法，太史掌萬民之約契與質劑，[3]以逆邦國之治。然則百司庶府，[4]各藏其事，太史之職，又總而掌之。漢時，蕭何定律令，[5]張蒼制章程，[6]叔孫通定儀法，[7]條流派別，制度漸廣。晉初，甲令已下，[8]至九百餘卷，晉武帝命車騎將軍賈充，[9]博引群儒，删采其要，增律十篇。其餘不足經遠者爲法令，施行制度者爲令，品式章程者爲故事，[10]各還其官府。搢紳之士，[11]撰而録之，遂成篇卷，然亦隨代遺失。今據其見存，謂之舊事篇。

[1]春秋傳曰：此句不見今本《春秋左傳注疏》。

[2]周官：以下文字衹是《周官》的大致意思，不是原文。

[3]約契質劑：即《周官》所言約劑，古代用作憑證的契約、文券。其包括邦國之約和萬民之約。

[4]庶府：庶，衆多、諸。此指諸官府衙署。

[5]蕭何：沛（今江蘇境内）人。秦時爲沛主吏掾。劉邦起爲沛公，爲丞督事。漢五年封酇侯，爲漢丞相。《史記》卷五三、《漢書》卷三九有傳。律令，法令、法則。

[6]張蒼：陽武（今河南原陽縣）人。秦時爲御史，主柱下方書。漢時，爲常山守、代相，有功封北平侯。又爲御史大夫。《史記》卷九六、《漢書》卷四二有傳。章程，章術法式。後泛指規程、條例。

[7]叔孫通：薛（今山東滕州市）人。秦時以文學徵，爲待詔博士。漢併天下，爲其制定儀法，拜太常，又爲太子太傅。《史記》卷九九、《漢書》卷四三有傳。儀法，禮制、法規。

[8]甲令：朝廷頒發的重要法令。

[9]賈充：字公閭，平陽襄陵（今山西襄汾縣）人。賈逵子，襲父爵爲侯。晉武帝受禪，有佐命功，累遷司空、尚書令、侍中。《晉書》卷四〇有傳。

[10]品式：標準、法式。故事，先例，舊時的典章制度。

[11]搢紳：古代爲官者垂紳插笏，故稱士大夫爲搢紳。

《漢官解詁》三篇。漢新汲令王隆撰，胡廣注。

王隆：字文山，馮翊雲陽（今陝西淳化縣西北）人。王莽時，避難河西，爲竇融左護軍。建武中，爲新汲令。所著詩賦等凡二十六篇。《後漢書》卷八〇上有傳。胡廣：字伯始，南郡華容（今湖南華容縣）人。察孝廉，到京師，拜尚書郎，五遷尚書僕射。胡廣事六帝，三登太尉，又爲太傅。其所作詩賦及諸解詁，凡二十二篇。《後漢書》卷四四有傳。《舊唐志》著錄《漢官解故》三卷，不署撰者。《新唐志》著錄王隆《漢官解詁》三卷，胡廣注。《宋志》無載，亡佚。清孫星衍、黃奭有輯本。

《漢官》五卷。應劭注。

《新唐志》著録應劭《漢官》五卷，《宋志》無載，亡佚。清孫星衍、黃奭有輯本，以爲此書撰者不明，其輯本皆不署撰者。

《漢官儀》十卷。應劭撰。

《後漢書》卷四八載，應劭綴集所聞，著《漢官禮儀故事》，凡朝廷制度、百官典式，多劭所立。《日本國見在書目録》著録《漢官職》十卷，漢應劭撰；《舊唐志》著録《漢官儀》十卷，應劭志；《新唐志》著録《漢官儀》十卷；《宋志》著録應劭《漢官儀》一卷。《直齋書録解題》卷六著録應劭《漢官儀》一卷，稱"今惟存此一卷，載三公官名及名姓、州里而已。其全書亡矣"。《説郛》存一卷，清孫星衍、黃奭、王仁俊有輯本。嚴可均有輯文，見《全後漢文》卷三四。

《漢官典職儀式選用》二卷。漢衛尉蔡質撰。梁有荀攸《魏官儀》一卷，韋昭《官儀職訓》一卷，亡。

蔡質：字子文，陳留圉（今河南杞縣南）人。蔡邕叔父，與蔡邕同下獄，棄市。著《漢職儀》。見《後漢書》卷六〇下。《新唐志》著録蔡質《漢官典儀》一卷，《宋志》"儀注類"著録蔡質《漢官典儀》一卷。《直齋書録解題》卷六著録《漢官典儀》一卷，稱此書雜記官制及上書謁見禮式。今存一卷。至清，所存一卷亦亡。孫星衍、黃奭有輯本。荀攸：字公達，潁川潁陰（今河南許昌市）人。初拜黄門侍郎，後入尚書。魏初建，爲尚書令。《三國志》卷一〇有傳。《舊唐志》著録《魏官儀》一卷，荀攸撰；《新唐志》著録荀攸等《魏官儀》一卷。《宋志》無載，亡佚。韋昭：見本書卷三二"詩類"。《三國志》卷六五載，韋昭因獄吏上辭中稱，其作《官職訓》一卷。兩《唐志》無載，《崇文總目》著録《官職訓》一卷，然不署撰者。後亡佚。

《晋公卿禮秩故事》九卷。傅暢撰。

《晋書》卷四七載，傅暢作《公卿故事》九卷。《舊唐志》著録《晋公卿禮秩》九卷，傅暢撰；《新唐志》著録傅暢《晋公卿禮秩故事》九卷；《宋志》無載，亡佚。清王仁俊、傅以禮、黃奭有輯本。

《晋新定儀注》十四卷。梁有徐宣瑜《晋官品》一卷，荀綽《百官表注》十六卷，干寶《司徒儀》一卷，《宋職官記》九卷，《晋百官儀服録》五卷，《大興二年定官品事》五卷，《百官品》九卷，亡。

不署撰者。兩《唐志》無載，亡佚。徐宣瑜：生平事迹不詳。《通典》卷一九《官品》稱，魏秩次多因漢制，更制九品，晋、宋、齊並因之。兩《唐志》不載《晋官品》，亡佚。荀綽：荀勖之孫，《晋書》卷三九不載其涉百官事。太康六年有荀勖議百官表上奏，疑此書爲荀勖所作。兩《唐志》無載，亡佚。《南齊書》卷一六載，晋世王導爲司徒，右長史干寶撰《官府職儀》已具。《舊唐志》"儀注類"、《新唐志》"職官類"著録干寶《司徒儀注》五卷，《宋志》無載，亡佚。《宋職官記》：不署撰者。《宋書》《百官志》，可窺見其内容。兩《唐志》無載，亡佚。《晋百官儀服録》：不署撰者。兩《唐志》無載，亡佚。《大興二年定官品事》：不署撰者。《晋書》卷六載，元帝大興二年有省官之詔。兩《唐志》無載，亡佚。《百官品》：不署撰者。兩《唐志》無載，亡佚。

《百官階次》一卷。

不署撰者。兩《唐志》著録《百官階次》一卷，范曄撰。《南齊書》卷一六提及范曄"選簿梗概"。《宋志》無載，亡佚。

《齊職儀》五十卷。齊長水校尉王珪之撰。梁有王珪之《齊儀》

四十九卷，亡。

王珪之：琅邪臨沂（今山東臨沂市）人，撰《齊職儀》，凡五十卷。《南齊書》卷五二、《南史》卷二四有傳。《舊唐志》著錄《齊職儀》五十卷，范曄撰。此載有誤，范曄死於宋元嘉中，不可能撰《齊職儀》。《新唐志》著錄王珪之《齊職儀》五十卷，《宋志》無載，亡佚。《齊儀》：兩《唐志》無載，疑爲《齊職儀》之別本。

《齊職儀》五卷。

不署撰者。兩《唐志》無載，疑爲前著錄之《齊職儀》的節本。

《梁選簿》三卷。徐勉撰。

徐勉：字脩仁，東海郯（今山東郯城縣）人。梁武帝時，拜中書侍郎，累遷散騎常侍、尚書僕射、中衛將軍。撰《選品》五卷。《梁書》卷二五、《南史》卷六〇有傳。本志集部尚有其一部著述。兩《唐志》有著錄，《宋志》無載，亡佚。

《梁勳選格》一卷。

不署撰者。兩《唐志》無載，亡佚。

《職官要録》三十卷。陶藻撰。

陶藻（zǎo）："藻"與"藻"同。生平事迹不詳。《日本國見在書目録》著錄《職官要録》卅卷，陶勉撰；《舊唐志》著錄《職官要録》三十卷，陶藻撰；《新唐志》著錄陶彥藻《職官要録》三十六卷；《宋志》著錄陶彥藻《職官要録》七卷，又《職官要録補遺》十八卷；《崇文總目》著錄《職官要録》三十卷。《郡齋讀書志》《直齋書録解題》皆無載，亡佚。

《梁官品格》一卷。

不署撰者。兩《唐志》無載，亡佚。

《百官階次》三卷。

不署撰者。兩《唐志》著錄《宋百官階次》三卷，荀欽明撰。《宋志》無載，亡佚。

《新定將軍名》一卷。

不署撰者。《梁書》卷二載，天監七年，增置鎮威將軍以下各有差。兩《唐志》無載，亡佚。

《吏部用人格》一卷。

不署撰者。兩《唐志》無載，亡佚。

《官族傳》十四卷。何晏撰。

何晏：見本書卷三二"論語類"。《新唐志》"譜牒類"著錄《官族傳》十五卷，然不署撰者。《宋志》無載，亡佚。

《百官春秋》五十卷。王秀道撰。

王秀道：生平事迹不詳。兩《唐志》著錄《百官春秋》十三卷，王道秀撰。《宋志》無載，亡佚。

《百官春秋》二十卷。

不署撰者。《新唐志》著錄《百官春秋》六卷，亦不署撰者，不知是否即此書。《宋志》無載，亡佚。

《魏晋百官名》五卷。

《晋百官名》三十卷。

两书皆不署撰者。《舊唐志》著録《百官名》四十卷，《新唐志》著録《百官名》十四卷。裴松之注《三國志》，劉孝標注《世說新語》多引《百官名》《晋百官名》，其内容大抵叙爵里人品，或取時評、褒貶之辭。《宋志》無載，亡佚。

《晋官屬名》四卷。

不署撰者。兩《唐志》有著録，《宋志》無載，亡佚。

《陳百官簿狀》二卷。

不署撰者。兩《唐志》著録《太建十一年百官簿狀》二卷，《宋志》無載，亡佚。

《陳將軍簿》一卷。

不署撰者。兩《唐志》有著録，《宋志》無載，亡佚。

《新定官品》二十卷。梁沈約撰。

《隋書》卷二六載，梁武定諸卿之位，各配四時，置戎秩之官，百有餘號。《宋書》《梁書》《南史》之《沈約傳》皆未載其撰有此書。《新唐志》著録沈約《梁新定官品》十六卷。《宋志》無載，亡佚。

《梁尚書職制儀注》四十一卷。

不署撰者。《梁書》卷四九載，武帝時，給事中周興嗣撰有《起居注》《職儀》等百餘卷。其《職儀》是否即此書。兩《唐志》無載，亡佚。

《職令古今百官注》十卷。郭演撰。

郭演：又作郭演之，生平事迹不詳。《舊唐志》著録《職令百官古今注》十卷，郭演之撰；《新唐志》著録郭演《職令古今百官注》十卷。《宋志》無載，亡佚。

右二十七部，三百三十六卷。通計亡書，合三十六部，四百三十三卷。

三十六部：應爲三十七部，疑其未計王珪之《齊儀》。

古之仕者，名書於所臣之策，[1]各有分職，以相統治。《周官》，冢宰掌建邦之六典，[2]而御史數凡從正者。[3]然則冢宰總六卿之屬，[4]以治其政，御史掌其在位名數，先後之次焉。今《漢書百官表》列衆職之事，記在位之次，蓋亦古之制也。漢末，王隆、應劭等，以《百官表》不具，乃作《漢官解詁》《漢官儀》等書。是後相因，正史表、志，無復百僚在官之名矣。縉紳之徒，或取官曹名品之書，[5]撰而録之，別行於世。宋、齊已後，其書益繁，而篇卷零叠，[6]易爲亡散，又多瑣細，不足可紀，故删。其見存可觀者，編爲職官篇。

[1]名書於所臣之策：將名書寫在所臣屬的簡策上。

[2]冢宰：冢，大也；宰，官也。天子立冢宰使掌邦治，所以總御衆官，使不失職。見《周禮注疏》卷一。

[3]數凡從正：《周禮注疏》卷二七作“凡數從政”，自公卿以下至胥徒在朝者皆是凡數，又是從政之人。

[4]六卿：指六官，即天官冢宰、地官司徒、春官宗伯、夏官司馬、秋官司寇、冬官司空。見《漢書百官公卿表》。

[5]官曹：官吏辦事的處所。名品，名位、品級。

[6]零叠：零落、重叠。

《漢舊儀》四卷。衛敬仲撰。梁有衛敬仲《漢中興儀》一卷，亡。

衛敬仲：名宏，見本書卷三二"詩類序"。《後漢書》卷七九下載，衛宏作《漢舊儀》四篇，以載西京雜事。兩《唐志》著録衛宏《漢舊儀》四卷，《宋志》著録衛宏《漢舊儀》三卷，《直齋書録解題》卷六著録《漢官舊儀》三卷，衛宏撰。《四庫全書總目》卷八二"政書類"著録《漢官舊儀》一卷、《補遺》一卷，自《永樂大典》輯出，未署撰者，然提要則論述此書即衛宏所作，其內容爲西漢典禮。此書通行本爲四庫本。又有清孫星衍、黄奭、王仁俊輯本。《漢中興儀》：兩《唐志》無載，已亡。

《晋新定儀注》四十卷。晋安成太守傅瑗撰。

傅瑗：字叔玉，北地靈州（今寧夏靈武市）人。官歷護軍長史、安成太守。見《晋書》卷四三、《世説新語·識鑒》。《新唐志》著録傅瑗《晋新定儀注》四十卷，《宋志》無載，亡佚。

《晋雜儀注》十一卷。

不署撰者。兩《唐志》著録《晋雜儀注》二十一卷，《宋志》無載，亡佚。

《晋尚書儀》十卷。

不署撰者。兩《唐志》無載，然著録《晋尚書儀曹吉禮儀注》三卷、徐廣《晋尚書儀曹新定儀注》四十一卷，《新唐志》又有《晋尚書儀曹事》九卷。

《甲辰儀》五卷。江左撰。

江左：或是人名，生平事迹不詳；或指建於江南的南朝。兩《唐志》著録《甲辰儀注》五卷，《宋志》無載，亡佚。

《封禪儀》六卷。

不署撰者。兩《唐志》著録令狐德棻《皇帝封禪儀》六卷，《宋志》無載，亡佚。

《宋儀注》十卷。
《宋儀注》二十卷。
《宋尚書雜注》十八卷。本二十卷。

三書皆不署撰者。《舊唐志》著録《宋儀注》三十六卷、《宋儀注》二卷，《新唐志》著録《宋尚書儀注》三十六卷、《宋儀注》二卷。《宋志》無載，亡佚。

《宋東宮儀記》二十三卷。宋新安太守張鏡撰。

張鏡：吳郡吳（今江蘇蘇州市）人。新安太守，有盛名，早卒。見《宋書》卷五三。《舊唐志》“故事類”著録《東宮儀記》二十二卷，張鏡撰；《新唐志》“儀注類”著録張鏡《宋東宮儀記》二十二卷。《宋志》無載，亡佚。

《徐爰家儀》一卷。

徐爰：見本書卷三二“易類”。《新唐志》有著録，《宋志》無載，亡佚。

《東宮新記》二十卷。蕭子雲撰。

《梁書》卷三五載，蕭子雲所著《東宮新記》二十卷。《新唐志》著録蕭子雲《東宮雜事》二十卷，《宋志》無載，亡佚。

《梁吉禮儀注》十卷。明山賓撰。

　　明山賓：字孝若，平原鬲（今山東平原縣）人。入梁，爲尚書駕部郎，右記室參軍，掌治吉禮。累遷國子博士、大中正等。所著《吉禮儀注》二百二十四卷、《儀禮》二十卷等。《梁書》卷二七、《南史》卷五〇有傳。兩《唐志》著録明山賓等《梁吉禮》十八卷，《宋志》無載，亡佚。

《梁賓禮儀注》九卷。賀瑒撰。案：梁明山賓撰《吉儀注》二百六卷，《録》六卷；嚴植之撰《凶儀注》四百七十九卷，《録》四十五卷；陸璉撰《軍儀注》一百九十卷，《録》二卷；司馬褧撰《嘉儀注》一百一十二卷，《録》三卷。並亡。存者唯《士》《吉》及《賓》，合十九卷。

　　賀瑒：見本書卷三二"禮類"。《梁書》卷三載，天監初，何佟之、明山賓等撰吉凶軍賓嘉五禮，凡一千餘卷。兩《唐志》著録賀瑒等《梁賓禮》一卷，《宋志》無載，亡佚。嚴植之：見本書卷三二"孝經類"。兩《唐志》著録嚴植之《梁皇帝崩凶儀》十一卷、《梁王侯已下凶禮》九卷。另外《舊唐志》著録嚴植之《梁凶禮天子喪禮》五卷，《新唐志》著録嚴植之《梁皇太子喪禮》五卷，《宋志》均無載，亡佚。陸璉：官任征虜記室參軍。見《梁書》卷二五。兩《唐志》著録陸璉《梁軍禮》四卷，《宋志》無載，亡佚。司馬褧（jiǒng）：字元素，河内温（今河南温縣）人。梁天監初，除尚書祠部郎中，爲長沙内史。十七年遷明威將軍，未幾卒。所撰《嘉禮儀注》一百一十二卷。《梁書》卷四〇、《南史》卷六二有傳。本志尚有其一部著述。兩《唐志》著録司馬褧《梁嘉禮》三十五卷。又，《舊唐志》著録司馬褧《梁嘉禮儀注》二十一卷、《新唐志》著録司馬褧《嘉禮儀注》四十五卷。《宋志》無載，亡佚。

《皇典》二十卷。梁豫章太守丘仲孚撰。

丘仲孚：字公叔，吳興烏程（今浙江湖州市）人。齊永明初，爲國子生，後遷曲阿令。入梁，爲山陰令、豫章内史。撰《皇典》二十卷、《南宮故事》百卷。見《南史》卷七二。《舊唐志》著録《皇典》五卷，丘孝仲撰；《新唐志》著録丘仲孚《皇典》五卷；《宋志》無載，亡佚。

《雜凶禮》四十二卷。

不署撰者。兩《唐志》無載，亡佚。

《政禮儀注》十卷。何胤撰。梁有何胤《士喪儀注》九卷，亡。

何胤：見本書卷三二“易類”。《新唐志》著録何點《理禮儀注》九卷。何點乃何胤兄，隱居，不預此事。原書名爲《治禮儀注》，因避唐諱而改爲《理禮儀注》。《宋志》無載，亡佚。《士喪儀注》：《新唐志》著録何胤《喪服治禮儀注》九卷，《宋志》無載，亡佚。

《雜儀注》一百八十卷。

不署撰者。《舊唐志》著録《雜儀注》一百八卷，《新唐志》著録《雜儀注》一百卷。《梁書》卷二六載范岫著《禮論》《雜儀》《字訓》行於世。姚振宗疑《雜儀》即此書。《宋志》無載，亡佚。

《陳尚書雜儀注》五百五十卷。
《陳吉禮》一百七十一卷。
《陳賓禮》六十五卷。
《陳軍禮》六卷。
《陳嘉禮》一百二卷。

以上五書皆不署撰者。兩《唐志》著録張彦志《陳賓禮儀注》、儀曹撰《陳皇太后崩儀注》四卷及《陳皇太子妃薨儀注》五卷，《陳雜儀注凶儀》十三卷、《陳諸帝后崩儀注》五卷、《陳雜儀注》六卷。另外，《舊唐志》著録《陳尚書曹儀注》二十卷、《陳雜吉儀志》三十卷，《新唐志》著録《陳吉禮儀注》五十卷、《陳雜吉儀注》三十卷。《陳書》卷三三載，沈文阿掌儀禮，撰《儀禮》八十餘卷，張崖廣沈文阿《儀注》，撰《五禮》。五書《宋志》皆無載，亡佚。

《後魏儀注》五十卷。

不署撰者。《魏書》卷八二載，太常劉芳與常景等撰朝令，未及班行，別典儀注，多所草創，未成，劉芳卒，常景纂成其事。《舊唐志》著録常景《後魏儀注》三十二卷，《新唐志》著録常景《後魏儀注》五十卷。《宋志》無載，亡佚。

《後齊儀注》二百九十卷。

不署撰者。兩《唐志》著録趙彦深《北齊吉禮》七十二卷。《舊唐志》又著録《北齊王太子喪禮》十卷；《新唐志》又著録《北齊皇太后喪禮》十卷。此書《宋志》無載，亡佚。

《雜嘉禮》三十八卷。

不署撰者。兩《唐志》無載，亡佚。

《國親皇太子序親簿》一卷。

不署撰者。兩《唐志》“譜牒類”著録《國親皇太子親傳》四卷，賈冠撰。《新唐書》卷一九九卷載，晉賈弼後人賈冠撰《梁國親皇太子序親簿》四篇。《宋志》無載，亡佚。

《隋朝儀禮》一百卷。牛弘撰。

《隋書》卷六載，文帝命牛弘、辛彥之等采梁及《北齊儀注》以爲五禮。卷四九載，牛弘奉敕修撰五禮，勒成百卷。《舊唐志》著錄高頻等撰《隋吉禮》五十四卷、《隋書禮》七卷，《新唐志》著錄高頻《隋吉禮》五十四卷、牛弘潘徽《隋江都吉禮》一百二十卷。《宋志》無載，亡佚。

《大漢輿服志》一卷。魏博士董巴撰。

董巴：建安、黄初間爲博士，又曾任給事中。見《全三國文》卷二九、《三國志》卷二裴注所引《獻帝傳》。《舊唐志》著錄董巴《輿服志》一卷，《新唐志》著錄董巴《大漢輿服志》一卷，《宋志》無載，亡佚。

《魏晋謚議》十三卷。何晏撰。

何晏：見本書卷三二"論語類"。兩《唐志》著錄何晏《魏明帝謚議》二卷。何晏死于魏正始末年，不可能撰晋之謚議，其間有誤。《宋志》無載，亡佚。

《汝南君諱議》二卷。

不署撰者。《三國志》卷五二載，應劭議宜爲舊君諱，論者皆互有異同。《左傳》成公十年經疏稱，漢末汝南應劭作《舊君諱議》。兩《唐志》無載，亡佚。

《決疑要注》一卷。摯虞撰。

摯虞：字仲洽，京兆長安（今陝西西安市）人。先後任秘書監、太常卿。撰有《文章志》《流別集》等。《晋書》卷五一有傳。本志史、集部尚有其五部著述。《晋書》卷一九載，摯虞討論苟顗所撰新禮，凡十五篇，以元康元年上之。中原覆没，其《決疑注》

是其遺事。《新唐志》著錄摯虞《決疑要注》一卷，《宋志》無載，亡佚。

《車服雜注》一卷。徐廣撰。

　　《晋書》卷八二載，義熙初，徐廣奉詔撰《車服儀注》。兩《唐志》著錄徐廣《車服雜注》一卷，《宋志》無載，亡佚。

《禮儀制度》十三卷。王逡之撰。

　　王逡之：又作王逸。《南齊書》卷五二載，逡之以著作郎兼尚書左丞，參定齊國儀禮。兩《唐志》無載，亡佚。

《古今輿服雜事》二十卷。梁周遷撰。

　　周遷：生平事迹不詳。兩《唐志》著錄周遷《古今輿服雜事》十卷，《宋志》無載，亡佚。

《晋鹵簿圖》一卷。
《鹵簿儀》二卷。
《陳鹵簿圖》一卷。
《齊鹵簿儀》一卷。
《諸衞左右廂旗圖樣》十五卷。

　　以上五書皆不署撰者。兩《唐志》不載以上五書，而著錄《大駕鹵簿》一卷，《宋志》無載，亡佚。

《內外書儀》四卷。謝元撰。

　　謝元：字有宗，陳郡陽夏（今河南太康縣）人。官尚書左丞、太尉諮議參軍。元嘉年間，被何承天所糾，遣歸田里，禁錮終身。《宋書》卷六四有傳。《新唐志》著錄謝允《書儀》二卷，疑"允"

爲“元”之誤。《宋志》無載，亡佚。

《書儀》二卷。蔡超撰。

　　蔡超：見本書卷三二“禮類”。兩《唐志》無載，亡佚。

《書筆儀》二十一卷。謝朏撰。

　　謝朏：見本書卷三二本志“總序”。《日本國見在書目録》著録《書筆儀》二十一卷，謝朏撰；《舊唐志》著録《書筆儀》二十卷，謝朓撰，疑誤；《新唐志》著録謝朏《書筆儀》二十卷。《宋志》無載，亡佚。

《宋長沙檀太妃蒐弔答書》十二卷。

　　不署撰者。兩《唐志》無載，亡佚。

《弔答儀》十卷。王儉撰。

　　王儉：見本書卷三二本志“總序”。兩《唐志》著録王儉《弔答書儀》十卷，《宋志》無載，亡佚。

《書儀》十卷。王弘撰。

　　王弘：字休元，瑯邪臨沂（今山東臨沂市）人。入宋，爲侍中、太保録尚書事，封華容縣公。《宋書》卷四二、《南史》卷二一有傳。兩《唐志》無載，亡佚。

《皇室儀》十三卷。鮑行卿撰。

　　鮑行卿：東海（今江蘇境内）人。官至步兵校尉。撰《皇室儀》十三卷、《乘輿飛龍記》二卷。《南史》卷六二有傳。兩《唐志》著録《皇室書儀》十三卷，《新唐志》作鮑衡卿撰，疑“衡”爲“行”之誤。《宋志》無載，亡佚。

《吉書儀》二卷。王儉撰。

　　《新唐志》著録王儉《吉儀》二卷，《宋志》無載，亡佚。

《書儀疏》一卷。周捨撰。

　　周捨：見本書卷三二"禮類"。《梁書》卷二五載，"時天下草創，禮儀損益，多自（周）捨出"。兩《唐志》無載，亡佚。

《新儀》三十卷。鮑泉撰。

　　鮑泉：見本書卷三二"論語類"。《南史》卷六二載，泉於《儀禮》尤明，撰《新儀》三十卷行於世。《舊唐志》著録《雜儀》三十卷，鮑昶撰；《新唐志》著録鮑泉《新儀》三十卷。《宋志》無載，亡佚。

《文儀》二卷。梁修端撰。

　　梁修端：生平事迹不詳。兩《唐志》無載，亡佚。

《趙李家儀》十一卷。《録》一卷，李穆叔撰。

　　李穆叔：名公緒，趙郡平棘（今河北趙縣）人。魏末爲冀州司馬，屬疾去官。入齊，不仕。好天文，撰《古今略記》《趙記》《趙語》等，並行於世。《北史》卷三三有傳，又見《北齊書》卷二九。本志子部尚有其一部著述。兩《唐志》無載，亡佚。

《書儀》十卷。唐瑾撰。

　　唐瑾：字附璘，北海平壽（今山東濰坊市）人。累官驃騎大將軍、吏部中大夫等，賜姓宇文氏。撰《新儀》十篇，所著賦頌碑誄二十餘萬言。《周書》卷三二、《北史》卷六七有傳。兩《唐志》無載，亡佚。

《言語儀》十卷。

> 不署撰者。兩《唐志》無載，亡佚。

《嚴植之儀》二卷。

> 《梁書》卷三八、《南史》卷七一，皆未提及嚴植之撰有此書。兩《唐志》無載，亡佚。

《邇儀》四卷。馬樞撰。

> 馬樞：字要理，扶風郿（今陝西眉縣）人。隱茅山，不仕。撰《道覺論》二十卷，行於世。《陳書》卷一九、《南史》卷七六有傳。兩《唐志》無載，亡佚。

《婦人書儀》八卷。

> 不署撰者。兩《唐志》著錄《婦人書儀》八卷，唐瑾撰。《宋志》無載，亡佚。

《僧家書儀》五卷。釋曇瑗撰。

> 釋曇瑗：金陵（今江蘇南京市）人，住光宅寺，有集六卷。見《全陳文》卷一八。兩《唐志》無載，亡佚。

《要典雜事》五十卷。

> 不署撰者。兩《唐志》著錄《要典雜事》三十九卷，王景之撰。不知是否爲此書之殘部，《宋志》無載，亡佚。

> 右五十九部，二千二十九卷。通計亡書，合六十九部，三千九十四卷。

> 六十九部：因亡書爲六部，故應爲六十五部。

儀注之興，[1]其所由來久矣。自君臣父子，六親九族，[2]各有上下親疏之別。養生送死，弔恤賀慶，則有進止威儀之數。[3]唐、虞已上，分之爲三，[4]在周因而爲五。[5]《周官》，宗伯所掌吉、凶、賓、軍、嘉，[6]以佐王安邦國，親萬民，而太史執書以協事之類是也。是時典章皆具，可履而行。周衰，諸侯削除其籍。至秦，又焚而去之。漢興，叔孫通定朝儀，武帝時始祀汾陰后土，[7]成帝時初定南北之郊，[8]節文漸具。[9]後漢又使曹褒定漢儀，[10]是後相承，世有制作。然猶以舊章殘缺，各遵所見，彼此紛爭，盈篇滿牘。而後世多故，事在通變，或一時之制，非長久之道，載筆之士，删其大綱，編于史志。而或傷於淺近，或失於未達，不能盡其旨要。遺文餘事，亦多散亡。今聚其見存，以爲儀注篇。

[1]儀注：禮節制度。

[2]六親：有五種説法，一爲父子、兄弟、姑姊、甥舅、婚媾、姻亞；二爲父、子、兄、弟、夫、婦；三爲父、母、兄、弟、妻、子；四爲父子、兄弟、從父兄弟、從祖兄弟、從曾祖兄弟、同族兄弟；五爲外祖父母、父母、姊妹、妻兄弟之子、從母之子、女之子。九族：有兩説，一爲父族四、母族三、妻族二，共九族；一爲從自己算起，上至高祖，下至玄孫爲九族。

[3]威儀：禮儀細節。

[4]分之爲三：《通典》卷四一《禮序》有曰，“據事天事地與人爲三耳”。三指事天、事地、事人之三禮。

[5]在周因而爲五：五，指吉、凶、賓、軍、嘉五禮。“其實天地唯吉禮也，其餘四禮並人事兼之”。見《通典・禮序》。

[6]宗伯：古代六卿之一，屬春官，掌邦國祭事典禮。

[7]始祀汾陰后土：事指漢元鼎四年，漢武帝行自夏陽，東幸汾陰。十一月甲子，立后土祠於汾陰脽上。見《漢書》卷六。汾陰，在今山西萬榮縣。后土，古代稱地神或土神爲后土。

[8]初定南北之郊：漢成帝建始元年十二月，作長安南北郊，罷甘泉、汾陰祠。二年春正月，上始郊祀南郊。見《漢書》卷一○。

[9]節文：節制修飾。

[10]曹褒：字叔通，魯國薛（今山東滕州市）人。後漢元和二年受命，乃次序禮事，依準舊典，雜以五經讖記之文，撰次天子至於庶人冠婚吉凶終始制度，以爲五十篇。見《後漢書》卷三五。

《律本》二十一卷。杜預撰。

杜預：見本書卷三二"禮類"。《晋書》卷三四載，杜預與賈充等定律令，既成，預爲之注解。《舊唐志》著録《刑法律本》二十一卷，賈充等撰；《新唐志》著録賈充杜預《刑法律本》二十一卷。《宋志》無載，亡佚。

《漢晋律序注》一卷。晋僮長張斐撰。

《雜律解》二十一卷。張斐撰。案：梁有杜預《雜律》七卷，亡。

張斐：晋僮長，又任明法掾。斐，又作裴、裵、聚。見《全晋文》卷七五、《晋書》卷三○。《南齊書》卷四八載，張、杜律二十卷，張斐、杜預對晋律，同注一章，而生殺永殊。《舊唐志》著録張斐《律解》二十一卷，《新唐志》著録張斐《律解》二十卷，《宋志》無載，亡佚。杜預《雜律》七卷：疑爲前著録之《律本》的別本。

《晉宋齊梁律》二十卷。蔡法度撰。

《梁律》二十卷。梁義興太守蔡法度撰。

蔡法度：濟陽（今山東濟陽縣）人。曾任尚書删定郎，又任義
興太守。《梁書》卷二載，天監二年四月，蔡法度上《梁律》二十
卷、《令》三十卷、《科》四十卷。兩《唐志》著録蔡法度《梁律》
二十卷。《新唐志》又著録《條鈔晉宋齊梁律》二十卷。此二書
《宋志》皆無載，亡佚。

《後魏律》二十卷。

不署撰者。《魏書》卷一一一《刑罰志》載，神䴥中，詔司徒
崔浩定律令。正平元年，游雅與胡方回等改定律制。兩《唐志》無
載，亡佚。

《北齊律》十二卷。《目》一卷。

不署撰者。《北齊書》卷四三載，河清三年，封述與趙彦深、
魏收等議定律令。《隋書》卷二五載，河清三年，尚書令趙郡王叡
等奏上《齊律》十二篇。兩《唐志》著録趙郡王高叡《北齊律》
二十卷，《宋志》無載，亡佚。

《陳律》九卷。范泉撰。

范泉：陳尚書删定郎。《隋書》卷二五載，陳令尚書删定郎范
泉參定律令，又敕沈欽、徐陵參知其事，制《律》三十卷。兩
《唐志》著録范泉等撰《陳律》九卷，《宋志》無載，亡佚。

《周律》二十五卷。

不署撰者。《隋書》卷二五載，趙肅爲廷尉卿，撰定法律。其
死後由託拔迪掌之。保定三年三月完成，謂之《大律》，凡二十五
篇。《舊唐志》著録《周大律》二十五卷，趙肅等撰；《新唐志》

著録趙肅等《周律》二十五卷；《宋志》無載，亡佚。

《周大統式》三卷。

不署撰者。《周書》卷二載，魏大統十年，以周文帝前後所上二十四條及十二條新制，方爲中興永式，乃命蘇綽更損益之，總爲五卷，班於天下。《新唐志》著録蘇綽《大統式》三卷，《宋志》無載，亡佚。

《隋律》十二卷。

不署撰者。《隋書》卷二五載，開皇元年，詔高熲、鄭譯、楊素等更定新律，奏上之。兩《唐志》著録高熲等《隋律》十二卷，《宋志》無載，亡佚。

《隋大業律》十一卷。

不署撰者。《隋書》卷二五載，煬帝即位，又敕修律令。三年，新律成，凡五百條，爲十八篇。兩《唐志》著録《隋大業律》十八卷，《宋志》無載，亡佚。

《晋令》四十卷。

不署撰者。《晋書》卷三〇載，文帝爲晋王，令賈充等定法律。泰始三年表上。《舊唐志》著録賈充等《晋令》四十卷，《新唐志》著録賈充杜預《晋令》四十卷，《宋志》無載，亡佚。

《梁令》三十卷。《録》一卷。
《梁科》三十卷。

二書皆不署撰者。《梁書》卷二、《隋書》卷二五載，天監二年四月，尚書删定郎蔡法度表上《令》三十卷、《科》三十卷。兩《唐志》著録蔡法度《梁令》三十卷、《梁科》二卷，《宋志》著録

《梁令》三十卷，不署撰者。後亡佚。

《北齊令》五十卷。
《北齊權令》二卷。

　　二書皆不署撰者。《隋書》卷二五載，河清三年，趙郡王高叡等又上新令四十卷，大抵采魏晉故事，其不可爲定法者，別制《權令》二卷，與之並行。兩《唐志》著録趙郡王叡《北齊令》八卷，《宋志》無載，亡佚。

《陳令》三十卷。范泉撰。
《陳科》三十卷。范泉撰。

　　《隋書》卷二五載，陳武帝令尚書删定郎范泉等，參定律令，制律三十卷、令四十卷。《舊唐志》著録《陳令》三十卷，范泉等撰；《陳科》三十卷，范泉志。《新唐志》著録范泉等《陳令》三十卷、《陳科》三十卷。《宋志》無載，亡佚。

《隋開皇令》三十卷。《目》一卷。

　　不署撰者。《隋書》卷六六載，開皇元年，詔裴政與蘇威等修定律令。《舊唐志》著録《隋開皇令》三十卷，裴正等撰（“正”乃“政”之誤）；《新唐志》著録牛弘等《隋開皇令》三十卷。《宋志》無載，亡佚。

《隋大業令》三十卷。

　　不署撰者。《隋書》卷三載，大業三年四月甲申，頒律令，大赦天下。《日本國見在書目録》著録《隋大業令》三十卷，兩《唐志》無載，亡佚。

《漢朝議駁》三十卷。應劭撰。案：梁《建武律令故事》二卷，劉邵《律略論》五卷，亡。

　　《後漢書》卷四八載，應劭删定律令爲《漢儀》，又集《駁議》三十篇，以類相從，凡八十二事。《舊唐志》著録《漢朝駁義》三十卷，應劭撰；《新唐志》著録應劭《漢朝議駁》三十卷；又在"故事類"著録應劭《漢朝駁》三十卷，此爲重出。《宋志》無載，亡佚。《建武律令故事》：不署撰者。兩《唐志》著録《漢建武律令故事》三卷，《宋志》無載，亡佚。《律略論》：劉邵又作劉劭，見本書卷三二"孝經類"。《三國志》卷二一載，劉邵與議郎庾嶷、荀詵等定科令，著《律略論》。兩《唐志》著録劉邵《律略論》五卷，《宋志》無載，亡佚。

《晋雜議》十卷。

　　不署撰者。《新唐志》"故事類"著録《晋雜議》十卷，《宋志》無載，亡佚。

《晋彈事》十卷。

　　不署撰者。兩《唐志》著録《晋彈事》九卷，《宋志》無載，亡佚。

《南臺奏事》二十二卷。

　　不署撰者。兩《唐志》"刑法類"著録《南臺奏事》二十二卷，《新唐志》"故事類"又著録《南臺奏事》九卷。《宋志》無載，亡佚。

《漢名臣奏事》三十卷。

　　不署撰者。《舊唐志》著録《漢名臣奏》三十卷，陳壽撰，又二十九卷；《新唐志》著録《漢名臣奏》二十九卷，陳壽《漢名臣奏事》三十卷。《直齋書録解題》卷二二著録《漢名臣奏》一卷。

今亡佚。

《魏王奏事》十卷。

不署撰者。《漢書》卷一下、《後漢書》卷一上之注皆引《魏武奏事》。兩《唐志》無載，亡佚。

《魏名臣奏事》四十卷。《目》一卷，陳壽撰。

本志集部"總集類"著録《梁中表》條下有注曰"梁有《魏名臣奏》三十卷，陳長壽撰"。《三國志》卷四、卷八裴注皆引《魏名臣奏》，但均未標作者。《新唐志》"故事類"著録《魏名臣奏事》三十卷，亦不署撰者。《宋志》無載，亡佚。

《魏臺雜訪議》三卷。高堂隆撰。

高堂隆：字升平，泰山平陽（今山東新泰市）人。黄初中，選爲平原王傅。明帝時，遷侍中，又爲光禄勳。景初年間卒。《三國志》卷二五有傳。本志子部尚有其二部著述。兩《唐志》"儀注類"著録高堂隆《魏臺雜訪議》三卷，《新唐志》"故事類"又有《魏臺訪議》三卷，不署撰者。《宋志》無載，亡佚。

《魏廷尉決事》十卷。

不署撰者。《新唐志》"故事類"著録《魏廷尉決事》十卷，《宋志》無載，亡佚。

《晋駁事》四卷。

不署撰者。兩《唐志》有著録，《宋志》無載，亡佚。

《晋雜制》六十卷。

不署撰者。蓋於晋令之外別有此權宜之制。兩《唐志》無載，亡佚。

《晋刺史六條制》一卷。

不署撰者。前漢刺史乘傳周行郡國，歲終則乘傳詣京師奏事。
後漢刺史所治始有定處，以六條詔書察治郡國。見《宋書》卷四
〇。兩《唐志》無載，亡佚。

《齊五服制》一卷。

不署撰者。兩《唐志》無載，亡佚。

《陳新制》六十卷。

不署撰者。兩《唐志》無載，亡佚。

右三十五部，七百一十二卷。通計亡書，合三十八部，
七百二十六卷。

刑法者，先王所以懲罪惡，齊不軌者也。[1]《書》
述唐、虞之世，五刑有服，[2]而夏后氏正刑有五，[3]科條
三千。[4]《周官》，司寇掌三典以刑邦國；[5]司刑掌五刑
之法，[6]麗萬民之罪；[7]太史又以典法逆于邦國；[8]內史
執國法以考政事。《春秋傳》曰：“在九刑不忘。”[9]然則
刑書之作久矣。蓋藏於官府，懼人之知爭端，而輕於
犯。及其末也，肆情越法，刑罰僭濫。至秦，重之以苛
虐，先王之正刑滅矣。漢初，蕭何定律九章，其後漸更
增益，令甲已下，盈溢架藏。晉初，賈充、杜預，刪而
定之。有律，有令，有故事。梁時，又取故事之宜於時
者爲《梁科》。後齊武成帝時，[10]又於麟趾殿刪正刑典，

謂之《麟趾格》。[11]後周太祖又命蘇綽撰《大統式》。[12]隋則律令格式並行。[13]自律已下，世有改作，事在《刑法志》。漢律久亡，故事、駁議，又多零失。今録其見存可觀者，編爲刑法篇。

[1]齊：整治。

[2]五刑：爲墨、劓、剕、宫、殺五種刑罰。服，服從。

[3]夏后氏：禹受舜禪，建夏王朝，國號夏后，姓姒氏。正刑，《左傳》昭公六年"夏有亂政而作《禹刑》"。

[4]科條：法令條規。

[5]司寇：屬秋官，主管刑獄，六卿之一。三典，"刑新邦用輕典，刑平邦用中典，刑亂邦用重典"。見《漢書》卷二三。

[6]司刑：屬秋官，掌五刑。

[7]麗：猶繫也。

[8]逆：奏事上書。

[9]在九刑不忘：此句見《左傳》文公十八年。五刑加流、贖、鞭、撲，即爲九刑。

[10]後齊武成帝：高湛，渤海蓨（今河北景縣）人。皇建二年即位。《北齊書》卷七、《北史》卷八有紀。

[11]麟趾格：本志未著録，《新唐志》著録《麟趾格》四卷，文襄帝時撰。其成書時間與此記載有異。

[12]後周太祖：宇文泰，字黑獺，代武川（今内蒙古武川縣）人。孝閔帝受禪，追尊爲文王，廟號太祖。《周書》卷一、《北史》卷九有紀。蘇綽，字令綽，武功（今陝西武功縣）人。得周太祖器重，制文案程式，又爲六條詔書。授大行臺度支尚書，兼司農卿。《周書》卷二三、《北史》卷六三有傳。

[13]格：百官有司之所常行之事也。式，百官有司所常守之法也。見《新唐書》卷五六。

《三輔決録》七卷。漢太僕趙岐撰，摯虞注。

　　趙岐：字邠卿，京兆長陵（今陝西咸陽市東）人。靈帝初，遭
黨錮。獻帝時，拜議郎，遷太僕。後拜爲太常。卒，時年九十餘。
著《孟子章句》《三輔決録》，傳於時。《後漢書》卷六四有傳。本
志子部尚有其著述一部。《日本國見在書目録》著録《三輔決録》
七卷，漢太僕趙岐撰，摯虞注；《舊唐志》著録《三輔決録》七
卷，趙岐撰，摯虞注；《新唐志》著録趙岐《三輔決録》十卷，摯
虞注；《宋志》無載，亡佚。《説郛》存一卷，清張澍、黃奭、茆
泮林、王仁俊有輯本。

《海内先賢傳》四卷。魏明帝時撰。

　　此書多記東漢先賢。《舊唐志》著録《海内先賢傳》四卷，魏
明帝撰；《新唐志》著録《海内先賢傳》五卷，魏明帝時撰；《宋
志》無載，亡佚。

《四海耆舊傳》一卷。

　　不署撰者。《舊唐志》著録《四海耆舊傳》一卷，李氏撰；
《新唐志》著録韋氏《四海耆舊傳》一卷；《宋志》無載，亡佚。

《海内士品》一卷。

　　不署撰者。《舊唐志》著録《海内士品録》二卷，魏文帝撰；
《新唐志》著録魏文帝《海内士品録》三卷；《宋志》無載，亡佚。

《先賢集》三卷。

　　不署撰者。兩《唐志》著録李氏《海内先賢行狀》三卷，《宋
志》無載，亡佚。

《兗州先賢傳》一卷。

不署撰者。《舊唐志》著録《兗州山陽先賢讚》一卷，仲長統撰；《新唐志》著録仲長統《山陽先賢傳》一卷。姚振宗以爲《兗州先賢傳》即《山陽先賢傳》。唐林寶《元和姓纂》稱，晋太宰仲長穀著《山陽先賢傳》。《宋志》無載，亡佚。

《徐州先賢傳》一卷。

《徐州先賢傳讚》九卷。劉義慶撰。

劉義慶：彭城（今江蘇徐州市）人，永初元年，襲封臨川王。元嘉十六年，改授散騎常侍、開府儀同三司。撰《徐州先賢傳》十卷，奏上之。《宋書》卷五一、《南史》卷一三有傳。本志史、子、集部尚有其五部著述。《舊唐志》著録《徐州先賢傳》一卷、《徐州先賢傳》九卷，皆不署撰者；《新唐志》著録王義度（疑爲“臨川王劉義慶”之脱誤）《徐州先賢傳》九卷、又一卷，劉義慶《徐州先賢傳讚》八卷；《宋志》不載此二書，亡佚。

《海岱志》二十卷。齊前將軍記室崔慰祖撰。

崔慰祖：字悦宗，清河東武城（今山東武城縣）人。爲始安王遥光撫軍刑獄，兼記室。著《海岱志》，起太公迄西晋人物，爲四十卷，半成。臨卒，託於其弟。《南齊書》卷五二、《南史》卷七二有傳。兩《唐志》著録崔慰祖《海岱志》十卷，《宋志》無載，亡佚。

《交州先賢傳》三卷。晋范瑗傳。

范瑗：生平事迹不詳。兩《唐志》著録范瑗《交州先賢傳》四卷，《宋志》無載，亡佚。

《益部耆舊傳》十四卷。陳壽撰。

陳壽：原作陳長壽。據《晋書》卷八二載陳壽撰《益都耆舊傳》十篇而改。兩《唐志》著録陳壽《益部耆舊傳》十四卷，《宋志》無載，亡佚。

《續益部耆舊傳》二卷。

不署撰者。《新唐志》著録《益州耆舊雜傳記》二卷，《宋志》無載，亡佚。

《諸國清賢傳》一卷。

不署撰者。兩《唐志》著録《諸國先賢傳》一卷，《宋志》無載，亡佚。

《魯國先賢傳》二卷。晋大司農白褒撰。

白褒：其曾任散騎郎、左丞。見《晋書》卷四三、四六。《舊唐志》著録白褒《魯國先賢志》十四卷，《新唐志》著録白褒《魯國先賢傳》十四卷，《宋志》無載，亡佚。

《楚國先賢傳贊》十二卷。晋張方撰。

張方：又作張方賢，見《昭明文選》卷二一《百一詩》注。《舊唐志》著録《楚國先賢志》十二卷，楊方撰（"楊"疑爲"張"之誤）；《新唐志》著録張方《楚國先賢傳》十二卷；《宋志》無載，亡佚。《說郛》存一卷，清陳運溶、王仁俊有輯本。

《汝南先賢傳》五卷。魏周斐撰。

周斐：生平事迹不詳。《舊唐志》著録《汝南先賢傳》三卷，周裴撰（"裴"爲"斐"之誤）；《新唐志》著録《汝南先賢傳》五卷，《宋志》無載，亡佚。

《陳留耆舊傳》二卷。漢議郎圈稱撰。

圈稱：字幼舉，見《元和姓纂》。《史通·雜述》曰，"若圈稱《陳留耆舊》、周斐《汝南先賢》、陳壽《益部耆舊》、虞預《會稽典録》，此之謂郡書者也"。兩《唐志》"地理類"著録圈稱《陳留風俗傳》三卷。《新唐志》"雜傳記類"又著録圈稱《陳留風俗傳》三卷，當爲重出，《宋志》無載，亡佚。

《陳留耆舊傳》一卷。魏散騎侍郎蘇林撰。

蘇林：見本書卷三二"孝經類"。《玉海》卷五八載，漢議郎圈稱《陳留耆舊傳》二卷，魏蘇林《廣舊傳》一卷，陳英宗《陳留先賢像贊》一卷。侯康以爲此書是廣圈稱書之作。見《補三國藝文志》。兩《唐志》著録蘇林《陳留耆舊傳》三卷，《宋志》無載，亡佚。

《陳留先賢像贊》一卷。陳英宗撰。

陳英宗：生平事迹不詳。《舊唐志》著録陳英宗《陳留先賢像贊》一卷，《新唐志》著録陳英宗《陳留先賢傳像贊》一卷，《宋志》無載，亡佚。

《陳留志》十五卷。東晉剡令江敳撰。

江敳：生平事迹不詳。《史記》卷五五《索隱》引《陳留志》。《舊唐志》著録江敳《陳留志》十五卷，《新唐志》著録江敳《陳留人物志》十五卷，《宋志》無載，亡佚。

《濟北先賢傳》一卷。

不署撰者。《後漢書》卷六四注，引《濟北先賢傳》。兩《唐志》有著録，《宋志》無載，亡佚。

《廬江七賢傳》二卷。

　　不署撰者。兩《唐志》著録此書爲一卷，《宋志》無載，亡佚。

《東萊耆舊傳》一卷。王基撰。

　　王基：見本書卷三二“詩類”。《新唐志》有著録，《宋志》無載，亡佚。

《襄陽耆舊記》五卷。習鑿齒撰。

　　此書“前載襄陽人物，中載其山川城邑，後載其牧守”。見《郡齋讀書志》卷九。兩《唐志》著録習鑿齒《襄陽耆舊傳》五卷，《宋志》著録習鑿齒《襄陽耆舊記》五卷，後亡佚。《説郛》存一卷，清任兆麟、王仁俊有輯本。

《會稽先賢傳》七卷。謝承撰。

　　《舊唐志》著録謝承《會稽先賢傳》五卷，《新唐志》著録此書七卷，《宋志》無載，亡佚。

《會稽後賢傳記》二卷。鍾離岫撰。

　　鍾離岫：生平事迹不詳。兩《唐志》著録鍾離岫《會稽後賢傳》三卷，《宋志》無載，亡佚。

《會稽典録》二十四卷。虞預撰。

　　《晋書》卷八二載，虞預著《會稽典録》二十篇。兩《唐志》有著録，《宋志》無載，亡佚。

《會稽先賢像贊》五卷。

　　不署撰者。兩《唐志》“雜傳類”著録賀氏《會稽先賢像讚》

四卷、《會稽太守像讚》二卷。集部"總集類"又著録此二書，重出。《宋志》無載，亡佚。

《漢世要記》一卷。

不署撰者。《宋書》卷六一、《南史》卷一三載，劉義恭撰《要記》五卷，起前漢迄晉太元，表上之。疑即此書。兩《唐志》無載，亡佚。

《吳先賢傳》四卷。吳左丞相陸凱撰。

陸凱：字敬風，吳郡吳（今江蘇蘇州市）人。先後事孫亮、孫休、孫皓，進封嘉興侯，任左丞相。《三國志》卷六一有傳。本志子部尚有其一部著述。《舊唐志》"雜傳類"著録《吳國先賢讚》三卷、集部"總集類"著録《吳國先賢讚論》三卷，均不署撰者；《新唐志》著録陸凱《吳國先賢傳》五卷、《吳國先賢像讚》三卷；《宋志》無載，亡佚。

《東陽朝堂像讚》一卷。晋南平太守留叔先撰。

留叔先：生平事迹不詳。《新唐志》著録留叔先《東陽朝堂書讚》一卷，《宋志》無載，亡佚。

《豫章烈士傳》三卷。徐整撰。

徐整：見本書卷三二"詩類"。《新唐志》有著録，《宋志》無載，亡佚。

《豫章舊志》三卷。晋會稽太守熊默撰。

熊默：生平事迹不詳。兩《唐志》著録徐整《豫章舊志》八卷，《宋志》無載，亡佚。

《豫章舊志後撰》一卷。熊欣撰。

熊欣：生平事迹不詳。兩《唐志》無載，亡佚。

《零陵先賢傳》一卷。

不署撰者。兩《唐志》有著録，《宋志》無載，亡佚。

《長沙耆舊傳讚》三卷。晋臨川王郎中劉彧撰。

劉彧：生平事迹不詳。《舊唐志》著録劉彧《長沙舊邦傳讚》三卷，《新唐志》著録劉彧《長沙舊邦傳讚》四卷，《宋志》無載，亡佚。《説郛》存一卷，清陳運溶有輯本。

《桂陽先賢畫讚》一卷。吳左中郎張勝撰。

張勝：生平事迹不詳。兩《唐志》著録張勝《桂陽先賢畫讚》五卷，《宋志》無載，亡佚。

《武昌先賢志》二卷。宋天門太守郭緣生撰。

郭緣生：生平事迹不詳。兩《唐志》著録郭緣生《武昌先賢傳》三卷，《宋志》無載，亡佚。

《蜀文翁學堂像題記》二卷。

不署撰者。《漢書》卷八九載，景帝末，文翁爲蜀郡守，在成都市中修學官，蜀地學於京師者比齊魯焉。吏民爲立祠堂，歲時祭祀不絶。兩《唐志》著録《益州文翁學堂圖》一卷，《宋志》無載，亡佚。

《聖賢高士傳讚》三卷。嵇康撰，周續之注。

嵇康：見本書卷三二"春秋類"。《晋書》卷四九載，嵇康撰上古以來高士爲之傳讚。周續之：字道祖，雁門廣武（今山西代縣）人。常以嵇康《高士傳》得出入之美，因爲之注。《宋書》卷九三、《南史》卷七五有傳。本志集部尚有其一部著述。《舊唐志》著録嵇康《高士傳》三卷，《新唐志》著録嵇康《聖賢高士傳》三卷。兩《唐志》著録周續之《上古以來聖賢高士傳讚》三卷，《宋志》無載，亡佚。清王仁俊、馬國翰、嚴可均有輯本。

《高士傳》六卷。皇甫謐撰。

　　《晋書》卷五一載，皇甫謐又撰《帝王世紀》《高士》《逸士》《列女》等傳。《直齋書録解題》卷七著録皇甫謐《高士傳》十卷，有曰“序稱自堯至魏咸熙二千四百餘載，得九十餘人”。《增訂四庫簡明目録標注》卷六稱，“此本乃九十六人，蓋原書散佚，後人摭《太平御覽》所引鈔合成編”。《舊唐志》著録皇甫謐《高士傳》七卷，《新唐志》《宋志》著録此書十卷，《四庫全書總目》著録三卷。此書現存最早的本子爲明嘉靖黄省曾刻本，通行本爲四庫本、叢書集成本、四部備要本。

《逸士傳》一卷。皇甫謐撰。

　　《新唐志》有著録，《宋志》無載，亡佚。清有王仁俊輯本

《逸民傳》七卷。張顯撰。

　　張顯：泰始初爲議郎，有《析言》二十卷。見《全晋文》卷三二。本志子部尚有其一部著述。兩《唐志》著録張顯《逸人傳》三卷，《宋志》無載，亡佚。

《高士傳》二卷。虞槃佐撰。

　　虞槃佐：見本書卷三二“孝經類”。兩《唐志》有著録，《宋志》無載，亡佚。

《至人高士傳讚》二卷。晉廷尉卿孫綽撰。

    孫綽：見本書卷三二"論語類"。兩《唐志》無載，亡佚。

《高隱傳》十卷。阮孝緒撰。

    《梁書》卷五一載，阮孝緒著《高隱傳》，上自炎黃，終於天監之末，斟酌分爲三品，凡若干卷。《舊唐志》著録阮孝緒《高隱傳》二卷，《新唐志》著録此書爲十卷，《宋志》無載，亡佚。

《高隱傳》十卷。

    不署撰者。兩《唐志》有習鑿齒《逸人高士傳》八卷、袁淑《真隱傳》二卷，姚振宗以爲，此二書誤合爲一書，而失撰者名。姑備一説。

《高僧傳》六卷。虞孝敬撰。

    虞孝敬：梁湘東王記室，撰《内典博要》，出家改名惠命。見《法苑珠林·傳記篇》。本志史部尚有其一部著述。本志子部"雜家類"著録虞孝敬《高僧傳》，屬重出。《舊唐志》"雜傳類"、《新唐志》"釋家類"著録虞孝敬《高僧傳》六卷，《宋志》無載，亡佚。

《止足傳》十卷。

    不署撰者。舊史爲淡泊名利、急流勇退之人立傳，名爲《止足傳》。《舊唐志》著録《止足傳》十卷，王子良撰（疑脱"竟陵"二字）。《新唐志》著録齊竟陵文宣王子良《止足傳》十卷、宗躬《止足傳》十卷，《宋志》無載，亡佚。

《續高士傳》七卷。周弘讓撰。

    周弘讓：汝南安成（今河南汝南縣東南）人。陳天嘉初，以白衣領太常卿、光禄大夫，加金章紫綬。見《陳書》卷二四、《南史》卷三四。本志子部尚有其一部著述。兩《唐志》著録周弘讓《續高士傳》八卷，《宋志》無載，亡佚。

《孝子傳讚》三卷。王韶之撰。

《南史》卷二四載，王韶之撰《孝傳》三卷，行於世。《舊唐志》著録王韶之《孝子傳讚》十五卷，《新唐志》著録王韶之《孝子傳》十五卷、《讚》三卷，《宋志》無載，亡佚。清茆泮林有輯本。

《孝子傳》十五卷。晋輔國將軍蕭廣濟撰。

蕭廣濟：生平事迹不詳。兩《唐志》有著録，《宋志》無載，亡佚。清茆泮林、黄奭、陶方琦有輯本。

《孝子傳》十卷。宋員外郎鄭緝之撰。

鄭緝之：生平事迹不詳。兩《唐志》著録鄭緝之《孝子傳讚》十卷，《宋志》無載，亡佚。清王仁俊、茆泮林有輯本。

《孝子傳》八卷。師覺授撰。

師覺授：字覺授，南陽涅陽（今河南鎮平縣南）人。撰《孝子傳》八卷。宋臨川王劉義慶辟其爲祭酒、主簿，皆不就。見《宋書》卷九三，《南史》卷七三有傳。兩《唐志》有著録，《宋志》無載，亡佚。清茆泮林、黄奭有輯本。

《孝子傳》二十卷。宋躬撰。

宋躬：或作宗躬。生平事迹不詳。《舊唐志》著録宗躬《孝子傳》十卷，《新唐志》著録宗躬《孝子傳》二十卷，《宋志》無載，亡佚。清有茆泮林、王仁俊輯本。

《孝子傳略》二卷。

　　不署撰者。兩《唐志》無載，亡佚。

《孝德傳》三十卷。梁元帝撰。

　　《梁書》卷五載，梁元帝著有《孝德傳》三十卷，兩《唐志》有著録，《宋志》無載，亡佚。

《孝友傳》八卷。

　　不署撰者。《舊唐志》著録梁元帝《孝友傳》八卷，《新唐志》著録申秀《孝友傳》八卷，《宋志》無載，亡佚。

《曾參傳》一卷。

　　不署撰者。兩《唐志》無載，亡佚。

《忠臣傳》三十卷。梁元帝撰。

　　《梁書》卷五載，梁元帝撰有《忠臣傳》三十卷。兩《唐志》有著録，《宋志》無載，亡佚。

《顯忠録》二十卷。元懌撰。

　　元懌：字宣仁，魏孝文帝之子。太和二十一年封清河王。孝明帝初，遷太尉。爲《顯忠録》二十卷。《魏書》卷二二有傳。原文於“元懌”前有“梁”字，爲衍文，删之。兩《唐志》有著録，《宋志》無載，亡佚。

《丹陽尹傳》十卷。梁元帝撰。

　　《梁書》卷五載，梁元帝著《丹陽尹傳》十卷。《南史》卷七六載，湘東王著《丹陽尹録》，並先簡（阮）孝緒而後施行。兩

《唐志》有著録，《宋志》無載，亡佚。

《英藩可録》二卷。張萬賢撰，邵武侯新注。

張萬賢：生平事迹不詳。邵武侯：生平事迹不詳。《舊唐志》著録《英藩可録》二卷，殷系撰；《新唐志》著録殷系《英藩可録事》三卷，一云張萬賢撰。《宋志》無載，亡佚。

《高才不遇傳》四卷。後齊劉晝撰。

劉晝：字孔昭，渤海阜城（今河北阜城縣）人。河清初，考策不第，發憤撰《高才不遇傳》三篇。《北齊書》卷四四、《北史》卷八一有傳。兩《唐志》有著録，《宋志》無載，亡佚。

《良吏傳》十卷。鍾岏撰。

鍾岏（wán）：字長岳，官至府參軍、建康令，撰《良吏傳》十卷。見《梁書》卷四九、《南史》卷七二。兩《唐志》有著録，《宋志》無載，亡佚。

《海内名士傳》一卷。

不署撰者。兩《唐志》無載，亡佚。

《正始名士傳》三卷。袁彦伯撰。

袁彦伯：原作“袁敬仲”，據《晋書》卷九二改。袁彦伯即袁宏，見本書卷三二“孝經類”。《晋書》卷九二載，袁宏撰《後漢紀》三十卷及《竹林名士傳》三卷，傳於世。兩《唐志》著録袁宏《名士傳》三卷，《宋志》著録袁宏《正始名士傳》二卷，《崇文總目》著録袁氏《正始名士傳》三卷，《郡齋讀書志》《直齋書録解題》無載，亡佚。

《江左名士傳》一卷。劉義慶撰。

兩《唐志》無載，亡佚。

《竹林七賢論》二卷。晋太子中庶子戴逵撰。

戴逵：見本書卷三二"論語類"。魏晋時，阮籍、嵇康、山濤、劉伶、阮咸、向秀、王戎七人常集於竹林之下，肆意酣暢，故世謂"竹林七賢"。兩《唐志》有著錄，《宋志》無載，亡佚。

《七賢傳》五卷。孟氏撰。

孟氏：兩《唐志》作孟仲暉，武威（今甘肅武威市）人。武定五年，爲洛州開府長史。見《洛陽伽藍記》卷四。《日本國見在書目録》著錄孟氏《七賢傳》五卷，兩《唐志》著錄孟仲暉《七賢傳》七卷，《宋志》無載，亡佚。

《文士傳》五十卷。張騭撰。

張騭（zhì）：生平事迹不詳。兩《唐志》著錄張騭《文士傳》五十卷，《崇文總目》著錄張隱《文士傳》十卷，《宋志》著錄張隱《文士傳》五卷。《中興館閣書目輯考》卷三稱《文士傳》載六國以來文人，起楚芊原，終魏阮瑀，《崇文目》十卷，終宋謝靈運，已疑不全，今又闕其半。《郡齋讀書志》《直齋書録解題》無載，亡佚。

《列士傳》二卷。劉向撰。

《新唐志》有著錄，《宋志》無載，亡佚。

《陰德傳》二卷。宋光禄大夫范晏撰。

范晏：順陽（今河南淅川縣）人。范泰子，官至侍中、光禄大夫。見《宋書》卷六〇。本志集部尚有其一部著述。兩《唐志》

有著録，《宋志》無載，亡佚。

《悼善傳》十一卷。

不署撰者。兩《唐志》著録《悼善列傳》四卷，《宋志》無載，亡佚。

《雜傳》三十六卷。任昉撰。本一百四十七卷，亡。

任昉：見卷三二本志"大序"。《梁書》卷一四載，任昉撰《雜傳》二百四十七卷。《新唐志》著録任昉《雜傳》一百二十卷，《舊唐志》著録三種《雜傳》，皆不署撰者。《宋志》無載，亡佚。

《東方朔傳》八卷。

不署撰者。《史記》《漢書》中皆有東方朔的傳。兩《唐志》有著録，《宋志》無載，亡佚。

《毌丘儉記》三卷。

不署撰者。《三國志》卷二八有《毌丘儉傳》。兩《唐志》有著録，《宋志》無載，亡佚。

《管輅傳》三卷。管辰撰。

管辰：平原（今山東平原縣）人。管輅弟，官至州主簿、部從事，太康之初卒。見《三國志》卷二九"臣松之案"。《三國志》卷二九有《管輅傳》。兩《唐志》著録管辰《管輅傳》二卷，《宋志》無載，亡佚。

《雜傳》四十卷。賀蹤撰。本七十卷，亡。

賀蹤：天監間學士，曾與劉峻典校秘書，與沈約勘任昉書目。見《梁書》卷一四、卷五〇。兩《唐志》著録《雜傳》四十卷，不署撰者。《宋志》無載，亡佚。

《雜傳》十九卷。陸澄撰。

    《南齊書》卷三九載，陸澄撰地理書及雜傳，死後乃出。《舊唐志》著録《雜傳》六十五卷、《新唐志》著録《雜傳》六十九卷，皆不署撰者。《宋志》無載，亡佚。

《雜傳》十一卷。

    不署撰者。兩《唐志》有《雜傳》九卷，不知是否與此有關，《宋志》無載，亡佚。

《玄晏春秋》三卷。皇甫謐撰。

    《晋書》卷五一載，皇甫謐自號玄晏先生，撰《玄晏春秋》，傳於世。兩《唐志》著録此書爲二卷，《宋志》無載，亡佚。

《孔子弟子先儒傳》十卷。

    不署撰者。兩《唐志》著録《孔子弟子傳》五卷、《先儒傳》五卷，《宋志》無載，亡佚。

《李氏家傳》一卷。

    不署撰者。《世説新語‧賞譽》注引《李氏家傳》。兩《唐志》無載，亡佚。

《桓氏家傳》一卷。

    不署撰者。兩《唐志》無載，亡佚。

《王朗王肅家傳》一卷。

    不署撰者。兩《唐志》無載，亡佚。

《太原王氏家傳》二十三卷。

不署撰者。《舊唐志》"雜譜牒類"、《新唐志》"雜傳記類"著録《王氏家傳》二十一卷，《宋志》無載，亡佚。

《褚氏家傳》一卷。褚覬等撰。

褚覬：生平事迹不詳。《舊唐志》"雜譜牒類"、《新唐志》"雜傳記類"著録《褚氏家傳》一卷，褚結撰，褚陶注。《史記》卷一二篇首《索隱》提及《褚顗家傳》。"覬"與"顗"形近，兩《唐志》作褚結撰，疑誤。《宋志》無載，亡佚。

《薛常侍家傳》一卷。

不署撰者。兩《唐志》著録苟伯子《薛常侍家傳》二卷，《宋志》無載，亡佚。

《江氏家傳》七卷。江祚等撰。

江祚：陳留圉（河南杞縣南）人，江統之父，南安太守。見《晉書》卷五六。《舊唐志》"雜譜牒類"著録江統《江氏家傳》七卷，《新唐志》"雜傳記類"著録江饒《江氏家傳》七卷，《宋志》無載，亡佚。

《庾氏家傳》一卷。庾斐撰。

庾斐：生平事迹不詳。兩《唐志》無載，亡佚。

《裴氏家傳》四卷。裴松之撰。

《南史》卷三三、《梁書》卷三〇載，裴松之曾孫裴子野續《裴氏家傳》。《舊唐志》"雜譜牒類"、《新唐志》"雜傳記類"著録裴松之《裴氏家記》三卷，《宋志》無載，亡佚。

《虞氏家記》五卷。虞覽撰。

虞覽：生平事迹不詳。《舊唐志》"雜譜牒類"、《新唐志》"雜傳記類"著録虞覽《虞氏家傳》五卷，《宋志》無載，亡佚。

《曹氏家傳》一卷。曹毗撰。

曹毗：見本書卷三二"論語類"。兩《唐志》有著録，《宋志》無載，亡佚。

《范氏家傳》一卷。范汪撰。

兩《唐志》無載，亡佚。

《紀氏家紀》一卷。紀友撰。

紀友：丹楊秣陵（今江蘇南京市）人，官至廷尉。見《晋書》卷六八。兩《唐志》無載，亡佚。

《韋氏家傳》一卷。

不署撰者。《舊唐志》"雜譜牒類"、《新唐志》"雜傳記類"著録皇甫謐《韋氏家傳》三卷，《宋志》無載，亡佚。

《何顒使君家傳》一卷。

不署撰者。《後漢書》卷六七《黨錮列傳》有《何顒傳》。兩《唐志》著録《何顒傳》一卷，《宋志》無載，亡佚。

《明氏家訓》一卷。僞燕衛尉明岌撰。

明岌：仕前燕，爲黄門郎。將死，誡其子。見《全晋文》卷一四九。兩《唐志》無載，亡佚。

《明氏世録》六卷。梁信武記室明粲撰。

　　明粲：生平事迹不詳。《舊唐志》"雜譜牒類"著録明粲《明氏世録》五卷,《新唐志》"雜傳記類"著録明粲《明氏世録》六卷,《宋志》無載,亡佚。

《陸史》十五卷。

　　不署撰者。《舊唐志》"雜譜牒類"、《新唐志》"雜傳記類"著録陸煦《陸史》十五卷。陸煦：吳郡吳（今江蘇蘇州市）人。官太子家令。著《陸史》十五卷、《陸氏驪泉志》一卷,並行於世。《梁書》卷二六、《南史》卷四八有傳。《宋志》無載,亡佚。

《王氏江左世家傳》二十卷。王褒撰。

　　王褒：字子淵,琅邪臨沂（今山東臨沂市）人。襲南昌縣侯,事梁武帝、梁元帝。入周,爲車騎大將軍、儀同三司,封石泉縣子,出爲宜州刺史,卒官。《梁書》卷四一、《周書》卷四一、《北史》卷八三有傳。本志子部尚有其一部著述。兩《唐志》無載,亡佚。

《孔氏家傳》五卷。

　　不署撰者。兩《唐志》無載,亡佚。

《崔氏五門家傳》二卷。崔氏撰。

　　《新唐志》著録崔鴻《崔氏世傳》七卷,《宋志》無載,亡佚。

《暨氏家傳》一卷。

　　不署撰者。《舊唐志》"雜譜牒類"、《新唐志》"雜傳記類"有著録,《宋志》無載,亡佚。

《周齊王家傳》一卷。姚氏撰。

　　姚氏：《周書》卷四七載，姚最特爲周齊王宇文憲禮接，恩顧過隆，乃録其功績爲傳。疑姚氏爲姚最。兩《唐志》無載，亡佚。

《尒朱家傳》二卷。王氏撰。

　　《舊唐志》"雜譜牒類"著録王邵《爾朱氏家傳》二卷，《新唐志》"雜傳記類"著録王劭《爾朱氏家傳》二卷，《宋志》無載，亡佚。

《周氏家傳》一卷。

　　不署撰者。兩《唐志》無載，亡佚。

《令狐氏家傳》一卷。

　　不署撰者。《舊唐志》"雜譜牒類"、《新唐志》"雜傳記類"著録《令狐家傳》一卷，令狐德棻撰，《宋志》無載，亡佚。

《新舊傳》四卷。

　　不署撰者。本志子部"雜家類"著録此書，爲重出。《新唐志》子部"雜家類"著録此書，《宋志》無載，亡佚。

《漢南庾氏家傳》三卷。

　　不署撰者。《舊唐志》"雜譜牒類"著録庾守業《庾氏家傳》三卷，《新唐志》"雜傳記類"著録庾守業《漢南庾氏家傳》三卷，《宋志》無載，亡佚。

《何氏家傳》三卷。

　　不署撰者。《舊唐志》"雜譜牒類"、《新唐志》"雜傳記類"著録《何妥家傳》二卷，《宋志》無載，亡佚。

《童子傳》二卷。王瑱之撰。

　　王瑱之：生平事迹不詳。《金樓子》卷二《聚書篇》"隱士王
瑱之經餉書如《童子傳》之例是也"。兩《唐志》無載，亡佚。

《幼童傳》十卷。劉昭撰。

　　《梁書》卷四九載，劉昭著《幼童傳》十卷。兩《唐志》有著
録，《宋志》無載，亡佚。

《訪來傳》十卷。來奧撰。

　　兩《唐志》無載，亡佚。

《懷舊志》九卷。梁元帝撰。

　　《梁書》卷五載，梁元帝著《懷舊志》一卷。《日本國見在書
目録》《新唐志》著録梁元帝《懷舊志》九卷，《宋志》無載，
亡佚。

《知己傳》一卷。盧思道撰。

　　盧思道：字子行，小字釋奴，范陽（今河北涿州市南）人。仕
北齊、後周。隋開皇初，起爲散騎侍郎，奏内史侍郎事，卒於京
師，時年五十二。《隋書》卷五七、《北史》三〇有傳。兩《唐志》
有著録，《宋志》無載，亡佚。

《全德志》一卷。梁元帝撰。

　　《梁書》卷五、《南史》卷八載，梁元帝撰《全德志》一卷。
兩《唐志》有著録，《宋志》無載，亡佚。

《同姓名録》一卷。梁元帝撰。

　　《梁書》卷五載，梁元帝撰《古今同姓名録》一卷，《金樓子》卷五著録《同姓名録》一帙一卷。兩《唐志》有著録。《郡齋讀書志》卷一四著録梁元帝《同姓名録》三卷，稱此書纂類歷代同姓名人，成書一卷。唐陸善經續增廣之。《直齋書録解題》卷一一著録《古今同姓名録》一卷，梁元帝撰。有陸善經者續之至五代時。《四庫全書總目》卷一三五著録《古今同姓名録》二卷，梁元帝撰。稱《郡齋》《直齋》所録之本皆不傳，"此本爲《永樂大典》所載，又元人葉森所增補者也"。今通行本爲四庫本、叢書集成本。

　　《列女傳》十五卷。劉向撰，曹大家注。

　　《漢書》卷三六載，劉向"采取《詩》《書》所載賢妃貞婦，興國顯家可法則，及孽嬖亂亡者，序次爲《列女傳》，凡八篇，以戒天子"。《漢書·諸子略》著録劉向所序六十七篇，其中包括《列女傳頌圖》。《舊唐志》著録劉向《列女傳》二卷；《新唐志》著録劉向《列女傳》十五卷，曹大家注。《宋志》著録劉向《古列女傳》九卷，《崇文總目》著録劉向《列女傳》八篇。《直齋書録解題》卷七著録劉向《古列女傳》九卷，稱第八篇爲頌義，蓋以七篇分爲上下，並頌爲十五卷。《四庫全書總目》卷五七著録《古列女傳》七卷、《續列女傳》一卷。《增訂四庫簡明目録標注》卷六稱，《續傳》不知誰作，或曰班昭，或曰項原，皆影附無據也。此書現存最早的本子爲明嘉靖黃魯曾刻本，通行本爲四庫本、四部叢刊本、四部備要本。

　　《列女傳》七卷。趙母注。

　　趙母：《世説新語》卷一九注引《列女傳》所載，趙姬才敏多覽，作《列女傳解》，號趙母注。《新唐志》著録趙母《列女傳》七卷，《宋志》無載，亡佚。

《列女傳》八卷。高氏撰。

　　高氏：不詳何人。兩《唐志》無載，亡佚。

《列女傳頌》一卷。劉歆撰。

　　劉歆：見本書卷三二"春秋類序"。《顏氏家訓·書證》"《列女傳》亦（劉）向所造，其子歆又作《頌》"。《日本國見在書目錄》著錄《列女傳頌》一卷，劉歆撰。《四庫全書總目》卷五七著錄《古列女傳》七卷、《續列女傳》一卷，並稱，"其《頌》本向所作，曾鞏及（王）回所言不誤"。姚振宗以爲，將劉向《列女傳》中之《頌》歸之劉歆自是舛誤，貿然否定劉歆亦作《頌》也欠妥，推測其別爲一書，亡久矣。兩《唐志》無載，亡佚。

《列女傳頌》一卷。曹植撰。

　　曹植：字子建，沛國譙（今安徽亳州市）人。建安十六年封平原侯，十九年徙封臨菑侯。文帝即位，與諸侯並就國。明帝太和六年，以陳四縣封植爲陳王。《三國志》卷一九有傳。本志子部尚有其一部著述。《新唐志》著錄曹植《列女傳頌》一卷，《宋志》無載，亡佚。

《列女傳讚》一卷。繆襲撰。

　　繆襲：字熙伯，東海（包括今山東、江蘇部分地區）人。歷事魏四世，官至尚書、光祿勳。見《三國志》卷二一。兩《唐志》無載，亡佚。

《列女後傳》十卷。項原撰。

　　項原：生平事迹不詳。《舊唐志》著錄顏原《列女後傳》十卷，《新唐志》著錄項宗《列女後傳》十卷，《宋志》無載，亡佚。

《列女傳》六卷。皇甫謐撰。

　　《晋書》卷五一載，皇甫謐撰《列女》等傳，並重於世。兩《唐志》有著録，《宋志》無載，亡佚。今存一卷，在《説郛》《五朝小説》等叢書中。

《列女傳》七卷。綦毋邃撰。

　　綦毋邃：爵里未詳，有《孟子注》七卷。見《全晋文》卷一三三。兩《唐志》有著録，《宋志》無載，亡佚。

《列女傳要録》三卷。

　　不署撰者。姚振宗據《南史》卷三五所載，庾仲容抄子書三十卷、諸集三十卷、《列女傳》三卷，並行於世。疑此書即庾仲容所抄《列女傳》三卷。兩《唐志》無載，亡佚。

《女記》十卷。杜預撰。

　　《晋書》卷三四載，杜預又撰《女記讚》。《史通·雜説下》曰，“杜元凱撰《列女記》，博采經籍前史，顯録古老明言，而事有可疑，猶闕而不載”。《舊唐志》著録杜預《女記》十卷，《新唐志》著録杜預《列女記》十卷，《宋志》無載，亡佚。

《美婦人傳》六卷。

　　不署撰者。兩《唐志》無載，亡佚。

《妬記》二卷。虞通之撰。

　　虞通之：會稽餘姚（今浙江餘姚市）人。有學行，官至步兵校尉。見《南史》卷七二。《南史》卷二三載，使近臣虞通之撰《妬婦記》。《日本國見在書目録》著録《妬記》二卷，不署撰者。《新唐志》著録虞通之《后妃記》四卷，又《妬記》二卷。《宋志》無載，亡佚。

《道人善道開傳》一卷。康泓撰。

善道開當作"單道開"，《晋書》卷九五有傳。康泓：單道開弟子。兩《唐志》無載，亡佚。

《名僧傳》三十卷。釋寶唱撰。

釋寶唱：俗姓岑，吳郡（今江蘇蘇州市周邊）人，揚都莊嚴寺僧，僧祐之高足。深受梁武帝崇敬，敕撰《經律異相》，又別撰《名僧傳》。見《開元釋教録》卷六、《法苑珠林·傳記》。本志集部尚有其二部著述。《舊唐志》"雜傳類"、《新唐志》"釋家類"著録僧寶唱《名僧傳》三十卷，《宋志》無載，亡佚。

《高僧傳》十四卷。釋慧皎撰。

釋慧皎：原作"釋僧祐"，據《開元釋教録》及兩《唐志》改。慧皎，會稽上虞（今浙江紹興市）人。以寶唱《名僧傳》頗多浮冗，而著《高僧傳》一部，叙録一卷、傳十三卷，始於漢明帝永平十年，終至梁天監十八年，凡四百五十三載，合四百九十六人。見《開元釋教録》卷六。《日本國見在書目録》著録《高僧傳》十四卷，釋僧祐撰；《舊唐志》"雜傳類"、《新唐志》"釋家類"著録釋惠皎《高僧傳》十四卷；《宋志》著録僧慧皎《高僧傳》十四卷。現存最早的本子爲明正統五年内府刻北藏本，通行本爲中華書局點校本。

《江東名德傳》三卷。釋法進撰。

釋法進：或道進，或法迎。俗姓唐，涼州張掖（今甘肅張掖市）人。有超邁之德，爲沮渠蒙遜所重。考之行事，未見所歸。見《高僧傳》卷一二及其序。姚振宗據《全晋文》卷六二有孫綽《名德沙門論目》，疑此書爲孫綽所作。姑備一說。兩《唐志》無載，亡佚。

《法師傳》十卷。王巾撰。

王巾：字簡棲，琅邪臨沂（今山東臨沂市）人。起家郢州從事征南記室，爲《頭陀寺碑》，文詞巧麗，爲世所重。見《昭明文選》卷五九《頭陀寺碑文》注。本志集部尚有其著述一部。據《高僧傳序》所載，此書以竟陵王《三寶記》爲藍本撰成，名爲《僧史》。兩《唐志》無載，亡佚。

《衆僧傳》二十卷。裴子野撰。

《梁書》卷三〇載，裴子野又撰《衆僧傳》二十卷。本志子部"雜家類"著録裴子野《衆僧傳》二十卷，與此重矣。《舊唐志》"雜傳類"、《新唐志》"釋氏類"著録裴子野《名僧録》十五卷，《宋志》無載。亡佚。

《薩婆多部傳》五卷。釋僧祐撰。

釋僧祐：俗姓俞，祖籍彭城下邳（今江蘇邳州市）。入道師事沙門法穎，有邁先哲，深受皇家禮遇，凡黑白門徒一萬一千餘人。有《三藏記》《法苑記》《弘明集》等行於世。見《高僧傳》卷一一。《法苑珠林·傳記篇》"《薩婆多師資傳》五卷，梁朝揚州建安寺沙門釋僧祐撰"。本志史、集部尚有其三部著述。《舊唐志》"雜傳類"著録釋僧祐《薩婆多部傳》五卷，《新唐志》"釋氏類"著録僧僧祐《薩婆多師資傳》四卷，《宋志》無載，亡佚。

《梁故草堂法師傳》一卷。

不署撰者。《舊唐志》"雜傳類"著録《草堂法師傳》一卷，陶弘景撰；又一卷，蕭理撰。《新唐志》"釋氏類"著録陶弘景

《草堂法師傳》一卷，蕭回理《草堂法師傳》一卷。《宋志》無載，亡佚。

《尼傳》二卷。釋寶唱撰。

釋寶唱：原作“皎法師”，據《開元釋教録》、兩《唐志》改。《開元釋教録》卷六載，梁釋寶唱又撰《尼傳》四卷，述晉宋齊梁四代尼行。《舊唐志》“雜傳類”、《新唐志》“釋氏類”皆著録《比丘尼傳》四卷，《宋志》“釋氏類”著録僧寶唱《比丘尼傳》五卷。《郡齋讀書志》卷九著録《比丘尼傳》四卷，稱“起晉升平，訖梁天監，得尼六十五人，爲之傳”。今亡佚。

《法顯傳》二卷。
《法顯行傳》一卷。

兩書皆不署撰者。《高僧傳》《魏書·釋老志》《法苑珠林·傳記篇》有對法顯的記載。兩《唐志》無載是書，《宋志》“釋家類”著録《法顯傳》一卷。《説郛》存《法顯傳》一卷。

《梁武皇帝大捨》三卷。嚴斝撰。

嚴斝（hào）：生平事迹不詳。《南史》卷六載，梁武帝在中大通元年、中大同二年、太清元年三次捨身施佛。本志子部“雜家類”著録《皇帝菩薩清静大捨記》三卷，謝吳撰。不知與此書是何關係。兩《唐志》無載，亡佚。

《列仙傳讚》三卷。劉向撰，騣續，孫綽讚。

騣（zōng）：騣爲姓，疑下有脱文。不詳何人。《顏氏家訓·書證》稱《列仙傳》劉向所造，而讚云七十四人出佛經，由後人所屬，非本文也。《舊唐志》“雜傳類”著録劉向《列仙傳讚》二卷，《新唐志》“神仙類”著録劉向《列仙傳》二卷，《宋志》“神仙類”著録劉向《列仙傳》三卷。《直齋書録解題》卷一二著録劉向《列仙傳》二卷。《四庫全書總目》卷一四六著録劉向《列仙傳》二卷，提要以爲此書“或魏晉間方士爲之，託名於向耶”。現存最早的本子爲明嘉靖黄魯曾刻二卷本，通行本有四庫本、道藏本、指海本等。

《列仙傳讚》二卷。劉向撰，晋郭元祖讚。

　　郭元祖：生平事迹不詳。兩《唐志》無載，亡佚。

《神仙傳》十卷。葛洪撰。

　　《晋書》卷七二載，葛洪撰《神仙傳》十卷。《舊唐志》“雜傳類”、《新唐志》“神仙類”著録葛洪《神仙傳》十卷，《宋志》“神仙類”著録葛洪《神仙傳》十卷。《四庫全書總目》卷一四六著録葛洪《神仙傳》十卷，稱此書凡録八十四人，其間不免附會虛誕之事。現存最早的本子爲明萬曆刻廣漢魏叢書本，通行本爲四庫本、龍威秘書本等。

《説仙傳》一卷。朱思祖撰。

　　朱思祖：生平事迹不詳。兩《唐志》無載，亡佚。

《養性傳》二卷。

　　不署撰者。兩《唐志》有著録，《宋志》無載，亡佚。

《漢武内傳》三卷。

　　不署撰者。《舊唐志》“雜傳類”、《新唐志》“神仙類”著録《漢武帝傳》二卷，《宋志》“傳記類”著録《漢武内傳》二卷。《西京雜記序》末曰，（葛）洪家有《漢武故事》二卷，世人稀有之。《玉海》卷五八載，“《漢武帝内傳》二卷載西王母事，後有淮南王、公孫卿、稷丘君八事，乃唐終南玄都道士游岩所附"。《四庫全書總目》卷一四二著錄《漢武帝內傳》一卷，稱舊題班固撰，已無《玉海》所言"八事"，蓋明人刪竄之本，非完書矣。今有明萬曆刻廣漢魏叢書本、説郛本、四庫本、墨海金壺本等。

《太元真人東鄉司命茅君內傳》一卷。弟子李遵撰。

李遵：生平事迹不詳。《太平御覽》卷六六一、《雲笈七籤》卷四載李遵撰《太元真人東岳上卿司命真君傳》事。《舊唐志》"雜傳類"著錄《茅君內傳》一卷。《新唐志》"神仙類"著錄李遵《茅君內傳》一卷、李遵《茅三君內傳》一卷，疑有重出。《宋志》"神仙類"著錄李遵《三茅君內傳》一卷，《郡齋讀書志》《直齋書錄解題》無載，亡佚。

《清虛真人王君內傳》一卷。弟子華存撰。

華存：姓魏，字賢安，任城（今山東濟寧市）人。清虛真人弟子，爲紫虛元君領上真司命南岳夫人。范邈爲其作內傳，顯於世。見《太平御覽》卷六六一。《舊唐志》"雜傳類"、《新唐志》"神仙類"著錄《清虛真人內傳》一卷，《宋志》"神仙類"著錄《南岳夫人清虛玉君內傳》一卷。《郡齋讀書志》《直齋書錄解題》皆無載，亡佚。

《清虛真人裴君內傳》一卷。

不署撰者。《太平御覽》卷六六一、《雲笈七籤》卷一○五載裴玄仁事迹。《舊唐志》"雜傳類"著錄《清虛真人裴君內傳》一卷，鄭子雲撰；《新唐志》"神仙類"著錄鄭雲千《清虛真人裴君內傳》一卷；《雲笈七籤》著錄《清靈真人裴君傳》一卷，鄧雲子撰；《宋志》無載，亡佚。

《正一真人三天法師張君内傳》一卷。

不署撰者。《後漢書》卷七五、《太平御覽》卷六六一載正一真人張陵事迹。《舊唐志》"雜傳類"、《新唐志》"神仙類"著錄王苌《三天法師張君内傳》一卷,《宋志》無載,亡佚。

《太極左仙公葛君内傳》一卷。

不署撰者。《晋書》卷七二、《太平御覽》卷六六二載左仙公葛玄事迹。《舊唐志》"雜傳類"著錄《太極左仙公葛君内傳》一卷,吕先生注;《新唐志》"神仙類"著錄吕先生《太極左仙公葛君内傳》一卷,《宋志》無載,亡佚。

《仙人馬君陰君内傳》一卷。

不署撰者。《太平御覽》卷六六一載仙人馬明生事迹,《太平御覽》卷六六二載仙人陰長生事迹。《舊唐志》"雜傳類"著錄趙昇《仙人馬君陰君内傳》一卷,《新唐志》"神仙類"著錄趙昇等《仙人馬君陰君内傳》一卷,《宋志》"神仙類"著錄《馬陰二君内傳》一卷,《郡齋讀書志》《直齋書錄解題》無載,亡佚。

《仙人許遠遊傳》一卷。

不署撰者。《晋書》卷八〇有《許邁傳》,許邁改名許玄,字遠遊,王羲之自爲之傳,述靈異之跡甚多,不可詳記。《舊唐志》"雜傳類"、《新唐志》"神仙類"著錄王羲之《許先生傳》一卷,《宋志》"神仙類"著錄《許邁傳》一卷,《直齋書錄解題》《郡齋讀書志》皆無載,亡佚。

《靈人辛玄子自序》一卷。

《真誥》卷一六言及辛玄子事迹。《舊唐志》"雜傳類"、《新唐志》"神仙類"著錄《靈人辛玄子自序》一卷,《宋志》無載,亡佚。

《劉君内記》一卷。王珍撰。

王珍：生平事迹不詳。《神仙傳》載王莽時，衡府君使府掾王珍往劉根（即劉君）處問起居，劉根教其守一行氣、存神等法。《後漢書》卷八二下有《劉根傳》。兩《唐志》無載，亡佚。

《陸先生傳》一卷。孔稚珪撰。

孔稚珪：字德璋，會稽山陰（今浙江紹興市）人。入齊，歷南郡太守、都官尚書、太子詹事，加散騎常侍。《南齊書》卷四八、《南史》卷四九有傳。本志集部尚有其一部著述。《雲笈七籤》卷五載陸修静事迹。兩《唐志》無載，亡佚。

《列仙讚序》一卷。郭元祖撰。

此書可能是前著録郭元祖所作《列仙傳讚》的序，或是其中一部分。

《集仙傳》十卷。

不署撰者。洪邁《容齋隨筆五》卷四稱，《集仙傳》所載内容見於《太平廣記》，其撰者爲晋張敏。兩《唐志》無載，亡佚。

《洞仙傳》十卷。

不署撰者。《舊唐志》“雜傳類”、《新唐志》“神仙類”著録見素子《洞仙傳》十卷，《宋志》無載，亡佚。

《王喬傳》一卷。

不署撰者。《後漢書》卷八二有《王喬傳》。《舊唐志》“雜傳類”、《新唐志》“神仙類”著録《王喬傳》一卷，《宋志》無載，亡佚。

《關令内傳》一卷。鬼谷先生撰。

鬼谷先生：《史記》卷六九載，蘇秦習之於鬼谷先生。樂壹注
《鬼谷子》書曰，"蘇秦欲神秘其道，故假名鬼谷"。《漢志》著録
《關尹子》九篇。班固注曰，"名喜，爲關吏，老子過關，喜去吏
而從之"。《列仙傳》卷上載關令尹事迹。《舊唐志》"雜傳類"、
《新唐志》"神仙類"著録《關令尹喜傳》一卷，鬼谷先生撰，四
皓注。《宋志》無載，亡佚。

《南嶽夫人内傳》一卷。

南嶽夫人：即魏華存。《太平御覽》卷六六一載其事迹，並稱
其弟子范邈爲其作傳。《舊唐志》"雜傳類"、《新唐志》"神仙類"
著録范邈《紫虛元君南岳夫人内傳》一卷，《宋志》無載，亡佚。

《蘇君記》一卷。周季通撰。

周季通：名義山，汝陰（今安徽合肥市）人，漢周勃七世孫，
紫陽真人。見《太平御覽·道部》所引《周君内傳》。《太平御覽》
卷六六一、六六二載蘇林事迹。《舊唐志》"雜傳類"、《新唐志》
"神仙類"著録周季通《蘇君記》一卷，《宋志》"神仙類"著録
《玄洲上卿蘇君記》一卷。《郡齋讀書志》《直齋書録解題》無載，
亡佚。

《嵩高寇天師傳》一卷。

不署撰者。《魏書》卷一一四《釋老志》載寇謙之事迹。《舊
唐志》"雜傳類"、《新唐志》"神仙類"著録宋都能《嵩高少室寇
天師傳》三卷，《宋志》無載，亡佚。

《華陽子自序》一卷。

　　不署撰者。華陽子，即陶弘景，《梁書》卷五一有傳，載其自號"華陽隱居"。《舊唐志》"雜傳類"、《新唐志》"神仙類"著錄茅處玄《華陽子自序》一卷，《宋志》無載，亡佚。

《太上真人内記》一卷。李氏撰。

　　李氏：不知何人。兩《唐志》無載，亡佚。

《道學傳》二十卷。

　　不署撰者。《陳書》卷一九載，馬樞隱茅山，撰《道覺論》二十卷。《舊唐志》"雜傳類"、《新唐志》"神仙類"著錄馬樞《學道傳》二十卷，《宋志》無載，亡佚。

《宣驗記》十三卷。劉義慶撰。

　　《宋書》卷五一、《南史》卷一三均未提及此書，兩《唐志》無載，亡佚。《説郛》存一卷，民國魯迅輯有一卷。

《應驗記》一卷。宋光禄大夫傅亮撰。

　　傅亮：字季友，北地靈州（今寧夏靈武市）人。宋初建，令書除侍中，領世子中庶子。太祖即位，加散騎常侍，左光禄大夫。《宋書》卷四三、《南史》卷一五有傳。本志史、集部尚有其二部著述。兩《唐志》無載，亡佚。

《冥祥記》十卷。王琰撰。

　　王琰：《法苑珠林·敬佛篇》稱其爲宋居士，《傳記篇》載《冥祥記》一部十卷，齊王琰撰。《舊唐志》"雜傳類"著錄王琰《冥祥記》十卷，《新唐志》"小説家"著錄王琰《冥祥記》一卷，《宋志》無載，亡佚。《説郛》存一卷，民國魯迅輯一卷。

《列異傳》三卷。魏文帝撰。

魏文帝：曹操之子曹丕，字子桓，沛國譙（今安徽亳州市）人。建安十六年爲五官中郎將、副丞相。延康元年受禪，改元稱帝。著有《典論》，又使諸儒編成《皇覽》千餘篇。《三國志》卷二有紀。本志子、集部尚有其二部著述。兩《唐志》無載，亡佚。

《感應傳》八卷。王延秀撰。

王延秀：太原（今山西太原市）人，泰始中爲祠部郎。見《全宋文》卷五六。本志"雜家類"著録《感應傳》八卷，宋尚書郎王延秀撰，爲重出。《舊唐志》"雜傳類"、《新唐志》"小説家"著録此書，《宋志》無載，亡佚。

《古異傳》三卷。宋永嘉太守袁王壽撰。

袁王壽：生平事迹不詳。《舊唐志》"雜傳類"著録袁仁壽《古異傳》三卷、《新唐志》"小説家"著録袁王壽《古異傳》三卷，《宋志》無載，亡佚。民國魯迅輯一卷。

《甄異傳》三卷。晋西戎主簿戴祚撰。

戴祚：江東人，晋末從劉裕西征姚泓。見《封氏聞見記》卷七。《水經注》卷一五《洛水》注稱，劉裕命參軍戴延之等即舟窮覽洛川。戴祚與戴延之當爲一人。本志史部尚有其二部著述。《舊唐志》"雜傳類"、《新唐志》"小説家"著録此書，《宋志》無載，亡佚。《説郛》存一卷，民國魯迅輯一卷。

《述異記》十卷。祖沖之撰。

祖沖之：字文遠，范陽薊（今天津市）人。解褐南徐州迎從事，出爲婁縣令，謁者僕射。入齊，轉長水校尉。注《九章》，造

《綴述》數十篇。《南齊書》卷五二、《南史》卷七二有傳。本志集部尚有其一部著述。《舊唐志》“雜傳類”、《新唐志》“小説家”著錄此書，《宋志》無載，亡佚。民國魯迅輯一卷。

《異苑》十卷。劉敬叔撰。

　　劉敬叔：彭城（今江蘇徐州市）人。起家中兵參軍。元嘉三年，爲給事黃門郎。見《四庫全書總目》卷一四二。兩《唐志》、《宋志》皆無載，明胡震亨獲此書刊入《秘册彙函》。今尚有津逮秘書本、四庫本、學津討原本等。

《續異苑》十卷。

　　不署撰者。兩《唐志》無載，亡佚。

《搜神記》三十卷。干寶撰。

　　《晋書》卷八二載，干寶撰集古今神祇靈異人物變化，名爲《搜神記》，凡三十卷。《舊唐志》“雜傳類”、《新唐志》“小説家”著錄干寶《搜神記》三十卷，《宋志》“小説家”著錄干寶《搜神總記》十卷，《崇文總目》《郡齋讀書志》《直齋書錄解題》皆不載。《四庫全書總目》卷一四二稱，其著錄《搜神記》爲明胡震亨所刻，胡應麟《甲乙剩言》言此書不過是從《法苑》《御覽》《藝文》《初學》書抄諸書中錄出耳。現《搜神記》二十卷本有秘册彙函本、四庫本、學津討原本、叢書集成本等，八卷本有廣漢魏叢書本、稗海本、龍威秘書本等。

《搜神後記》十卷。陶潛撰。

　　陶潛：字淵明，尋陽柴桑（今江西九江市）人。曾爲州祭酒、彭澤令。賦《歸去來辭》明志，不再爲官。《晋書》卷九四、《宋書》卷九三、《南史》卷七五有傳。本志集部尚有其一部著述。

《日本國見在書目録》著録《搜神後記》十卷，陶潛撰。兩《唐志》、《宋志》無載，《四庫全書總目》卷一四二著録此書，稱舊題陶潛作，實爲僞託，然非唐以後人所能，今傳刻猶古本，不可謂其非六代遺書。此書十卷本有秘册彙函本、津逮秘書本、四庫本等，一卷本有唐宋叢書本、説郛本、龍威秘書本等，二卷本有五朝小説本、增訂漢魏叢書本等。

《靈鬼志》三卷。荀氏撰。

荀氏：不詳何人。《舊唐志》“雜傳類”、《新唐志》“小説家”著録荀氏《靈鬼志》三卷，《宋志》無載，亡佚。《説郛》存一卷，民國魯迅輯一卷。

《志怪》二卷。祖台之撰。

祖台之：字元辰，范陽（今河北涿州市南）人。官至侍中、尚書左丞、光禄大夫。撰志怪書行於世。《晋書》卷七五有傳。本志集部尚有其一部著述。《舊唐志》“雜傳類”、《新唐志》“小説家”著録祖台之《志怪》四卷，《宋志》無載，亡佚。《説郛》存一卷，民國魯迅輯一卷。

《志怪》四卷。孔氏撰。

孔氏：不詳何人。《舊唐志》“雜傳類”、《新唐志》“小説家”有著録，《宋志》無載，亡佚。民國魯迅輯一卷。

《神録》五卷。劉之遴撰。

劉之遴：字思貞，南陽涅陽（今河南鎮平縣南）人。起家寧朔主簿，歷任南郡太守、都官尚書、太常卿。好屬文，多學古體。好古愛奇，聚古器多種。《梁書》卷四〇、《南史》卷五〇有傳。本志集部尚有其一部著述。《舊唐志》“雜傳類”、《新唐志》“小説家”著録此書《宋志》無載，亡佚。民國魯迅輯一卷。

《齊諧記》七卷。宋散騎侍郎東陽无疑撰。

　　東陽无疑：生平事迹不詳。《舊唐志》“雜傳類”著録東陽無疑《齊諧記》七卷，《新唐志》“小説家”著録東陽无疑《齊諧記》七卷，《宋志》無載，亡佚。清馬國翰、民國魯迅各輯一卷。

《續齊諧記》一卷。吳均撰。

　　《日本國見在書目録》著録《續齊諧記》三卷，吳均撰；《舊唐志》“雜傳類”、《新唐志》“小説家”、《宋志》“小説家”著録吳均《續齊諧記》一卷；《崇文總目》“小説家”著録吳均《續齊諧記》三卷。《四庫全書總目》卷一四二著録此書，稱吳均續東陽無疑書，所記皆神怪之事，唐代李善、劉禹錫等多引之。今有顧氏文房小説本、廣漢魏叢書本、四庫本、五朝小説本、説郛本等。

《幽明録》二十卷。劉義慶撰。

　　《宋書》卷五一未載劉義慶曾撰此書。《舊唐志》“雜傳類”、《新唐志》“小説類”著録劉義慶《幽明録》三十卷，《宋志》無載，亡佚。《説郛》存一卷，民國魯迅輯一卷。

《補續冥祥記》一卷。王曼潁撰。

　　王曼潁：太原（今山西太原市）人，卒，家貧，無力辦後事，得南平王蕭偉周濟。見《梁書》卷二二。《舊唐志》“雜傳類”、《新唐志》“小説類”著録王曼潁《續冥祥記》十一卷，《宋志》無載，亡佚。

《漢武洞冥記》一卷。郭氏撰。

　　郭氏：疑爲郭憲，字子橫，汝南宋（今安徽太和縣北）人。光武即位，拜博士、光禄勳。《後漢書》卷八二上有傳。《日本國見在書目錄》著錄《漢武洞冥記》四卷，郭子橫撰；《舊唐志》“雜傳類”著錄《漢別國洞冥記》四卷，郭憲撰；《新唐志》“神仙類”著錄郭憲《漢武帝別國洞冥記》四卷；《宋志》“傳記類”著錄郭憲《洞冥記》四卷，“小說家”著錄《漢武帝洞冥記》四卷，郭憲編；《崇文總目》著錄《漢武帝列國洞冥記》一卷。《郡齋讀書志》卷九著錄郭憲《漢武洞冥記》五卷，引其序。《直齋書錄解題》卷一一著錄郭憲《洞冥記》四卷、《拾遺》一卷，稱四卷亦非全書。《四庫全書總目》卷一四二著錄郭憲《漢武洞冥記》四卷，稱晁公武所引郭憲自序與《拾遺》俱已佚，此書所載皆怪誕不根之談，不似東漢文，或六朝人偽託。今存四卷本有萬曆刻漢魏叢書本、明抄本、四庫本、廣漢魏叢書本、子書百家本等；一卷本有説郛本、五朝小説本等。

《嘉瑞記》 三卷。陸瓊撰。

《陳書》卷三〇載，陸瓊父雲公奉梁武帝敕撰《嘉瑞記》，陸瓊述其旨而續焉，自永定迄於至德，勒成一家之言。兩《唐志》無載，亡佚。

《祥瑞記》 三卷。

不署撰者。《舊唐志》“雜家類”著錄《祥瑞圖》十卷，不署撰者；《新唐志》著錄顧野王《祥瑞圖》十卷，可能與此書有關。《宋志》無載，亡佚。

《符瑞記》 十卷。許善心撰。

兩《唐志》“雜家類”著錄許善心《皇隋瑞文》十四卷，疑即此書，《宋志》無載，亡佚。

《靈異録》十卷。

　　不署撰者。兩《唐志》無載，亡佚。

《靈異記》十卷。

　　不署撰者。《隋書》卷五八、《北史》卷八三載，許善心奉敕與崔祖濬撰《靈異記》十卷。《日本國見在書目録》著録《靈異記》十卷，兩《唐志》無載，亡佚。

《研神記》十卷。蕭繹撰。

　　《南史》卷七六載，湘東王蕭繹著《研神記》。《金樓子》卷五載《研神記》一帙一卷，《日本國見在書目録》著録梁湘東王《研神記》一卷，《舊唐志》"雜傳類"、《新唐志》"小説類"著録梁元帝《妍神記》十卷，《宋志》無載，亡佚。

《旌異記》十五卷。侯君素撰。

　　侯君素：名白，魏郡（今河南境内）人。隋文帝聞其名，令於秘書省修國史。著《旌異記》十五卷，行於世。見《北史》卷八三。《法苑珠林·傳記》載《旌異傳》一部二十卷，隋朝相州秀才儒林郎侯君素奉文帝敕撰。《舊唐志》"雜傳類"、《新唐志》"小説類"有著録，《宋志》無載，亡佚。

《近異録》二卷。劉質撰。

　　劉質：生平事迹不詳。《舊唐志》"雜傳類"、《新唐志》"小説類"有著録，《宋志》無載，亡佚。

《鬼神列傳》一卷。謝氏撰。

　　謝氏：不詳何人。《舊唐志》"雜傳類"、《新唐志》"小説類"著録謝氏《鬼神列傳》二卷，《宋志》無載，亡佚。

《志怪記》 三卷。殖氏撰。

　　殖氏：不詳何人。兩《唐志》無載，亡佚。

《舍利感應記》 三卷。王劭撰。

　　《法苑珠林·舍利篇》載，《舍利感應記》二十卷，隋著作郎王邵撰。兩《唐志》無載，亡佚。

《真應記》 十卷。

　　不署撰者。兩《唐志》無載，亡佚。

《周氏冥通記》 一卷。

　　不署撰者。《舊唐志》"雜傳類"著録《周氏冥通記》一卷，陶弘景撰；《崇文總目》著録周子良《冥通録》三卷；《宋志》"小說類"著録周子良《冥通記》四卷。《四庫全書總目》卷一四七載《冥通記》四卷，周子良撰。稱此書卷首有陶弘景作《子良傳》，子良字元歙，本汝南（今河南境内）人，寓居丹陽。此書所記遇仙事，逐日縷載，亦陶弘景《真誥》之流也。今存秘册彙函本、唐宋叢書本、津逮秘書本、叢書集成本、説郛本、道藏本等。

《集靈記》 二十卷。顔之推撰。

　　顔之推：見本書卷三二"小學類"。《舊唐志》"雜傳類"、《新唐志》"小說類"著録顔之推《集靈記》十卷，《宋志》無載，亡佚。《説郛》存一卷，民國魯迅輯一卷。

《冤魂志》 三卷。顔之推撰。

　　《法苑珠林·傳記篇》載，《承天達性論》、《冤魂志》一卷、《誡殺訓》一卷，右三部，齊光禄大夫顔之推撰。《舊唐志》"雜傳

類”、《新唐志》“小説類”著録此書；《宋志》《崇文總目》著録
顏之推《還冤志》三卷；《直齋書録解題》卷一一著録《北齊還冤
志》三卷，顏之推撰。《四庫全書總目》卷一四二著録《還冤志》
三卷，隋顏之推撰。《還冤志》三卷本，有四庫本；《還冤記》一
卷本有唐宋叢書本、説郛本、五朝小説本等。

右二百一十七部，一千二百八十六卷。通計亡書，合
二百一十九部，一千五百三卷。

二百一十七部：實際著録二百零七部。合二百一十九部：此計
二部亡書，應指任昉《雜傳》、賀蹤《雜傳》，而這二書還有部分
留存，不應計爲亡書。故應合二百零七部。

古之史官，必廣其所記，非獨人君之舉。《周官》，
外史掌四方之志，則諸侯史記，兼而有之。《春秋傳》
曰：“虢仲、虢叔，王季之穆，勳在王室，藏於盟
府。”[1] 臧紇之叛，季孫命太史召掌惡臣而盟之。[2]《周
官》，司寇凡大盟約，涖其盟書，登于天府。[3] 太史、内
史、司會、六官，[4] 皆受其貳而藏之。是則王者誅賞，
具録其事，昭告神明，百官史臣，皆藏其書。故自公卿
諸侯，至于群士，善惡之迹，畢集史職。而又閭胥之
政，[5] 凡聚衆庶，書其敬敏任卹者，族師每月書其孝悌
睦婣有學者，[6] 黨正歲書其德行道藝者，[7] 而入之於鄉大
夫。[8] 鄉大夫三年大比，[9] 考其德行道藝，舉其賢者能
者，而獻其書。王再拜受之，登于天府，内史貳之。是
以窮居側陋之士，言行必達，皆有史傳。自史官曠絶，
其道廢壞，漢初，始有丹書之約，白馬之盟。[10] 武帝從
董仲舒之言，始舉賢良文學。天下計書，[11] 先上太史，

善惡之事，靡不畢集。司馬遷、班固，撰而成之，股肱輔弼之臣，[12]扶義俶儻之士，[13]皆有記錄。而操行高潔，不涉於世者，《史記》獨傳夷、齊，[14]《漢書》但述楊王孫之儔，[15]其餘皆略而不説。又漢時，阮倉作《列仙圖》，[16]劉向典校經籍，始作《列仙》《列士》《列女》之傳，皆因其志尚，率爾而作，不在正史。後漢光武，始詔南陽，撰作《風俗》，[17]故沛、三輔有耆舊節士之序，[18]魯、廬江有名德先賢之讚。郡國之書，由是而作。魏文帝又作《列異》，以序鬼物奇怪之事，嵇康作《高士傳》，以叙聖賢之風。因其事類，相繼而作者甚衆，名目轉廣，而又雜以虚誕怪妄之説。推其本源，蓋亦史官之末事也。載筆之士，删採其要焉。魯、沛、三輔，序贊並亡，[19]後之作者，亦多零失。今取其見存，部而類之，謂之雜傳。

[1]"春秋傳"至"藏於盟府"：此内容見《春秋左傳·僖公五年》。虢叔、虢仲爲王季之子，周文王同母弟。盟府，司盟之官。

[2]"臧紇之叛"至"而盟之"：事見《春秋左傳·襄公二十三年》。臧紇斬鹿門之關以出，奔邾，致防而奔齊。季孫召外史掌奔亡者而載書之首。

[3]"司寇"至"登於天府"：見《周禮·秋官·大司寇》。盟書，盟誓之書。天府，周官名，屬春官，掌祖廟的守護和保管。凡民數的登記册、邦國的盟書、訴訟的簿籍，皆於天府保存。

[4]司會：周官名，屬天官，主管財政經濟。六官，六卿之官，即天官冢宰、地官司徒、春官宗伯、夏官司馬、秋官司寇、冬官司空。

[5]閭胥：周官名，屬地官，掌其閭之徵令。

[6]族師：周官名，屬地官，掌其族之戒令政事。孝悌，亦作孝弟，孝順父母，敬愛兄長。睦婣（yīn），婣，同姻。睦，親於九族；婣，親於外親。

[7]黨正：周官名，屬地官，轄五百家之政令、教治。

[8]鄉大夫：周官名，屬地官，掌鄉之政教禁令。

[9]大比：周制，每三年對鄉吏進行考核，選擇賢能，稱大比。

[10]"丹書"至"白馬之盟"：見《漢書》卷一六《高惠高后文功臣表》"於是申以丹書之信，重以白馬之盟"。丹書，是帝王頒給功臣的契約，以金匱、石室藏之宗廟。白馬之盟，爲刑白馬歃血以爲盟。

[11]計書：考核官吏業績之文書。

[12]股肱：大腿和胳膊，常以此比喻輔佐君王的大臣。

[13]俶（tì）儻：卓異不凡。

[14]夷齊：即伯夷、叔齊，商孤竹君之子。孤竹君欲傳位於次子叔齊，其死後，叔齊讓位給伯夷，伯夷不受，二人皆出奔。周滅商，二人恥食周粟，雙雙餓死在首陽山。見《史記》卷六一。

[15]楊王孫：漢武帝時人，習黃老術。臨終囑其子，他要薄葬。班固贊其賢於秦始皇遠矣。見《漢書》卷六七。儔（chóu），同輩。

[16]阮倉：據今本《列仙傳》卷末劉向贊曰"余嘗得秦大夫阮倉撰《仙圖》，自六代迄今七百餘人……"。阮倉應爲秦人，而此稱漢時阮倉，不知孰是。

[17]風俗：應是一部講述風俗的書，但不是後漢應劭所撰《風俗通義》。

[18]三輔：漢治理京畿地區的三個職官。漢武帝時，京兆尹治長安以東，左馮翊治長陵以北，右扶風治渭城以西。

[19]序讚並亡：觀前之著録，多爲各地先賢傳，少有序讚，故出此言。

《山海經》二十三卷。郭璞注。

　　《晋書》卷七二載，郭璞注《山海經》，傳於世。《漢志·數術·形法》著録《山海經》十三篇。郭璞稱，此書跨世七代，歷載三千，雖暫顯於漢，而尋亦寢廢，其山川名號所在，多有舛謬，與今不同。《顏氏家訓·書證》以爲此書皆由後人所羼，非本文也。《日本國見在書目録》著録《山海經》廿一卷，郭璞撰，見十八卷。《舊唐志》著録《山海經》十八卷，郭璞撰；《新唐志》著録郭璞注《山海經》二十三卷。《郡齋讀書志》卷八著録《山海經》十八卷，稱大禹制，郭璞傳，漢奉車都尉劉秀校定。《中興館閣書目輯考》卷三著録《山海經》十八卷，晋郭璞傳，凡二十三卷。《宋志》無載。《四庫全書總目》卷一四二著録《山海經》十八卷，稱《隋志》、兩《唐志》著録皆爲二十三卷，此十八卷乃後人並卷所致，非闕佚。研究《山海經》成果有清郝懿行撰《山海經箋疏》十八卷、吳任臣撰《山海經廣注》十八卷等。現存最早的本子爲宋淳熙七年刻本，通行本爲四庫本、四部叢刊本、叢書集成本等。

《水經》三卷。郭璞注。

　　《唐六典》卷七曰，“桑欽《水經》所引天下之水百三十七，江、河在焉”。《舊唐志》著録《水經》二卷，郭璞撰；《新唐志》著録桑欽《水經》三卷，郭璞注。姚振宗以爲，注《水經》者，唯酈道元一家，郭璞未注《水經》。疑此書爲他人取郭氏《山海經注》移出而爲《水經》之注。《宋志》無載，亡佚。

《黃圖》一卷。記三輔宮觀陵廟明堂辟雍郊畤等事。

　　不署撰者。《日本國見在書目録》著録《黃圖》一卷，兩《唐志》著録《三輔黃圖》一卷。《郡齋讀書志》卷八著録《三輔黃圖》三卷，稱此書出於梁、陳之間。《四庫全書總目》卷六八著録《三輔黃圖》六卷，提要稱書中有唐至德二年事，疑爲唐肅宗以後

人所補。現存最早的本子爲元致和元年刻六卷本，通行本有一卷之
説郛本、叢書集成本，六卷之四庫本、廣漢魏叢書本、四部叢刊
本等。

《洛陽記》四卷。

不署撰者。兩《唐志》無載，亡佚。民國葉昌熾輯一卷。

《洛陽記》一卷。陸機撰。

兩《唐志》有著録，《宋志》無載，亡佚。《説郛》存一卷，
民國葉昌熾輯一卷。

《洛陽宮殿簿》一卷。

不署撰者。《日本國見在書目録》著録《洛陽宮殿簿》一卷，
兩《唐志》著録《洛陽宮殿簿》三卷，《宋志》無載，亡佚。

《洛陽圖》一卷。晋雍州刺史楊佺期撰。

雍州：原作“懷州”，晋無懷州，據《晋書》卷八四改。楊佺
期：弘農華陰（今陝西華陰市）人。少仕軍府。咸康中，戍洛陽。
後爲都督梁、雍、秦三州諸軍事，雍州刺史。《晋書》卷八四有傳。
兩《唐志》有著録，《宋志》無載，亡佚。

《述征記》二卷。郭緣生撰。

兩《唐志》有著録，《宋志》無載，亡佚。民國葉昌熾輯
一卷。

《西征記》二卷。戴延之撰。

戴延之：即戴祚。《舊唐志》著録戴祚《西征記》一卷，《新
唐志》著録戴祚《西征記》二卷，《宋志》無載，亡佚。《説郛》

存一卷，民國葉昌熾輯一卷。

《婁地記》一卷。吳顧啓期撰。

顧啓期：生平事迹不詳。婁地：漢縣，屬會稽郡，故城在今江蘇昆山市。兩《唐志》無載，亡佚。

《風土記》三卷。晋平西將軍周處撰。

周處：字子隱，義興陽羨（今江蘇宜興市）人。仕吳，爲東觀左丞。孫皓末，遷御史中丞。西征氐人，戰死，追贈平西將軍。著《默語》三十篇及《風土記》。《晋書》卷五八有傳。兩《唐志》著録周處《風土記》十卷，《宋志》無載，亡佚。《説郛》存一卷，清王謨輯一卷。

《吳興記》三卷。山謙之撰。

山謙之：宋太祖有意封禪，詔學士山謙之草封禪儀注。孝武初，山謙之以奉朝請受詔踵成何承天所創《宋書》，以疾卒。見《宋書》卷一六、七七。本志史部尚有其一部著述。兩《唐志》無載，亡佚。清范鍇、民國繆荃孫各輯一卷。

《吳郡記》一卷。顧夷撰。

顧夷：見本書卷三二"易類"。兩《唐志》無載，亡佚。

《京口記》二卷。宋太常卿劉損撰。

劉損：字子騫，沛郡蕭（今安徽蕭縣）人。元嘉中，爲義興太守、吳郡太守，卒，追贈太常卿。《宋書》卷四五、《南史》卷一七有傳。自吳至陳，京口皆爲重鎮。今屬江蘇鎮江市。兩《唐志》有著録，《宋志》無載，亡佚。

《南徐州記》二卷。山謙之撰。

　　晋末大亂南遷，僑立郡縣。宋文帝元嘉八年，以江北爲南兖州，江南爲南徐州，治京口。兩《唐志》有著録，《宋志》無載，亡佚。民國葉昌熾輯一卷。

《會稽土地記》一卷。朱育撰。

　　朱育：見本書卷三二“詩類”。兩《唐志》“雜傳類”著録朱育《會稽記》四卷，《宋志》無載，亡佚。民國魯迅輯一卷。

《會稽記》一卷。賀循撰。

　　賀循：見本書卷三二“禮類”。兩《唐志》無載，亡佚。民國魯迅輯一卷。

《隨王入沔記》六卷。宋侍中沈懷文撰。

　　沈懷文：字思明，吳興武康（今浙江湖州市）人。爲後軍主簿，又領義成太守。大明中，爲侍中，屢忤上意。《宋書》卷八二、《南史》卷三四有傳。本志集部尚有其一部著述。《舊唐志》著録沈懷文《隋（應爲“隨”）王入沔記》十卷，《新唐志》著録《隨王入沔記》十卷，《宋志》無載，亡佚。

《荆州記》三卷。宋臨川王侍郎盛弘之撰。

　　盛弘之：生平事迹不詳。《通典》卷一七一《州郡序》自注，“……盛弘之《荆州記》之類，皆自述鄉國靈怪，人賢物盛”。兩《唐志》無載，亡佚。《説郛》存一卷，清陳運溶、王仁俊及民國葉昌熾、曹元忠有輯本。

《神壤記》一卷。記滎陽山水。黃閔撰。

　　黃閔：生平事迹不詳。兩《唐志》無載，亡佚。

《豫章記》一卷。雷次宗撰。

　　雷次宗：見本書卷三二"詩類"。《新唐志》著録雷次宗《豫章記》一卷，《宋志》著録雷次宗《豫章古今記》三卷。《四庫全書總目》卷七七著録《豫章古今記》三卷，不署撰者，提要稱書中有皇唐、大唐字樣，疑此書爲唐以後人雜鈔而成。《説郛》存一卷，清王仁俊、民國葉昌熾各輯一卷。

《蜀王本記》一卷。揚雄撰。

　　揚雄：見本書卷三二"論語類"。兩《唐志》著録揚雄《蜀王本紀》一卷，《宋志》無載，亡佚。清洪頤煊、王仁俊有輯本。

《三巴記》一卷。譙周撰。

　　此書記巴郡、巴東、巴西事。兩《唐志》有著録，《宋志》無載，亡佚。

《珠崖傳》一卷。僞燕聘晋使蓋泓撰。

　　蓋泓：生平事迹不詳。《漢書》卷六載，武帝元鼎六年，定越地，以爲南海……珠崖、儋耳郡。兩《唐志》無載，亡佚。

《陳留風俗傳》三卷。圈稱撰。

　　兩《唐志》有著録。姚振宗以爲此書與前著録之《陳留耆舊傳》爲一書。《宋志》無載，亡佚。《説郛》存一卷，清王仁俊輯一卷。

《鄴中記》二卷。晋國子助教陸翽撰。

　　陸翽（huì）：生平事迹不詳。《新唐志》著録陸翽《鄴中記》二卷。《直齋書録解題》卷八著録《鄴中記》一卷，"不著名氏。

記自魏而下，及僭僞都鄴者，六家宮殿事迹"。《四庫全書總目》卷六六著録《鄴中記》，稱二卷本見《隋志》，一卷本見《直齋》。書中有後人攙入翩書者，然不能因此以爲此書出自唐以後人。原書久佚，《説郛》所存寥寥數頁，此乃從《永樂大典》輯出，排比成編，仍爲一卷。《説郛》存一卷，通行本有四庫本、五朝小説本、叢書集成本等。

《春秋土地名》三卷。晋裴秀客京相璠撰。

此書已見本書卷三二"春秋類"，此爲重出。

《衡山記》一卷。宗居士撰。

宗居士：即宗測，字敬微，又一字茂深，南陽（今河南南陽市）人。少静退，不樂人間，徵辟一無所就。著《衡山》《廬山記》。《南齊書》卷五四、《南史》卷七五有傳。兩《唐志》無載，亡佚。清陳運溶有輯本。

《遊名山志》一卷。謝靈運撰。

《宋書》卷六七載，謝靈運出爲永嘉太守，郡有名山水，素其所好，遂肆意游遨，遍歷諸縣。兩《唐志》無載，亡佚。

《聖賢冢墓記》一卷。李彤撰。

李彤：見本書卷三二"小學類"。《新唐志》有著録，《宋志》無載，亡佚。

《佛國記》一卷。沙門釋法顯撰。

兩《唐志》無載，《四庫全書總目》卷七一著録《佛國記》一卷，提要稱，法顯在晋義熙中自長安游天竺，經三十餘國還京，與天竺禪師參互辨定，以成是書。提要以爲此書與本志"雜傳"著録之《法顯傳》二卷、《法顯行傳》是"一書兩收,三名互見"。《説郛》存此書一卷,通行本有秘册彙函本、四庫本、津逮秘書本等。

《遊行外國傳》一卷。沙門釋智猛撰。

智猛:京兆(今陝西西安市)人。晋安帝元興元年,自長安歷鄯善、龜兹、于闐諸國至阿育王舊都,以甲歲發天竺,還於涼州,造傳記所游歷。見《高僧傳》卷三。《舊唐志》著録釋智猛《外國傳》一卷,《新唐志》著録僧智猛《遊行外國傳》一卷,《宋志》無載,亡佚。

《交州以南外國傳》一卷。

不署撰者。兩《唐志》著録《交州已來外國傳》一卷(疑"來"爲"南"之誤),《宋志》無載,亡佚。清陳運溶輯一卷。

《十洲記》一卷。東方朔撰。

《日本國見在書目録》著録《十洲記》一卷,東方朔撰;《舊唐志》著録《十洲記》一卷,東方朔撰;《新唐志》"神仙類"著録東方朔《十洲記》一卷。《四庫全書總目》卷一四二著録《海内十洲記》一卷,提要稱,舊題漢東方朔撰,其内容大抵恍惚支離,不可究詰。蓋六朝詞人所依託。名《十洲記》者,有道藏本;名《海内十洲記》者,《説郛》存一卷,有四庫本、五朝小説本、廣漢魏叢書本等。

《神異經》一卷。東方朔撰,張華注。

張華:字茂先,范陽方城(今河北固安縣)人。晋惠帝時,歷侍中、中書監、司空。後爲趙王倫等所害,夷三族。其博物洽聞,世無與比,著《博物志》十篇。《晋書》卷三六有傳。本志子、集部尚有其三部著述。《日本國見在書目録》著録《神異經》一卷,東方朔撰，張華注；《舊唐志》著録《神異經》二卷，東方朔撰；《新唐志》著録東方朔《神異經》二卷，張華注；《直齋書録解題》卷一一著録《神異經》一卷，東方朔撰，張茂先傳。《四庫全書總目》卷一四二著録《神異經》一卷，提要稱舊題東方朔所撰，所載皆荒外之言，怪誕不經。既不是東方朔所作，亦非張華所注，乃六朝文士影攝而成。《説郛》存一卷，通行本有四庫本、漢魏叢書本、五朝小説本等。另有清王仁俊所輯一卷。

《異物志》一卷。後漢議郎楊孚撰。

　　楊孚：生平事迹不詳。《後漢書》卷六〇上注引楊孚《異物志》，《藝文類聚》卷九一引楊孝元《交州異物志》。兩《唐志》著録楊孚《交州異物志》一卷，《宋志》無載，亡佚。清曾釗輯一卷。

《南州異物志》一卷。吳丹陽太守萬震撰。

　　萬震：生平事迹不詳。南州，泛指南方，此書記南方異物。兩《唐志》有著録，《宋志》無載，亡佚。清陳運溶輯一卷。

《蜀志》一卷。東京武平太守常寬撰。

　　常寬：字泰恭，蜀郡江原（今四川崇州市）人。舉秀才，爲侍御史。晉元帝時，拜武平太守。著《蜀後志》，續陳壽《耆舊》等。見《華陽國志》卷一一《後賢傳》。兩《唐志》無載，亡佚。

《發蒙記》一卷。束皙撰。載物産之異。

　　束皙：見本書卷三二"小學類"。"小學類"著録《發蒙記》一卷，然此處著録之《發蒙記》一卷下有"載物産之異"的説明，可以認爲二書同名而内容不同，是兩部書。兩《唐志》無載，亡佚。

《地理書》一百四十九卷。《録》一卷。陸澄合《山海經》已
來一百六十家，以爲此書。澄本之外，其舊事並多零失。見存別部
自行者，唯四十二家，今列之於上。

    《史通》卷三《書志》有曰，"自沈瑩著《臨海水土》、周處撰
《陽羡風土》，厥類衆夥，諒非一族。是以地理爲書，陸澄集而難
盡"。《舊唐志》著録《地理書》一百五十卷，陸澄撰；《新唐志》
著録鄧基、陸澄《地理書》一百五十卷。《宋志》無載，亡佚。唯
四十二家：實際爲三十九家。

《三輔故事》二卷。晋世撰。

    不署撰者，但稱"晋世撰"，説明此書出自晋代。兩《唐志》
"故事類"著録韋氏《三輔舊事》一卷，《新唐志》"地理類"又著
録《三輔舊事》三卷，不署撰者。據《後漢書》卷二六載，韋彪
數次受召，問及三輔舊事、禮儀風俗。或疑此書出自後漢韋氏，而
非晋世，俟考。《宋志》無載，亡佚。清張澍輯《三輔舊事》一
卷，又輯《三輔故事》一卷。

《湘州記》二卷。庾仲雍撰。

    庾仲雍：生平事迹不詳。《宋書》卷三七載，湘州刺史，晋懷
帝永嘉元年，分荆州之長沙、衡陽、湘東、邵陵、零陵、營陽、建
昌，江州之桂陽八郡立，治臨湘。《新唐志》著録《湘州記》四
卷，不署撰者。《宋志》無載，亡佚。清陳運溶、王仁俊有輯本。

《吳郡記》二卷。晋本州主簿顧夷撰。

    前已著録顧夷《吳郡記》一卷，疑此爲重出。

《日南傳》一卷。

不署撰者。日南，郡名，故秦象郡，漢武帝六年更名，屬交州。兩《唐志》有著録，《宋志》無載，亡佚。

《江記》五卷。庾仲雍撰。

《漢水記》五卷。庾仲雍撰。

兩《唐志》著録庾仲雍所撰二書，《宋志》無載，亡佚。

《居名山志》一卷。謝靈運撰。

《宋書》卷六七載，謝靈運作《山居賦》，並自注以言其事。兩《唐志》無載，亡佚。

《西征記》一卷。戴祚撰。

前已著録戴延之《西征記》二卷，戴延之與戴祚爲一人，故此書爲重出。

《廬山南陵雲精舍記》一卷。

不署撰者。兩《唐志》無載，亡佚。

《永初山川古今記》二十卷。齊都官尚書劉澄之撰。

劉澄之：彭城（今江蘇徐州市）人。昇明元年，以驃騎長史爲南豫州刺史。見《宋書》卷一〇、五一。《新唐志》有著録，《宋志》無載，亡佚。清王謨、王仁俊及民國葉昌熾有輯本。

《元康三年地記》六卷。

不署撰者。兩《唐志》無載，亡佚。

《司州記》二卷。

不署撰者。宋少帝景平初，司州陷於北方。文帝元嘉末，僑立於汝南，尋廢。明帝又於南豫州之義陽郡立司州，漸成實土，領四郡二十縣。兩《唐志》無載，亡佚。

《并帖省置諸郡舊事》一卷。

不署撰者。以州帖府（見《晋書》卷六七），其言指以刺史帖都督府，以都督兼刺史。兩《唐志》無載，亡佚。

《地記》二百五十二卷。梁任昉增陸澄之書八十四家，以爲此記。其所增舊書，亦多零失。見存別部行者唯十二家，今列之於上。

《梁書》卷一四載，任昉撰《地記》二百五十二卷。兩《唐志》有著録，《宋志》無載，亡佚。唯十二家：實際爲十三家。

《山海經圖讚》二卷。郭璞注。

兩《唐志》著録《山海經圖讚》二卷，郭璞注。《中興館閣書目》著録《山海經》十八卷，郭璞傳，凡二十三篇，每卷有讚。《宋志》著録郭璞《山海經讚》二卷，《四庫全書總目》無載。此書二卷本有秘册彙函本，一卷本有子書百家本等。另外，清王謨、錢熙祚、嚴可均有輯本。

《山海經音》二卷。

不署撰者。兩《唐志》有著録，《宋志》無載，亡佚。

《水經》四十卷。酈善長注。

酈善長：名道元，范陽涿鹿（今河北涿鹿縣）人。歷任輔國將軍、東荊州刺史、安南將軍、御史中尉，後爲蕭寶夤所害，死於陰盤驛亭。撰注《水經》四十卷、本志十三篇，又有《七聘》等，皆行於世。《魏書》卷八九、《北史》卷二七有傳。《唐六典》卷七注，言《水經》引天下水百三十七，酈道元《水經注》引其支流一千五百五十二。兩《唐志》著録酈道元注《水經》四十卷，《宋志》著録桑欽《水經》四十卷，酈道元注。《四庫全書總目》卷六九著録酈道元《水經注》四十卷。《增訂四庫簡明目録標注》卷七稱，《水經注》"自明以來，傳刻舛誤，經注混淆，今以《永樂大典》所載舊本重爲校正，補其佚脱者二千一百二十八字，删其妄補者一千四百四十八字，正其臆改者三千七百一十五字"。此書現存最早的本子有宋刻本（存十二卷）、明嘉靖黄省曾刻本，通行本有四庫本、四部叢刊本、四部備要本等。研究《水經注》有成就者爲清趙一清、全祖望等。

《廟記》一卷。

　　不署撰者。兩《唐志》著録《廟記》一卷，《宋志》無載，亡佚。

《地理書抄》二十卷。陸澄撰。

　　此書或即其《地理書》，或他人所抄《地理書》，兩《唐志》無載，亡佚。

《地理書抄》九卷。任昉撰。

　　此書或即其《地理書》，或他人所抄《地理書》，兩《唐志》無載，亡佚。

《地理書抄》十卷。劉黄門撰。

　　劉黄門：黄門似其官職，非名也。生平事迹不詳。兩《唐志》無載，亡佚。

《洛陽伽藍記》 五卷。後魏楊衒之撰。

　　楊衒之：曾官撫軍司馬、鄴都期城郡守。見《洛陽伽藍記》及
《法苑珠林‧傳記》。《舊唐志》"地理類"、《新唐志》"釋家類"
著錄陽衒之《洛陽伽藍記》五卷，《宋志》著錄楊衒之《洛陽伽藍
記》三卷。《郡齋讀書志》卷八著錄羊衒之《洛陽伽藍記》三卷，
稱後魏遷都洛陽，僧舍多爲天下最。衒之載其本末及事迹甚備。
《直齋書錄解題》卷八著錄楊衒之《洛陽伽藍記》五卷。《四庫全
書總目》卷七〇著錄楊衒之《洛陽伽藍記》五卷，提要稱其書原
有自注，而所行本保存甚少。現存最早的本子爲明如隱堂刻本，通
行本爲四庫本、學津討原本、四部叢刊本、四部備要本等。民國周
祖謨撰《洛陽伽藍記校釋》，指出原書確有自注，但多與正文混淆，
融爲一體，難以分辨。

《荊南地志》 二卷。蕭世誠撰。

　　蕭世誠（xián）：即梁元帝，世誠（《梁書》《南史》皆作世
誠）乃其字。《梁書》卷五、《南史》卷八載梁元帝著《荊南志》
一卷。《新唐志》著錄梁元帝《荊南地志》二卷，《宋志》無載，
亡佚。清陳運溶、王仁俊有輯本。

《巴蜀記》 一卷。

　　不署撰者。兩《唐志》無載，亡佚。

《交州異物志》 一卷。楊孚撰。

　　兩《唐志》有著錄，《宋志》無載，亡佚。前已著錄楊孚《異
物志》一卷，疑即此書，此爲異名重出。

《元康六年户口名簿記》 三卷。

　　不署撰者。元康六年（296），晋惠帝在位。兩《唐志》無載，

亡佚。

《元嘉六年地記》三卷。

不署撰者。兩《唐志》無載，亡佚。

《九州郡縣名》九卷。

不署撰者。前著錄司馬彪《九州春秋》，疑此所言，爲三國時期之九州郡縣名。兩《唐志》無載，亡佚。

《扶南異物志》一卷。朱應撰。

朱應：吴孫權時爲宣化從事。見《梁書》卷五四。兩《唐志》有著錄，《宋志》無載，亡佚。清陳運溶有輯本。

《臨海水土異物志》一卷。沈瑩撰。

沈瑩：三國時爲吴丹陽太守。見《三國志》卷四八。兩《唐志》有著錄，《宋志》無載，亡佚。《説郛》存《臨海異物志》一卷，清王仁俊及民國楊晨各輯《臨海異物志》一卷。

《益州記》三卷。李氏撰。

李氏：疑爲李膺。《南史》卷五五載，涪令李膺，字公胤。爲益州別駕，著《益州記》三卷，行於世。《新唐志》著錄李充《益州記》三卷，《宋志》無載，亡佚。

《湘州記》一卷。郭仲産撰。

郭仲産：宋尚書庫部郎，爲南郡王義宣從事，參與義宣謀反，被誅。見《史通》卷一二、《渚宮舊事》。兩《唐志》無載，《崇文總目》著錄郭仲産《湘州記》一卷，《宋志》無載，亡佚。清有陳運溶、王仁俊輯本。

《湘州圖副記》一卷。

不署撰者。《舊唐志》著録《湘州圖記》一卷，《新唐志》著録《湘州圖副記》一卷，《宋志》無載，亡佚。

《四海百川水源記》一卷。釋道安撰。

釋道安：姓衛氏，常山扶柳（今河北冀州市）人。十二歲出家，從師佛圖澄。見《高僧傳》卷五。《舊唐志》著録釋道安《四海百川水記》一卷，《新唐志》著録僧道安《四海百川水源記》一卷，《宋志》無載，亡佚。

《京師寺塔記》十卷。《録》一卷。劉璆撰。

劉璆（qiú）：沛國沛（江蘇沛縣）人。曾任黃門郎，有名江左。見《周書》卷四二。《法苑珠林·傳記篇》載，《京師寺塔記》一部二十卷，梁尚書兵部郎中兼學士臣劉璆奉敕撰。兩《唐志》無載，亡佚。

《華山精舍記》一卷。張光禄撰。

張光禄：生平事迹不詳。兩《唐志》無載，亡佚。

《南雍州記》六卷。鮑至撰。

鮑至：東海（今江蘇境內）人。在雍州與庾肩吾等十人抄撰衆籍，成果頗豐，號高齋學士。侯景攻陷建鄴，被害。見《南史》卷五〇、卷六二。《新唐志》著録鮑堅（疑"至"之誤）《南雍州記》三卷，《宋志》無載，亡佚。

《京師寺塔記》二卷。釋曇宗撰。

釋曇宗：姓號，秣陵（今江蘇南京市）人。出家止靈味寺，博通衆典，著《京師寺塔記》二卷。見《高僧傳》卷一三。兩《唐志》無載，亡佚。

《張騫出關志》一卷。

不署撰者。據《漢書》卷六一載，張騫建元中爲郎，應募使月氏，途經大宛、大月氏、大夏、康居，而傳聞其旁大國五六，具爲天子言之。疑此書即爲張騫所記。兩《唐志》無載，亡佚。

《外國傳》五卷。釋曇景撰。

釋曇景：不知何許人。於齊代譯《摩耶經》等二部。見《開元釋教録》卷六。兩《唐志》無載，亡佚。

《歷國傳》二卷。釋法盛撰。

釋法盛：高昌（今新疆吐魯番市）人。於凉代譯《投身餓虎經》一卷，經往外國，有傳四卷。見《開元釋教録》卷四下。《日本國見在書目録》著録《歷國》四卷，釋法盛撰。兩《唐志》有著録，《宋志》無載，亡佚。

《西京記》三卷。

不署撰者。據《周書》卷三八、《北史》卷三六載，薛寘河東汾陰（今山西萬榮縣）人，仕西魏，入周，位驃騎大將軍、開府儀同三司。撰《西京記》三卷。兩《唐志》著録薛冥（疑"薛寘"之誤）《西京記》三卷，《宋志》無載，亡佚。

《京師録》七卷。

不署撰者。兩《唐志》無載，亡佚。

《尋江源記》一卷。

不署撰者。《舊唐志》於庾仲雍《尋江源記》五卷後，著錄"又一卷"，疑爲此書。《宋志》無載，亡佚。

《後園記》一卷。

　　不署撰者。兩《唐志》無載，亡佚。

《江表行記》一卷。

　　不署撰者。兩《唐志》無載，亡佚。

《淮南記》一卷。

　　不署撰者。兩《唐志》無載，亡佚。

《古來國名》二卷。

　　不署撰者。兩《唐志》無載，亡佚。

《十三州志》十卷。闞駰撰。

　　闞駰：字玄陰，敦煌（今甘肅敦煌市）人。撰《十三州志》，行於世。加奉車都尉，遷尚書。《魏書》卷五二、《北史》卷三四有傳。《史通·雜述》稱闞駰書"斯則言皆雅正，事無偏黨者矣"。兩《唐志》著錄闞駰《十三州志》十四卷，《宋志》無載，亡佚。清張澍、王謨、王仁俊及民國葉昌熾有輯本。

《慧生行傳》一卷。

　　不署撰者。《魏書》卷一一四載，熙平元年，詔遣沙門惠生使西域，采諸經律。正光三年冬，還京師，所得經論一百七十部，行於世。此書應爲記惠生使西域事，也可能即其所記。兩《唐志》無載，亡佚。

《宋武北征記》一卷。戴氏撰。

　　錢大昕《廿二史考異》卷三四曰，戴氏即戴延之。兩《唐志》無載，亡佚。

《林邑國記》一卷。

　　不署撰者。林邑國本漢象林縣，即馬援鑄柱之處，去南海三千里。見《晉書》卷九七。兩《唐志》有著錄，《宋志》無載，亡佚。《説郛》存一卷。

《涼州異物志》一卷。

　　不署撰者。《新唐志》著錄《涼州異物志》二卷，《宋志》無載，亡佚。清張澍有輯本。

《閱象傳》二卷。閭先生撰。

　　閭先生：缺名，生平事迹不詳。《漢志》"陰陽家"著錄《閭丘子》十三篇，班固注曰，"名快，魏人，在南公前"。疑此書爲《閭丘子》殘秩，兩《唐志》無載，亡佚。

《司州山川古今記》三卷。劉澄之撰。

　　前已著錄劉澄之《永初山川古今記》，此爲重出。

《江圖》一卷。張氏撰。

　　張氏：不知何人。《尚書》卷六《正義》解"九江孔殷"，引張須元《緣江圖》，不知是否即此《江圖》。兩《唐志》無載，亡佚。

《江圖》二卷。劉氏撰。

　　劉氏：不知何人。《新唐志》著錄《江圖》二卷，不署撰者；

《宋志》無載，亡佚。

《廣梁南徐州記》九卷。虞孝敬撰。

　　記廣州、梁州、南徐州三州事，兩《唐志》無載，亡佚。

《水飾圖》二十卷。

　　不署撰者。《太平廣記》卷二二六引《大業拾遺記》稱"煬帝別敕學士杜寶修《水飾圖經》十五卷，新成。以三月上巳日，會群臣於曲水，以觀水飾"。兩《唐志》無載，亡佚。

《甌閩傳》一卷。

　　不署撰者。《漢書》卷一下顏師古注曰，"閩越，今泉州建安是其地也"。此書當記此地諸事。兩《唐志》無載，亡佚。

《北荒風俗記》二卷。

　　不署撰者。記北方極荒遠之地的風俗。兩《唐志》無載，亡佚。

《諸蕃風俗記》二卷。

　　不署撰者。記各蕃國之風俗。兩《唐志》無載，亡佚。

《男女二國傳》一卷。

　　不署撰者。《南史》卷七九載，扶桑國沙門慧深來荊州，説曰，"扶桑東千餘里有女國"。《隋書》卷八三載，女國在蔥嶺之南，其國代以女爲王。兩《唐志》無載，亡佚。

《突厥所出風俗事》一卷。

　　不署撰者。突厥，其先居西海之右，獨爲部落，匈奴之別種；

或曰突厥本平凉雜胡；又曰突厥之先，出於索國，在匈奴之北。見《北史》卷九九。兩《唐志》無載，亡佚。

《古今地譜》二卷。

不署撰者。兩《唐志》無載，亡佚。

《輿地志》三十卷。陳顧野王撰。

顧野王：見本書卷三二"小學類"。《陳書》卷三〇載，顧野王撰《輿地志》三十卷。《日本國見在書目録》著録顧野王《輿地志》，兩《唐志》亦有著録，《宋志》無載，亡佚。清王謨、王仁俊有輯本。

《序行記》十卷。姚最撰。

《周書》卷四七載，姚最父姚僧垣撰《行記》三卷，行於世。兩《唐志》著録姚最《述行記》二卷，《宋志》無載，亡佚。

《魏永安記》三卷。温子昇撰。

温子昇：字鵬舉，自稱太原人，久居江左。仕北魏，爲散騎常侍、中軍大將軍領本州大中正。《魏書》卷八五、《北史》卷八三有傳。此書記魏孝莊帝永安年間事，《史通・叙事》注引王劭《齊志》，提及温子昇撰《永安記》。《新唐志》"故事類"著録温子昇《魏永安故事》三卷，《宋志》無載，亡佚。

《國都城記》二卷。

不署撰者。兩《唐志》無載，亡佚。

《周地圖記》一百九卷。

不署撰者。《舊唐志》著録《周地圖》九十卷，《新唐志》著録《周地圖》一百三十卷，《宋志》無載，亡佚。

《冀州圖經》一卷。

不署撰者。兩《唐志》無載，亡佚。

《齊州圖經》一卷。

不署撰者。兩《唐志》無載，亡佚。

《齊州記》四卷。李叔布撰。

李叔布：生平事迹不詳。兩《唐志》有著録，《宋志》無載，
亡佚。

《幽州圖經》一卷。

不署撰者。兩《唐志》無載，亡佚。

《魏聘使行記》六卷。

不署撰者。《宋書》卷九五載，義熙十三年，高祖西伐長安，
魏明元帝遣使求和，自是使命歲通。《梁書》卷三載，武帝大同三
年七月，魏遣使來聘。兩《唐志》著録《魏聘使行記》五卷，《宋
志》無載，亡佚。

《聘北道里記》三卷。江德藻撰。

江德藻：濟陽考城（今河南蘭考縣）人。起家梁南中郎武陵王
行參軍。高祖受禪，授秘書監，兼尚書左丞。後通直散騎常侍。天
嘉四年，使齊，著《北征道里記》三卷。《陳書》卷三四、《南史》
卷六〇有傳。兩《唐志》無載，亡佚。

《李諧行記》一卷。

不署撰者。《魏書》卷一二載，魏孝靜帝天平四年七月，遣兼散騎常侍李諧等使于蕭衍。《魏書》卷六五、《北史》卷四三載，李諧字虔和，頓丘（今河南清豐縣）人。此書當記其聘使之事，也可能即李諧所記。兩《唐志》無載，亡佚。

《聘遊記》三卷。劉師知撰。

劉師知：沛國相（今安徽濉溪縣）人。陳武帝受命，任遇甚重。光大元年，坐事於北獄賜死。《陳書》卷一六、《南史》卷六八有傳。《江德藻傳》言及劉師知與其使齊。兩《唐志》無載，亡佚。

《朝覲記》六卷。

不署撰者。兩《唐志》無載，亡佚。

《封君義行記》一卷。李繪撰。

李繪：字敬文，趙郡平棘（今河北趙縣南）人。武定初，兼常侍，爲聘梁使主。使還，拜平南將軍、高陽内史。《北齊書》卷二九、《北史》卷三三有傳。《北齊書》卷四三載，封述字君義。梁散騎常侍陸晏子、沈警來聘，以封君義兼通直郎使梁。兩《唐志》無載，亡佚。

《輿駕東行記》一卷。薛泰撰。

薛泰：生平事迹不詳。兩《唐志》著録薛泰《輿駕東幸記》一卷，《宋志》無載，亡佚。

《北伐記》七卷。諸葛穎撰。

《巡撫揚州記》七卷。諸葛穎撰。

諸葛穎：字漢，丹陽建康（今江蘇南京市）人。侯景亂，奔齊。得晉王楊廣器重，引爲參軍事，轉記室。煬帝即位，從駕北巡，卒於道。撰《鸞駕北巡記》三卷、《幸江都道里記》一卷等，並行於世。《隋書》卷七六、《北史》卷八三有傳。《舊唐志》著錄諸葛穎《巡總揚州記》七卷，《新唐志》著錄諸葛穎《巡撫揚州記》七卷。《宋志》無載，亡佚。兩《唐志》皆不載《北伐記》，亡佚。

《大魏諸州記》二十一卷。

不署撰者。《舊唐志》著錄《魏諸州記》二十卷，《新唐志》著錄《後魏諸州記》二十卷，《宋志》無載，亡佚。

《并州入朝道里記》一卷。蔡允恭撰。

蔡允恭：荊州江陵（今湖北江陵縣）人。仕隋，任著作佐郎、起居舍人。貞觀初，除太子洗馬。有集十卷，又撰《後梁春秋》十卷。《周書》卷四八、《舊唐書》卷一九〇上、《新唐書》卷二〇一有傳。兩《唐志》無載，亡佚。

《趙記》十卷。

不署撰者。據《北史》卷三三載，李公緒撰《趙記》八卷、《趙語》十二卷，行於世。兩《唐志》無載，亡佚。

《代都略記》三卷。

不署撰者。十六國時期拓跋氏建代國，此書當記代王拓跋珪改元天興，定國號爲魏，遷都平城之前代京之事。兩《唐志》無載，亡佚。

《世界記》五卷。釋僧祐撰。

《法苑珠林·傳記篇》載，《世界記》一十卷，梁朝揚州建安寺沙門釋僧祐撰。兩《唐志》無載，亡佚。

《州郡縣簿》七卷。

不署撰者。兩《唐志》無載，亡佚。

《大隋翻經婆羅門法師外國傳》五卷。

不署撰者。兩《唐志》無載，亡佚。

《隋區宇圖志》一百二十九卷。

不署撰者。《隋書》卷七七載，大業五年，崔賾受詔與諸儒撰《區宇圖志》二百五十卷，奏之。煬帝不善之，更令虞世基、許善心衍爲六百卷。《隋書》卷六七載，虞世基字茂世。兩《唐志》著錄虞茂（即虞茂世，避太宗諱，去"世"字）《區宇圖》一百二十八卷，《宋志》無載，亡佚。

《隋西域圖》三卷。裴矩撰。

裴矩：字弘大，河東聞喜（今山西聞喜縣）人。仕齊，爲高平王文學。煬帝大業初，裴矩撰《西域圖記》三卷，入朝奏之。此書被稱別造地圖，窮其要害。降唐，封安邑縣公。武德年間，官歷太子詹事、民部尚書等。《隋書》卷六七、《北史》卷三八、《舊唐書》卷六三、《新唐書》卷一〇〇有傳。《新唐志》著錄裴矩《西域圖記》三卷，《宋志》無載，亡佚。

《隋諸州圖經集》一百卷。郎蔚之撰。

郎蔚之：名茂，恒山新市（今河北新樂市西南）人。煬帝即位，爲尚書左丞，撰《州郡圖經》一百卷，奏之。後除名爲民，徙且末郡。大業十年，追還京師，歲餘卒。《隋書》卷六六、《北史》卷五五有傳。兩《唐志》著錄郎蔚之《隋圖經集記》一百卷，《宋志》無載，亡佚。

《隋諸郡土俗物産》一百五十一卷。

不署撰者。兩《唐志》著録《諸郡土俗物産記》十九卷，《宋志》無載，亡佚。

《西域道里記》三卷。

不署撰者。《舊唐志》有著録，《宋志》無載，亡佚。

《諸蕃國記》十七卷。

不署撰者。兩《唐志》無載，亡佚。

《方物志》二十卷。許善心撰。

《隋書》卷五八載，大業四年，許善心撰《方物志》，奏之。兩《唐志》無載，亡佚。

《并州總管内諸州圖》一卷。

不署撰者。兩《唐志》無載，亡佚。

右一百三十九部，一千四百三十二卷。通計亡書，合一百四十部，一千四百三十四卷。

一百三十九部：實際爲一百三十八部。一百四十部：因並未著録亡書，故應作一百三十八部。

昔者先王之化民也，以五方土地，[1] 風氣所生，剛柔輕重，飲食衣服，各有其性，不可遷變。是故疆理天下，[2] 物其土宜，知其利害，達其志而通其欲，齊其政而修其教。故曰廣谷大川異制，人居其間異俗。《書》錄禹別九州，[3]定其山川，分其圻界，[4]條其物產，辨其貢賦，[5]斯之謂也。周則夏官司險，[6]掌建九州之圖，周知山林川澤之阻，達其道路。地官誦訓，[7]掌方志以詔觀事，以知地俗。春官保章，[8]以星土辨九州之地，[9]所封之域，以觀祆祥。[10]夏官職方，[11]掌天下之圖地，辨四夷八蠻九貉五戎六狄之人，[12]與其財用九穀六畜之數，[13]周知利害，辨九州之國，使同其貫。[14]司徒掌邦之土地之圖，與其人民之教，以佐王擾邦國，[15]周知九州之域，廣輪之數，[16]辨其山林川澤丘陵墳衍原隰之名物，[17]及土會之法。[18]然則其事分在衆職，而冢宰掌建邦之六典，實總其事。太史以典逆冢宰之治，其書蓋亦總爲史官之職。漢初，蕭何得秦圖書，故知天下要害。後又得《山海經》，相傳以爲夏禹所記。武帝時，計書既上太史，郡國地志，固亦在焉。而史遷所記，但述河渠而已。[19]其後劉向略言地域，丞相張禹使屬朱貢條記風俗，[20]班固因之作《地理志》。其州國郡縣山川夷險時俗之異，經星之分，[21]風氣所生，區域之廣，戶口之數，各有攸叙，與古《禹貢》《周官》所記相埒。是後載筆之士，管窺末學，不能及遠，但記州郡之名而已。晋世，摯虞依《禹貢》《周官》，作《畿服經》，其州郡及縣分野封略事業，[22]國邑山陵水泉，鄉亭城道里土田，[23]民物風俗，先賢舊好，靡不具悉，凡一百七十卷，今亡。而學者因其經歷，並有記載，然不能成一家之體。齊時，陸澄聚一百六十家之説，依其前後遠近，編而爲部，謂之《地理書》。任昉又增陸澄之書八十四家，謂之《地記》。陳時，顧野王抄撰衆家之言，作《輿地志》。隋大業中，普詔天下諸郡，條其風俗物產地圖，上于尚書。故隋代有《諸郡物產土俗記》一百五十一卷，《區宇圖志》一百二十九卷，《諸州圖經集》一百卷。其餘記注甚衆。今任、陸二家所記之內而又別行者，各録在其書之上，自餘次之於下，以備地理之記焉。

[1]五方：東、西、南、北、中爲五方。

[2]疆理：劃分、整理。

[3]九州：禹所別九州爲冀、豫、雍、揚、兗、徐、梁、青、荆州。

[4]圻（yín）：同垠，邊際。

[5]貢賦：下之所供爲貢，上之所取爲賦，即爲賦稅。

[6]司險：官名。見《周禮注疏》卷三〇。

[7]誦訓：官名。見《周禮注疏》卷一六。

[8]保章：官名。見《周禮注疏》卷二六。

[9]星土：星所主土也，即以星位（二十八宿或十二星次）分主九州土地或諸國封域。

[10]祅祥：祅，地面的反常異變現象；祥，吉凶之徵兆。

[11]職方：官名。見《周禮注疏》卷三三。

[12]四夷八蠻九貉五戎六狄：《周禮注疏》卷三三曰，東方曰夷，南方曰蠻，西方曰戎，北方曰貉狄。四、八、九、五、六，周邊所服之國數。

[13]九穀：九種穀物，但説法不一。《周禮·天官·大宰》鄭司農曰，黍、稷、秫、稻、麻、大小豆、大小麥。六畜，即牛、

羊、馬、豬、鷄、犬。

[14]使同其貫：《周禮注疏》卷三三此句作"使同貫利"，《注疏》曰，貫，事也。使同其事利，不失其所也。

[15]擾：馴服、安撫。

[16]廣輪：《周禮注疏》卷一〇引馬融語，"東西爲廣，南北爲輪"。

[17]山林：積石曰山，竹木曰林。川澤，注瀆曰川，水鍾曰澤。丘陵，土高曰丘，大阜曰陵。墳衍，水崖曰墳，下平曰衍。原隰，高平曰原，下濕曰隰。見《周禮注疏》卷一〇鄭玄注。

[18]土會之法：辨山林、川澤、丘陵、墳衍、原隰五類土地所産之物，以制定貢税。

[19]但述河渠：指《史記》中有《河渠書》。

[20]"其後劉向"至"朱貢條記風俗"：此内容見《漢書》卷二八下《地理志》，朱貢作朱贛。

[21]經星：舊稱二十八宿等恒星爲經星。

[22]分野：即把十二星辰的位置與地上州、國的位置相對應，如鶉尾對應楚等。封略，即封疆。

[23]道里：道路、村落。

《世本王侯大夫譜》二卷。

《世本》二卷。劉向撰。

二書書名有異，前者不署撰者，後者署劉向。但二者很可能是一本書。《漢志》"春秋類"著録《世本》十五篇，班固注曰，"古史官記黃帝以來訖春秋時諸侯大夫"。《史記集解序》之《索隱》引劉向語，"《世本》，古史官明於古事者之所記也。録黃帝以來帝王諸侯及卿大夫系謚名號，凡十五篇也"。這顯然是劉向《別録》介紹《世本》的内容，而且與班固觀點一致，此書爲古史官所爲，非劉向所作。《史通·正史》有曰，"楚漢之際，有好事者，録自

古帝王公卿大夫之世，終乎秦末，號曰《世本》十五篇"。所言近
是。兩《唐志》無載，亡佚。

《世本》四卷。宋衷撰。

　　宋衷：又作宋忠，見本書卷三二"易類"。《史記》卷三四
《索隱》曰，"按：今《系本》（即《世本》，避唐諱）無燕代系，
宋衷依《太史公書》以補其闕"。兩《唐志》著錄宋衷撰《世本》
四卷，《宋志》無載，亡佚。清秦嘉謨、孫馮翼、雷學淇、茆泮林、
張澍、王謨、王仁俊有輯本，或十卷、或五卷、或二卷、或一卷，
皆稱宋衷注。

《漢氏帝王譜》三卷。梁有《宋譜》四卷，劉湛《百家譜》二
卷，亡。

　　不署撰者。兩《唐志》著錄《漢氏帝王譜》二卷，《宋志》無
載，亡佚。《宋譜》：不署撰者。記南朝劉裕所建宋王朝之世系。劉
湛：字弘仁，南陽涅陽（今河南鎮平縣南）人。景平元年召入，累
遷領軍將軍、丹陽尹、散騎常侍。《宋書》卷六九、《南史》卷三
五有傳。《南史》卷五九稱，劉湛"始撰《百家》以助銓序，而傷
於寡略"。兩《唐志》無載，亡佚。

《齊帝譜屬》十卷。

　　不署撰者。記蕭道成所建南齊王朝之世系。兩《唐志》無載，
亡佚。

《百家集譜》十卷。王儉撰。梁有王逡之續儉《百家譜》四卷，
《南族譜》二卷，《百家譜拾遺》一卷，又有《齊梁帝譜》四卷，
《梁帝譜》十三卷。亡。

　　《南齊書》卷五二載，永明中，衛軍王儉抄次《百家譜》，與

賈淵參懷撰定。《南史》卷五九載，齊衛將軍王儉對劉湛《百家譜》復加去取，得繁省之衷。兩《唐志》著錄王儉《百家集譜》十卷，《宋志》無載，亡佚。《百家譜》：王逡之續作。《南齊書》卷五二《王逡之傳》未提及此書。《南族譜》：不署撰者。唐柳芳言，過江則爲僑姓，王、謝、袁、蕭爲大；東南則爲吳姓，朱、張、顧、陸爲大。王僧孺繼王儉之後，演益爲十八篇。見《新唐書》卷一九九。疑此十八篇即《南族譜》。《百家譜拾遺》：不署撰者。《齊梁帝譜》：不署撰者。記蕭道成所建南齊王朝之世系，亦記蕭衍所建梁王朝之世系。又，齊、梁同祖，梁武帝之父爲齊高帝族弟。《梁帝譜》：不署撰者。僅記梁代世系。

《百家譜》三十卷。王僧孺撰。

《百家譜集鈔》十五卷。王僧孺撰。

王僧孺：字僧孺，東海郯（今山東郯城縣）人。仕梁，入直西省，知撰譜事。梁武帝留意譜籍，詔僧孺改定《百家譜》。其所撰，同范陽張等九族以代雁門解等九姓。其東南諸族別爲一部，不在百家之數。《梁書》卷三三、《南史》卷五九有傳。本志集部尚有其一部著述。兩《唐志》著錄王僧孺《百家譜》三十卷，《宋志》無載，亡佚。清王仁俊有輯本。兩《唐志》不載《百家譜集鈔》，亡佚。

《百家譜》二十卷。賈執撰。

賈執：《新唐書》卷一一九載柳芳言，晋賈弼撰《姓氏譜狀》，其孫賈希鏡撰《姓氏要狀》，其曾孫賈執作《姓氏英賢》一百篇，又作《百家譜》，廣王儉、王僧孺之作。兩《唐志》著錄賈執《百家譜》五卷，《宋志》無載，亡佚。

《百家譜》十五卷。傅昭撰。

傅昭：字茂遠，北地靈州（今寧夏靈武市）人。仕齊，爲尚書左丞、本州大中正。入梁，累任左民尚書、散騎常侍、金紫光禄大夫等。《梁書》卷二六、《南史》卷六〇有傳。兩《唐志》無載，亡佚。

《百家譜世統》十卷。

不署撰者。兩《唐志》無載，亡佚。

《百家譜鈔》五卷。

不署撰者。兩《唐志》無載，亡佚。

《姓氏英賢譜》一百卷。賈執撰。案：梁有《王司空新集諸州譜》十一卷，又別有《諸姓譜》一百一十六卷，《益州譜》四十卷，《關東關北譜》三十三卷，《梁武帝總集境内十八州譜》六百九十卷，亡。

兩《唐志》著録賈執《姓氏英賢譜》一百卷，《宋志》無載，亡佚。《王司空新集諸州譜》：王司空不知爲何人。《諸姓譜》：不署撰者。似亦出於王司空。《益州譜》《關東關北譜》，亦不署撰者。應記當地譜系。《梁武帝總集境内十八州譜》：《梁書》卷三三載，王僧孺知撰譜事，集《十八州譜》七百一十卷。兩《唐志》著録王僧孺《十八州譜》七百一十二卷，《宋志》無載，亡佚。

《後魏辯宗録》二卷。元暉業撰。

元暉業：字紹遠，魏景穆帝玄孫。歷任司空、太尉，加特進，録尚書事。撰魏蕃王家世，號爲《辯宗録》四十卷，行於世。《魏書》卷一九上、《北齊書》卷二八、《北史》卷一七有傳。兩《唐志》有著録，《宋志》無載，亡佚。

《後魏皇帝宗族譜》四卷。

　　不署撰者。《魏書》卷七下載，孝文帝太和二十年正月，詔改姓爲元氏。此書當記皇族元氏之宗譜。《新唐志》有著録，《宋志》無載，亡佚。

《魏孝文列姓族牒》一卷。

　　不署撰者。《魏書》卷一一三載，太和十九年，有詔令穆亮、元儼等詳定北人姓，務令平均。此書記所別姓族之譜牒。兩《唐志》著録《後魏譜》二卷，不知與此有無關係。

《後齊宗譜》一卷。

　　不署撰者。記齊高祖高歡所建齊王朝之世系。兩《唐志》無載，亡佚。

《益州譜》三十卷。

　　不署撰者。不知與前所著録已亡之《益州譜》四十卷有無關係。兩《唐志》無載，亡佚。

《冀州姓族譜》二卷。

　　不署撰者。《舊唐志》著録《冀州譜》七卷，《新唐志》著録《冀州姓族譜》七卷，《宋志》無載，亡佚。

《洪州諸姓譜》九卷。

　　不署撰者。《舊唐志》著録《洪州譜》九卷，《新唐志》著録《洪州諸姓譜》九卷，《宋志》無載，亡佚。

《吉州諸姓譜》八卷。

　　不署撰者。兩《唐志》無載，亡佚。

《江州諸姓譜》十一卷。

　　不署撰者。兩《唐志》無載，亡佚。

《諸州雜譜》八卷。

　　不署撰者。兩《唐志》無載，亡佚。

《袁州諸姓譜》八卷。

　　不署撰者。《舊唐志》著録《袁州譜》七卷，《新唐志》著録《袁州諸姓譜》七卷，《宋志》無載，亡佚。

《揚州譜鈔》五卷。

　　不署撰者。兩《唐志》無載，亡佚。

《京兆韋氏譜》二卷。

　　不署撰者。《南史》卷五八載，韋鼎自楚太傅孟以下二十餘世，並參論昭穆，作《韋氏譜》七卷。《舊唐志》著録韋鼎等《韋氏譜》十卷，《新唐志》著録韋鼎《韋氏譜》十卷，《宋志》無載，亡佚。

《謝氏譜》一十卷。

　　不署撰者。《新唐志》著録《謝氏譜》二卷，然列於唐人撰述之間，疑非此書。亡佚。

《楊氏血脉譜》二卷。

　　不署撰者。兩《唐志》無載，亡佚。

《楊氏家譜狀并墓記》一卷。

不署撰者。兩《唐志》無載，亡佚。

《楊氏枝分譜》一卷。

不署撰者。兩《唐志》無載，亡佚。

《楊氏譜》一卷。

不署撰者。兩《唐志》有著錄，《宋志》無載，亡佚。

《北地傅氏譜》一卷。

不署撰者。疑述北地靈州傅昭家譜系。兩《唐志》無載，亡佚。

《蘇氏譜》一卷。

不署撰者。兩《唐志》有著錄，《宋志》無載，亡佚。

《述系傳》一卷。姚最撰。

《周書》卷四七僅載姚最撰《梁後略》，未及《述系傳》。兩《唐志》無載，亡佚。

《氏族要狀》十五卷。

不署撰者。《南齊書》卷五二、《南史》卷七二載，賈淵，字希鏡，平陽襄陵（今山西襄汾市）人。希鏡三世傳學，凡十八州士族譜，合百帙，七百餘卷。官至北中郎參軍。撰《姓氏要狀》與《人名書》，並行於世。兩《唐志》著錄賈希鏡《姓氏要狀》十五卷，《宋志》無載，亡佚。

《姓苑》一卷。何氏撰。

何氏：應爲何承天。《新唐書》卷一一九載柳芳語，其稱何承天有《姓苑》二篇。兩《唐志》、《崇文總目》、《宋志》著録何承天《姓苑》十卷。《四庫全書總目》無載，亡佚。

《複姓苑》一卷。

不署撰者。述複姓之事。兩《唐志》無載，亡佚。

《齊永元中表簿》五卷。

不署撰者。《舊唐志》著録《永元中表簿》六卷，《新唐志》著録《齊永元中表簿》六卷，《宋志》無載，亡佚。《南史》卷五九載，王僧孺入直文德省，撰起居注、中表簿。中表簿當記皇后族親之世系，屬譜學之支系。

《竹譜》一卷。

不署撰者。兩《唐志》“農家類”著録戴凱之《竹譜》一卷。《郡齋讀書志》卷一二著録《竹譜》一卷，戴凱之撰。曰，凱之字慶預，武昌人。裒輯竹子，四字一讀，有韻，類賦頌。。《四庫全書總目》卷一一五著録《竹譜》一卷，提要稱，舊題著者戴凱之，《百川學海》始言其爲晋人，後人多采之。姚振宗則認爲其當爲劉宋時人。此書現存有百川學海本、廣漢魏叢書本、四庫本等。

《錢譜》一卷。顧烜撰。

顧烜：吴郡吴（今江蘇蘇州市）人。信威臨賀王記事，兼本州五官掾，以儒術知名。見《陳書》卷三〇。兩《唐志》“農家類”著録顧烜《錢譜》一卷，《宋志》“小説類”著録顧烜《錢譜》一卷。《四庫全書總目》無載，亡佚。

《錢圖》一卷。

不署撰者。兩《唐志》無載，亡佚。

右四十一部，三百六十卷。通計亡書，合五十三部，一千二百八十卷。

氏姓之書，其所由來遠矣。《書》稱："別生分類。"[1]《傳》曰："天子建德，因生以賜姓。"[2]周家小史定繫世，辨昭穆，[3]則亦史之職也。秦兼天下，剗除舊迹，[4]公侯子孫，失其本繫。漢初，得《世本》，叙黄帝已來祖世所出。而漢又有《帝王年譜》，後漢有《鄧氏官譜》。晋世，摯虞作《族姓昭穆記》十卷，齊、梁之間，其書轉廣。後魏遷洛，有八氏十姓，[5]咸出帝族。又有三十六族，則諸國之從魏者；九十二姓，世爲部落大人者，並爲河南洛陽人。其中國士人，則第其門閥，有四海大姓、郡姓、州姓、縣姓。[6]及周太祖入關，諸姓子孫有功者，並令爲其宗長，仍撰譜録，紀其所承。又以關内諸州，爲其本望。[7]其《鄧氏官譜》及《族姓昭穆記》，晋亂已亡。自餘亦多遺失。今録其見存者，以爲譜系篇。

[1]別生分類：見《尚書正義》卷三。其《傳》曰，"生，姓也。別其姓族，分其類，使相從"。

[2]傳曰：見《春秋左傳正義》卷四《隱公八年》。

[3]昭穆：古代宗法制度，宗廟或墓地的輩分排列，以始祖居中，二世、四世、六世，位於始祖之左，稱昭；三世、五世、七世，位於始祖之右，稱穆。以昭穆分辨宗族内長幼、親疏、遠近。

[4]剗（chǎn）除：剗，通剷。

[5]八氏：魏獻帝時，魏獻帝與其七兄弟爲八氏。十姓，即八

氏加魏獻帝叔父、疏屬兩支爲十姓。

　　[6]郡姓：魏晉南北朝時期，以中國士人差第門閥爲之制，區分氏族等級，有甲、乙、丙、丁四等大姓，郡姓、州姓、縣姓皆爲氏族等級之一。參見《新唐書》卷一九九柳芳語。

　　[7]本望：本門族、郡望。

《七略別錄》二十卷。劉向撰。

　　梁阮孝緒《七録序》曰，"昔劉向校書，輒爲一録，論其指歸，辨其訛謬，隨竟奏上，皆載本書。時又别集衆録，謂之《别録》，即今之《别録》是也"。見《廣弘明集》卷三。兩《唐志》著録劉向《七略別録》二十卷，《宋志》無載，亡佚。清洪頤煊、陶濬宣、馬國翰、王仁俊、姚振宗有輯本。

《七略》七卷。劉歆撰。

　　《漢書》卷三六載，河平中，劉歆受詔與父劉向領校秘書，父亡，卒父前業。集六藝羣書，種别爲《七略》。梁阮孝緒《七録序》曰，漢哀帝使劉歆嗣父前業，歆遂總括羣篇，奏其《七略》。見《廣弘明集》卷三。《漢志》稱，劉歆《七略》"有《輯略》，有《六藝略》，有《諸子略》，有《詩賦略》，有《兵書略》，有《術數略》，有《方技略》"。兩《唐志》著録劉歆《七略》七卷，《宋志》無載，亡佚。清洪頤煊、陶濬宣、姚振宗有輯本。

《晉中經》十四卷。荀勖撰。

　　《晉書》卷三九載，荀勖與張華依劉向《别録》整理記籍，得汲冢中古文竹書，詔荀勖撰次，以爲《中經》列在秘書。梁阮孝緒《七録序》稱，荀勖更著新簿，總以四部别之。《舊唐志》著録荀勖《中書簿》十四卷，《新唐志》著録荀勖《晉中經簿》十四卷，《宋志》無載，亡佚。清王仁俊有輯本。

《晋義熙已來新集目録》三卷。

不署撰者。《舊唐志》著録丘深之《義熙已來雜集目録》三卷，《新唐志》著録丘深之《義熙以來新集目録》三卷。丘深之即丘淵之，字思玄，吳興烏程（今浙江湖州市）人。累任侍中、都官尚書、吳郡太守。見《宋書》卷八一、《南史》卷三五。《宋志》無載，亡佚。

《宋元徽元年四部書目録》四卷。王儉撰。

《南齊書》卷二三載，王儉又撰定《元徽四部書目》。《舊唐志》著録王儉《元徽元年書目》四卷，《新唐志》著録王儉《元徽元年四部書目録》四卷，《宋志》無載，亡佚。

《今書七志》七十卷。王儉撰。

《宋書》卷九載，元徽元年八月，秘書丞王儉表上所撰《七志》三十卷。《舊唐志》著録《今書七志》七十卷，王儉撰，賀縱（或作"蹤"）補；《新唐志》著録王儉《今書七志》七十卷，賀縱補注；《宋志》無載，亡佚。

《梁天監六年四部書目録》四卷。殷鈞撰。

殷鈞：見本書卷三二本志"大序"。《梁書》卷二七載，殷鈞任職秘書丞，啓校定祕閣四部書，更爲目録。兩《唐志》無載，亡佚。

《梁東宮四部目録》四卷。劉遵撰。

劉遵：字孝陵，彭城（今江蘇徐州市）人。起家著作郎。中大通二年，除中庶子。《梁書》卷四一、《南史》卷三九有傳。兩《唐志》無載，亡佚。

《梁文德殿四部目録》 四卷。劉孝標撰。

　　《梁書》卷一四載，天監初，任昉轉秘書監，手自讎校，由是篇目定焉。阮孝緒《七録序》曰，（梁）又於文德殿内别藏衆書，使學士劉孝標等重加校進。見《廣弘明集》卷三。兩《唐志》無載，亡佚。

《七録》 十二卷。阮孝緒撰。

　　《七録序》稱自"總集衆家更爲新録。其方内經史至于術技合爲五録，謂之内篇；方外佛道各爲一録，謂之外篇。凡爲録有七，故名《七録》"。見《廣弘明集》卷三。兩《唐志》有著録，《宋志》無載，亡佚。清王仁俊有輯本。

《魏闕書目録》 一卷。

　　不署撰者。《魏書》卷七下載，太和十九年六月癸丑，詔求天下遺書，祕閣所無、有裨益時用者，加以優賞。兩《唐志》無載，亡佚。

《陳祕閣圖書法書目録》 一卷。

　　不署撰者。兩《唐志》無載，亡佚。

《陳天嘉六年壽安殿四部目録》 四卷。

　　不署撰者。兩《唐志》著録《陳天嘉四部書目》四卷，《宋志》無載，亡佚。

《陳德教殿四部目録》 四卷。

　　不署撰者，兩《唐志》無載，亡佚。

《陳承香殿五經史記目録》二卷。

　　不署撰者。兩《唐志》無載，亡佚。

《開皇四年四部目録》四卷。

　　不署撰者。《隋書》卷一載，隋文帝開皇三年三月丁巳，詔購求遺書於天下。《北史》卷七二載，開皇初，牛弘上表請開獻書之路，文帝納之。一二年間，篇籍稍備。兩《唐志》著録牛弘《隋開皇四年書目》四卷，《宋志》無載，亡佚。

《開皇八年四部書目録》四卷。

　　不署撰者。兩《唐志》無載，亡佚。

《香廚四部目録》四卷。

　　不署撰者。兩《唐志》著録王劭《隋開皇二十年書目》四卷，或爲此書。

《隋大業正御書目録》九卷。

　　不署撰者。《資治通鑑》卷一八二載，初西京嘉則殿有書三十七萬卷，煬帝命秘書監柳顧言等詮次，除其複重猥雜，得正御本三萬七千餘卷，納於東都修文殿。此書應是記録這些書的目録。兩《唐志》無載，亡佚。

《法書目録》六卷。

　　不署撰者。法書，言名人書法。《舊唐志》著録虞和《法書目録》六卷，《新唐志》著録虞龢《法書目録》六卷，《宋志》無載，亡佚。

《雜儀注目録》四卷。

不署撰者。兩《唐志》無載，亡佚。

《雜撰文章家集叙》十卷。荀勖撰。

《舊唐志》著録荀勖《新撰文章家集》五卷，《新唐志》著録荀勖《新撰文章家集叙》五卷，《宋志》無載，亡佚。

《文章志》四卷。摯虞撰。

《晉書》卷五一載，摯虞撰《文章志》四卷。兩《唐志》有著録，《宋志》無載，亡佚。

《續文章志》二卷。傅亮撰。

兩《唐志》有著録，《宋志》無載，亡佚。

《晋江左文章志》三卷。宋明帝撰。

宋明帝：見本書卷三二"易類"。《新唐志》有著録，《宋志》無載，亡佚。

《宋世文章志》二卷。沈約撰。

《梁書》卷一三載，沈約撰《宋文章志》三十卷，《新唐志》著録《宋世文章志》二卷，《宋志》無載，亡佚。

《書品》二卷。

不署撰者。兩《唐志》無載，亡佚。

《名手畫録》一卷。

不署撰者。兩《唐志》無載，亡佚。

《正流論》一卷。

不署撰者。兩《唐志》無載，亡佚。

右三十部，二百一十四卷。

三十部：實際爲二十九部。

　　古者史官既司典籍，蓋有目録，以爲綱紀，體制堙滅，[1]不可復知。孔子删書，別爲之序，各陳作者所由。韓、毛二《詩》，亦皆相類。漢時劉向《別録》、劉歆《七略》，剖析條流，各有其部，推尋事迹，疑則古之制也。自是之後，不能辨其流別，但記書名而已。博覽之士，疾其渾漫，[2]故王儉作《七志》，阮孝緒作《七録》，並皆別行。大體雖準向、歆，而遠不逮矣。其先代目録，亦多散亡。今總其見存，編爲簿録篇。

　　[1]堙滅：埋没。

　　[2]渾漫：混漫、雜亂。

　　凡史之所記，八百一十七部，一萬三千二百六十四卷。通計亡書，合八百七十四部，一萬六千五百五十八卷。

八百一十七部：實際爲八百零二部。八百七十四部：實際爲八百六十五部。

　　夫史官者，必求博聞强識，[1]疏通知遠之士，[2]使居其位，百官衆職，咸所貳焉。是故前言往行，無不識也；天文地理，無不察也；人事之紀，無不達也。内掌八柄，以詔王治，外執六典，以逆官政。書美以彰善，記惡以垂戒，範圍神化，[3]昭明令德，窮聖人之至賾，[4]詳一代之亹亹。[5]自史官廢絕久矣，漢氏頗循其舊，班、馬因之。魏、晋已來，其道逾替。[6]南、董之位，[7]以禄貴游；[8]政、駿之司，[9]罕因才授。故梁世諺曰："上車不落則著作，[10]體中何如則秘書。"[11]於是尸素之儔，[12]盱衡延閣之上，[13]立言之士，揮翰蓬茨之下。[14]一代之記，至數十家，傳説不同，聞見舛駁，[15]理失中庸，辭乖體要。[16]致令允恭之德，[17]有闕於典墳，忠肅之才，不傳於簡策。斯所以爲蔽也。班固以《史記》附《春秋》，今開其事類，凡十三種，别爲史部。

[1]强識：很强的記憶力。

[2]疏通：通達。

[3]範圍：規範、概括。

[4]至賾（zé）：至極之精微、深奧。

[5]亹（wěi）亹：勤勉不倦。

[6]逾替：逾通愈，更加衰敗。

[7]南董：南，春秋時齊史官南史；董，晋史官董狐。二人皆以直筆不諱著稱。

[8]以禄貴游：讓無官職的王公貴族擔任史官。

[9]政駿：政，即劉向，字子政；駿，即劉歆，字子駿。

[10]上車不落則著作：登車不下來就是著作郎。

[11]體中何如則秘書：體察其中緣由就是秘書郎。

[12]尸素之儔（chóu）：居官食禄而不管事之輩。

[13]盱（xū）衡：揚眉舉目。

[14]蓬茨：以蓬蒿蓋頂的房屋。

[15]舛駁：雜亂不純。

［16］體要：大體與綱要。

［17］允恭：信實而恭勤。

隋書　卷三四

志第二十九

經籍三子

《晏子春秋》七卷。齊大夫晏嬰撰。

　　晏嬰：字平仲（《史記索隱》稱謚平，字仲），萊夷維（今山東高密市）人。事齊靈公、莊公、景公，以節儉力行重於齊。《史記》卷六二有傳。劉向《七略別録》曰，"《晏子》蓋短，其書六篇皆忠諫其君，文章可觀，義理可法，皆合六經之義"。《漢志》"諸子略"著録《晏子》八篇，下有班固注，"名嬰，謚平仲，相齊景公，孔子稱善於人交，有列傳"。兩《唐志》著録晏嬰《晏子春秋》七卷，《宋志》著録《晏子春秋》十二卷。《崇文總目》著録《晏子春秋》十二卷，稱，"《晏子》八篇，今亡。此書蓋後人采嬰行事爲之"。《四庫全書總目》卷五七著録《晏子春秋》八卷，稱"舊本題齊晏嬰撰"。又案曰，《晏子》書由後人摭其軼事爲之。雖無傳記之名，實傳記之祖也。清孫星衍則認爲《晏子》非僞書，疑出於齊之《春秋》，成於戰國以後。見《晏子春秋平津館刻本序》。1972 年山東臨沂銀雀山 1 號漢墓出土《晏子春秋》簡本、1977 年安徽阜陽雙古堆漢墓出土《晏子》殘文，證明此書最早可能成於戰國時期，經漢劉向編定，流傳至今。有四卷本、七卷本、八卷本。現存最早的本子爲明刻本，通行本爲四庫本、四部叢刊本、叢書集成本。研究此書之作，有清蘇輿《晏子春秋集校》、民國劉師培《晏子春秋斠補》等。

《曾子》二卷。《目》一卷。魯國曾參撰。

曾參：字子輿，南武城（今山東費縣西南）人。孔子弟子。《史記》卷六七有傳。王應麟稱此書，與弟子"論述立身孝行之要，天地萬物之理"。見《玉海》卷五三。《漢志》著録《曾子》十八篇，兩《唐志》著録曾參《曾子》二卷。《郡齋讀書志》卷一〇著録《曾子》二卷，稱所著録之書，"凡十篇，蓋唐本也，視《漢》亡八篇，視《隋》亡《目》一篇。考其書已見於《大戴禮》，世人久不讀之，文字謬誤爲甚"。《四庫全書總目》卷九二著録《曾子》一卷，宋汪晫編。提要稱汪晫未見宋尚存之唐本《曾子》，故輯爲此書，凡爲十二篇。此書雖内容雜亂，爲例不純，但漢本、唐本已亡，其先賢之佚文緒論，頗可藉以考見，故亦有一定價值。汪晫《曾思二子全書》最早刻本爲明隆慶本。通行本爲四庫本。研究此書之作，有清阮元《曾子注釋》四卷《叙録》一卷、魏源《曾子章句》一卷等。

《子思子》七卷。魯穆公師孔伋撰。

孔伋（jí）：字子思，山東曲阜人，孔子孫。年六十二卒，作《中庸》。見《史記》卷四七《孔子世家》。《漢志》著録《子思》二十三篇，《舊唐志》著録《子思子》八卷，《新唐志》《宋志》《郡齋讀書志》皆著録《子思子》七卷。宋汪晫未見其本，故別作《子思子》一卷。《子思子》七卷本後亡佚。《四庫全書總目》卷九二著録汪晫編《子思子》一卷，提要稱其凡九篇，輕改舊文，編次踳駁，然多先賢格言，故不得廢焉。清有黄以周、馮雲鵷、洪頤煊、顧觀光輯本。現通行本爲四庫本。

《公孫尼子》一卷。尼，似孔子弟子。

　　公孫尼：班固以爲其爲七十子弟子之一。見《漢志》。《論衡·本性》稱公孫尼子亦論情性，言性有善有惡。《隋書·音樂志》引沈約語，"《樂記》取《公孫尼子》"。此書當有以上內容。《漢志》著錄《公孫尼子》二十八篇，兩《唐志》著錄《公孫尼子》一卷，《新唐志》不署公孫尼名。《宋志》無載，亡佚。清馬國翰有輯本。

《孟子》十四卷。齊卿孟軻撰，趙岐注。

　　孟軻：騶（今山東鄒縣東南）人，受業孔子門人。孟軻述唐虞三代之德，不被任用，退而與萬章之徒序《詩》《書》，述仲尼之意，作《孟子》七篇。《史記》卷四七有傳。趙岐：見本書卷三三"雜傳類"。《漢志》著錄《孟子》十一篇；兩《唐志》著錄孟軻撰《孟子》十四卷，趙岐注；《宋志》著錄《孟子》十四卷。袁本《郡齋讀書志》卷一〇著錄《孟子》十四卷，稱"按此書韓愈以爲弟子所會集，非軻自作。今考於軻之書，則知愈之言非妄發也"。《直齋書錄解題》卷三"語孟類"著錄《孟子》十四卷、趙岐《孟子章句》十四卷、孫奭《孟子音義》二卷及《孟子正義》十四卷，實際將《孟子》納入經類，成爲十三經之一。《四庫全書總目》卷三五著錄《孟子正義》十四卷，提要曰，"漢趙岐注，其疏則舊本題宋孫奭撰"。又曰，"其疏雖稱孫奭作，而《朱子語錄》則謂邵武士人假託，蔡季通識其人……其不出孫奭手，確然可信"。研究《孟子》著作有宋朱熹《孟子集注》、清焦循《孟子正義》、近人楊伯峻《孟子譯注》。現存最早的本子爲宋刻元修本、元岳氏本，皆附孫奭疏，通行本有十三經本、四庫本等。

《孟子》七卷。鄭玄注。

　　鄭玄：見本書卷三二"易類"。《後漢書》卷三五《鄭玄傳》

開列鄭玄所注諸書，無《孟子注》。兩《唐志》著録鄭玄注《孟子》七卷，《宋志》無載，亡佚。清馬國翰、王仁俊有輯本。

《孟子》七卷。劉熙注。梁有《孟子》九卷，綦母邃撰，亡。

　　劉熙：見本書卷三二"禮類"。兩《唐志》著録劉熙注《孟子》七卷，《宋志》無載，亡佚。清王謨、宋翔鳳、馬國翰、黃奭、王仁俊及民國葉德輝有輯本。綦母邃：見本書卷三三"雜傳類"。兩《唐志》著録綦母邃注《孟子》七卷，《宋志》無載，亡佚。清馬國翰有輯本。

《孫卿子》十二卷。楚蘭陵令荀況撰。梁有《王孫子》一卷，亡。

　　荀況：或稱荀卿，趙（包括今山西東部及河南黃河以北部分地區）人。五十歲游學於齊，三爲祭酒，後因被讒，往楚，春申君以爲蘭陵令。推儒、墨道德行事興壞，序列著數萬言而卒。《史記》卷七四有傳。《漢志》著録《孫卿子》三十三篇，《舊唐志》著録荀況《孫卿子》十二卷，《新唐志》著録荀況《荀卿子》十二卷、楊倞注《荀子》二十卷。《直齋書録解題》卷九著録荀況《荀子》二十卷，稱"至楊倞始改爲荀卿"。又著録楊倞《荀子注》二十卷。《四庫全書總目》卷九一著録《荀子》二十卷。《荀子》研究著作有清王念孫《荀子雜誌》八卷《補遺》一卷、俞樾《荀子平議》四卷、王先謙《荀子集解》二十卷、日本信州久保愛《荀子增注》二十卷《補遺》一卷等。現存最早《荀子》楊倞注本有宋刻本，通行本有四庫本、四部叢刊本等。《王孫子》：不署撰者。《漢志》著録《王孫子》一篇，班固注曰，"一曰《巧心》"。兩《唐志》無載，亡佚。清王仁俊、馬國翰有輯本。

《董子》一卷。戰國時，董無心撰。

董無心：戰國時人。《漢志》著録《董子》一篇，班固注，"名無心，難墨子"。《論衡·福虚》"儒家之道董無心，墨家之徒纏子，相見講道"。《舊唐志》著録董無心《董子》二卷，《新唐志》、《宋志》、《郡齋讀書志》、明《世善堂書目》著録董無心《董子》一卷，後無載，亡佚。清馬國翰有輯本。

《魯連子》五卷。《録》一卷。魯連，齊人，不仕，稱爲先生。

魯連：或作魯仲連，齊（今山東境内）人。司馬遷曰，"魯連其指意雖不合大義，然餘多其在布衣之位，蕩然肆意，不詘於諸侯，談説於當世，折將相之權"。《史記》卷八三有傳。《漢志》著録《魯仲連子》十四篇，《舊唐志》著録魯仲連《魯連子》五卷，《新唐志》著録魯仲連《魯連子》一卷，《宋志》著録《魯連子》五卷，後亡佚。清馬國翰、洪頤煊有輯本。

《新語》二卷。陸賈撰。

陸賈：見本書卷三三"雜史類"。《史記》卷九七載，陸賈粗述存亡之徵，凡著十二篇。每奏一篇，高帝未嘗不稱善，號其書曰"新語"。《漢志》著録《陸賈》二十三篇，兩《唐志》、《宋志》"雜家類"著録陸賈《新語》二卷。《郡齋讀書志》《直齋書録解題》無載。《四庫全書總目》卷九一著録《新語》二卷，提要稱舊本題漢陸賈撰。但考其内容以爲，"時代尤相抵牾，其殆後人依託，非賈原本"，並稱其作僞猶在唐代之前。現存最早的本子爲明刻本，通行本有四庫本、四部叢刊本、四部備要本等。

《賈子》十卷。《録》一卷。漢梁太傅賈誼撰。

賈誼：洛陽（今河南洛陽市）人。文帝召以爲博士，一年中即升至太中大夫。因遭詆毁，文帝漸疏遠之，爲梁懷王太傅。懷王墜馬而死，賈誼自傷爲傅無狀，憂傷歲餘而亡。《史記》卷八四、《漢書》卷四八有傳。《漢志》著録《賈誼》五十八篇，《舊唐志》著録賈誼《賈子》九卷，《新唐志》《宋志》"雜家類"著録賈誼《新書》十卷。《直齋書録解題》卷九著録《賈子》十一卷，並稱此書除《過秦論》與《弔湘賦》，餘皆録《漢書》語，其非《漢書》所有者，決非誼本書。《四庫全書總目》卷九一著録賈誼《新書》十卷，提要認爲此書不全真，也不全僞。現存最早的本子爲明弘治刻本，通行本有四庫本、四部叢刊本、四部備要本、叢書集成本等。

《鹽鐵論》十卷。漢廬江府丞桓寬撰。

廬江府丞：漢行政建制爲郡，疑"府"爲"郡"之誤。桓寬：字次公，汝南（包括今河南、安徽部分地區）人。《漢志》著録桓寬《鹽鐵論》六十篇，顔師古注曰，"孝昭帝時，丞相御史與諸賢良文學論鹽鐵事，寬撰次之"。兩《唐志》、《宋志》"雜家類"著録桓寬《鹽鐵論》十卷。《四庫全書總目》卷九一著録桓寬《鹽鐵論》十二卷，提要稱《鹽鐵論》著書之大旨所論皆食貨之事，而言皆述先王、稱六經，故諸史皆列之儒家。明張之象有《鹽鐵論注》十二卷。現存最早的本子爲明初刻本，通行本有四庫本、四部叢刊本、四部備要本、諸子集成本等。

《新序》三十卷。《録》一卷。劉向撰。

劉向：見本書卷三二"尚書類"。《漢書》卷三六載，劉向采傳記行事，著《新序》《説苑》，凡五十篇。《漢志》著録《劉向所序》六十七篇，兩《唐志》著録劉向《新序》三十卷，《宋志》"雜家類"、《崇文總目》、《郡齋讀書志》卷一〇、《直齋書録解題》卷九著録劉向《新序》十卷。《四庫全書總目》卷九一著録《新序》十卷，提要言此本"《雜事》五卷、《刺奢》一卷、《節士》二卷、《善謀》二卷，即曾鞏校定之舊"。現存最早的本子爲宋刻本，通行本有四庫本、四部叢刊本、叢書集成本等。

《説苑》二十卷。劉向撰。

《舊唐志》著録劉向《説苑》三十卷，《新唐志》《宋志》"雜家類"著録劉向《説苑》二十卷。《崇文總目》著録《説苑》五卷，稱此爲劉向"采傳記百家之言，掇其正辭美義，可爲勸戒者，以類相從，爲《説苑》二十篇，今存者五卷"。《郡齋讀書志》卷一○著録《説苑》二十卷，稱"曾子固校書，自謂得十五篇於士大夫家，與崇文舊書五篇合爲二十篇，又叙之"。《四庫全書總目》卷九一著録劉向《説苑》二十卷。現存最早的本子爲宋刻本，通行本有四庫本、四部叢刊本、四部備要本、叢書集成本等。

《揚子法言》十五卷《解》一卷。揚雄撰，李軌注。梁有《揚子法言》六卷，侯苞注，亡。

揚雄：見本書卷三二"論語類"。李軌：見本書卷三二"易類"。《漢書》卷八七下載，故人時有問雄者，常用法應之，撰以爲十三卷，象《論語》，號曰《法言》。揚雄死後四十餘年，《法言》盛行。《漢志》著録《揚雄所序》三十八篇，班固注曰，"《太玄》十九，《法言》十三，《樂》四，《箴》二"。《舊唐志》著録《揚子法言》十三卷，李軌注；《新唐志》著録李軌注《法言》三卷（"三"前脱"十"）。《直齋書録解題》卷九著録《法言注》十三卷、《音義》一卷，稱此本歷景祐、嘉祐、治平三降詔，更監學、館閣兩制校定，然後頒行。《四庫全書總目》卷九一著録司馬光《法言集註》十卷，此乃司馬光采李軌、柳宗元、宋咸、吳祕四家之説所作。《揚子法言》十三卷，揚雄撰，李軌注。《音義》一卷。現存最早的本子爲宋刻元遞修本，通行本有四部叢刊本、四部備要本、諸子集成本等。侯苞：見本書卷三二"詩類"。《漢書》卷八七下載，侯芭常從雄居，受其《太玄》《法言》。兩《唐志》著録《揚子法言》六卷，疑即此書。《宋志》無載，亡佚。

《揚子法言》十三卷。宋衷注。

宋衷：見本書卷三二"易類"。《日本國見在書目録》著録揚雄《法言》十三卷，兩《唐志》著録宋衷注《法言》十卷，《宋志》著録《揚子法言》十三卷。《四庫全書總目》卷九一有載，"考以自漢以來，有侯芭注六卷，宋衷注十三卷……"後無載，亡佚。

《揚子太玄經》九卷。宋衷注。梁有《揚子太玄經》九卷，揚雄自作章句，亡。

《漢書》卷八七下載，揚雄作《太玄》唯劉歆、范逡敬焉，而桓譚以爲絶倫。陸績曰，"章陵宋仲子爲《太玄》作解詁，失其指歸，休咎之占，靡所取定，雖得文間義説，大體乖矣"。見《全三國文》卷六八。《日本國見在書目録》著録《揚子太玄經》十二卷，宋衷注；《新唐志》著録宋仲孚注《太玄經》十二卷；《宋志》無載，亡佚。清王仁俊有輯本。《四庫全書總目》卷一〇八著録晋范望注《太玄經》十卷。揚雄自作章句：《漢書》卷八七下顔師古注曰，"《玄》中之文雖有章句，其旨深妙，尚不盡存，故解剥離散也"。

《揚子太玄經》十卷。陸績、宋衷注。

陸績：字公紀，吳郡吳（今江蘇蘇州市）人。雖有軍事，著述不廢，作《渾天圖》，注《易》、釋《玄》，皆傳於世。《後漢書》卷三一、《三國志》卷五七有傳。兩《唐志》著録陸績注《揚子太玄經》十二卷，《宋志》著録《玄測》一卷，漢宋衷解，吳陸績釋之（《玄測》乃《太玄經》之一篇）。今亡佚。

《揚子太玄經》十卷。蔡文邵注。梁有《揚子太玄經》十四卷，虞翻注；《揚子太玄經》十三卷，陸凱注；《揚子太玄經》七卷，王肅注，亡。

蔡文邵：生平事迹不詳。《舊唐志》著録《揚子太玄經》十卷，蔡文邵注；《新唐志》著録蔡文邵注《太玄經》十卷；《崇文總目》著録《太玄經》十卷，揚雄撰，蔡文邵注；《宋志》《郡齋讀書志》《直齋書録解題》均無載，亡佚。虞翻：見本書卷三二"易類"。兩《唐志》著録虞翻注《揚子太玄經》十四卷，《宋志》無載，亡佚。陸凱：見本書卷三三"雜傳類"。兩《唐志》無載，亡佚。王肅：見本書卷三二"易類"。《三國志》卷一三載，王肅從宋忠讀《太玄》，而更爲之解。兩《唐志》無載，亡佚。

《桓子新論》十七卷。後漢六安丞桓譚撰。

桓譚：字君山，沛國相（今安徽濉溪縣）人。漢光武帝即位，拜議郎給事中，因極言讖非經，險被誅。出爲六安郡丞，道病卒，時年七十餘。桓譚著書言當世行事二十九篇，號曰《新論》。《後漢書》卷二八上有傳。《論衡·超奇篇》曰，"譚君山作《新論》，論世間事，辯照然否，虛妄之言，僞飾之辭，莫不證定"。兩《唐志》著録桓譚《新論》十七卷，《宋志》無載，亡佚。《説郛》存一卷，清孫馮翼與一脱名者各輯一卷。

《潛夫論》十卷。後漢處士王符撰。梁有王逸《正部論》八卷，後漢侍中王逸撰；《後序》十二卷，後漢司隸校尉應奉撰；《周生子要論》一卷、《録》一卷，魏侍中周生烈撰。亡。

王符：字節信，安定臨涇（今甘肅鎮原縣南）人。有節操，隱居著書三十餘篇，以譏當時失得，不欲章顯其名，故號曰《潛夫論》。《後漢書》卷四九有傳。兩《唐志》、《宋志》著録王符《潛夫論》十卷，《四庫全書總目》卷九一著録《潛夫論》十卷，後漢王符撰。提要稱今本凡三十五篇，合叙録爲三十六篇，蓋猶舊本。又稱"所録入本傳之五篇，其字句與今本多有不同"。現存最早的本子爲明萬曆程榮刻漢魏叢書本，通行本有四庫本、四部叢刊本。又，四部備要本、叢書集成本、諸子集成本，爲清汪繼培箋本。王逸：字叔師，南郡宜城（今湖北宜城市）人。順帝時，爲侍中，著《楚辭章句》行於世。其賦、書論及雜文凡二十一篇。《後漢書》八〇上有傳。兩《唐志》無載，亡佚。清馬國翰有輯本。應奉：字世叔，汝南南頓（今河南項城市）人。著《漢書後序》，多所述載。延熹中，拜從事郎中，後薦爲司隷校尉。黨錮起，以疾自退。《後漢書》卷四八有傳。兩《唐志》無載，亡佚。周生烈：《三國志》卷一三載，魏初徵士燉煌周生烈，亦歷注經傳，頗傳於世。《經典釋文叙録》載周生烈注《左傳》《論語》。兩《唐志》著録《周生烈子》五卷，《宋志》無載，亡佚。清馬國翰、王仁俊輯《周生子要論》各一卷，王澍輯《周生烈子》一卷。

《申鑒》五卷。荀悦撰。

荀悦：見本書卷三三"古史類"。《後漢書》卷六二載，荀悦志在靜言進諫，而謀無所用，乃作《申鑒》五篇。兩《唐志》有著録，《宋志》無載，《直齋書録解題》卷九有載，《四庫全書總目》卷九一著録《申鑒》五卷。明黃省曾注《申鑒》五卷。現存最早的本子爲明正德刻本，通行本有四庫本、四部備要本、諸子集成本等。

《魏子》三卷。後漢會稽人魏朗撰。梁有《文檢》六卷，似後漢末人作，亡。

魏朗：字少英，會稽上虞（今浙江紹興市）人。初辟司徒府，後爲尚書，又出爲河内太守。被黨議，免職歸家。著書數篇，號

《魏子》。《後漢書》卷六七有傳。兩《唐志》著録此書，《舊唐志》作魏朗注（疑有誤）。《宋志》無載，亡佚。馬國翰有輯本。《文檢》：《宋書》卷九八載，元嘉十四年，河西王茂虔獻《文檢》六卷。兩《唐志》無載，亡佚。

《牟子》二卷。後漢太尉牟融撰。

　　牟融：字子優，北海安丘（今山東安丘市）人。永平十一年爲大司農。章帝即位，爲太尉。建初四年卒。《後漢書》卷二六有傳。《弘明集》有牟融《牟子理惑論》三十七篇，洪頤煊以爲此即《隋志》所載之《牟子》，然其自序中提及“靈帝崩後，天下擾亂”。而牟融死於章帝建初四年，則相距已百餘年，《牟子》非牟融作。見《校刊〈牟子〉序》。《日本國見在書目録》著録《牟子》二卷，後漢太尉牟融撰；兩《唐志》著録牟融《牟子》二卷；《宋志》《四庫全書總目》無載，《子書百家》《平津館叢書》收《牟子》一卷。

《典論》五卷。魏文帝撰。

　　魏文帝：見本書卷三三“雜傳類”。本書卷三二“小學類”著録《一字石經典論》。兩《唐志》著録魏文帝《典論》五卷，《宋志》無載，亡佚。清黃奭、王仁俊有輯本。

《徐氏中論》六卷。魏太子文學徐幹撰，梁《目》一卷。

　　徐幹：字偉長，北海（今山東濰坊市）人。爲司空軍謀祭酒掾屬、五官將文學。輕官忽禄，不耽世榮。見《三國志》卷二一。兩《唐志》著録此書，《宋志》“雜家類”著録徐幹《中論》十卷，《郡齋讀書志》卷一〇、《直齋書録解題》卷九著録徐幹《中論》二卷，並稱有二十篇。《四庫全書總目》卷九一著録徐幹《中論》二卷。此書現存最早的本子爲明弘治刻本，通行本有四庫本、四部叢刊本、叢書集成本。

《王子正論》 十卷。王肅撰。梁有《去伐論集》三卷，王粲撰，亡。

　　《新唐志》著録王肅《政論》十卷，《宋志》無載，亡佚。清馬國翰有輯本。王粲：見本書卷三三"雜史類"。兩《唐志》著録王粲《去伐論集》三卷，《宋志》無載，亡佚。清馬國翰有輯本。

《杜氏體論》 四卷。魏幽州刺史杜恕撰。梁有《新書》五卷，王基撰；《周子》九卷，吳中書郎周昭撰。亡。

　　杜恕：字務伯，京兆杜陵（今陝西西安市東南）人。太和中，爲散騎黃門侍郎。出爲幽州刺史，遭彈劾，徙章武，遂著《體論》八篇。《三國志》卷六一有傳。兩《唐志》有著録，《宋志》無載，亡佚。清馬國翰有輯本。王基：見本書卷三二"詩類"。《三國志》卷二七載，王基著《時要論》，以切世事。疑即此書。兩《唐志》無載，亡佚。清馬國翰有輯本。周昭：字恭遠，潁川（今河南禹州市）人。與韋昭、薛瑩、華覈並述《吳書》，後爲中書郎。坐事下獄，伏法。見《三國志》卷五二。兩《唐志》無載，亡佚。清馬國翰有輯本。

《顧子新語》 十二卷。吳太常顧譚撰。《通語》十卷，晉尚書左丞殷興撰；《典語》十卷、《典語別》二卷，並吳中夏督陸景撰。亡。

　　顧譚：字子默，吳郡吳（今江蘇蘇州市）人。從中庶子轉輔正都尉，後加奉車都尉。因被全琮父子所構，坐徙交州，幽而發憤，著《新言》二十篇。《三國志》卷五二有傳。《舊唐志》著録顧譚《顧子新語》五卷，《新唐志》著録顧譚《顧子新論》五卷，《宋志》無載，亡佚。清馬國翰、王仁俊輯《顧子新言》各一卷。殷興：或作殷基，見本書卷三二"春秋類"。《三國志》卷五二裴注引《文士傳》載，殷基著《通語》數十篇。兩《唐志》著録文禮《通語》十卷，殷興續。《宋志》無載，亡佚。清馬國翰輯殷基《通語》一卷。陸景：字士仁，吳郡吳（今江蘇蘇州市）人。任騎都尉，封毗陵侯，爲中夏督，著書數十篇。見《三國志》卷五八。兩《唐志》著録陸景《典訓》十卷，《宋志》無載，亡佚。清嚴可均、馬國翰各輯《典語》一卷。

《譙子法訓》八卷。譙周撰。梁有《譙子五教志》五卷，亡。

譙周：見本書卷三二"論語類"。《三國志》卷四二載，譙周撰定《法訓》《五經論》《古史考》之屬百餘篇。兩《唐志》有著録，《宋志》無載，亡佚。《説郛》存一卷，清馬國翰、黄奭、王仁俊有輯本。《譙子五教志》：《舊唐志》著録《譙子五教》五卷，《新唐志》著録譙周《五教》五卷，《宋志》無載，亡佚。

《袁子正論》十九卷。袁準撰。梁又有《袁子正書》二十五卷，袁準撰；《孫氏成敗志》三卷，孫毓撰；《古今通論》二卷，王嬰撰；《蔡氏化清經》十卷，松滋令蔡洪撰；《通經》二卷，晉丞相從事中郎王長文撰。亡。

袁準：見本書卷三二"禮類"。《三國志》卷一一裴注引《袁氏世紀》稱，袁準著書十餘萬言，論治世之務，爲《易》《周官》《詩》傳，以傳於世。兩《唐志》著録袁準《袁子正論》二十卷，《宋志》無載，亡佚。清馬國翰、王仁俊有輯本。《袁子正書》：兩《唐志》有著録，《宋志》無載，亡佚。清馬國翰、王仁俊有輯本。孫毓：見本書卷三二"詩類"。兩《唐志》有著録，《宋志》無載，亡佚。清馬國翰、王仁俊有輯本。王嬰：生平事迹不詳。兩《唐志》著録王嬰《古今通論》三卷，《宋志》無載，亡佚。清馬國翰、王仁俊有輯本。蔡洪：字叔開，吳郡（今江蘇境内）人。入晋，爲本州從事，舉秀才，官至松滋令。見《世説新語》卷二注。本志集部尚有其一部著述。兩《唐志》有著録，《宋志》無載，亡佚。清馬國翰、王仁俊有輯本。王長文：字德叡，廣漢郪（今四川三臺縣南）人。州府辟命皆不就。著書四卷，名爲《通玄經》，時人比之以揚雄《太玄》。後由丞相司馬肜引爲從事中郎，終於洛。《晋書》卷八二有傳，又見《華陽國志》卷一一。兩《唐志》無載，亡佚。

《新論》十卷。晋散騎常侍夏侯湛撰。梁有《楊子物理論》十六卷，《楊子大元經》十四卷，並晋徵士楊泉撰；《新論》十卷，晋金紫光禄大夫華譚撰；《梅子新論》一卷。亡。

　　夏侯湛：字孝若，譙國譙（今安徽亳州市）人。泰始中，除中書侍郎。惠帝即位，爲散騎常侍。著論三十餘篇，別爲一家之言。《晋書》卷五五有傳。本志集部尚有其一部著述。兩《唐志》有著録，《宋志》無載，亡佚。清馬國翰、王仁俊各輯《夏侯子新論》一卷。楊泉：字德淵，吳處士。入晋，徵爲侍中，不就。有《太玄經》四卷、《物理論》十六卷。見《全三國文》卷七五。兩《唐志》著録楊泉《物理論》十六卷，《宋志》無載，亡佚。清有黃奭、王仁俊輯本及孫星衍集校、錢保塘重校本。《楊子大元經》：兩《唐志》著録楊泉《太元經》十四卷，劉緝注；《宋志》無載，亡佚。清馬國翰有輯本。華譚：字令思，廣陵（今江蘇揚州市）人。華譚博學多通，著書三十卷，名曰《辨道》。太興中，轉秘書監，又加散騎常侍，病重，坐免。卒於家，贈光禄大夫，金章紫綬，謚曰胡。《晋書》卷五二有傳。本志集部尚有其一部著述。兩《唐志》有著録，《宋志》無載，亡佚。清馬國翰、王仁俊各輯《華氏新論》一卷。梅子：不知名何。嚴可均以爲即梅陶，字叔真，王敦諮議參軍，又爲尚書，有《新論》一卷。見《全晋文》卷一二八。其説證據不足，待考。兩《唐志》無載，亡佚。清馬國翰輯有

《梅子新論》一卷。

《志林新書》三十卷。虞喜撰。梁有《廣林》二十四卷，又《後林》十卷，虞喜撰；《干子》十八卷，干寶撰；《閟論》二卷，晋江州從事蔡韶撰；《顧子》十卷，晋揚州主簿顧夷撰。亡。

　　虞喜：見本書卷三二"禮類"。《晋書》卷九一載，虞喜爲《志林》三十篇。兩《唐志》著録虞喜《志林新書》二十卷、《後林新書》十卷，《宋志》無載，亡佚。兩《唐志》不載《廣林》，亡佚。《説郛》存《虞喜志林》一卷，清馬國翰、王仁俊各輯《志林新書》一卷。干寶：見本書卷三二"易類"。兩《唐志》著録干寶《正言》十卷、《立言》十卷，《宋志》無載，亡佚。清馬國翰、王仁俊各輯《干子》一卷。蔡韶：生平事迹不詳。兩《唐志》有著録，《宋志》無載，亡佚。顧夷：見本書卷三二"易類"。兩《唐志》著録顧夷《顧子義訓》十卷，《宋志》無載，亡佚。清馬國翰有輯本。

《要覽》十卷。晋郡儒林祭酒吕竦撰。

　　吕竦：生平事迹不詳。兩《唐志》著録吕竦《要覽》五卷，《宋志》無載，亡佚。

《正覽》六卷。梁太子詹事周捨撰。梁有《三統五德論》二卷，曹思文撰，亡。

　　周捨：見本書卷三二"禮類"。兩《唐志》有著録，《宋志》無載，亡佚。曹思文：見本書卷三二"孝經類"。兩《唐志》無載，亡佚。

《諸葛武侯集誡》二卷。

　　諸葛武侯：即諸葛亮，見本書卷三三"正史類"。《晋書》卷八七載，凉武昭王寫諸葛亮訓誡以勖諸子。本志集部"總集類"著錄《諸葛武侯誡》一卷、《女誡》一卷。兩《唐志》著錄諸葛亮《集誡》二卷，《宋志》無載，亡佚。

《衆賢誡》十三卷。

不署撰者。本志集部"總集類"著錄《衆賢誡集》十卷，兩《唐志》"總集類"著錄《衆賢誡集》十五卷，《宋志》無載，亡佚。

《女篇》一卷。

不署撰者。兩《唐志》無載，亡佚。

《女鑒》一卷。

不署撰者。本志集部"總集類"著錄《女鑒》一卷，並稱梁有《女訓》十六卷。兩《唐志》無載，亡佚。

《婦人訓誡集》十一卷。

不署撰者。本志集部"總集類"著錄《婦人訓誡集》十一卷，並《錄》。梁十卷。宋司空徐湛之撰。《舊唐志》"總集類"、《新唐志》"雜傳記類"著錄徐湛之《婦人訓誡集》十卷，《宋志》無載，亡佚。

《娣姒訓》一卷。

不署撰者。本志集部"總集類"著錄《娣姒訓》一卷，馮少胄撰。《晋書》卷三九有馮少胄傳，然未載其撰《娣姒訓》。兩《唐志》無載，亡佚。

《曹大家女誡》一卷。

曹大家：即班昭，見本書卷三三"正史類序"。《後漢書》卷
八四載，班昭作《女誡》七篇，有助内訓。本志集部"總集類"
著録《女誡》一卷，曹大家撰。《舊唐志》"儒家類"著録曹大家
《女誡》一卷，《新唐志》"雜傳記類"著録曹大家《女誡》一卷，
《宋志》"傳記類"著録班昭《女戒》一卷。《後漢書》卷八四收録
《女誡》内容，另《説郛》存《女誡》一卷。

《貞順志》一卷。

不署撰者。本志集部"總集類"著録《貞順志》一卷，兩
《唐志》無載，亡佚。

右六十二部，五百三十卷。通計亡書，合六十七部，六
百九卷。

六十二部：實際爲四十四部。六十七部：經統計亡書爲三十三
部，故實際爲七十七部。

儒者，所以助人君明教化者也。聖人之教，非家至
而户説，[1]故有儒者宣而明之。其大抵本於仁義及五常
之道，[2]黄帝、堯、舜、禹、湯、文、武，咸由此則。
《周官》，太宰以九兩繫邦國之人，[3]其四曰儒，是也。
其後陵夷衰亂，儒道廢闕。仲尼祖述前代，修正六經，
三千之徒，並受其義。至于戰國，孟軻、子思、荀卿之
流，宗而師之，各有著述，發明其指。所謂中庸之
教，[4]百王不易者也。俗儒爲之，不顧其本，苟欲譁衆，
多設問難，[5]便辭巧説，[6]亂其大體，致令學者難曉，故
曰"博而寡要"。

[1]家至而户説：挨家挨户宣傳告諭，使得家喻户曉。

[2]五常：有多種説法，一説同五教，即父義、母慈、兄友、弟恭、子孝；二説即五倫，君臣、父子、兄弟、夫婦、朋友之間的五種關係；三説即仁、義、禮、智、信。此應取一説。

[3]以九兩繫邦國之人：見《周禮·天官·太宰》。兩，猶耦也，所以協耦萬民。九兩，諸侯統治百姓的九件事。一曰牧，以地得民；二曰長，以貴得民；三曰師，以賢得民；四曰儒，以道得民；五曰宗，以族得民；六曰主，以利得民；七曰吏，以治得民；八曰友，以任得民；九曰藪，以富得民。

[4]中庸：不偏爲中，不變爲庸。儒家以中庸爲最高道德標準。

[5]問難：詰問駁辯。

[6]便辭：牽强附會，巧爲立説。

《鬻子》一卷。周文王師鬻熊撰。

鬻子：季連之苗裔，爲周師，文王以下問焉。周時封爲楚祖。見《史記》卷四〇、《漢志》。《漢志》“道家”著録《鬻子》二十二篇，班固注曰，“名熊，爲周師，自文王以下問焉，周時封爲楚祖”。又，“小説家”著録《鬻子説》十九篇，班固注曰，“後世所加”。《舊唐志》“小説類”著録鬻熊《鬻子》一卷；《新唐志》“神仙類”著録鬻熊《鬻子》一卷，又著録逢行珪注《鬻子》一卷；《宋志》“雜家”著録《鬻熊子》一卷。《崇文總目》著録《鬻子》一卷，稱《漢志》二十二篇，八篇亡，特存此十四篇。《直齋書録解題》卷九著録《鬻子》一卷，稱《漢志》曰書凡二十二篇，今書十五篇。陸佃所校。又著録《鬻子注》一卷，稱唐鄭縣尉逢（逢）行珪撰。止十四篇，蓋中間以二章合而爲一，故視陸本又少一篇。高似孫《子略》稱，永徽中，逢行珪爲此書作序，凡十篇。《四庫全書總目》卷一一七著録《鬻子》一卷，提要稱今本源於《漢志》“小説家”之《鬻子説》，疑其爲唐以來好事之流仿賈

誼所引，撰爲贋本。因流傳已久，存備一家。現存最早唐逢行珪注
《鶡子》二卷的本子，爲明正德十年内府刻道藏嘉靖三年重修本，
通行本有四庫本、子彙本、墨海金壺本等。

《老子道德經》二卷。周柱下史李耳撰。漢文帝時，河上公注。

梁有戰國時河上丈人注《老子經》二卷，漢長陵三老毌丘望之注
《老子》二卷，漢徵士嚴遵注《老子》二卷，虞翻注《老子》二
卷，亡。

李耳：字伯陽，又稱老子，謚耼，楚苦縣（今河南鹿邑縣）
人。周守藏室之史。見周衰，出走至關，爲關令尹喜著書上下篇，
言道德之意五千餘言。《史記》卷六三有傳。又載，老萊子亦楚人
也，著書十五篇，言道家之用，與孔子同時。司馬遷疑老萊子與老
子爲一人。1973 年湖南長沙馬王堆 3 號漢墓出土帛書《老子》甲、
乙本，《德經》在前，《道經》在後，與傳世本《老子》在文句上
有不少差異，除一些明顯脱誤外，往往勝於今本。河上公：或稱河
上丈人。《史記》卷八〇載，河上丈人通《老子》，再傳蓋公，蓋
公乃曹參之師。《經典釋文叙録》言河上公作《老子章句》四篇，
以授文帝。唐劉知幾稱《老子》無河上公注。見《新唐書》卷一
三二。《舊唐志》著録老子《老子》二卷、河上公注《老子》二
卷；《新唐志》著録李耳《老子道德經》二卷、河上公注《老子道
德經》二卷。《宋志》著録河上公《老子道德經注》一卷；《崇文
總目》著録《老子道德經》二卷，李耳撰，河上公注。《四庫全書
總目》卷一四六著録《老子注》二卷，提要稱，舊題河上公撰，
然"詳其詞旨，不類漢人，殆道流之所依託歟"。現存最早《老子
道德經》二卷，題漢河上公章句，爲宋建安虞氏家塾本。通行本有
四庫本、四部叢刊本等。毌丘望之：即安丘望之，《後漢書》卷一
九注引嵇康《聖賢高士傳》，"安丘望之字仲都，京兆長陵（今陝
西咸陽市東）人。少持《老子經》，恬静不求進宦，號曰安丘丈

人”。兩《唐志》著録安丘望之《老子章句》二卷，《宋志》無載，亡佚。嚴遵：《漢書》卷七二載，蜀有嚴君平，得百錢足自養，則閉肆下簾而授《老子》，依老子、莊周之指著書十餘萬言。兩《唐志》無載，亡佚。《經典釋文叙録》載《老子》虞翻注二卷，兩《唐志》無載，亡佚。

《老子道德經》二卷。王弼注。梁有《老子道德經》二卷，張嗣注；《老子道德經》二卷，蜀才注。亡。

　　王弼：見本書卷三二“易類”。《三國志》卷二八載，王弼注《易》及《老子》。《經典釋文叙録》載王弼注《老子》二卷，《日本國見在書目録》著録王弼注《老子》一卷，《舊唐志》著録王弼注《玄言新記道德》二卷，《新唐志》著録王弼注《新記玄言道德》二卷及王肅注《玄言新記道德》二卷，《宋志》著録王弼《老子注》二卷，《崇文總目》著録王弼注《老子》一卷。《四庫全書總目》卷一四六著録王弼《老子注》二卷，提要言此本從明萬曆中華亭張之象刻三經晉注中録出，後有晁説之跋及熊克重刻跋，稱此近世稀有，蓋久而後得之。今通行本爲四庫本、四部備要本、叢書集成本等。張嗣：生平事迹不詳。《經典釋文叙録》載《老子》張嗣注二卷，兩《唐志》無載，亡佚。蜀才：見本書卷三二“易類”。《經典釋文叙録》載《老子》蜀才注二卷，兩《唐志》著録蜀才注《老子》二卷，《宋志》無載，亡佚。

《老子道德經》二卷。鍾會注。梁有《老子道德經》二卷，晉太傅羊祜解釋；《老子經》二卷，東晉江州刺史王尚述注；《老子》二卷，晉郎中程韶集解；《老子》二卷，邯鄲氏注；《老子》二卷，常氏傳；《老子》二卷，孟氏注；《老子》二卷，盈氏注。亡。

　　鍾會：見本書卷三二“易類”。《經典釋文叙録》載《老子》鍾會注二卷，兩《唐志》著録鍾會注《老子》二卷，《宋志》無載，亡佚。清王仁俊有輯本。羊祜：字叔子，泰山南城（今山東泰安市）人。仕魏爲秘書監，封鉅平子。晉武帝受禪，爲尚書右僕射、衞將軍。病重，舉杜預自代。所著文章及爲《老子》傳，並行於世。《晉書》卷三四有傳。本志集部尚有其著述一部。《經典釋文叙録》載《老子》羊祜《解釋》四卷，兩《唐志》著録羊祜注《老子》二卷、羊祜《老子解釋》四卷，《宋志》無載，亡佚。《經典釋文叙録》載《老子》王尚述二卷，稱其字君曾，琅邪（今山東諸城周邊）人，東晉江州刺史，封杜忠侯。兩《唐志》著録王尚注《老子》二卷，《宋志》無載，亡佚。《經典釋文叙録》載《老子》程韶集解二卷，稱程韶鉅鹿（今河北巨鹿縣）人，東晉郎中，關内侯。兩《唐志》著録程韶集注《老子》二卷，《宋志》無載，亡佚。邯鄲氏：不詳何人。《經典釋文叙録》載《老子》邯鄲氏注二卷，兩《唐志》無載，亡佚。常氏：不詳何人。《經典釋文叙録》載《老子》常氏注二卷，兩《唐志》無載，亡佚。孟氏：或曰即孟康，見本書卷三三“正史”。《經典釋文叙録》載《老子》孟子注二卷，兩《唐志》無載，亡佚。盈氏：不詳何人。本書卷三二“論語類”載梁有盈氏注《論語》十卷，兩盈氏或爲一人。《經典釋文叙録》載《老子》盈氏注二卷，兩《唐志》無載，亡佚。

《老子道德經》二卷、《音》一卷。晉尚書郎孫登撰。

孫登：太原中都（今山西太原市）人。注《老子》，行於世。仕至尚書郎，早卒。見《晉書》卷五六。《經典釋文叙録》載《老子》孫登集注二卷，稱其字仲山。兩《唐志》著録孫登注《老子》二卷，《宋志》無載，亡佚。

《老子道德經》二卷。劉仲融注。梁有《老子道德經》二卷，巨生解；《老子道德經》二卷，晉西中郎將袁真注；《老子道德經》二卷，張憑注；《老子道德經》二卷，釋惠琳注；《老子道德經》

二卷，釋惠嚴注；《老子道德經》二卷，王玄載注。亡。

劉仲融：生平事迹不詳。《新唐志》著録劉仲融注《老子》二卷，《宋志》無載，亡佚。巨生：不詳何人。《經典釋文叙録》載《老子》巨生内解二卷，兩《唐志》無載，亡佚。袁真：字彦仁，陳郡（今河南淮陽縣）人。太和四年冬，爲豫州刺史，以壽陽叛，五年二月死。見《晋書》卷八。《經典釋文叙録》載《老子》袁真注二卷，兩《唐志》著録袁真注《老子》二卷，《宋志》無載，亡佚。張憑：見本書卷三二“論語類”。《經典釋文叙録》載《老子》張憑注二卷，兩《唐志》著録張憑注《老子》二卷，《宋志》無載，亡佚。釋惠琳：見本書卷三二“孝經類”。《經典釋文叙録》載《老子》釋慧琳注二卷，《新唐志》著録僧惠琳注《老子》二卷，《宋志》無載，亡佚。釋惠嚴：俗姓范，豫州（今河南安徽淮南市西）人。十六歲出家，得宋高祖知重，與文帝情好尤密。著《無生滅論》及《老子略注》等。見《高僧傳》卷七。《經典釋文叙録》載《老子》釋慧嚴注二卷，稱其爲陳留人。兩《唐志》著録惠嚴注《老子》二卷，《宋志》無載，亡佚。王玄載：見本書卷三二“孝經類”。《經典釋文叙録》載《老子》王玄載注二卷，兩《唐志》無載，亡佚。

《老子道德經》二卷。盧景裕撰。

盧景裕：見本書卷三二“易類”。《魏書》卷八四載，盧景裕注《周易》《尚書》《孝經》《老子》等。《新唐志》著録盧景裕、梁曠等注《老子》二卷，《宋志》無載，亡佚。

《老子音》一卷。李軌撰。梁有《老子音》一卷，晋散騎常侍戴逵撰，亡。

《新唐志》著録李軌《老子音》一卷，《宋志》無載，亡佚。戴逵：見本書卷三二“論語類”。《經典釋文叙録》載戴逵《老子音》一卷，兩《唐志》無載，亡佚。

《老子》四卷。梁曠撰。

梁曠：《北史》卷三六載，安定梁曠等十二人，並應其選。本部尚有其一部著述。《舊唐志》著錄梁曠《老子道德經品》四卷，《新唐志》著錄梁曠《道德經品》四卷，《宋志》無載，亡佚。

《老子指歸》十一卷。嚴遵注。

《華陽國志》卷一〇上載，嚴遵授《老》《莊》，著《指歸》，爲道書之宗。《經典釋文叙錄》載嚴遵《老子指歸》十四卷，《舊唐志》著錄《老子指歸》十四卷，嚴遵志，《新唐志》著錄嚴遵《老子指歸》十四卷，兩志又有馮廓《老子指歸》十三卷。《宋志》著錄嚴遵《老子指歸》十三卷。《郡齋讀書志》卷一一著錄《老子指歸》十三卷，漢嚴遵撰，谷神子注。稱谷神子疑即馮廓。今道藏本《老子指歸》題唐鄭還古注，余嘉錫以爲其即谷神子。《四庫全書總目》卷一四六著錄《道德指歸論》六卷，提要稱舊題漢嚴遵撰，此本爲明胡震亨刻。嚴遵書散佚，好事者摭吳澄《道德經註跋》中語，贗托而成，因其言不悖其理，故仍著於錄，備道家一說。今存本有秘冊彙函本、津逮秘書本、四庫本。

《老子指趣》三卷。毋丘望之撰。

《舊唐志》著錄安丘望之《老子道德經指趣》四卷，《新唐志》著錄安丘望之《道德經指趣》三卷，《宋志》無載，亡佚。

《老子義綱》一卷。顧歡撰。梁有《老子道德論》二卷，何晏撰；《老子序決》一卷，葛仙公撰；《老子雜論》一卷，何、王等注；《老子私記》十卷，梁簡文帝撰；《老子玄示》一卷，韓壯撰；《老子玄譜》一卷，晋柴桑令劉遺民撰；《老子玄機》三卷，宗塞

撰；《老子幽易》五卷，又《老子志》一卷，山琮撰。亡。

顧歡：見本書卷三二"尚書類"。《南齊書》卷五四載，顧歡刪撰《老氏》，獻《治綱》一卷。《舊唐志》著録《老子義疏理綱》一卷，《新唐志》著録顧歡《義疏治綱》一卷，疑即此書。《宋志》無載，亡佚。何晏：見本書卷三二"孝經類"。《三國志》卷九載，何晏好老莊言，作《道德論》。《舊志》著録何晏《老子道德論》二卷，《新唐志》著録何晏《道德問》二卷，《宋志》無載，亡佚。葛仙公：丹陽句容（今江蘇句容市）人，葛洪從祖，吳時學道得仙，號曰葛仙公。見《晉書》卷七二。兩《唐志》著録葛洪《老子道德經序訣》二卷，《宋志》無載，亡佚。何王：指何晏、王弼。《世説新語·文學》載，何晏注《老子》始成，訪王弼，見其注《老子》。此書兩《唐志》無載。《郡齋讀書志》卷一一著録《老子略論》一卷，魏王弼撰，凡有十八章。今亡。梁簡文帝：見本書卷三二"詩類"。《梁書》卷四載，簡文帝博綜儒書，善言玄理，著有《老子義》二十卷等。兩《唐志》著録梁簡文帝《老子私記》十卷，《宋志》無載，亡佚。韓壯：生平事迹不詳。《舊唐志》著録韓莊《老子玄旨》八卷，《新唐志》著録韓莊《玄旨》八卷，《宋志》無載，亡佚。劉遺民：《宋書》卷九三載，周續之、陶淵明、劉遺民爲尋陽三隱。《全晉文》卷一四二載，劉遺民即劉程之，字仲思，彭城（今江蘇徐州市）人。爲柴桑令，去職，不應徵命，號曰遺民。有《玄譜》一卷，集五卷。《經典釋文叙録》載劉遺民《玄譜》一卷，《舊唐志》著録劉道人《老子玄譜》一卷。《新唐志》著録劉遺民《玄譜》一卷，"神仙類"又著録劉道人《老子玄譜》一卷，《宋志》無載，亡佚。宗塞：生平事迹不詳。兩《唐志》無載，亡佚。山琮：生平事迹不詳。兩《唐志》無載，亡佚。

《老子義疏》一卷。顧歡撰。梁有《老子義疏》一卷，釋慧觀撰，亡。

《經典釋文敘錄》載顧懽《堂誥》四卷，並稱一作《老子義疏》。《舊唐志》著錄顧歡《老子道德經義疏》四卷，《新唐志》著錄顧歡《道德經義疏》四卷，《宋志》無載，亡佚。慧觀：俗姓崔，清河（今山東淄博市南）人。既善妙佛理，探究老、莊。見《高僧傳》卷七。兩《唐志》無載，亡佚。

《老子義疏》五卷。孟智周私記。

孟智周：生平事迹不詳。《舊唐志》著錄孟智周《老子義疏》四卷，《新唐志》著錄孟智周《義疏》四卷，《宋志》無載，亡佚。

《老子義疏》四卷。韋處玄撰。

韋處玄：生平事迹不詳。兩《唐志》無載，亡佚。

《老子講疏》六卷。梁武帝撰。

梁武帝：見本書卷三二“易類”。《日本國見在書目錄》著錄《老子義疏》八卷，梁武帝撰。《舊唐志》著錄《老子講疏》六卷，梁武帝撰，又有《老子講疏》四卷，不題撰者。《新唐志》著錄梁武帝《講疏》四卷，又《講疏》六卷。《宋志》無載，亡佚。

《老子義疏》九卷。戴詵撰。

戴詵（shēn）：生平事迹不詳。《新唐志》著錄戴詵《義疏》六卷，《宋志》無載，亡佚。

《老子節解》二卷。

不署撰者。《經典釋文敘錄》載《老子節解》二卷，並稱不詳作者，或云老子所作，一云河上公作。兩《唐志》著錄《老子節解》二卷，《宋志》無載，亡佚。

《老子章門》一卷。

不署撰者。兩《唐志》著録《老子章門》一卷，《宋志》無載，亡佚。

《文子》十二卷。文子，老子弟子。《七略》有九篇，梁《七録》十卷，亡。

文子：老子弟子，與孔子同時。《漢志》著録《文子》九篇，班固注曰，"稱周平王問，似依託者也"。兩《唐志》著録《文子》十二卷，《宋志》著録李暹、朱棄（或作玄）、墨布子（或作默希子）各有《文子注》十二卷。《四庫全書總目》卷一四六著録《文子》二卷，提要曰，因《史記·貨殖列傳》有范蠡師計然語，裴駰《集解》有計然姓辛字文子語，北魏李暹即以計然爲文子。《四庫簡明目録》卷一四稱，文子不知其名字，《漢志》祇稱老聃弟子而已，或曰計然，誤也。柳宗元《辨文子》稱，其旨意皆本老子，然考其書，蓋駁書也。明宋濂、胡應麟皆認爲此書爲僞書，但稱其爲唐徐靈符所作，則欠深考。1973 年，河北定縣八角廊村 40 號漢墓出土認定爲《文子》内容的 277 枚竹簡，約有 2790 字，專家認爲此竹簡《文子》原係全書，祇因朽壞殘損，僅存比較連續的一小部分，但也能反映出其與今傳本存在很大差異。《文子》今通行本有四庫本、墨海金壺本等。

《鶡冠子》 三卷。楚之隱人。

《漢志》"道家" 著録《鶡冠子》一篇，班固注曰，"楚人，居深山，以鶡爲冠"。兩《唐志》著録《鶡冠子》三卷。柳宗元《辨鶡冠子》曰其 "盡鄙淺言也"，"吾意好事者僞爲其書，反用《鵩賦》以文飾之，非（賈）誼有所取之，決也"。《崇文總目》稱 "唐世嘗辨此書後出，非古所謂《鶡冠子》者"。晁公武、陳振孫皆以爲柳宗元所言有理。見《郡齋讀書志》卷一一、《直齋書錄解題》卷九。《四庫全書總目》卷一一七著錄《鶡冠子》三卷，提要稱，此書爲十九篇，北宋陸佃解。以劉勰、韓愈頗贊此書，而柳宗元僅憑其言鄙淺，即斷其僞，認爲證據似不充分。此書現存最早的本子爲明正統道藏本，通行本有四庫本、四部叢刊本、四部備要本等。

《列子》八卷。鄭之隱人列禦寇撰，東晋光禄勳張湛注。

列禦寇：鄭之隱人。其他事迹不詳。《漢志》著錄《列子》八篇，班固注曰，名圉寇，先莊子，莊子稱之。今傳本卷首有劉向校上奏，稱列禦寇與鄭穆公同時。張湛：字處度，高平（今山東濟寧市西南）人。官至中書侍郎、光禄勳。見《宋書》卷九二、《世説新語》卷二三。兩《唐志》著錄列禦寇撰、張湛注《列子》八卷，《宋志》著錄張湛注《列子》八卷，袁本《郡齋讀書志》卷一一著錄《列子沖虛至德真經》八卷。《四庫全書總目》卷一四六著錄《列子》八卷，提要稱舊題周列禦寇撰。據柳宗元《辨列子》語及高似孫《子略》、宋濂所辨，認爲此書非列禦寇自著。其注除張湛外，又有唐殷敬順《釋文》二卷，二者散附此本各句下，已難辨孰張孰殷。《列子》或稱《沖虛至德真經》，傳本衆多，卷數亦不盡相同。現存最早的本子爲宋刻宋元遞修本，通行本有四庫本、四部叢刊本、四部備要本、諸子集成本等。

《莊子》二十卷。梁漆園吏莊周撰，晋散騎常侍向秀注。本二十卷，今闕。梁有《莊子》十卷，東晋議郎崔譔注，亡。

莊子：名周，字子休，蒙（今河南商丘市）人。與梁惠王、齊宣王同時，曾爲漆園小吏。著書十餘萬言，多爲寓言。《史記》卷六三有傳。其事迹又見《經典釋文叙録》。向秀：字子期，河內懷（今河南武陟縣西南）人。爲《莊子》内外篇作解，發明奇趣，振起玄風。爲散騎侍郎，散騎常侍，然在朝不任職。《晋書》卷四九有傳。本志集部尚有其一部著述。本二十卷：因已著録二十卷，此稱"本二十卷"，疑有誤。《莊子》或分内篇、外篇、雜篇。《漢志》著録《莊子》五十二篇。1977 年，安徽阜陽雙古堆 1 號漢墓出土殘簡爲《莊子》雜篇内容；1988 年，湖北江陵張家山 136 號漢墓出土竹簡爲《莊子・盜蹠》部分内容。《莊子》在流傳中又名《南華真經》，其有明正統道藏本。《經典釋文叙録》載，《莊子》向秀注二十卷二十六篇，又稱一作二十七篇，一作二十八篇，並無雜篇。兩《唐志》著録向秀注《莊子》二十卷，《宋志》無載，亡佚。崔譔（zhuàn）：生平事迹不詳。《世説新語・文學》注引《向秀別傳》提及"（秀）唯好《莊子》，聊應崔譔所注，以備遺忘"。《經典釋文叙録》載，《莊子》崔譔注十卷二十七篇，兩《唐志》著録崔譔注《莊子》十卷，《宋志》無載，亡佚。

《莊子》十六卷。司馬彪注。本二十一卷，今闕。

　　司馬彪：見本書卷三三"正史類"。《晋書》卷八二載，司馬彪注《莊子》，作《九州春秋》。《經典釋文叙録》載，司馬彪注《莊子》二十一卷五十二篇；《日本國見在書目録》著録《莊子》二十一卷，梁漆園吏莊周撰，後漢司馬彪注；兩《唐志》著録司馬彪注《莊子》二十一卷。《宋志》無載，亡佚。清孫馮翼、茆泮林、黄奭、王仁俊有輯本。

《莊子》三十卷、《目》一卷。晋太傅主簿郭象注。梁《七録》三十三卷。

　　郭象：見本書卷三二"論語類"。《晋書》卷五〇載，郭象以向秀義不傳於世，遂竊以爲己注，乃自注《秋水》《至樂》二篇，又易《馬蹄》一篇，其餘衆篇或點定文句而已。《經典釋文叙録》稱，唯郭象所注，特會莊生之旨，故爲世所貴。又曰，郭象注三十三卷，《内篇》七，《外篇》十五，《雜篇》十一。兩《唐志》、《宋志》著録郭象注《莊子》十卷，《四庫全書總目》卷一四六著録郭象注《莊子》十卷。此書現存最早的本子爲宋刻《南華真經》十卷，通行本有四庫本《莊子注》十卷、四部叢刊本《南華真經》十卷，附陸德明《音義》。

《集注莊子》六卷。 梁有《莊子》三十卷，晋丞相參軍李頤注；《莊子》十八卷，孟氏注，《録》一卷。亡。

李頤：字景真，潁川襄城（今河南襄城縣）人。晋丞相參軍，自號玄道子。見《經典釋文叙録》。《叙録》載《莊子》李頤集解三十卷，三十篇，一作三十五篇，爲《音》一篇。兩《唐志》著録李頤《莊子集解》二十卷，《宋志》無載，亡佚。孟氏：不詳何人。《經典釋文叙録》載，《莊子》孟氏注十八卷，五十二篇。兩《唐志》無載，亡佚。

《莊子音》一卷。 李軌撰。

《經典釋文叙録》載，《莊子》李軌音一卷，兩《唐志》無載，亡佚。

《莊子音》三卷。 徐邈撰。
《莊子集音》三卷。 徐邈撰。

徐邈：見本書卷三二"易類"。《經典釋文叙録》載《莊子》徐邈音三卷，兩《唐志》無載，亡佚。《莊子集音》：兩《唐志》無載，亡佚。

《莊子注音》一卷。 司馬彪等撰。

《經典釋文叙録》稱，司馬彪爲《莊子音》三卷，《新唐志》著録司馬彪《莊子注音》一卷，《宋志》無載，亡佚。

2619

《莊子音》三卷。郭象撰。梁有向秀《莊子音》一卷。

　　《經典釋文叙錄》載，郭象爲《莊子音》三卷，向秀爲《莊子音》一卷，兩《唐志》無載二書，亡佚。

《莊子外篇雜音》一卷。

　　不署撰者。兩《唐志》無載，亡佚。

《莊子內篇音義》一卷。

　　不署撰者。兩《唐志》無載，亡佚。

《莊子講疏》十卷。梁簡文帝撰。本二十卷，今闕。

　　《梁書》卷四載，簡文帝著有《莊子義》二十卷。兩《唐志》著錄梁簡文帝《莊子講疏》三十卷，《宋志》無載，亡佚。

《莊子講疏》二卷。張譏撰，亡。

　　張譏：見本書卷三二“易類”。《陳書》卷三三載，張譏撰有《莊子內篇義》十二卷，《外篇義》二十卷，《雜篇義》十卷。兩《唐志》無載，亡佚。

《莊子講疏》八卷。

　　不署撰者。兩《唐志》著錄《莊子疏》七卷，《宋志》無載，亡佚。

《莊子文句義》二十八卷。本三十卷，今闕。梁有《莊子義疏》十卷，又《莊子義疏》三卷，宋處士王叔之撰。亡。

　　不署撰者。兩《唐志》著錄陸德明《莊子文句義》，疑即此書。王叔之：字穆仲，琅邪（今山東臨沂市）人。晋宋間處士。見

《全宋文》卷五七。本志集部尚有其一部著述。《經典釋文叙錄》載《莊子》王叔之《義疏》三卷。兩《唐志》著錄王穆（疑後脱一字）《莊子疏》十卷、《音》一卷，《宋志》無載，亡佚。

《莊子内篇講疏》八卷。周弘正撰。

周弘正：見本書卷三二"易類"。《陳書》卷二四載，周弘正著《莊子疏》八卷，行於世。兩《唐志》無載，亡佚。

《莊子義疏》八卷。戴詵撰。

兩《唐志》無載，亡佚。

《南華論》二十五卷。梁曠撰，本三十卷。

《舊唐志》"道家類"、《新唐志》"神仙類"著錄梁曠《南華仙人莊子論》三十卷，《宋志》無載，亡佚。

《南華論音》三卷。

不署撰者。兩《唐志》無載，亡佚。

《莊成子》十二卷。梁有《蹇子》一卷，今亡。

不署撰者。兩《唐志》無載，亡佚。《蹇子》：不署撰者。兩《唐志》無載，亡佚。

《玄言新記明莊部》二卷。梁澡撰。

梁澡：生平事迹不詳。兩《唐志》無載，亡佚。

《守白論》一卷。

不署撰者。姚振宗以爲此書即屬"名家類"之《公孫龍子》，然證據不足，姑備一説。

《任子道論》十卷。魏河東太守任嘏撰。梁有《渾輿經》一卷，魏安成令桓威撰，亡。

任嘏（jiǎ）：字昭先，樂安博昌（今山東博興縣南）人。文帝時爲黄門侍郎，後累遷東郡、趙郡、河東郡太守。著書三十八篇，凡四萬餘言。見《三國志》卷二七裴注。兩《唐志》有著録，《宋志》無載，亡佚。清馬國翰有輯本。桓威：下邳（今江蘇邳州市）人，十八歲著《渾輿經》，官至安成令。見《三國志》卷二一。兩《唐志》著録姬威《渾輿經》一卷，姚振宗以爲宋本《隋志》避諱，以訛傳訛，致“桓”誤爲“姬”。《宋志》無載，亡佚。清馬國翰有輯本，《全三國文》卷三五有輯文。

《唐子》十卷。吳唐滂撰。梁有《蘇子》七卷，晋北中郎參軍蘇彦撰；《宣子》二卷，晋宜城令宣舒撰；《陸子》十卷，陸雲撰。亡。

唐滂：字惠潤，丹陽（今江蘇丹陽市）人。見馬國翰《玉函山房輯本序》。兩《唐志》著録唐滂《唐子》十卷，《宋志》無載，亡佚。清馬國翰有輯本。蘇彦：生平事迹不詳。兩《唐志》著録蘇彦《蘇子》七卷，《宋志》無載，亡佚。清馬國翰有輯本，《全晋文》卷一三八有輯文。宣舒：或作宣聘，字幼驥，陳郡（今河南淮陽縣）人，晋宜城令，作《通知來藏往論》。見《經典釋文叙録》。兩《唐志》著録宣聘《宣子》二卷，《宋志》無載，亡佚。陸雲：字士龍，吳郡（今江蘇蘇州市）人。少與兄陸機齊名，號曰“二陸”。爲尚書郎、太子中舍人、中書侍郎。陸機兵敗，被殺。所著文章若干篇，又撰《新書》十篇，並行於世。《晋書》卷五四有傳。本志集部尚有其一部著述。兩《唐志》著録陸雲《陸子》十卷，《宋志》無載，亡佚。清馬國翰、王仁俊有輯本。

《杜氏幽求新書》二十卷。杜夷撰。

  杜夷：字行齊，廬江灊（今安徽霍山縣）人。閉門授徒，累辭徵辟。元帝爲丞相以爲儒林祭酒，又除國子祭酒。著《幽求子》二十篇，行於世。《晋書》卷九一有傳。《日本國見在書目録》著録《幽求子》廿卷，杜夷撰；《舊唐志》"道家類"、《新唐志》"神仙類"著録杜夷《幽求子》三十卷。《宋志》無載，亡佚。清王仁俊有輯本。

《抱朴子内篇》二十一卷、《音》一卷。葛洪撰。梁有《顧道士新書論經》三卷，晋方士顧谷撰，亡。

  葛洪：見本書卷三二"禮類"。《晋書》卷七二載，葛洪自號抱朴子，並以此名其書。此書序稱，"故予所著子言黄白之事，名曰《内篇》，其餘駁難通釋，名曰《外篇》，大凡内外一百一十六篇"。兩《唐志》著録葛洪《抱朴子》二十卷，《宋志》"雜家類"著録葛洪《抱朴子》二十卷。《四庫全書總目》卷一四六著録《抱朴子内外篇》八卷，提要稱《内篇》論神仙吐納符録剋治之術，純爲道家之言。《抱朴子》有多種卷數本流傳，現存最早的本子爲明正統道藏本，通行本有四庫本、四部叢刊本、諸子集成本等。另，清王仁俊輯《抱朴子》一卷，《全晋文》卷一一六、一一七輯《抱朴子》佚文數條。顧谷：生平事迹不詳。《舊唐志》著録顧谷《顧道士論》二卷，《新唐志》著録顧谷《顧道士論》三卷，《宋志》無載，亡佚。

《孫子》十二卷。孫綽撰。

  孫綽：見本書卷三二"論語類"。兩《唐志》著録孫綽《孫子》十二卷，《宋志》"雜家類"著録孫綽《孫綽子》十卷。《直齋書録解題》卷一〇著録《孫子》十卷，稱"恐依託"。後亡佚。清馬國翰、王仁俊有輯本，《全晋文》卷六二有輯文。

《符子》二十卷。東晉員外郎符朗撰。梁有《賀子述言》十卷，宋太學博士賀道養撰；《少子》五卷，齊司徒左長史張融撰。梁有《養生論》三卷，嵇康撰；《攝生論》二卷，晉河內太守阮侃撰；《無宗論》四卷，《聖人無情論》六卷。亡。

　　符朗：又作苻朗，字元達，鄴（今河北臨漳縣西）人。苻堅從兄子。拜鎮東將軍、青州刺史，封樂安男。降晉數年後，因王國寶誣陷而被殺。著《苻子》數十篇，行於世。《晉書》卷一一四有傳。《日本國見在書目録》著録《苻子》六卷，苻朗撰。兩《唐志》著録苻朗《苻子》三十卷，《宋志》無載，亡佚。清馬國翰、王仁俊有輯本，《全晉文》卷一五二有輯文。賀道養：見本書卷三二"春秋類"。兩《唐志》著録賀道養《賀子》十卷，《宋志》無載。亡佚。張融：字思光，吳郡吳（今江蘇蘇州市）人。仕宋，爲中書郎。入齊，累遷黃門郎、司徒左長史。自名集爲《玉海》，行於世。《南齊書》卷四一、《南史》卷三二有傳。本志集部尚有其一部著述。又《弘明集》卷一一曰，"張融乃著通源之論，其名《少子》"。兩《唐志》無載，亡佚。清馬國翰有輯本，《全齊文》卷一五有輯文。嵇康：見本書卷三二"春秋類"。《晉書》卷四九載，嵇康著《養生論》。兩《唐志》無載，亡佚。《全三國文》卷四八有輯文。阮侃：字德如，尉氏（今河南尉氏縣）人。與嵇康爲友，官至河內太守。見《世説新語·賢媛》。兩《唐志》無載，亡佚。《無宗論》《聖人無情論》皆不署撰者，兩《唐志》皆不載，亡佚。

《夷夏論》一卷。顧歡撰。梁二卷。梁又有《談藪》三卷，亡。

　　《南齊書》卷五四載，佛道兩家，立教既異，學者互相非毀，顧歡著《夷夏論》。兩《唐志》著録顧歡《夷夏論》二卷，《宋志》無載，亡佚。《全齊文》卷二二有輯文。《談藪》：不署撰者，兩

《唐志》無載，亡佚。

《簡文談疏》六卷。晋簡文帝撰。

　　晋簡文帝：司馬昱，字道萬，河内温（河南温縣）人。廟號太宗。《晋書》卷九有傳。兩《唐志》無載，亡佚。

《無名子》一卷。張太衡撰。

　　張太衡：生平事迹不詳。《舊唐志》"道家類"、《新唐志》"神仙類"著録張太衡《無名子》一卷，《宋志》無載，亡佚。

《玄子》五卷。

　　不署撰者。《北齊書》卷二九、《北史》卷三三載，李公緒撰《玄子》五卷。疑即此書。兩《唐志》無載，亡佚。

《遊玄桂林》二十一卷、《目》一卷。張譏撰。

　　本書卷三二"論語類"著録張譏《遊玄桂林》九卷。此爲重出。

《廣成子》十三卷。商洛公撰，張太衡注。疑近人作。

　　商洛公：生平事迹不詳。《舊唐志》著録商洛公《廣成子》十二卷；《新唐志》著録商洛公《廣成子》十二卷，張太衡注。《宋志》無載，亡佚。

　　右七十八部，合五百二十五卷。

　　七十八部：實際五十六部，又有四十八部亡書。

　　道者，蓋爲萬物之奧，聖人之至賾也。[1]《易》曰："一陰一陽之謂道。"又曰："仁者見之謂之仁，智者見

之謂之智，百姓日用而不知。"[2]夫陰陽者，天地之謂
也。天地變化，萬物蠢生，[3]則有經營之迹。至於道者，
精微淳粹，而莫知其體，處陰與陰爲一，在陽與陽不
二。仁者資道以成仁，道非仁之謂也；智者資道以爲
智，道非智之謂也；百姓資道而日用，而不知其用也。
聖人體道成性，清虛自守，爲而不恃，[4]長而不宰，[5]故
能不勞聰明而人自化，[6]不假修營而功自成。[7]其玄德深
遠，[8]言象不測。[9]先王懼人之惑，置于方外，[10]六經之
義，是所罕言。《周官》九兩，其三曰師，[11]蓋近之矣。
然自黃帝以下，聖哲之士，所言道者，傳之其人，世無
師説。漢時，曹參始薦蓋公能言黃、老，[12]文帝宗
之。[13]自是相傳，道學衆矣。下士爲之，[14]不推其本，
苟以異俗爲高，狂狷爲尚，[15]迂誕譎怪而失其真。[16]

[1]賾（zé）：精微、深奧。

[2]此段見《易·繫辭上》第五章，言陰陽對立轉化稱爲道，
仁者以道爲仁，智者以道爲智，百姓平時用道而不知道。

[3]蠢生：蠢，蟲蠕動狀。萬物像蟲蠕動般地萌動生長。

[4]恃（shì）：依賴、憑藉。

[5]長（zhǎng）而不宰：位高而不主宰。

[6]聰明：明智、聰察。

[7]修營：治理、營求。

[8]玄德：指自然無爲的素質。即"爲而不恃，長而不宰"。

[9]象：形狀、象貌。

[10]方外：世俗之外。

[11]其三曰師：九兩之第三曰師，其以賢德民。謂諸侯以下立
教學之官爲師氏，以有三德、三行，使學子歸之。

　　[12]曹參：見本書卷三二"大序"。蓋公：見本書卷三二"大序"。

　　[13]文帝：劉恒，漢高祖之子。高祖平代，立爲代王。周勃、陳平等平諸吕亂，迎立爲帝。在位二十三年，主張清静無爲，與民休息，經濟發展，政治穩定。《史記》卷一〇、《漢書》卷四有紀。

　　[14]下士：最差一等的人。

　　[15]狂狷（juàn）：激進與拘謹保守。

　　[16]迂誕：荒唐至出於事理之外。譎（jué）怪：奇異怪誕。

《管子》十九卷。齊相管夷吾撰。

　　管夷吾：《史記》稱管仲夷吾，韋昭曰，夷吾姬姓之後，管嚴之子敬仲也。劉向稱其名夷吾，號仲父，潁上（今安徽潁上縣）人。管仲事齊公子糾，小白立爲桓公，管仲被囚。鮑叔牙薦管仲，被采納。桓公以霸，九合諸侯，一匡天下，得益於管仲。《史記》卷六二有傳。劉向稱《管子》定著八十六篇。《漢志》"道家"著録《管子》八十六篇；《日本國見在書目録》著録《管子》廿一卷，齊相管夷吾撰；《舊唐志》著録管夷吾《管子》十八卷；《新唐志》著録管仲《管子》十九卷，尹知章注《管子》三十卷；《宋志》著録齊管夷吾《管子》二十四卷，尹知章注《管子》十九卷。《直齋書録解題》卷一〇著録《管子》二十四卷，唐房玄齡注。衢本《郡齋讀書志》卷一一著録《管子》二十四卷，引杜佑《指略序》語，"唐房玄齡注，其書載管仲將没，對桓公之語，疑後人續之。而注頗淺陋，恐非玄齡，或云尹知章也"。《四庫全書總目》卷一〇一著録《管子》二十四卷，提要稱劉恕《通鑑外紀》引傅玄語，"管仲之書過半便是後之好事所加，乃説管仲死後事，《輕重篇》尤復鄙俗"。《葉水心集》亦曰，《管子》非一人之筆，亦非一時之書。劉向所校本八十六篇，今亡十篇。研究《管子》之作有明劉績《管子補注》，清俞樾《管子平議》、戴望《管子校正》，近人郭沫若《管子集校》等。現存最早的宋刻本題唐房玄齡注《管子》二十四卷。通行本題房玄齡注者有四庫本、四部叢刊本，題房玄齡注、劉績補注者有四部備要本，題尹知章注、戴望校正者有諸子集成本。

《商君書》 五卷。秦相衛鞅撰。梁有《申子》三卷，韓相申不害撰，亡。

衛鞅：衛之庶出公子，名鞅，姓公孫氏，其祖本姬姓。西入秦，孝公以爲左庶長，定變法之令，秦富强。封鞅於商，號爲商君。秦惠王即位，以謀反攻鞅，車裂商君以徇。《史記》卷六八有傳。《漢志》著録《商君》二十九篇；《日本國見在書目録》著録《商君書》三卷，秦相衛鞅撰；《舊唐志》著録商鞅《商子》五卷；《新唐志》著録商鞅《商君書》五卷，注曰或作《商子》；《宋志》著録衛公孫鞅《商子》五卷。《郡齋讀書志》卷一一著録《商子》五卷，稱此書本二十九篇，今亡者三篇。《四庫全書總目》卷一〇一著録《商子》五卷，提要稱此書目凡二十有六，似即晁氏之本，然其中第十六篇、第二十一篇，又皆有録無書，則並非宋本之舊。《古今僞書考》引周氏《涉筆》"商鞅書亦多附會後事，似取他辭，非本所論著也"。研究《商君書》之作有明楊慎評《商子》二卷，清俞樾《商子平議》一卷。此書現存最早的本子爲明天一閣本、漢魏叢書本，通行本有四庫本、四部叢刊本、叢書集成本等。申不害：京（今河南滎陽市東南）人，韓昭侯用爲相，十五年國治兵强，無侵韓者。其學本於黃、老而主刑名，著書二篇，號曰《申子》。《史記》卷六三有傳。《漢志》著録《申子》六篇，兩《唐志》著録申不害《申子》三卷，《宋志》無載，亡佚。清馬國翰、王仁俊有輯本。

《慎子》 十卷。戰國時處士慎到撰。

慎到：趙（今河北、山西部分地區）人。學黃、老道德之術，因發明序其指意，著十二論。《史記集解》引徐廣曰，“今《慎子》，劉向所定，有四十一篇”。見《史記》卷七四。《漢志》著錄《慎子》四十二篇。兩《唐志》著錄慎到《慎子》十卷，滕輔注，《宋志》著錄慎到《慎子》一卷。《直齋書錄解題》卷一〇著錄《慎子》一卷，稱“今麻沙刻本纔五篇，固非全書也”。《四庫全書總目》卷一一七著錄《慎子》一卷，提要稱此書雖亦分五篇，而文多刪削，又非陳振孫之所見，蓋明人捃拾殘剩，重爲編次。此書現存最早的本子爲明萬曆慎氏耕芝館刻本，通行本有四庫本、叢書集成本、四部備要本等。

《韓子》二十卷、《目》一卷。韓非撰。梁有《朝氏新書》三卷，漢御史大夫鼂錯撰，亡。

韓非：韓之諸公子，喜刑名法術之學，而其歸本於黃、老。善著書，作《孤憤》《五蠹》《説林》《説難》等，十餘萬言。使秦，遭李斯忌，終死於秦。《史記》卷六三有傳。《漢志》著錄《韓子》五十五篇，《日本國見在書目錄》著錄《韓子》十卷，兩《唐志》、《宋志》著錄韓非《韓子》二十卷。《四庫全書總目》卷一〇一著錄《韓子》二十卷，提要稱韓非所著書，本各自爲篇，非死後，其徒收拾編次，以成一帙，名爲非撰，實非其所手定。研究《韓子》之作有宋謝希深注《韓非子》，清俞樾《韓非子平議》、王先慎《韓非子集解》等。此書現存最早的本子爲清初錢曾影抄宋本，通行本有四庫本、四部叢刊本、四部備要本等。鼂錯：又作晁錯、朝錯，潁川（今河南禹州市）人。以文學爲太常掌故，太常遣其從伏生受《尚書》。景帝即位，爲御史大夫。主張削藩，遭諸侯反對，吳楚七國反，鼂錯被誅。《史記》卷一〇一、《漢書》卷四九有傳。《漢志》著錄《鼂錯》三十一篇，《舊唐志》著錄晁錯《晁氏新書》三卷，《新唐志》著錄晁錯《晁氏新書》七卷，《宋志》無載，亡佚。清馬國翰有輯本。

《正論》六卷。漢大尚書崔寔撰。梁有《法論》十卷，劉邵撰；《政論》五卷，魏侍中劉廙撰；《阮子正論》五卷，魏清河太守阮武撰。亡。

崔寔：字子真，一名台，字元始，涿郡安平（今河北安平縣）人。桓帝初，除爲郎，明於政體，論當世便事數十條，名曰《政論》。梁冀被誅，遭禁錮數年。後召拜尚書，稱疾不視事。所著碑、論、詞、表等凡十五篇。《後漢書》卷五二有傳。《舊唐志》著錄崔寔《崔氏政論》五卷，《新唐志》著錄崔寔《崔氏政論》六卷，《宋志》無載，清馬國翰、王仁俊有輯本，《全後漢文》有輯文。劉邵：又作劉劭，見本書卷三二“孝經類”。《三國志》卷二一載，劉劭撰述《法論》《人物志》之類百餘篇。《舊唐志》著錄劉邵《劉氏法言》十卷，《新唐志》著錄劉邵《劉氏法論》十卷，《宋志》無載，亡佚。劉廙（yì）：字恭嗣，南陽安眾（今河南南陽市）人。魏國初建，爲黃門侍郎，著書數十篇，傳於世。文帝即位，爲侍中，賜爵關內侯。《三國志》卷二一有傳。《舊唐志》著錄劉廙《劉氏正論》五卷，《新唐志》著錄劉廙《劉氏政論》五卷，《宋志》無載，亡佚。清馬國翰、嚴可均、王仁俊有輯本。阮武：字文業，陳留尉氏（今河南尉氏縣）人。官至清河太守。著書十八篇，謂之《阮子》，終於家。見《三國志》卷一六、《世說新語·賞譽》注。《舊唐志》著錄阮武《阮子正論》五卷，《新唐志》著錄阮武《阮子政論》五卷，《宋志》無載，亡佚。清馬國翰有輯本，《全三國文》卷四四有輯文。

《世要論》十二卷。魏大司農桓範撰。梁有二十卷。又有《陳子要言》十四卷，吳豫章太守陳融撰；《蔡司徒難論》五卷，晉三公令史黃命撰。亡。

　　桓範：字元則。建安末，入丞相府。延康中，與王象等典集《皇覽》。正始中，拜大司農。嘗抄撮《漢書》中諸雜事，自以竟斟酌之，名曰《世要論》。見《三國志》卷九注。《舊唐志》著録桓範《桓氏代要論》十卷，《新唐志》著録桓範《桓氏世要論》十二卷，《宋志》無載，亡佚。清馬國翰、嚴可均、王仁俊有輯本。陳融：陳國（今河南境内）人。見《三國志》卷五七。兩《唐志》著録陳融《陳子要言》十四卷，《宋志》無載，亡佚。清馬國翰、王仁俊有輯本。黃命：生平事迹不詳。兩《唐志》不載其書，亡佚。

　　右六部，合七十二卷。
　　另有亡書七部。

　　法者，人君所以禁淫慝，[1]齊不軌，而輔於治者也。《易》著"先王明罰飭法"，[2]《書》美"明于五刑，[3]以弼五教"[4]。《周官·司寇》"掌建國之三典，[5]以佐王刑邦國，詰四方"；[6]《司刑》"以五刑之法，麗萬民之罪"，[7]是也。刻者爲之，[8]則杜哀矜，[9]絶仁愛，欲以威劫爲化，[10]殘忍爲治，乃至傷恩害親。

　　[1]淫慝（tè）：邪惡不正。
　　[2]此句見《易·噬嗑》，"雷電，噬嗑。先王以明罰敕法"。飭，告誡。先王因此明察刑罰，修正法律。
　　[3]五刑：此當指古代墨、劓、剕、宮、大辟五刑。
　　[4]弼：輔助。五教：父義、母慈、兄友、弟恭、子孝。此段見《尚書·大禹謨》，闡明五刑，輔助五教。
　　[5]三典：輕典、中典、重典。刑新國以輕典，刑平國以中典，刑亂國以重典。

[6]詰：謹也。此段見《周禮・秋官・大司寇》。

[7]麗：通罹，遭遇。此句見《周禮・秋官・司刑》，其作"掌五刑之法，以麗萬民之罪"。

[8]刻者：苛刻之人。

[9]杜：杜絶。哀矜，哀憐。

[10]威劫：威逼、脅迫。化，改變。

《鄧析子》一卷。析，鄭大夫。

鄧析：鄭（河南境内）人。數難子産之治，改鄭所鑄舊制。見《春秋左氏傳・定公九年》、劉向《鄧析子書録》。《漢志》著録《鄧析》二篇。《日本國見在書目録》著録《鄧析子》一卷，鄭大夫鄧析撰。兩《唐志》著録鄧析《鄧析子》一卷，《宋志》著録《鄧析子》二卷。《郡齋讀書志》卷一一一著録《鄧析子》二卷，稱此書"其間時勒取他書，頗駁雜不倫，豈後人附益之歟"。《四庫全書總目》卷一〇一著録《鄧析子》二卷，提要以爲此書"或篇章殘缺，後人摭《莊子》以足之歟"。此書現存最早的本子爲明刻本，通行本有四庫本、四部叢刊本、四部備要本等。

《尹文子》二卷。尹文，周之處士，游齊稷下。

尹文：出於周之尹氏。齊宣王時居稷下，學於公孫龍。公孫龍稱之，著書一篇。見《尹文子序》。《漢志》著録《尹文子》一篇，班固注曰，説齊宣王，先公孫龍。《舊唐志》著録尹文子《尹文子》二卷，《新唐志》著録《尹文子》一卷。《四庫全書總目》卷一一七著録《尹文子》一卷，提要稱，其言出入於黄老、申韓之間。周氏《涉筆》指出今傳《尹文子》内容矛盾，《尹文子序》的作者亦非仲長統。近人馬叙倫、顧實則明確指出《尹文子》詞説不類戰國時文，其爲魏晉間人所依託。見《漢書藝文志講疏》。此書現存最早本子爲明正統十年内府刻道藏本，通行本有四庫本、四部叢刊本、四部備要本、諸子集成本等。

《士操》一卷。魏文帝撰。梁有《刑聲論》一卷，亡。

姚振宗以爲，魏武帝諱操，其子文帝豈能以“操”名書，此必《士品》之誤。本書卷三三“雜傳類”著録《海内士品》，可參見。兩《唐志》此類著録魏文帝《士操》一卷。“雜傳類”著録魏文帝《海内士品録》二卷，疑即此書，此著録應爲重出。《刑聲論》：不署撰者，兩《唐志》無載，亡佚。

《人物志》三卷。劉邵撰。梁有《士緯新書》十卷，姚信撰，又《姚氏新書》二卷，與《士緯》相似；《九州人士論》一卷，魏司空盧毓撰；《通古人論》一卷。亡。

《三國志》卷二一載，劉劭撰《人物志》；《魏書》卷五二載，劉昞注《人物志》，行於世。兩《唐志》著録劉邵《人物志》三卷，又有劉邵《人物志》三卷，劉炳（疑“昞”之誤）注；《宋志》著録劉邵《人物志》二卷。《四庫全書總目》卷一一七著録《人物志》三卷，劉邵撰，劉昞注。提要稱昞注不涉訓詁，惟疏通大義。此書現存最早的本子爲明隆慶六年刻本，通行本有四庫本、四部叢刊本、四部備要本等。姚信：見本書卷三二“易類”。兩《唐志》著録姚信《士緯》十卷，《宋志》無載，亡佚。清馬國翰有輯本。《姚氏新書》：疑亦姚信所作。兩《唐志》無載，亡佚。盧毓：字子家，涿郡涿（今河北涿州市）人，魏國初建，爲吏部郎中。青龍二年，爲吏部尚書，賜爵關内侯。正元三年，因疾病遜位，遷爲司空，進爵封容城侯。《三國志》卷二二有傳。兩《唐志》著録盧毓《九州人士論》一卷，《宋志》無載，亡佚。《通古人論》：不署撰者。兩《唐志》無載，亡佚。

右四部，合七卷。

另有亡書五部。

　　名者，所以正百物，叙尊卑，列貴賤，各控名而責實，無相僭濫者也。[1]《春秋傳》曰：“古者名位不同，節文異數。”[2]孔子曰：“名不正則言不順，言不順則事不成。”[3]《周官·宗伯》“以九儀之命，正邦國之位”，[4]“辨其名物之類”，[5]是也。拘者爲之，則苟察繳繞，[6]滯於析辭而失大體。

　　[1]僭濫：越分之事泛濫。
　　[2]此段見《春秋左氏傳·莊公十八年》。其文作“王命諸侯，名位不同，禮亦異數，不以禮假人”。即名號地位不同，禮儀亦有不同等級。
　　[3]此段見《論語·子路》。
　　[4]此段見《周禮·大宗伯》。九儀，周代對九種命官的授命儀式。
　　[5]此句見《周禮·小宗伯》。其文作“辨其物，而頒之於五官”。
　　[6]繳繞：糾纏煩瑣。

《墨子》十五卷、《目》一卷。宋大夫墨翟撰。
　　墨翟：魯（今山東境内）人，在孔子後。劉向曰，墨子在七十子後。宋大夫，作書七十一篇。見《史記》卷七四、《吕氏春秋·當染》高誘注。《史記》卷一三〇司馬談論六家之要指曰，“墨者，儉而難遵，是以其事不可遍循；然其彊本節用，不可廢也”。《漢志》著録《墨子》七十一篇，兩《唐志》、《宋志》著録墨翟《墨子》十五卷。《直齋書録解題》卷一〇著録《墨子》三卷，稱《館閣書目》有十五卷六十一篇，多訛誤，不相聯屬。又二本，止存十三篇，當是此本。宋濂《諸子辨》所辨《墨子》亦三卷十三篇。畢沅《墨子校注序》曰，"《墨子》七十一篇，隋以來爲十五卷、《目》一卷，宋亡八篇，爲六十三篇，後又亡十篇，爲五十三篇，即今本也"。《四庫全書總目》卷一一七著録《墨子》十五卷，提要稱，其書中多稱子墨子，則門人之言，非所自著。研究《墨子》之作不多，以孫詒讓《墨子閒詁》爲上。1957 年河南信陽長臺關 1 號楚墓出土竹簡，一部分内容與《墨子》佚文、佚篇有關，但是否屬《墨子》，尚有争論。此書現存最早的本子爲明正統十年刻道藏萬曆二十六年印本，通行本有四庫本、四部叢刊本等爲十五卷，四部備要本、叢書集成本等爲十六卷，有畢沅校注。

《隨巢子》一卷。巢，似墨翟弟子。

　　《漢志》著録《隨巢子》六篇，班固注曰，墨翟弟子。《新唐志》著録《隨巢子》一卷，《宋志》無載，亡佚。明歸有光及清馬國翰、王仁俊各輯《隨巢子》一卷。

《胡非子》一卷。非，似墨翟弟子。梁有《田俅子》一卷，亡。

　　《漢志》著録《胡非子》三篇，班固注曰，墨翟弟子。兩《唐志》著録《胡非子》一卷，《宋志》無載，亡佚。明歸有光、清馬國翰有輯本。《田俅子》：《漢志》著録《田俅子》三篇，班固注曰，先韓子。兩《唐志》無載，亡佚。清馬國翰、王仁俊有輯本。

　　右三部，合一十七卷。
　　另有亡書一部。

　　墨者，强本節用之術也。[1]上述堯、舜、夏禹之行，茅茨不翦，[2]糲粱之食，[3]桐棺三寸，[4]貴儉兼愛，嚴父上德，[5]以孝示天下，右鬼神而非命。[6]《漢書》以爲本出清廟之守。[7]然則《周官·宗伯》"掌建邦之天神地祇人鬼",[8]《肆師》"掌立國祀",[9]及"兆中廟中之禁令",[10]是其職也。愚者爲之,則守於節儉,不達時變,推心兼愛,而混於親疎也。

[1]强本節用:本,一般是指農業。强本,加强農業。節用,節約開支。

[2]茅茨(cí):茅草屋頂,進而指茅草屋。

[3]糲(lì)粱:粗米和穀子。

[4]桐棺:桐木所製棺木。

[5]嚴父上德:尊敬父親,以德爲重。

[6]右鬼神:尊尚鬼神。非命,不相信天命,認爲人生富貴貧賤非命所定。

[7]清廟:即宗廟。

[8]此句見《周禮·大宗伯》,其文作"掌建邦之天神地祇人鬼之禮"。地祇(qí),地神。

[9]此句見《周禮·肆師》,其文作"掌立國祀之禮,佐大宗伯"。

[10]此句亦見《周禮·肆師》,"掌兆中廟中之禁令",不得使人干犯神位。

《鬼谷子》三卷。皇甫謐注。鬼谷子,周世隱於鬼谷。梁有《補闕子》十卷、《湘東鴻烈》十卷,並元帝撰,亡。

鬼谷子:《史記》卷六九載,蘇秦習之於鬼谷先生。《索隱》稱樂壹注《鬼谷子》書云"蘇秦欲神秘其道,故假名鬼谷"。《漢志》無載《鬼谷子》,而有《蘇子》三十一篇。兩《唐志》著録蘇秦《鬼谷子》二卷、尹知章注《鬼谷子》三卷,無載皇甫謐注《鬼谷子》。《宋志》著録《鬼谷子》三卷。《郡齋讀書志》卷一一著録《鬼谷子》三卷，稱鬼谷長於養性治身，蘇秦、張儀師之。《直齋書録解題》卷一〇著録《鬼谷子》三卷，稱《隋志》有皇甫謐、樂壹二家注，今本稱陶弘景注。《四部正譌》曰，《鬼谷子》，《漢志》絶無其書，文體亦不類戰國。晋皇甫謐序傳之。《四庫全書總目》卷一一七著録《鬼谷子》一卷，提要稱此書爲魏晋以來書，固無疑耳。此書現存最早的本子爲清乾隆五十四年秦氏刻本，通行本有一卷之四庫本，三卷之四部叢刊本、四部備要本等。梁元帝：見本書卷三三"正史類"。《梁書》卷五載，梁元帝撰《補闕子》十卷。《金樓子》卷五著録《補闕子》一帙十卷，金樓爲序，付鮑泉東里撰。《漢志》有《闕子》一篇，梁時已亡，故元帝補之。兩《唐志》著録梁元帝《補闕子》十卷，《宋志》無載，亡佚。《湘東鴻烈》：兩《唐志》無載，亡佚。

《鬼谷子》三卷。樂一注。

樂一：又作樂壹、樂臺，生平事迹不詳。兩《唐志》著録《鬼谷子》三卷，樂臺注（《舊唐志》"注"誤作"撰"）。《玉海》卷五三《諸子》載，《唐志》"縱橫家"《鬼谷子》二卷，又樂壹注三卷。《宋志》不載此書，亡佚。

右二部，合六卷。

從橫者，所以明辯説，善辭令，以通上下之志者也。《漢書》以爲本出於行人之官，[1] 受命出疆，臨事而制。故曰："誦《詩》三百，使于四方，不能專對，雖多亦奚以爲？"[2]《周官·掌交》"以節與幣，[3] 巡邦國之諸侯及萬姓之聚，導王之德意志慮，[4] 使辟行之，[5] 而和諸侯之好，達萬民之説。諭以九税之利，[6] 九儀之親，[7]九牧之維，[8]九禁之難，[9]九戎之威"，[10]是也。佞人爲之，[11]則便辭利口，傾危變詐，至於賊害忠信，覆邦亂家。

[1]行人：古官名，掌朝覲聘問。《周禮·秋官》載有大行人、小行人之職。

[2]此段見《論語·子路》，其文作"誦《詩》三百，授之以政，不達；使于四方，不能專對；雖多，亦奚以爲"？熟讀《詩經》三百篇，出使外國，不能獨立談判、應酬，雖然書讀得多，又有什麼用處？

[3]節：符節，古代使臣執以示信之物。

[4]導：導引。慮，心思、意念。

[5]此句今本《周禮》作"使咸知王之好惡，辟行之"，使皆知王之所好者而行之，知王所惡者辟而不爲。

[6]九稅：所稅民九職。九職即九種職務，一曰三農，二曰苗圃，三曰虞衡，四曰藪牧，五曰百工，六曰商賈，七曰嬪婦，八曰臣妾，九曰閑民。見《周禮·大宰》。

[7]九儀之親：今本《周禮》作"九禮之親"，九禮，九儀之禮，其專據諸侯國。親，指朝聘。

[8]九牧：九州之官。維，則指"建牧立盟，以維邦國"。

[9]九禁之難：大司馬設九法，使邦國有所畏難。九法指周天子治理諸侯國的九項措施。見《周禮·大司馬》。

[10]九戎之威：大司馬設九伐，有所威刑。九伐指制裁諸侯違犯王命行爲的九種辦法。

[11]佞（nìng）人：擅長巧言善辯、阿諛奉承的人。

《尉繚子》五卷。梁并《録》六卷。尉繚，梁惠王時人。

尉繚：此稱尉繚爲梁惠王時人，而《史記》卷六載，秦始皇十年“大梁人尉繚來”。梁惠王末年距始皇十年大致有近九十年，兩處所載尉繚能否爲同一人？《漢志》“雜家”著録《尉繚》二十九篇，班固注曰，“六國時”。顏師古注曰，“尉，姓也；繚，名也。……劉向《別録》云，繚爲商君學”。“兵形勢家”著録《尉繚》三十一篇。兩《唐志》“雜家類”著録《尉繚子》六卷，《宋志》《直齋書録解題》“兵家類”著録《尉繚子》五卷。《四庫全書總目》卷九九“兵家類”著録《尉繚子》五卷，提要稱胡應麟謂兵家之《尉繚》，即今所傳，而雜家之《尉繚》，並非此書。今雜家亡，而兵家獨傳。1972 年 4 月，山東臨沂銀雀山 1 號漢墓出土竹簡，有六篇文字與今本《尉繚子》相合，可以認定《尉繚子》不是僞書，衹是作者時代尚有爭論。研究此書者有宋施子美講義《尉繚子》、明劉寅《尉繚子直解》。此書現存最早本子爲明刻本，通行本有五卷之四庫本、叢書集成本等，又有二卷之子書百家本等。

《尸子》二十卷。《目》一卷。梁十九卷。秦相衛鞅上客尸佼撰。其九篇亡，魏黄初中續。

　　尸佼：晋人，秦相衛鞅門客。商鞅謀事畫計，立法理民，都與佼商議決定。商鞅被刑，尸佼恐受株連，逃亡入蜀。自造《尸子》二十篇，凡六萬餘言。見《史記》卷七四之《集解》所引劉向《別録》。《漢志》著録《尸子》二十篇。兩《唐志》著録《尸子》二十卷，《宋志》“儒家”著録尸佼《尸子》一卷，《四庫全書總目》不載，亡佚。清章宗源、惠棟、孫星衍、汪繼培、任兆麟有輯本。

《吕氏春秋》二十六卷。秦相吕不韋撰，高誘注。

　　吕不韋：陽翟大商人。秦昭王時，在邯鄲結識做趙人質的秦安國君之子子楚，以奇物好玩，獻給秦華陽夫人。夫人進言安國君，立子楚爲嗣。子楚立爲秦莊襄王，吕不韋爲丞相，封文信侯。莊襄王崩，太子政立爲王，尊吕不韋爲丞相，號稱仲父。始皇十年，吕不韋被免，並令其徙蜀。吕不韋飲鴆而死。吕不韋使其客人人著所聞，集論以爲《吕氏春秋》。《史記》卷八五有傳。《吕氏春秋》"所尚，以道德爲標的，以無爲爲綱紀，以忠義爲品式，以公方爲檢格，與孟軻、荀卿、揚雄相表裏也"。見高誘《注吕覽序》。《漢志》著録《吕氏春秋》二十六篇。《舊唐志》著録吕不韋《吕氏春秋》二十六卷，《新唐志》著録吕不韋《吕氏春秋》二十六卷，高誘注。《直齋書録解題》卷一〇著録《吕氏春秋》二十六卷。《四庫全書總目》卷一一七著録《吕氏春秋》二十六卷，提要稱此書實其賓客之所集也。論者鄙其爲人，不甚重其書，非公論也。高誘：見本書卷三三"雜史類"。"自漢以來，注者惟高誘一家，訓詁簡質，於證顛舛之處"。見《四庫全書總目》卷一一七。歷代研究《吕氏春秋》者，有梁玉繩《吕子校補》、陳昌齊《吕氏春秋正誤》。此書現存最早的本子爲元至正嘉興路儒學刻本，通行本有四庫本、四部叢刊本、諸子集成本等。

《淮南子》二十一卷。漢淮南王劉安撰，許慎注。

《淮南子》二十一卷。高誘注。

　　劉安：淮南厲王之子，孝文十六年封爲淮南王。招致賓客方術之士數千人，作爲《内書》二十一篇，《外書》甚衆，又有《中篇》八卷，言神仙黄白之術，亦二十餘萬言。《史記》卷一一八、《漢書》卷四四有傳。許慎：見本書卷三二"論語類"。高誘曰此書"旨近老子，淡泊無爲，蹈虚守静，出入經道，言其大也"。"然其大較歸之於道，號曰鴻烈。鴻，大也；烈，明也。以爲大明道之言也"。《漢志》著録《淮南内》二十一篇，《淮南外》三十三篇，顏師古注曰，"《内篇》論道，《外篇》雜説"。《舊唐志》著録《淮南商詁》二十一卷，劉安撰（疑"商"爲"間"之誤）；《淮南子注解》二十一卷，高誘撰；《淮南鴻烈音》二卷，高誘撰。

《新唐志》著録許慎注《淮南子》二十一卷，淮南王劉安；高誘注《淮南子》二十一卷，又《淮南鴻烈音》二卷。《宋志》著録《淮南子鴻烈解》二十一卷，淮南王劉安撰；許慎注《淮南子》二十一卷，高誘注《淮南子》十三卷。洪邁曰《淮南子》"今所存者二十一卷，蓋《内篇》也"。見《容齋續筆》卷七。《四庫全書總目》卷一一七著録《淮南子》二十一卷，提要稱，確有許慎、高誘二家注，後許注散佚，今存爲高誘注，然其間亦零落存有許注。現流傳之《淮南子》有二十一卷本、二十八卷本，多署許慎、高誘注。研究《淮南子》者有清俞樾《淮南内篇平議》、陳昌齊《淮南子正誤》以及民國劉文典《淮南鴻烈集解》等。此書現存最早的本子爲明嘉靖九年刻本，通行本有四庫本、四部叢刊本、道藏本、叢書集成本等。許慎《淮南子注》亡，清孫馮翼、蔣曰豫、黄奭及民國葉德輝有輯本。

《論衡》二十九卷。後漢徵士王充撰。梁有《洞序》九卷、《録》一卷，應奉撰，亡。

王充：字仲任，會稽上虞（今浙江紹興市）人。受業太學，從師班彪。著《論衡》八十五篇，二十餘萬言，釋物類同異，正時俗嫌疑。辟爲從事，轉治中，自免還家。《後漢書》卷四九有傳。兩《唐志》、《宋志》著録王充《論衡》三十卷。《四庫全書總目》卷一二〇著録王充《論衡》三十卷，提要稱此書凡八十五篇，而第四十四《招致篇》有録無書，實八十四篇。研究《論衡》者有清俞樾《讀論衡》、近人孫人和《論衡舉正》等。此書現存最早的本子爲宋乾道三年紹興府刻宋元明遞修本，通行本有四庫本、四部叢刊本、四部備要本、叢書集成本等。《洞序》：《後漢書》卷四八載，應奉著《漢書後序》，多所述載。兩《唐志》無載，亡佚。

《風俗通義》三十一卷。《録》一卷。應劭撰。梁三十卷。

應劭：見本書卷三三"正史類"。《後漢書》卷四八載，應劭撰《風俗通》，以辨物類名號，釋時俗嫌疑。《日本國見在書目録》著録《風俗通》三十二卷，應劭撰；兩《唐志》著録應劭《風俗通義》三十卷；《宋志》著録應劭《風俗通義》十卷。《四庫全書總目》卷一二〇著録《風俗通義》十卷、附録一卷，提要稱，其書因事立論，文辭清辨，可資博洽。舊本屢經傳刻，失於校讎，頗有訛誤。此書現存最早的本子爲元大德九年無錫州學刻本，通行本有四庫本、四部叢刊本、四部備要本等。另外，清王仁俊、錢大昕、顧懷三、嚴可均有輯本。

《仲長子昌言》十二卷。《録》一卷。漢尚書郎仲長統撰。

仲長統：字公理，山陽（今河南修武縣）人。漢末爲尚書郎。每論説古今時俗行事，發憤歎息，輒以爲論，名曰《昌言》，凡二十四篇。見《三國志》卷二一。《舊唐志》"雜家類"、《新唐志》"儒家類"著録仲長統《仲長子昌言》十卷，《宋志》著録仲長統《昌言》二卷。《崇文總目》著録仲長統《仲長子昌言》二卷，稱"今所存十五篇，分爲二卷，餘皆亡"。《四庫全書總目》無載，亡佚。清馬國翰、王仁俊、嚴可均有輯本。

《蔣子萬機論》八卷。蔣濟撰。梁有《篤論》四卷，杜恕撰；《芻蕘論》五卷，鍾會撰；梁有《諸葛子》五卷，吳太傅諸葛恪撰。亡。

蔣濟：見本書卷三二"禮類"。《三國志》卷一四載，文帝即位，蔣濟上《萬機論》，帝善之。其書雜論立政用人兵家之説，及考論前賢故事雜問。見《玉海》卷六二。《舊唐志》著録蔣濟《萬機論》八卷，《新唐志》《宋志》著録蔣濟《萬機論》十卷。《直齋書録解題》卷一〇著録蔣濟《萬機論》二卷，稱《館閣書目》十卷五十五篇。今惟十五篇，恐非全書也。《四庫全書總目》無載，亡佚。清馬國翰、王仁俊、嚴可均有輯本。《篤論》:《三國志》卷一六載,杜恕在章武著《體論》八篇,又著《興性論》一篇。兩《唐志》著録杜恕《篤論》四卷,《宋志》無載,亡佚。清馬國翰、嚴可均有輯本。《芻蕘論》:兩《唐志》有著録,《宋志》無載,亡佚。清王仁俊有輯本、嚴可均有輯文。諸葛恪:字元遜,琅邪陽都(今山東沂南縣)人。弱冠拜騎都尉,以功拜威北將軍,封都鄉侯,遷大將軍。孫權病危,召諸葛恪等,屬以後事。孫亮即位,更拜太傅。建興二年,孫峻與孫亮謀,誅諸葛恪。《三國志》卷六四有傳。兩《唐志》不載此書,亡佚。清馬國翰、王仁俊有輯本,嚴可均有輯文。

《傅子》百二十卷。晋司隸校尉傅玄撰。《默記》三卷,吳大鴻臚張儼撰。《裴氏新言》五卷,吳大鴻臚裴玄撰。梁有《新義》十八卷,吳太子中庶子劉廞撰;《析言論》二十卷,晋議郎張顯撰;《桑丘先生書》二卷,晋征南軍師楊偉撰。亡。

傅玄:字休奕,北地泥陽(今陝西銅川市)人。武帝受禪,以散騎常侍進爵爲子,加駙馬都尉。泰始五年遷太僕,轉司隸校尉,坐免官。卒,謚曰剛。傅玄撰論經國九流及三史故事,名爲《傅子》,數十萬言,並文集百餘卷行於世。《晋書》卷四七有傳。本志集部尚有其二部著述。兩《唐志》著録傅玄《傅子》一百二十卷,《宋志》著録傅玄《傅子》五卷。《玉海》卷五三載,《傅子》五卷,今存二十三篇,餘皆闕。《四庫全書總目》卷九一著録《傅子》一卷,提要稱此書久佚,而《永樂大典》中散見頗多,得文義完備者十二篇,並將《永樂大典》未載而見於他書所徵引者,搜集得四十餘條,別爲附録,繫之於後。此書除四庫本外,尚有清錢熙祚、傅以禮、嚴可均、錢保塘、王仁俊及民國葉德輝、張鵬一之輯本。張儼:字子節,吳(今江蘇蘇州市)人。拜大鴻臚。寶鼎元年正月,使晋吊祭文帝,途中病死。作《默記》。見《三國志》卷四八及卷三五裴注。兩《唐志》著録張儼《默記》三卷，《宋志》無載，亡佚。清馬國翰、王仁俊有輯本，《全三國文》卷七三有輯文。裴玄：字彦黃，下邳（今江蘇邳州市）人。有學行，官至中大夫。見《三國志》卷五三。兩《唐志》著録裴玄《新言》五卷，《宋志》無載，亡佚。清馬國翰、王仁俊有輯本。案：疑《默記》《新言》本爲正文，誤入注中。劉廞（xīn）：生平事迹不詳。兩《唐志》著録劉廞《新義》十八卷，《宋志》無載，亡佚。清馬國翰有輯本，《全三國文》卷七三有輯文。張顯：見本書卷三三"雜傳類"。兩《唐志》著録張儼《誓論》三十卷（疑張顯《析言論》二十卷之誤），《宋志》無載，亡佚。清馬國翰、王仁俊有輯本。楊偉：字世英，馮翊（今陝西大荔縣）人。仕魏，爲尚書郎。入晋，爲征南軍師。見《三國志》卷九。本志子部尚有其三部著述。兩《唐志》無載，亡佚。

《時務論》十二卷。楊偉撰。梁有《古世論》十七卷，《桓子》一卷；《秦子》三卷，吳秦菁撰；《劉子》十卷，《何子》五卷。亡。

《宋書》卷九八載，元嘉十四年，茂虔表獻方物，並獻《時務論》十二卷。兩《唐志》著録楊偉《時務論》十二卷，《宋志》無載，亡佚。清馬國翰有輯本。《古世論》《桓子》皆不署撰者，兩《唐志》無載，亡佚。秦菁：生平事迹不詳。兩《唐志》著録秦菁《秦子》三卷，《宋志》無載，亡佚。清馬國翰有輯本。《劉子》：兩《唐志》著録劉勰《劉子》十卷，《宋志》著録劉晝《劉子》三卷。《直齋書録解題》卷一〇著録《劉子》五卷，劉晝孔昭撰。《玉海》卷五三載《劉子》，北齊劉晝撰。袁孝正爲序並注，凡五十五篇。《四庫全書總目》卷一一七著録《劉子》十卷，提要經考證，以爲其作者非劉勰、劉歆、劉孝標，而劉晝亦不能確定，是唐貞觀以後人所作，也可能就是袁孝政采諸子之言爲書，並自注之。

劉書撰、袁孝正注《劉子》現存最早的本子爲宋刻本，通行本有四庫本、叢書集成本等爲十卷本，另有二卷本、一卷本。《何子》：兩《唐志》著録《何子》五卷，何楷撰。何楷，廬江灊（今安徽霍山縣）人，晋侍中。見《宋書》卷九一。《宋志》無載，亡佚。

《立言》六卷。蘇道撰。梁有《孔氏説林》二卷，孔衍撰，亡。

蘇道：生平事迹不詳。《新唐志》著録蘇道《立言》十卷，《宋志》無載，亡佚。孔衍：見本書卷三二"禮類"。兩《唐志》著録孔衍《説林》五卷，《宋志》無載，亡佚。

《抱朴子外篇》三十卷。葛洪撰。梁有五十一卷。

《抱朴子》自序稱，外篇五十卷。《晋書》卷七二載，葛洪自言"其駁難通釋，名曰《外篇》"。《日本國見在書目録》著録《抱朴子外篇》五十，葛洪撰；《舊唐志》著録葛洪《抱朴子外篇》五十卷；《新唐志》著録葛洪《抱朴子外篇》二十卷。《郡齋讀書志》卷一二著録葛洪《抱朴子外篇》十卷，稱《外篇》頗言君臣理國用刑之道，故附於雜家。《四庫全書總目》卷一四六著録《抱朴子内外篇》八卷。《抱朴子内外篇》現存最早刻本爲明嘉靖四十四年魯藩承訓書院刻本，通行本有四庫本、道藏本、四部叢刊本、諸子集成本等。

《金樓子》十卷。梁元帝撰。

《南史》卷八載，梁元帝著《金樓子》十卷。《日本國見在書目録》著録《金樓子》十卷，蕭世誠撰；兩《唐志》著録梁元帝《金樓子》十卷。《郡齋讀書志》卷一二著録《金樓子》十卷，稱書十五篇，論歷代興亡之跡。《四庫全書總目》卷一一七著録《金樓子》六卷，提要稱此書於宋代尚無闕佚，明季散亡。《永樂大典》中有其八篇皆首尾完具，其他文雖雜亂，尚可排比成帙，詳加裒綴，參考互訂，釐爲六卷。通行本有四庫本、叢書集成本等。

《博物志》十卷。張華撰。

　　張華：見本書卷三三"地理類"。《晉書》卷三六載，張華著《博物志》十篇，及文章並行於世。《魏書》卷八二載，常景刪正晉司空張華《博物志》。《日本國見在書目録》著録《博物志》十卷，張華撰；兩《唐志》"小説家類"著録張華《博物志》十卷；《宋志》"雜家類"著録張華《博物志》十卷。《郡齋讀書志》卷一三著録周盧注《博物志》十卷，盧氏注六卷。稱此書載歷代四方奇物雜事。《四庫全書總目》卷一四二著録張華《博物志》十卷，周日用、盧氏注。提要稱此本並非宋人所見之本，或原書散佚，好事者掇取諸書所引《博物志》，而雜采其他小説以足之。現存最早的本子爲明弘治十八年刻本，通行本有四庫本、四部備要本等。

《張公雜記》一卷。張華撰。梁有五卷，與《博物志》相似，小小不同。又有《雜記》十卷，何氏撰，亡。

　　《新唐志》"雜家類"著録《張公雜記》一卷，注作者爲張華。《宋志》無載，亡佚。何氏：不詳何人。兩《唐志》無載，亡佚。

《雜記》十一卷。張華撰。梁有《子林》二十卷，孟儀撰，亡。

　　《四庫全書總目》卷一四二著録《博物志》，其提要據劉昭《續漢志注》、裴松之《三國志注》引《博物記》，以爲其與《博物志》爲二書，亦稱《張公雜記》。兩《唐志》無載，亡佚。清馬國翰輯《博物記》一卷，署唐蒙，對此學界有爭論。孟儀：見本書卷三三"雜史類"。兩《唐志》著録孟儀《子林》二十卷，《宋志》無載，亡佚。

《廣志》二卷。郭義恭撰。

郭義恭：生平事迹不詳。《新唐志》有著錄，《宋志》無載，亡佚。《説郛》存一卷，清馬國翰輯《廣志》二卷。

《部略》十五卷。

不署撰者。《新唐志》有著錄。《南齊書》卷四〇載，竟陵王蕭子良集學士依《皇覽》例爲《四部要略》千卷。又，《魏書》卷六九載，出帝詔撰《四部要略》，令裴景融專典，竟無所成。《部略》是否與此二書有關係？《宋志》無載，亡佚。

《博覽》十三卷。

不署撰者。兩《唐志》著錄《博覽》十五卷，《宋志》無載，亡佚。

《諫林》五卷。齊晋陵令何翌之撰。

何翌之：廬江灊（今安徽霍山縣）人。入宋，爲都官尚書、長水校尉。與顧長康表上所撰《諫林》，上自虞舜，下及晋武，凡十二卷。見《宋書》卷九、卷六六。兩《唐志》著錄何望之（"望"爲"翌"之誤）《諫林》十卷，《宋志》無載，亡佚。

《述政論》十三卷。陸澄撰。

陸澄：見本書卷三三"正史類"。兩《唐志》著錄陸澄《述正論》十三卷，《宋志》無載，亡佚。

《古今注》三卷。崔豹撰。

崔豹：見本書卷三二"論語類"。《舊唐志》著錄崔豹《古今注》五卷，《新唐志》著錄崔豹《古今注》三卷。《直齋書錄解題》卷一〇著錄《古今注》三卷，晋太傅丞崔豹正熊撰，又著錄《中華古今注》三卷，後唐太學博士馬縞撰，蓋推廣崔豹之書也。《玉海》卷四八載，《古今注》三卷，晋太傅丞崔豹撰，雜取古今名物，各爲考釋，凡八門。《中華古今注》三卷，五代唐馬縞撰。初，崔豹進《古今注》，原釋事物創始之意，縞復增益注釋以明之。凡六十六門。《四庫全書總目》卷一一八著録《古今注》三卷，附《中華古今注》三卷，提要經考證，以爲馬縞所謂增注釋義，絶無其事。豹書久亡，縞書晚出，後人摭其中魏以前事贋爲豹作，而不知豹書出於僞託，就連馬縞亦不免抄襲。以其相傳既久，姑存以備一家。此書現存最早的本子爲明嘉靖十二年刻本，通行本有四庫本、叢書集成本、四部備要本等。

《古今訓》十一卷。張顯撰。

《新唐志》著録張明《古訓》十卷，疑即此書。《宋志》無載，亡佚。清馬國翰有輯本。

《古今善言》三十卷。宋車騎將軍范泰撰。

范泰：字伯倫，順陽（今河南淅川縣東）人。仕晋，襲爵陽遂鄉侯。宋高祖受禪，拜金紫光禄大夫，加散騎常侍。元嘉三年，進位侍中、左光禄大夫、國子祭酒。撰《古今善言》二十四篇及文集傳於世。《宋書》卷六〇、《南史》卷三三有傳。本志集部尚有其一部著述。《日本國見在書目録》著録《古今善言》廿一卷，兩《唐志》、《宋志》著録范泰《古今善言》三十卷，《四庫全書總目》無載，亡佚。清馬國翰有輯本。

《善諫》二卷。宋領軍長史虞通之撰。

虞通之：見本書卷三三“雜傳類”。兩《唐志》有著録，《宋志》無載，亡佚。

《缺文》十三卷。陸澄撰。

《舊唐志》"儒家類"、《新唐志》"雜家類"著録陸澄《缺文》十卷,《宋志》無載,亡佚。

《政論》十三卷。陸澄撰。

疑此書即前所著録之《述正論》,在此爲重出。

《記聞》二卷。宋後軍參軍徐益壽撰。

徐益壽:生平事迹不詳。兩《唐志》著録徐益壽《記聞》三卷,《宋志》無載,亡佚。

《新舊傳》四卷。

本書卷三三"雜傳類"著録《新舊傳》四卷,疑此處爲重出。

《釋俗語》八卷。劉霽撰。

劉霽:字士烜,平原(今山東平原縣)人。天監中,起家奉朝請,官歷西昌相、海鹽令。著《釋俗語》八卷,又有文集十卷。《梁書》卷四七、《南史》卷四九有傳。《舊唐志》"小説類"著録劉霽《釋俗語》八卷,《新唐志》"小説類"著録劉齊("霽"之誤)《釋俗語》八卷,《宋志》無載,亡佚。

《稱謂》五卷。後周大將軍盧辯撰。

盧辯:字景宣,范陽涿(今河北涿州市)人。孝武帝至長安,授給事黃門郎、領著作。後進爵范陽公。世宗即位,進位大將軍。《周書》卷二四、《北史》卷四〇有傳。本志本部尚有其一部著述。《新唐志》有著録,《宋志》無載,亡佚。

《備遺記》三卷。

不署撰者。兩《唐志》無載,亡佚。

《纂要》一卷。戴安道撰，亦云顔延之撰。

　　戴安道：名逵，見本書卷三二"論語類"。顔延之：見本書卷三二"禮類"。《日本國見在書目録》著録《纂要》一卷，戴安道撰，又云顔延之撰。兩《唐志》"小學類"著録顔延之《纂要》六卷，《宋志》無載，亡佚。清馬國翰、王仁俊及民國龍璋、曹之忠有輯本。

《方類》六卷。

　　不署撰者。兩《唐志》無載，亡佚。

《俗説》三卷。沈約撰。梁五卷。

　　沈約：見本書卷三二"論語類"。兩《唐志》無載，《宋志》"小説類"著録沈約《俗説》一卷。元、明以後無載，亡佚。清馬國翰、民國魯迅有輯本。

《雜説》二卷。沈約撰。

　　兩《唐志》無載，亡佚。

《袖中記》二卷。沈約撰。
《袖中略集》一卷。沈約撰。

　　《日本國見在書目録》著録《袖中書》十一卷，沈約撰；《袖中記》二卷，同撰。《舊唐志》著録《袖中記》一卷，《新唐志》著録沈約《袖中記》二卷，《宋志》著録沈約《袖中記》三卷。今存《袖中記》一卷，有説郛本、五朝小説本。《袖中略集》可能是《袖中記》之別本。

《珠叢》一卷。沈約撰。

兩《唐志》無載，亡佚。

《採璧》三卷。梁中書舍人庾肩吾撰。

　　庾肩吾：字子慎，新野（今河南新野縣）人。累遷太子率更令、中庶子。太清中，侯景陷京都，歷經周折方得赴江陵，未幾卒。《梁書》卷四九、《南史》卷五〇有傳。本志集部尚有其一部著述。《日本國見在書目録》著録《彩璧》六卷，梁庾肩吾撰；《舊唐志》著録庾肩吾《採璧記》三卷；《新唐志》著録庾肩吾《採璧》三卷。《宋志》無載，亡佚。

《物始》十卷。謝昊撰。

　　謝昊：見本書卷三三"正史類"。兩《唐志》著録謝昊《物始》十卷，《宋志》無載，亡佚。

《宜覽》二十二卷。

　　不署撰者。兩《唐志》無載，亡佚。

《玉府集》八卷。

　　不署撰者。《日本國見在書目録》著録《玉府新書》五十卷，不知是否與此書有關聯。兩《唐志》無載，亡佚。

《鴻寶》十卷。

　　不署撰者。《梁書》卷三四載，張纘著《鴻寶》一百卷。鍾嶸《詩品》又稱王微《鴻寶》密而無裁。《鴻寶》爲誰所爲，待考。兩《唐志》無載，亡佚。

《顯用》九卷。

　　不署撰者。兩《唐志》無載，亡佚。

《墳典》三十卷。盧辯撰。

　　《隋書》卷七五載，周閔帝受禪，少宗伯盧辯專掌儀制，撰有《墳典》《六官》等書。兩《唐志》"儒家"著録此書，《宋志》無載，亡佚。

《玉燭寶典》十二卷。著作郎杜臺卿撰。

　　杜臺卿：字少山，博陵曲陽（河北定州市）人。仕齊，爲奉朝請，累任司徒户曹、中書黃門侍郎。隋開皇初，徵入朝，采《月令》觸類而廣之，爲書名《玉燭寶典》十二卷。拜著作郎，後上表請致仕，數載，終於家。有集十五卷，撰《齊記》二十卷，並行於世。《隋書》卷五八、《北史》卷五五有傳。《日本國見在書目録》著録《玉燭寶典》十二卷，杜臺卿撰；《舊唐志》"雜家類"著録杜臺卿《玉燭寶典》十二卷；《新唐志》《宋志》"農家類"著録杜臺卿《玉燭寶典》十二卷。《直齋書録解題》卷六著録《玉燭寶典》十二卷，稱以《月令》爲主，觸類而廣之。日本《經籍訪古志》卷五著録貞和四年抄本《玉燭寶典》十二卷，稱缺第九卷，每册末有貞和四年某月某日校和畢。光緒十年，出使日本大使黎庶昌刻古逸叢書，收日本楓山官庫藏貞和四年抄本《玉燭寶典》。

《典言》四卷。後魏人李穆叔撰。

　　李穆叔：名公緒，見本書卷三三"儀注類"。《北齊書》卷二九載，李穆叔撰《典言》十卷。《舊唐志》"儒家類"著録李若等《典言》四卷，《新唐志》"儒家類"著録李穆叔《典言》四卷，《宋志》無載，亡佚。

《典言》四卷。後齊中書郎荀士遜等撰。

　　荀士遜：廣平（今河北廣平縣）人。齊世祖時轉爲中書舍人。

後主即位，爲中書侍郎。與李若等撰《典言》，行於世。《北齊書》卷四五、《北史》卷八三有傳。疑與前著録之《典言》爲同一書。

《補文》六卷。

　　不署撰者。兩《唐志》無載，亡佚。

《四時録》十二卷。

　　不署撰者。《舊唐志》“雜家類”、《新唐志》“農家類”著録王氏《四時録》十二卷，《宋志》著録《四時録》四卷，元明以後無載，亡佚。

《正訓》二十卷。
《内訓》二十卷。

　　二書皆不署撰者。《隋書》卷五八載，辛德源撰《政訓》《内訓》各二十卷。《舊唐志》“儒家類”著録《正訓》二十卷，辛德源志，又著録《内訓》二十卷，辛德源、王劭等撰；《新唐志》“儒家類”著録辛德源《正訓》二十卷，“史部·雜傳記類”著録辛德源、王劭等《内訓》二十卷。錢大昕《廿二史考異》卷三四稱，《正訓》《内訓》蓋辛德源撰。《宋志》無載，亡佚。

《雜略》十三卷。

　　不署撰者。兩《唐志》著録韋道孫《新略》十卷，《北齊書》卷四五載，韋道遜以文學知名，入文林館修《御覽》。疑此書與《新略》同爲一書，爲韋道遜所作。《宋志》無載，亡佚。

《清神》三卷。

　　不署撰者。兩《唐志》無載，亡佚。

《前言》八卷。

　　不署撰者。兩《唐志》無載，亡佚。

《會林》五卷。

　　不署撰者。《梁書》卷二五載，徐勉以孔、釋二教殊途同歸，撰《會林》五十卷。兩《唐志》無載，亡佚。

《對林》十卷。

　　不署撰者。兩《唐志》無載，亡佚。

《道言》六卷。叱羅羨撰。

　　叱羅羨：即張羨，河間鄚（今河北任丘市）人。周太祖時，賜姓叱羅氏。累任司職大夫、雍州刺史、儀同三司，賜爵虞鄉縣公。撰《老子》《莊子》義，名曰《道言》五十二篇。見《隋書》卷四六。兩《唐志》無載，亡佚。

《道術志》三卷。

　　不署撰者。兩《唐志》無載，亡佚。

《述伎藝》一卷。

　　不署撰者。兩《唐志》無載，亡佚。

《諸書要略》一卷。魏彥深撰。

　　魏彥深：名澹，見本書卷三三"正史類"。兩《唐志》無載，亡佚。

《文府》五卷。梁有《文章義府》三十卷。

　　不署撰者。《陳書》卷二六載，徐陵文後逢喪亂，多散失，存者三十卷。《日本國見在書目録》著録《文府》十卷，兩《唐志》著録徐陵《文府》七卷，宗道寧注，《宋志》無載，亡佚。《文章義府》：不署撰者。《日本國見在書目録》又著録《文府》十二卷、《文賦》二卷、《文府雜題》八卷、《文府啓法》二卷、《文府四聲》五卷，皆不署撰者，疑爲徐陵《文府》之散見者。

《語對》十卷。朱澹遠撰。
《語麗》十卷。朱澹遠撰。

朱澹遠：生平事迹不詳。《金樓子》卷五著録《語對》三帙三十卷。《日本國見在書目録》著録《語麗》十一卷，朱澹遠撰。《舊唐志》著録朱澹遠《語麗》十卷；《新唐志》著録朱澹遠《語麗》十卷、《語對》十卷；《宋志》“類事類”著録朱澹遠《語麗》十卷。《直齋書録解題》卷一四著録《語麗》十卷，梁湘東王功曹參軍朱澹遠撰。稱澹遠又有《語對》一卷，不傳。《宋志》無載，亡佚。

《對要》三卷。

不署撰者。兩《唐志》無載，亡佚。

《雜語》三卷。

不署撰者。《南齊書》卷二八載，劉善明又撰《賢聖雜語》奏之，託以諷諫。疑即此書。兩《唐志》無載，亡佚。

《衆書事對》三卷。

不署撰者。兩《唐志》無載，亡佚。

《廊廟五格》二卷。王彬撰。

王彬：生平事迹不詳。兩《唐志》無載，亡佚。

《名數》八卷。

　　不署撰者。兩《唐志》著録徐陵《名數》十卷，《宋志》無載，亡佚。

《新言》四卷。裴立撰。

　　前著録《裴氏新言》五卷，吳大鴻臚裴玄撰。此書或爲《裴氏新言》之别本，而裴立或裴玄之誤。兩《唐志》無載，亡佚。

《善説》五卷。

　　不署撰者。兩《唐志》無載，亡佚。

《君臣相起發事》三卷。

　　不署撰者。兩《唐志》“儒家”著録章懷太子《君臣相起發事》三卷，章懷太子是唐朝人，其所撰不當録入本志，或隋以前即有此書，而由章懷太子傳之。

《物重名》五卷。

　　不署撰者。兩《唐志》無載，亡佚。

《真注要録》一卷。

　　不署撰者。兩《唐志》無載，亡佚。

《天地體》二卷。

　　不署撰者。兩《唐志》無載，亡佚。

《雜事鈔》二十四卷。

《雜書鈔》四十四卷。

　　二書皆不署撰者。《日本國見在書目録》著録《而部書抄》十卷、《雜抄》廿卷，或與此二書有關聯。兩《唐志》無載，亡佚。

《子抄》三十卷。梁黟令庾仲容撰。

　　庾仲容：字子仲，潁川鄢陵（今河南鄢陵縣）人。累任永樂、錢唐、武康令，除尚書左丞。遇太清亂，游會稽卒。抄子書三十卷，行於世。《梁書》卷五〇、《南史》卷三五有傳。兩《唐志》著録此書。《直齋書録解題》卷一〇著録《子鈔》三十卷，稱所取諸子之書百有五家，其間頗有與今世見行書不同者，而亡者亦多矣。元明以後此書無載，亡佚。

《子鈔》二十卷。梁有《子鈔》十五卷，沈約撰，亡。

　　不署撰者。兩《唐志》著録沈約《子鈔》三十卷，《宋志》無載，亡佚。

《論集》八十六卷。殷仲堪撰。梁九十六卷。梁又有《雜論》五十八卷，《雜論》十三卷，亡。

　　殷仲堪：見本書卷三二“詩類”。兩《唐志》“總集類”著録殷仲堪《雜論》九十五卷，《新唐志》“雜家類”著録殷仲堪《論集》九十六卷。疑梁存兩種《雜論》當是殷仲堪《雜論》之別本。

《皇覽》一百二十卷。繆襲等撰。梁六百八十卷。梁又有《皇覽》一百二十三卷，何承天合；《皇覽》五十卷，徐爰合，《皇覽目》四卷；又有《皇覽抄》二十卷，梁特進蕭琛抄。亡。

　　繆襲：生平事迹不詳。《三國志》卷二載，文帝曹丕使諸儒撰集經傳，隨類相從，凡千餘篇，號曰《皇覽》。《史記》卷一《索隱》曰“宜皇王之省覽，故曰《皇覽》，是魏人王象、繆襲等所撰也"。兩《唐志》無載，亡佚。清黄奭、孫馮翼有輯本。何承天：見本書卷三二"禮類"。《舊唐志》"類事類"著録何承天撰《皇覽》一百二十二卷，《新唐志》"類書類"著録何承天併合《皇覽》一百二十二卷，《宋志》無載，亡佚。徐爰：見本書卷三二"易類"。《舊唐志》"類事類"、《新唐志》"類書類"著録徐爰併合《皇覽》八十四卷，《宋志》無載，亡佚。蕭琛：字彦瑜，蘭陵（今江蘇常州市）人。仕齊，任尚書左丞、給事黄門郎。入梁，累遷侍中、特進、金紫光禄大夫。《梁書》卷二六、《南史》卷一八有傳。兩《唐志》無載，亡佚。

《帝王集要》三十卷。崔安撰。

崔安：《魏書》卷二四、《北史》卷二一有《崔宏傳》，記載魏道武帝時，命有司制官爵，撰朝儀，協音樂，定律令，申科禁，崔宏總而裁之，以爲永式。可知其具備撰《帝王集要》的條件，加之《新唐志》著録崔宏《帝王集要》三十卷，疑"安"爲"宏"之誤。《宋志》無載，亡佚。

《類苑》一百二十卷。梁征虜刑獄參軍劉孝標撰。梁《七録》八十二卷。

劉孝標：名峻，見本書卷三三"正史類"。《梁書》卷五〇載，安成王蕭秀給孝標書籍，使抄録事類，名曰《類苑》，未及成，以疾離去。《南史》卷四九載，及劉峻《類苑》成，凡一百二十卷。《舊唐志》"類事類"、《新唐志》"類書類"著録劉孝標《類苑》一百二十卷，《宋志》無載，亡佚。

《華林遍略》六百二十卷。梁綏安令徐僧權等撰。

徐僧權：東海（今江蘇境内）人。梁東宫通事舍人，領秘書，以善書知名。見《陳書》卷三四、《南史》卷七二。《南史》卷七二載，天監十五年，敕太子詹事徐勉舉學士入華林撰《遍略》。八年乃書成，合七百卷。《日本國見在書目録》著録《華林遍略》六百廿卷，梁綏安令徐僧權等撰；《舊唐志》"類事類"、《新唐志》"類書類"著録徐勉《華林遍略》六百卷，《宋志》無載，亡佚。

《要録》六十卷。

不署撰者。《舊唐志》"類事類"、《新唐志》"類書類"著録《要録》六十卷，《宋志》無載，亡佚。

《壽光書苑》二百卷。梁尚書左丞劉杳撰。

劉杳：字士深，平原平原（今山東平原縣）人。佐周捨修國史，入華林撰《遍略》。歷任中書侍郎、尚書左丞。著《要雅》《東宮新舊記》等，並行於世。《梁書》卷五〇、《南史》卷四九有傳。本志集部尚有其一部著述。《舊唐志》"類事類"著録劉香（"杳"之誤）《壽光書苑》二百卷，《新唐志》"類書類"著録劉杳《壽光書苑》二百卷，《宋志》無載，亡佚。

《科録》二百七十卷。元暉撰。

元暉：字景襲。世祖即位，拜尚書主客郎，遷侍中，領右衛將軍。元暉招集儒士崔鴻等撰録百家要事，以類相從，名爲《科録》，凡二百七十卷，上起伏羲，下迄於晋、宋，凡十四代。《魏書》卷一五、《北史》卷一五有傳。《舊唐志》"雜傳類"、《新唐志》"雜傳記類"著録元暉等《祕録》二百七十卷，《宋志》無載，亡佚。

《書圖泉海》二十卷。陳張式撰。

張式：生平事迹不詳。《舊唐志》"類事類"、《新唐志》"類書類"著録張氏《書圖泉海》七十卷，《宋志》無載，亡佚。

《聖壽堂御覽》三百六十卷。

不署撰者。《北齊書》卷八載，後主武平三年二月，以侍中祖珽爲左僕射，敕撰《玄洲苑御覽》，後改名《聖壽堂御覽》。八月，《聖壽堂御覽》成，敕付史閣，後改爲《修文殿御覽》。《北齊書》卷四五《文苑傳序》提及參與修撰《玄洲苑御覽》之人。《日本國見在書目録》著録《修文殿御覽》三百六十卷，祖孝徵撰；《舊唐志》"類事類"、《新唐志》"類書類"、《宋志》"類事類"著録祖孝徵等撰《修文殿御覽》三百六十卷。元明以後無載，亡佚。現有《修文殿御覽殘》一卷。

《長洲玉鏡》二百三十八卷。

不署撰者。《北史》卷八三載，大業初，虞綽奉詔與虞世南、庾自直等撰《長洲玉鏡》等書十餘部。《舊唐志》"類事類"著録虞綽等《長洲玉鏡》一百三十八卷，《新唐志》"類書類"著録虞綽等《長洲玉鏡》二百三十八卷，《宋志》無載，亡佚。

《書鈔》一百七十四卷。

不署撰者。《太平御覽》卷六〇一《國朝傳記》曰，虞世南之爲秘書也，於省後堂集群書中事可爲文用者，號爲《北堂書鈔》。《舊唐志》"類事類"、《新唐志》"類書類"著録虞世南《北堂書鈔》一百七十三卷，《宋志》"類事類"著録虞世南《北堂書鈔》一百六十卷。《郡齋讀書志》卷一四著録《北堂書鈔》一百七十三卷，稱此書分八十部，八百一類。錢曾《讀書敏求記》言明陳禹謨刻《北堂書鈔》"擾亂增改，惜無所訂正"。《四庫全書總目》卷一三五著録《北堂書鈔》一百六十卷，稱此書宋朝已有亡佚，而今世所傳本即陳禹謨删補本。今存善本爲明范氏臥雲山房抄本，通行本有四庫本。1989年，中國書店以南海孔氏三十萬卷堂校注重刻影宋本爲底本，影印出版《北堂書鈔》，有便於讀者。

《釋氏譜》十五卷。

不署撰者。《高僧傳》卷一一載，僧祐集經藏既成，使人抄撰
要事，爲《三藏記》《釋迦譜》及《弘明集》等，皆行於世。《開
元釋教録》卷六載，《釋迦譜》十卷，稱别有五卷本，與此廣略
異。《新唐志》"釋氏類"著録《釋迦譜》十卷，《宋志》"釋氏
類"著録僧祐《釋迦譜》五卷。《郡齋讀書志》卷九著録《釋迦氏
譜》十卷，梁僧祐撰。此書元明以後無載，亡佚。

《内典博要》三十卷。

不署撰者。《梁書》卷五、《南史》卷八載，梁元帝著《内典
博要》百卷。《金樓子》卷五著録《内典博要》三帙三十卷。《法
苑珠林》卷一〇〇載，《内典博要》一部四十卷，湘東王記室虞孝
敬撰，稱此書頗同《皇覽》《類苑》之流。《日本國見在書目録》
著録《内傳博要》三十卷、《内傳博要抄》五卷，《舊唐志》"釋家
類"著録虞孝景（"敬"之誤）《内典博要》三十卷，《新唐志》
"釋氏類"著録虞孝敬《内典博要》三十卷，《宋志》無載，亡佚。

《净住子》二十卷。齊竟陵王蕭子良撰。

蕭子良：字雲英，蘭陵（今江蘇常州市）人。世祖第二子，封
竟陵王。少有清向，禮才好士。正位司徒，集學士抄五經、百家，
依《皇覽》例爲《四部要略》千卷。《南齊書》卷四〇、《南史》
卷四四有傳。本志集部尚有其二部著述。《文選》卷六〇《齊竟陵
文宣王行狀》"乃撰《四部要略》《净住子》，並勒成一家"。《法苑
珠林》卷一〇〇著録《净住子》二十卷，齊司徒竟陵文宣王蕭子
良撰；兩《唐志》"釋氏類"著録蕭子良撰、王融頌《净住子》二
十卷；《宋志》"釋氏類"著録蕭子良《統略净住行法門》一卷；
《廣弘明集》卷二七上有《净住子序》。元明以後此書無載，亡佚。

《因果記》十卷。

不署撰者。《舊唐志》史部"雜傳類"、《新唐志》子部"小説家類"著録劉泳《因果記》十卷,《宋志》無載,亡佚。

《歷代三寶記》三卷。費長房撰。

費長房:成都人,翻經學士。《開元釋教録》卷七載,《開皇三寶録》十五卷,内題云《歷代三寶記》。《法苑珠林》卷一〇〇載,《開皇三寶録》一部十五卷,隋朝翻經學士成都費長房撰。《舊唐志》"釋家類"著録《歷代三寶記》三卷,《新唐志》"釋氏類"著録費長房《歷代三寶記》三卷,《宋志》著録《開皇歷代三寶記》十四卷,《四部全書總目》無載。沈濤《銅熨斗齋隨筆》曰,"今《釋藏》有其藏本,分十五卷,則《隋志》作三卷者,誤"。

《真言要集》十卷。

不署撰者。《舊唐志》"釋家類"著録釋賢明《真言要集》十卷,《新唐志》"釋氏類"著録僧賢明《真言要集》十卷,《宋志》無載,亡佚。

《義記》二十卷。蕭子良撰。

《法苑珠林》卷一〇〇載,《雜義記》二十卷,齊司徒文宣王蕭子良撰。兩《唐志》無載,亡佚。

《感應傳》八卷。宋尚書郎王延秀撰。

王延秀:見本書卷三三"雜傳類"。此書已見本書卷三三"雜傳類",於此爲重出。

《衆僧傳》二十卷。裴子野撰。

　　裴子野：見本書卷三二"禮類"。此書已見本書卷三三"雜傳類"，於此爲重出。

《高僧傳》六卷。虞孝敬撰。

　　虞孝敬：見本書卷三三"雜傳類"。此書於此爲重出。

《皇帝菩薩清浄大捨記》三卷。謝吳撰，亡。

　　謝吳：見本書卷三三。兩《唐志》無載，亡佚。

《寶臺四法藏目録》一百卷。大業中撰。

　　不署撰者。《廣弘明集》卷二二載，隋煬帝《寶臺經藏願文》有曰，莊嚴修葺其舊，維新《寶臺四藏》將十萬軸。兩《唐志》無載，亡佚。

《玄門寶海》一百二十卷。大業中撰。

　　不署撰者。《舊唐志》"類事類"、《新唐志》"類書類"著録諸葛穎《玄門寶海》一百二十卷，《宋志》無載，亡佚。

　　右九十七部，合二千七百二十卷。

　　九十七部：實際爲一百零五部，另有亡書二十四部。

　　雜者，兼儒、墨之道，通衆家之意，以見王者之化，無所不冠者也。古者，司史歷記前言往行，[1]禍福存亡之道。然則雜者，蓋出史官之職也。放者爲之，[2]不求其本，材少而多學，[3]言非而博，是以雜錯漫羨，[4]而無所指歸。

[1]司史：主持史書修撰。

[2]放者：放浪於禮俗之外的人。

[3]材：通才。

[4]漫羨：散漫的樣子。

《氾勝之書》二卷。漢議郎氾勝之撰。

氾勝之：《漢志》顏師古注曰，"劉向《別録》云，使教田三輔，有好田者師之，徙爲御史"。《漢志》"農家類"著録《氾勝之》十八篇。班固注曰，"成帝時爲議郎"。兩《唐志》著録氾勝之《氾勝之書》二卷，《宋志》無載，亡佚。清馬國翰、洪頤煊、宋葆淳、王仁俊有輯本。

《四人月令》一卷。後漢大尚書崔寔撰。

《四人月令》當作《四民月令》，唐人諱改。《後漢書》卷五二載，崔寔出爲五原太守，教民紡績、織紝諸事。《舊唐志》著録崔寔《四人月令》一卷，《新唐志》著録崔寔《四民月令》一卷，《宋志》無載，《説郛》存一卷，清王謨、任兆麟、陶澍宣、王仁俊及民國唐鴻學有輯本。

《禁苑實録》一卷。

不署撰者。兩《唐志》著録《禁苑實録》一卷，《宋志》無載，亡佚。

《齊民要術》十卷。賈思勰撰。

賈思勰：後魏高陽太守。《舊唐志》著録賈思勰《齊人要術》十卷，《新唐志》《宋志》著録賈思勰《齊民要術》十卷。《郡齋讀書志》卷一二著録《齊民要術》十卷，稱此書"記民俗、歲時、治生、種蒔之事，凡九十二篇"。《直齋書錄解題》卷一○著録《齊民要術》十卷，稱其凡九十三篇。《四庫全書總目》卷一○二著録《齊民要術》十卷，提要稱今本與賈思勰自序存在分歧，"於例殊乖，其詞亦鄙俗不類，疑後人竄入"。現存最早的本子爲明嘉靖三年馬紀刻本，通行本有秘册彙函本、四庫本、四部叢刊本、四部備要本等。

《春秋濟世六常擬議》五卷。楊瑾撰。梁有《陶朱公養魚法》《卜式養羊法》《養豬法》《月政畜牧栽種法》，各一卷，亡。

　　楊瑾：生平事迹不詳。兩《唐志》無載，亡佚。陶朱公：即范蠡，字少伯，南陽（今河南南陽市）人。事越王勾踐，與其深謀二十餘年，竟滅吳，報會稽之恥，被稱上將軍。後辭官而隱居，在齊爲鴟夷子皮，往陶爲朱公。見《史記》卷四一、卷一○○，《漢書》卷九一。兩《唐志》著録范蠡《養魚經》一卷，《宋志》著録陶朱公《養魚經》一卷，《四庫全書總目》無載，亡佚。《説郛》存一卷，清馬國翰輯一卷。卜式：河南人，以田畜爲事。值漢與匈奴交戰，輸家財一半助邊。元鼎中，爲御史大夫。因言郡國不便鹽鐵而船有算，可罷。令武帝不悦，遭貶，以壽終。《漢書》卷五八有傳。兩《唐志》無載，亡佚。清馬國翰有輯本。《養豬法》：不署撰者。兩《唐志》無載，亡佚。《月政畜牧栽種法》：不署撰者。兩《唐志》無載，亡佚。

　　右五部，一十九卷。
　　尚有亡書四部。

　　農者，所以播五穀，藝桑麻，以供衣食者也。《書》叙八政，其一曰食，二曰貨。孔子曰："所重民、食。"[1]《周官·冢宰》"以九職任萬民"，[2]其一曰"三農，生九穀”；^[3]《地官·司稼》“掌巡邦野之稼，而辨穜稑之種，^[4]周知其名與其所宜地，^[5]以爲法而懸于邑閭”，^[6]是也。鄙者爲之，則棄君臣之義，徇耕稼之利，而亂上下之序。

[1]此句見《論語·堯曰》，原句爲“所重民、食、喪、祭”。

[2]此句見《周禮·天官·大宰》。九職：爲三農、園圃、虞衡、藪牧、百工、嬪婦、臣妾、閒民，皆爲民之職業。

[3]三農：農民在平原、低窪濕地、平地耕作，生出黍、稷、秫、稻、麻、大小豆、大小麥九穀。

[4]穜（tóng）：先種後熟的穀類。稑（lù），後種先熟的穀類。

[5]此句意爲遍知所種所宜之地。

[6]此句意爲將所辨結果，懸示於百姓，爲來年種穀之法。

《燕丹子》一卷。丹，燕王喜太子。梁有《青史子》一卷；又《宋玉子》一卷、《録》一卷，楚大夫宋玉撰；《群英論》一卷，郭頒撰；《語林》十卷，東晉處士裴啓撰。亡。

燕丹子：燕王喜之太子。秦將圖燕，太子丹陰養壯士二十人，使荊軻刺秦王，事敗露。秦拔薊，燕王徙居遼東，斬太子丹，以獻秦。見《史記》卷三四。《舊唐志》著録燕太子《燕丹子》三卷，《新唐志》著録燕太子《燕丹子》一卷，《宋志》著録《燕丹子》三卷。《四庫全書總目》卷一四三著録《燕丹子》三卷，提要稱不著撰人名氏。以爲此書出於應劭、王充之後，而至明遂佚。今檢《永樂大典》載有全本，然其文實割裂諸書燕丹、荊軻事雜綴而成，其可信者已見《史記》，其他多鄙誕不可信，殊無可采，附存其目。通行本有四庫本、四部備要本、叢書集成本等。《青史子》：不署撰者。《漢志》著録《青史子》五十七篇，班固注曰，“古史官記事也”。兩《唐志》無載，亡佚。清馬國翰、王仁俊及民國魯迅有輯

本。宋玉：鄢（今湖北荆州市）人，師事屈原，爲頃襄王大夫。見
《全上古三代文》卷一〇。本志尚有其一部著述。此書兩《唐志》
無載，亡佚。郭頒：見本書卷三三"雜史類"。兩《唐志》無載，
亡佚。裴啓：字榮期，河東（今山西境內）人。《世説新語·文
學》"裴郎作《語林》，始出，大爲遠近所傳"。兩《唐志》無載，
亡佚。《説郛》存一卷，清馬國翰及民國魯迅有輯本。

《雜語》 五卷。

　　不署撰者。《新唐志》著録《雜語》五卷，《宋志》無載，
亡佚。

《郭子》 三卷。東晋中郎郭澄之撰。

　　郭澄之：字仲静，太原陽曲（今山西陽曲縣）人。劉裕引爲相
國參軍，從其北伐，至相國從事中郎，封南豐侯。有文集行於世。
《晋書》卷九二有傳。本志集部尚有其一部著述。兩《唐志》著録
郭澄之《郭子》三卷，賈泉注。《宋志》無載，亡佚。清馬國翰及
民國魯迅有輯本。

《雜對語》 三卷。

　　不署撰者。兩《唐志》無載，亡佚。

《要用語對》 四卷。

　　不署撰者。兩《唐志》無載，亡佚。

《文對》 三卷。

　　不署撰者。兩《唐志》無載，亡佚。

《瑣語》 一卷。梁金紫光禄大夫顧協撰。

顧協：字正禮，吳郡吳（今江蘇蘇州市）人。初爲揚州議曹從事，累遷湘東王參軍兼記室，通直散騎侍郎兼中書通事舍人。顧協撰《異姓苑》《瑣語》，並行於世。《梁書》卷三〇、《南史》卷六二有傳。兩《唐志》無載，亡佚。

《笑林》三卷。後漢給事中邯鄲淳撰。

邯鄲淳：一名竺，字子叔。曹操召與相見，甚敬異之，遣其至曹植處。黃初中，爲博士給事中。見《三國志》卷二一裴注。兩《唐志》著錄邯鄲淳《笑林》三卷，《宋志》無載，亡佚。清馬國翰、王仁俊及民國魯迅有輯本。

《笑苑》四卷。

不署撰者。《隋書》卷五八載，魏澹撰《笑苑》，世稱其博物。不知是否即此書。

《解頤》二卷。陽玠松撰。

陽玠松：或作松玠，或作松玢，北平無終（天津市）人。《史通・雜述》稱，陽玠松《談藪》，謂瑣言者也。兩《唐志》無載；《崇文總目》著錄《談藪》八卷，楊玠松撰；《宋志》著錄楊玠松《八代談藪》二卷。《直齋書錄解題》卷七著錄《談藪》二卷，稱北齊秘書省正字北平陽玠松撰，事綜南北時，更八代。《解頤》乃爲《談藪》之異名，元明以後無載，亡佚。

《世説》八卷。宋臨川王劉義慶撰。
《世説》十卷。劉孝標注。梁有《俗説》一卷，亡。

劉義慶：見本書卷三三“雜傳類”。劉孝標：見本書卷三三“正史類”。《史通・雜説中》“宋臨川王義慶著《世説新語》，上叙兩漢、三國及晉中朝、江左事。劉峻注釋，摘其瑕疵，僞跡昭然，理難文飾”。兩《唐志》著録劉義慶《世説》八卷、劉孝標《續世説》十卷；《宋志》著録劉義慶《世説新語》三卷。《郡齋讀書志》卷一三著録《世説新語》十卷，《直齋書録解題》卷一一《世説新語》三卷，兩書皆言及此書在宋的流傳。《四庫全書總目》卷一四〇著録《世説新語》三卷，提要稱孝標所注特爲典瞻，其糾正義慶之紕繆，尤爲精核。所引諸書，今已佚其十之九，唯賴是注以傳。現存最早的本子爲明嘉靖十四年袁氏嘉趣堂刻本，通行本有四庫本、四部備要本、四部叢刊本等。近人余嘉錫《世説新語箋疏》則爲集歷代研究大成之作。《俗説》：不署撰者。兩《唐志》無載，亡佚。清馬國翰及民國魯迅各輯沈約《俗説》一卷。

《小説》十卷。梁武帝勅安右長史殷芸撰。梁《目》三十卷。

殷芸：字灌蔬，陳郡長平（今河南西華縣東北）人。天監年間，累遷通直散騎侍郎、司徒左長史，後直東宮學士省。《梁書》卷四一、《南史》卷六〇有傳。兩《唐志》、《宋志》著録殷芸《小説》十卷，又見宋晁載之《續談助》中節抄七十餘條。此書撰述秦漢以來雜事。元明以後無載，亡佚。今《説郛》存一卷，叢書集成本《續談助》存一卷，又有清王仁俊及民國魯迅輯本。

《小説》五卷。

不署撰者。兩《唐志》無載，亡佚。

《邇説》一卷。梁南臺治書伏挺撰。

伏挺：字士標，平昌安丘（今山東安丘市）人。天監中，累爲晋陵、武康令。因納賄被劾，出家。後還俗，於侯景亂中卒。著《邇説》十卷、文集二十卷。《梁書》卷五〇、《南史》卷七一有傳。兩《唐志》無載，亡佚。

《辯林》二十卷。蕭賁撰。

蕭賁：字文奐，蘭陵（今江蘇常州市）人，蕭子良孫。有文才，嘗著《西京雜記》。起家湘東王法曹參軍。因批評湘東王所撰檄文，收付獄，遂以餓終。兩《唐志》著錄蕭賁《辯林》二十卷，《宋志》無載，亡佚。

《辯林》二卷。席希秀撰。

席希秀：生平事迹不詳。兩《唐志》無載，亡佚。

《瓊林》七卷。周獸門學士陰顥撰。

陰顥：武威姑臧（今甘肅武威市）人。少知名，釋褐奉朝請，任尚書金部郎。後入周。撰《瓊林》二十卷。見《梁書》卷四六。兩《唐志》無載，亡佚。

《古今藝術》二十卷。

不署撰者。兩《唐志》"雜藝術類"著錄《今古術藝》十五卷，《宋志》無載，亡佚。

《雜書鈔》十三卷。

不署撰者。本志"雜家類"著錄《雜書鈔》四十四卷，亦不署撰者，不知是否爲此書別本？

《座右方》八卷。庾元威撰。

庾元威：生平事迹不詳。兩《唐志》著錄庾元威《座右方》三卷，《宋志》無載，亡佚。

《座右法》一卷。

不署撰者。《日本國見在書目錄》著錄《座右銘》一卷，崔子玉撰。《南史》卷二二載，王僧虔書崔子玉《座右銘》給王儉。疑即此書。兩《唐志》無載，亡佚。

《魯史欹器圖》一卷。儀同劉徽注。

　　劉徽：姚振宗根據《隋志》對於隋人祇書官位不書時代之例，認爲此書當爲劉暉所撰。《隋書》卷七八載，太史令劉暉等定曆。《晋書》卷三四載，欹器爲宥坐之器，人君可置坐右，以爲戒也。兩《唐志》"儒家類"著録劉徽《魯史欹器圖》一卷，《宋志》無載，亡佚。

《器準圖》三卷。後魏丞相士曹行參軍信都芳撰。

　　信都芳：見本書卷三二"樂類"。《北史》卷八九載，安豐王延明聚渾天、欹器、地動、漏刻諸巧事，並圖畫爲《器準》，並令信都芳算之。後延明南奔，信都芳乃自撰注。《新唐志》"曆算類"著録信都芳《器準》三卷，《宋志》無載，亡佚。

《水飾》一卷。

　　不署撰者。兩《唐志》無載，亡佚。

　　右二十五部，合一百五十五卷。
　　尚有亡書五部。

　　小説者，街説巷語之説也。《傳》載輿人之誦，[1]《詩》美詢于芻蕘。[2]古者聖人在上，史爲書，瞽爲詩，[3]工誦箴諫，[4]大夫規誨，士傳言而庶人謗。孟春，徇木鐸以求歌謠，[5]巡省觀人詩，以知風俗。過則正之，失則改之，道聽塗説，靡不畢紀。《周官·誦訓》"掌道方志以詔觀事，[6]道方慝以詔辟忌，[7]以知地俗”；而《訓方氏》[8]“掌道四方之政事，與其上下之志，誦四方之傳道，[9]而觀新物”，[10]是也。孔子曰：“雖小道，必有可觀者焉，致遠恐泥”。[11]

[1]輿人之誦：見《左傳》僖公二十八年，原文作“原田每每，舍其舊而新是謀”。輿人，眾人。

[2]詢于芻蕘：見《詩·大雅·板》，原文作“先民有言，詢於芻蕘”。芻，割草；蕘，打柴。芻蕘，指割草打柴的人。

[3]瞽：自盲，此指樂官。

[4]工：官。箴諫，規諫。

[5]徇：通“巡”。木鐸，以木爲舌的大鈴。古代巡行振鳴木鐸，以引起注意。

[6]誦訓：古代官名，屬地官。此句意爲：道四方所記久遠之事以告王觀博古之事。

[7]方慝（tè）：四方言語之所惡之事。以詔辟忌，以詔告王避其忌惡。

[8]訓方氏：古代官名，屬夏官。

[9]傳道：世世所傳説往古之事。

[10]而以觀新物：“新”原作“衣”，《周禮·夏官·訓方氏》“四時於新物出則觀之，以知民志所好惡”。據改。

[11]此段見《論語·子張》。致遠恐泥，致力遠大事業則有阻滯。

《司馬兵法》三卷。齊將司馬穰苴撰。

司馬穰苴：田完之後裔。齊景公時，晋、燕進犯，齊敗績。晏嬰薦穰苴，被任命爲將軍，率軍出征，晋、燕聞風而退，引軍凱旋，尊爲大司馬，故稱司馬穰苴。後遭誣毁，被貶，發疾而亡。齊威王使大夫追論古者《司馬兵法》而附穰苴於其中，固號《司馬穰苴兵法》。《史記》卷六四有傳。《漢志》"禮類"著録《軍禮司馬法》百五十五篇，《兵書略》後有注曰"出《司馬法》百五十五篇入禮也"。兩《唐志》著録田穰苴《司馬法》三卷，《宋志》著録齊司馬穰苴《司馬兵法》三卷、朱服校定《司馬法》三卷，《直齋書録解題》卷一二著録齊司馬穰苴《司馬法》一卷。《四庫全書總目》卷九九著録《司馬法》一卷，提要稱其非穰苴自撰，蓋其時去古未遠，先王舊典未盡無徵，撼拾成編，亦爲漢博士追述王制之類，今存亦非全書。此書現存最早的本子爲明初刻武經七書本，通行本有四庫本、四部叢刊本、四部備要本等，並有清任兆麟、王仁俊、錢熙祚、張澍輯本。

《孫子兵法》二卷。吳將孫武撰，魏武帝注。梁三卷。

　　孫武：齊人。以兵法見於吳王闔廬。闔廬知孫子能用兵，以其爲將。西破楚，北威齊、晉，顯名諸侯，孫武之功也。《史記》卷六五有傳。魏武帝：曹操，字孟德，沛國譙（今安徽亳州市）人。靈帝中平元年，參與鎮壓黃巾起義。後起兵討伐董卓，建安元年迎獻帝都許。官至丞相、大將軍，封魏王。二十五年正月卒。十月，其子曹丕代漢稱帝，追尊曹操爲魏太祖武帝。《三國志》卷一有紀。《漢志》"兵權謀家"著録《吳孫子兵法》八十二篇、圖九卷；《日本國見在書目録》著録《孫子兵法》二卷，吳將孫武撰，《孫子兵法》三卷，魏武帝解；《舊唐志》著録《孫子兵法》十三卷，孫武撰，魏武帝注；《新唐志》著録魏武帝注《孫子》三卷；《宋志》著録孫武《孫子》三卷、朱服校定《孫子》三卷、魏武帝注《孫子》三卷。《郡齋讀書志》卷一四著録魏武注《孫子》一卷，稱《漢志》有《孫子兵法》八十二篇，今魏武所注，止十三篇。《直齋書録解題》卷一二著録《孫子》三卷，稱魏武帝削其繁冗，定爲十三篇。《四庫全書總目》卷九九著録《孫子》一卷，提要稱

《史記》載孫武書十三篇，在《漢志》之前，不得以後來附益爲本書。《孫子兵法》爲孫武自著，非後人僞託。後世注《孫子》頗多，宋吉天保編《孫子十家注》。1972 年 4 月，山東臨沂銀雀山 1 號漢墓出土簡本《孫子》，此應是十三篇的足本，然篇次與今本有出入。其正文文字有不少勝於今本之處。現存最早的本子爲宋刻元明遞修武經七書本之《孫子》六卷，通行本有叢書集成本等。

《孫子兵法》一卷。魏武、王淩集解。

王淩：字彥雲，太原祁（今山西祁縣）人。正始年間，進封南鄉侯，遷車騎將軍、儀同三司、司空。後與其甥令狐愚密謀廢立事，司馬宣王討之，自知不敵出迎，在返京師途中服毒身亡。《三國志》卷二八有傳。兩《唐志》無載，亡佚。

《孫武兵經》二卷。張子尚注。

張子尚：生平事迹不詳。兩《唐志》無載，亡佚。

《鈔孫子兵法》一卷。魏太尉賈詡鈔。梁有《孫子兵法》二卷，孟氏解詁；《孫子兵法》二卷，吳處士沈友撰；又《孫子八陣圖》一卷。亡。

賈詡：字文和，武威姑臧（今甘肅武威市）人。董卓入洛陽，賈詡以太尉掾爲平津都尉，遷討虜校尉。後歸曹操，爲執金吾，太中大夫。文帝即位，爲太尉，進爵魏壽鄉侯。年七十七卒，諡曰肅侯。《三國志》卷一〇有傳。《日本國見在書目錄》著錄《孫子兵法書》一卷，臣詡撰，兩《唐志》無載，亡佚。孟氏：生平事迹不詳。兩《唐志》著錄孟氏解《孫子兵法》二卷，《宋志》無載，亡佚。沈友：字子正，吳郡（今江蘇境內）人。注《孫子兵法》，爲庸臣所詆，誣以謀反，被孫權所殺。見《三國志》卷四九裴注所引《吳錄》。兩《唐志》著錄沈友注《孫子兵法》二卷，《宋志》

無載，亡佚。《孫子八陣圖》：兩《唐志》無載，張彦遠《歷代名畫記》卷三有載，《宋志》無載，亡佚。

《吴起兵法》一卷。賈詡注。

吴起：衛（今河南境内）人。嘗學於曾子。事魯君，遭猜忌。事魏文侯，爲西河守，以拒秦、韓。魏武侯時，遇公叔加害，吴起赴楚。楚悼王死，宗室大臣作亂，太子立，乃使令尹誅射吴起。《史記》卷六五有傳。《漢志》"兵權謀家"著録《吴起》四十八篇，《新唐志》著録賈詡注吴起《吴子兵法》一卷，《宋志》著録吴起《吴子》三卷、朱服校定《吴子》二卷。《郡齋讀書志》卷一四著録《吴子》三卷，稱此書言兵家機權法制之説，凡六篇。《四庫全書總目》卷九九著録《吴子》一卷，提要稱今所行本，雖併爲一卷，然篇目並與《讀書志》合。高似孫《子略》卷三謂其"尚禮義，明教訓，或有得於《司馬法》者"。現存最早的本子爲明初刻本，通行本爲二卷本，有叢書集成本、四部叢刊本、四部備要本等。

《吴孫子牝牡八變陣圖》二卷。

不署撰者。《日本國見在書目録》著録《孫子兵法八陣圖》二卷，《歷代名畫記》載有《吴孫子牝牡八變陣圖》，兩《唐志》無載，亡佚。

《續孫子兵法》二卷。魏武帝撰。

《日本國見在書目録》著録《續孫子兵法》二卷，魏武帝撰；《新唐志》著録魏武帝《續孫子兵法》二卷；《舊唐志》載有魏武帝撰《兵法捷要》七卷。《宋志》無載，亡佚。

《孫子兵法雜占》四卷。梁有《諸葛亮兵法》五卷，又《慕容

氏兵法》一卷，亡。

不署撰者。兩《唐志》無載，亡佚。諸葛亮：見本書卷三三
"正史類"。《三國志》卷三五載，諸葛亮製木牛流馬，推演兵法，
作《八陣圖》。《宋志》著錄諸葛亮《行兵法》五卷、《用兵法》二
卷，《崇文總目》著錄諸葛亮《兵機法》五卷、《武侯十六策》一
卷，元明無載，亡佚。清王仁俊有輯本，嚴可均《全三國文》卷五
九有輯文。慕容氏：不詳何人。此書兩《唐志》無載，亡佚。

《皇帝兵法》一卷。宋武帝所傳神人書。梁有《雜兵注》二十
四卷，《兵法序》二卷，亡。

宋武帝：見本志"大序"。《新唐志》著錄宋高祖《兵法要略》
二卷，《宋志》無載，亡佚。《雜兵注》：不署撰者。《舊唐志》著
錄《雜兵法》二十四卷，《新唐志》著錄《新兵法》二十四卷（疑
"新"爲"雜"之誤），《宋志》無載，亡佚。《兵法序》：不署撰
者。兩《唐志》無載，亡佚。

《太公六韜》五卷。梁六卷。周文王師姜望撰。

姜望：東海上（今山東境内）人。姜姓，名尚。先祖佐禹平水
土有功，封於呂，故曰呂尚。又因周文王得呂尚言"吾先君太公望
子久矣"，故號太公望。周武王即位，太公望爲師克殷，周王天下，
號爲師尚父，封於營邱曰齊。《史記》卷三二有傳。《漢志》"儒
家"著錄《周史六弢》，班固注曰"惠、襄之間，或曰顯王時，或
曰孔子問焉"。"道家"著錄《太公》二百三十七篇，班固注曰
"呂望爲周師尚父，本有道者。或有近世又以爲太公術者所增加
也"。《謀》八十一篇，《言》七十一篇，《兵》八十五篇。後世學
者以爲《六韜》當在《兵》中。《日本國見在書目録》著錄《太公
六韜》六卷，周文王師姜望撰。《舊唐志》著錄《太公六韜》六
卷，《新唐志》《宋志》著錄《六韜》六卷。《郡齋讀書志》卷一四

著録《六韜》六卷，稱《漢志》無此書，隋、唐始著録，兵家權謀之書也。《直齋書録解題》卷一二著録《六韜》六卷，稱武王、太公之問答。其辭鄙俚，世俗依託也。《四庫全書總目》卷九九著録《六韜》六卷，提要稱此書依託之迹，灼然可驗。1972 年山東臨沂銀雀山 1 號漢墓出土漢簡、1973 年河北定縣八角廊 40 號漢墓出土漢簡，皆有《六韜》殘卷，可以證明《六韜》並非僞書，而成書年代在春秋晚期至戰國時期。此書現存最早的本子爲宋刻元明遞修本《六韜》三卷，通行本有四庫本、四部叢刊本等。另有清孫同元、黃奭、王仁俊輯本，嚴可均《全上古文》卷六有輯文。

《太公陰謀》一卷。梁六卷。梁又有《太公陰謀》三卷，魏武帝解。

不署撰者。《史記》卷三二載，周遷九鼎，修周政，與天下更始，呂尚謀居多。《漢志》著録《太公》中包括《謀》八十一篇。兩《唐志》著録《太公陰謀》三卷，是否即魏武帝解《太公陰謀》三卷？《宋志》無載，亡佚。清嚴可均《全上古文》卷七有輯文。

《太公陰符鈐録》一卷。

不署撰者。《日本國見在書目録》著録《太公陰録符》一卷，兩《唐志》無載，亡佚。清嚴可均《全上古文》卷七有輯文。

《太公金匱》二卷。

不署撰者。《日本國見在書目録》著録《太公明金匱用兵要記》一卷，兩《唐志》著録《太公金匱》二卷，《宋志》無載，亡佚。清洪頤煊有輯本。

《太公兵法》二卷。梁三卷。

不署撰者。《史記》卷五五載，張良圯上老人所贈一書，乃

《太公兵法》也。《漢志》“道家”著録《兵》八十五篇，兩《唐志》無載，亡佚。清嚴可均《全上古文》卷七有輯文。

《太公兵法》六卷。梁有《太公雜兵書》六卷。

不署撰者。姚振宗以爲此書即《太公雜兵書》六卷，兩《唐志》無載，亡佚。

《太公伏符陰陽謀》一卷。

不署撰者。《日本國見在書目録》著録《太公謀卅六甲法》一卷（疑“甲”爲“用”之誤），《舊唐志》著録《太公陰謀三十六用》一卷、《新唐志》著録《陰謀三十六用》一卷，即爲此書。《宋志》無載，亡佚。

《黄帝兵法孤虚雜記》一卷。

不署撰者。《新唐志》著録《黄帝兵法孤虚推記》一卷，《宋志》無載，亡佚。

《太公三宮兵法》一卷。梁有《太一三宮兵法立成圖》二卷。

不署撰者。兩《唐志》著録《黄帝太公三宮法要訣》一卷，《宋志》無載，亡佚。《太一三宮兵法立成圖》：不署撰者。唐張彦遠《歷代名畫記》卷三載《太一三宮用兵成圖》二卷，兩《唐志》無載，亡佚。

《太公書禁忌立成集》二卷。

不署撰者。兩《唐志》無載，亡佚。

《太公枕中記》一卷。

不署撰者。兩《唐志》無載，亡佚。

《周書陰符》九卷。

不署撰者。《新唐志》著録《周書陰符》九卷，《宋志》無載，亡佚。

《周吕書》一卷。

不署撰者。《新唐志》著録《周吕書》一卷，《宋志》無載，亡佚。

《黄石公内記敵法》一卷。

不署撰者。《日本國見在書目録》著録《黄帝用兵勝敵法》一卷，兩《唐志》無載，亡佚。

《黄石公三略》三卷。下邳神人撰，成氏注。梁又有《黄石公記》三卷，《黄石公略注》三卷。

下邳神人：或曰即圯上老人。圯上老人送張良書，並説十三年孺子見我濟北，穀城山下黄石即我矣。十三年後，張良從高祖過濟北，果見黄石，取而寶祠之。見《史記》卷五五。成氏：不詳何人。《舊唐志》著録《黄石公三略》三卷、《三略訓》三卷；《新唐志》著録《黄石公三略》三卷、成氏《三略訓》三卷；《宋志》著録成氏注《三略》三卷。《郡齋讀書志》卷一四著録《黄石公三略》三卷，稱"其書論用兵機權之妙，嚴明之決，軍可以死易生，國可以存易亡"。又稱下邳神人即圯上老人。《直齋書録解題》卷一二著録此書，則稱"以黄石爲圯上老人，然皆附會依託也"。《四庫全書總目》卷九九著録《黄石公三略》三卷，提要稱自漢以來，言兵法者往往以黄石公爲名，然大抵出於附會，是書文義不古，當亦後人所依託。此書現存最早的本子爲宋刻元明遞修本武經七書中之《黄石公三略》三卷，通行本有四庫本、叢書集成本等。

另有清王仁俊輯本。姚振宗以爲《黃石公記》即《黃石公三略》，而《黃石公略注》即成氏所注《黃石公三略》。

《黃石公三奇法》一卷。梁有《兵書》一卷，《張良經》與《三略》往往同，亡。

　　不署撰者。兩《唐志》無載，亡佚。《兵書》，不署撰者。疑即《黃石公兵書》，見下著録。《張良經》：太史公曰，"高祖離困數矣，而留侯常有功力焉"。見《史記》卷五五。兩《唐志》著録《張良經》一卷、張良《張氏七篇》七卷，《宋志》無載，亡佚。

《黃石公五壘圖》一卷。

　　不署撰者。兩《唐志》無載，亡佚。

《黃石公陰謀行軍祕法》一卷。梁有《黃石公祕經》二卷。

　　不署撰者。兩《唐志》著録黃石公《陰謀乘斗魁剛行軍祕》一卷，《宋志》無載，亡佚。《黃石公祕經》：兩《唐志》無載，亡佚。

《大將軍兵法》一卷。

　　不署撰者。《漢志·兵家序》有曰"漢興，張良、韓信序次兵法"。"兵權謀"著録《韓信》三篇。疑《大將軍兵法》爲韓信所序兵法。兩《唐志》無載，亡佚。

《黃石公兵書》三卷。

　　不署撰者。兩《唐志》無載，亡佚。

《兵書接要》十卷。魏武帝撰。梁有《兵書接要》別本五卷，又有《兵書要論》七卷，亡。

《三國志》卷一裴注引孫盛《異同雜語》稱曹操抄集諸家兵法，名曰《接要》，又注《孫子兵法》，皆傳於世。《日本國見在書目録》著録《兵書要》三卷、《兵書接要》三卷，魏武帝撰。《舊唐志》著録魏武帝《兵法捷要》七卷，《新唐志》著録魏武帝《兵書接要》七卷，《宋志》無載，亡佚。《兵書要論》：《日本國見在書目録》著録《兵書論要》一卷，魏武帝撰。兩《唐志》無載，亡佚。

《兵法接要》三卷。魏武帝撰。

此書大抵爲前録《兵書接要》之又一別本。

《三宫用兵法》一卷。

不署撰者。兩《唐志》無載，亡佚。

《兵書略要》九卷。魏武帝撰。梁有《兵要》二卷。

《日本國見在書目録》著録《兵書要略》魏武帝撰，兩《唐志》無載，而《舊唐志》著録魏文帝《兵法要略》十卷，《新唐志》著録魏文帝《兵書要略》十卷，《宋志》無載，亡佚。《兵要》：疑即此書之別本。

《魏武帝兵法》一卷。梁有《魏時群臣表伐吳策》一卷，《諸州策》四卷，《軍令》八卷，《尉繚子兵書》一卷。

《三國志》卷一裴注引《魏書》稱，曹操自作《兵書》十萬餘言，諸將征伐，皆以新書從事。《日本國見在書目録》著録《魏武帝兵書》十三卷，兩《唐志》無載，亡佚。《魏時群臣表伐吳策》《諸州策》《軍令》：皆不署撰者，兩《唐志》均無載，亡佚。《尉繚子兵書》：參見本部"雜家類"。

《兵林》六卷。東晉江都相孔衍撰。

　　《日本國見在書目録》著録《兵林玉府》三卷，是否即此書？兩《唐志》著録孔衍《兵林》六卷，《宋志》無載，亡佚。

《兵林》一卷。

　　不署撰者。《日本國見在書目録》著録《兵林正府》一卷，是否即此書？

《玄女戰經》一卷。

　　不署撰者。兩《唐志》無載，亡佚。

《武林》一卷。王略撰。

　　王略：生平事迹不詳。《日本國見在書目録》著録《武林》一卷，王略撰。《新唐志》著録王略《武林》一卷，《宋志》無載，亡佚。

《黄帝問玄女兵法》四卷。梁三卷。

　　不署撰者。兩《唐志》著録《黄帝問玄女法》三卷，《舊唐志》注明此書爲玄女撰，《宋志》無載，亡佚。清洪頤煊有輯本。

《秦戰鬭》一卷。

　　不署撰者。兩《唐志》無載，亡佚。

《梁主兵法》一卷。
《梁武帝兵書鈔》一卷。
《梁武帝兵書要鈔》一卷。

　　三書應皆爲梁武帝所作。《日本國見在書目録》著録《梁武帝兵法》二卷、《梁武帝勑抄要用兵法》一卷，《新唐志》著録《梁武帝兵法》一卷，《宋志》無載，亡佚。

《玉韜》十卷。梁元帝撰。

《金樓子》卷五載，《玉韜》一秩十卷，稱"金樓出牧渚宫時撰"。卷六載金樓語，"唯《玉韜》最善"。兩《唐志》著録梁元帝《玉韜》十卷，《宋志》無載，亡佚。

《金韜》十卷。

不署撰者。《隋書》卷七八載，開皇初，劉祐爲大都督，奉詔撰兵書十卷，名曰《金韜》。兩《唐志》著録劉祐《金韜》十卷，《宋志》無載，亡佚。

《金策》十九卷。

不署撰者。《梁書》卷三載，梁武帝又撰《金策》三十卷。此書當爲梁武帝撰。兩《唐志》無載，亡佚。

《兵書要略》五卷。後周齊王宇文憲撰。

宇文憲：字毗賀突，代武川（今内蒙古自治區武川縣）人。建德三年，進爵爲王。常以兵書繁廣，難求指要，乃自刊定爲《要略》五篇。宣帝即位，忌其屬尊望重，設伏執而縊殺之。《周書》卷一二、《北史》卷五八有傳。兩《唐志》著録宇文憲《兵書要略》十卷，《宋志》無載，亡佚。

《兵書》七卷。

不署撰者。兩《唐志》無載，《宋志》著録《兵書》七卷，元明以後無載，亡佚。

《兵書要術》 四卷。伍景志撰。

　　伍景志：生平事迹不詳。兩《唐志》無載，亡佚。

《兵記》 八卷。司馬彪撰。一本二十卷。

　　兩《唐志》著録司馬彪《兵記》十二卷，《宋志》無載，亡
佚。《全晋文》卷一六稱，司馬彪有《戰略》二十卷，《隋志》《唐
志》作《兵記》。

《兵書要序》 十卷。趙氏撰。

　　趙氏：不知何人。此書兩《唐志》無載，亡佚。

《兵法》 五卷。

　　不署撰者。兩《唐志》無載，亡佚。

《雜兵書》 十卷。梁有《雜兵書》八卷。《三家兵法要集》三
卷，《戎略機品》二卷，亡。

　　不署撰者。兩《唐志》無載，亡佚。《三家兵法要集》《戎略
機品》：皆不署撰者，兩《唐志》均無載，亡佚。

《大將軍》 一卷。

　　不署撰者。疑即前所著録《大將軍兵法》，兩《唐志》無載，
亡佚。

《雜兵圖》 二卷。

　　不署撰者。兩《唐志》無載，亡佚。

《兵略》 五卷。

不署撰者。兩《唐志》無載，亡佚。

《軍勝見》十卷。許昉撰。

許昉：生平事迹不詳。《日本國見在書目録》著録《軍勝》十卷，兩《唐志》著録《許子新書軍勝》十卷，《宋志》著録《許子兵勝苑》十卷。元明以後無載，亡佚。

《戎決》十三卷。許昉撰。

兩《唐志》無載，亡佚。

《陣圖》一卷。

不署撰者。《日本國見在書目録》著録《陣圖》一卷，兩《唐志》無載，亡佚。

《陰策》二十二卷。大都督劉祐撰。

劉祐：見前著録《金韜》，《隋書》卷七八有傳，傳中記載其著《陰策》二十卷。兩《唐志》無載，亡佚。

《陰策林》一卷。

不署撰者。兩《唐志》無載，亡佚。

《承神兵書》二十卷。

不署撰者。兩《唐志》著録《承神兵書》八卷，《宋志》無載，亡佚。

《真人水鏡》十卷。

不署撰者。《日本國見在書目録》著録《真人水鏡》十卷，兩《唐志》著録陶弘景《真人水鏡》十卷，《宋志》無載，亡佚。

《戰略》二十六卷。金城公趙煚撰。

趙煚：字賢通，天水西（甘肅天水市）人。仕周，累轉中書侍郎，後授開府儀同三司。隋高祖踐祚，賜爵金城郡公，拜尚書右僕射。《隋書》卷四六、《北史》卷七五有傳。兩《唐志》無載，亡佚。

《金海》三十卷。蕭吉撰。

蕭吉：見本書卷三二“樂類”。《隋書》卷七八、《北史》八九載，蕭吉著《金海》三十卷。《日本國見在書目録》著録《金海》卅七卷，隋蕭吉撰。兩《唐志》著録蕭吉《金海》四十七卷，《宋志》無載，亡佚。

《兵書》二十五卷。

不署撰者。兩《唐志》無載，亡佚。

《雜撰陰陽兵書》五卷。莫珍寶撰。

莫珍寶：生平事迹不詳。兩《唐志》無載，亡佚。

《黃帝兵法雜要决》一卷。

不署撰者。《全上古文》卷一《黃帝兵法》，稱《隋志》有《黃帝兵法雜要决》一卷，《五行大義》第五篇引《黃帝兵訣》，此省詞。《開元占經》八引《黃帝兵法》，《開元占經》十一引《黃帝用兵要訣》。《新唐志》著録《黃帝用兵法訣》一卷，《宋志》無載，亡佚。

《黃帝軍出大師年命立成》一卷。

不署撰者。兩《唐志》無載，亡佚。

《黄帝複姓符》二卷。許昉撰。梁有《辟兵法》一卷。

两《唐志》無載，亡佚。《辟兵法》：不署撰者。兩《唐志》無載，亡佚。

《黄帝太一兵歷》一卷。

不署撰者。《漢志》"兵陰陽家"著録《太壹兵法》一篇，《新唐志》著録《黄帝太一兵曆》一卷，《宋志》無載，亡佚。

《黄帝蚩尤風后行軍祕術》二卷。梁有《黄帝蚩尤兵法》一卷，亡。

不署撰者。《史記》卷一載，蚩尤作亂，不用帝命，於是黄帝乃徵師諸侯，與蚩尤戰於逐鹿之野，遂禽殺蚩尤。《漢志》"兵陰陽家"著録《黄帝》十六篇，《圖》三卷；《風后》十三篇，《圖》二卷。"兵形勢家"著録《蚩尤》二篇，兩《唐志》不載此書，亡佚。《黄帝蚩尤兵法》：大抵與此書有關聯。

《老子兵書》一卷。

不署撰者。《日本國見在書目録》著録《孝子寶訣》一卷（疑"孝"爲"老"之誤），兩《唐志》無載，亡佚。

《吳有道占出軍決勝負事》一卷。梁二卷。又《黄帝出軍雜用決》十二卷，《風氣占軍決勝戰》二卷，太史令吳範撰。

吳範：字文則，會稽上虞（今浙江紹興市）人。以治曆數知風氣聞於郡中。後事孫權，每有灾祥，輒推數言狀，其數多驗，遂以顯名。孫權以其爲騎都尉，領太史令。《三國志》卷六三有傳。吳有道當即吳範，三書兩《唐志》皆無載，亡佚。

《對敵權變》一卷。吴氏撰。

> 吴氏：疑即吴範。兩《唐志》無載，亡佚。

《對敵占風》一卷。梁有《黄帝夏氏占氣》六卷，《兵法風氣等占》三卷，亡。

> 不署撰者。兩《唐志》無載，亡佚。《黄帝夏氏占氣》《兵法風氣等占》：皆不署撰者，兩《唐志》無載，亡佚。

《對敵權變逆順》一卷。

> 不署撰者。《日本國見在書目録》著録《兵書對敵推變逆順法武王代殷法》一卷（疑“代”當爲“伐”），兩《唐志》無載，亡佚。

《兵法權儀》一卷。

> 不署撰者。兩《唐志》無載，亡佚。

《六甲孤虚雜決》一卷。梁有《孫子戰鬪六甲兵法》一卷。

> 不署撰者。李賢曰，“孤虚者，孤謂六甲之孤辰，若甲子旬中，戌亥無干，是爲孤也，對孤爲虚”。見《後漢書》卷八二上注。兩《唐志》無載，亡佚。《孫子戰鬪六甲兵法》：不署撰者。兩《唐志》無載，亡佚。

《六甲孤虚兵法》一卷。

> 不署撰者。兩《唐志》無載，亡佚。

《孤虚法》十卷。梁有《兵法遁甲孤虚斗中域法》九卷。

> 不署撰者。兩《唐志》無載，亡佚。《兵法遁甲孤虚斗中域法》：不署撰者。兩《唐志》無載，亡佚。

《兵書雜占》十卷。梁有《兵法日月風雲背向雜占》十二卷，《兵法》三卷，《虚占》三卷，《京氏征伐軍候》八卷。

　　不署撰者。兩《唐志》無載，亡佚。《兵法日月風雲背向雜占》《兵法》，皆不署撰者。兩《唐志》無載，亡佚。《虚占》：疑爲《孤虚占》，不署撰者。兩《唐志》無載，亡佚。京氏：當指京房，見本書卷三二"易類"。其書兩《唐志》無載，亡佚。

《兵書雜歷》八卷。

　　不署撰者。兩《唐志》無載，亡佚。

《太一兵書》一十一卷。梁二十卷。

　　不署撰者。《漢志》"兵陰陽家"著録《太壹兵法》一篇、《天一兵法》三十五篇，兩《唐志》著録《太一兵法》一卷，《宋志》無載，亡佚。

《兵書内術》二卷。

　　不署撰者。兩《唐志》無載，亡佚。

《兵法書決》九卷。闕一卷。

　　不署撰者。兩《唐志》無載，亡佚。

《軍國要略》一卷。

　　不署撰者。兩《唐志》無載，亡佚。

《兵法要録》二卷。

　　不署撰者。兩《唐志》無載，亡佚。

《用兵撮要》二卷。

不署撰者。兩《唐志》著錄《用兵撮要》二卷，《宋志》無載，亡佚。

《用兵要術》一卷。

不署撰者。《新唐志》著錄《用兵要術》一卷，《宋志》無載，亡佚。

《用兵祕法雲氣占》一卷。

不署撰者。兩《唐志》無載，亡佚。

《五家兵法》一卷。

不署撰者。兩《唐志》無載，亡佚。

《兵法三家軍占祕要》一卷。李行撰。

李行：生平事迹不詳。此書兩《唐志》無載，亡佚。

《氣經上部占》一卷。

不署撰者。兩《唐志》無載，亡佚。

《天大芒霧氣占》一卷。

不署撰者。姚振宗以爲《初學記·天部》所引《望氣經》即此書，與《氣經上部占》是同性質的書。兩《唐志》無載，亡佚。

《鬼谷先生占氣》一卷。

兩《唐志》無載，亡佚。

《五行候氣占災》一卷。

不署撰者。兩《唐志》無載，亡佚。

《乾坤氣法》一卷。

不署撰者。本志"五行類"著録《乾坤氣法》一卷，許辯撰，疑其與此書爲同一書。兩《唐志》無載，亡佚。

《雜匈奴占》一卷。漢武帝王朔注。

疑"漢武帝"下有脱文。王朔：漢武帝時爲太史待詔。見《世説新語·文學》。《史記》卷二七載，"夫自漢之爲天數者，星則唐都，氣則王朔，占歲則魏鮮"。兩《唐志》無載，亡佚。

《對敵占》一卷。

不署撰者。兩《唐志》無載，亡佚。

《雜占》八卷。梁有《推元嘉十二年日時兵法》二卷，《逆推元嘉五十年太歲計用兵法》一卷。

不署撰者。兩《唐志》無載，亡佚。《推元嘉十二年日時兵法》：不署撰者。兩《唐志》無載，亡佚。《逆推元嘉五十年太歲計用兵法》：元嘉僅有三十年，疑"五"有誤。不署撰者。兩《唐志》無載，亡佚。

《兵殺歷》一卷。

不署撰者。本志"五行類"有《雜殺歷》，可能與此書有關聯。兩《唐志》無載，亡佚。

《馬槊譜》一卷。梁二卷。梁有《騎馬都格》一卷，《騎馬變圖》一卷，《馬射譜》一卷，亡。

不署撰者。《南史》卷八載，梁簡文帝撰《馬槊譜》一卷。《北史》卷九〇載，趙國李幼序、洛陽丘何奴並工握槊，此蓋胡戲，近入中國。此書兩《唐志》無載，亡佚。《騎馬都格》《騎馬變圖》《馬射譜》：皆不署撰者，兩《唐志》均無載，亡佚。

《碁勢》四卷。梁有《術藝略序》五卷，孫暢之撰；《圍碁勢》七卷，湘東太守徐泓撰；《齊高碁圖》二卷；《圍碁九品叙録》五卷，范汪等撰；《圍碁勢》二十九卷，晉趙王倫舍人馬朗等撰；《碁品叙略》三卷；《建元永明碁品》二卷，宋員外殿中將軍褚思莊撰；《天監碁品》一卷，梁尚書僕射柳惲撰。亡。

不署撰者。兩《唐志》著録《碁勢》六卷，《宋志》著録《碁勢》三卷，元明以後無載，亡佚。孫暢之：見本書卷三二"詩類"。兩《唐志》無載，亡佚。徐泓：南琅邪開陽（今江蘇南京市北）人。仕齊歷任秣陵、建康令，湘東太守。見《南史》卷七七。兩《唐志》無載，亡佚。《齊高碁圖》：《南史》卷四載，齊高帝弈碁第二品。兩《唐志》無載，亡佚。范汪：見本書卷三二"禮類"。兩《唐志》"雜藝術類"著録范汪等撰《碁品》五卷，《宋志》無載，亡佚。馬朗：生平事迹不詳。此書兩《唐志》無載，亡佚。《碁品叙略》：不署撰者。兩《唐志》無載，亡佚。褚思莊：吳郡（今江蘇境內）人。善棋，爲第二品。官至給事中。見《南史》卷一八、《南齊書》卷三四。兩《唐志》無載，亡佚。柳惲：字文暢，河東解（今山西運城市）人。仕齊，爲驃騎從事中郎。善弈棋，梁武帝令其定棋譜，第其優劣。徵爲秘書監，領左軍將軍。《梁書》卷二一、《南史》卷三八有傳。本志集部尚有其一部著述。兩《唐志》無載，亡佚。

《雜博戲》五卷。

不署撰者。《新唐志》"雜藝術類"著録《雜博戲》五卷，《宋志》無載，亡佚。

《投壺經》一卷。

不署撰者。投壺，設特製之壺，賓主以次投矢其中，中多者爲勝，負者則飲酒。見《禮記正義》卷五八《投壺》。兩《唐志》無載，亡佚。

梁東宮撰《太一博法》一卷。

不署撰者。兩《唐志》無載，亡佚。

《雙博法》一卷。

不署撰者。兩《唐志》無載。《郡齋讀書志》卷一五著録《雙陸格》一卷，並介紹此游戲之玩法，武后、狄仁傑亦樂此不疲。似即此書，元明以後無載，亡佚。

《皇博法》一卷。梁有《大小博法》一卷；《投壺經》四卷，《投壺變》一卷，晋左光禄大夫虞潭撰；《投壺道》一卷，郝沖撰；《擊壤經》一卷。亡。

不署撰者。兩《唐志》"雜藝術類"著録魏文帝《皇博經》一卷，《宋志》無載，亡佚。《大小博法》：不署撰者。《顏氏家訓·雜藝》言及"古爲大博則六箸，小博則二煢，今無曉者"。兩《唐志》"雜藝術類"著録《大小博法》二卷，《宋志》無載，亡佚。虞潭：字思奧，會稽餘姚（今浙江餘姚市）人。成帝時，拜右光禄大夫、開府儀同三司，進爵武昌縣侯。《晋書》卷七六有傳。所撰書兩《唐志》無載，亡佚。郝沖：生平事迹不詳。兩《唐志》"雜藝術類"著録郝沖、虞潭法《投壺經》一卷（"法"疑爲"注"之誤），《宋志》無載，亡佚。清馬國翰輯《投壺變》一卷。《擊壤經》：不署撰者。擊壤，古代游戲，《困學紀聞》卷二〇引周處《風土記》言及此游戲玩法。兩《唐志》無載，亡佚。

《象經》一卷。周武帝撰。

　　周武帝：見本書卷三二"小學類"。《周書》卷五載，天和四年五月，帝制《象經》成，集百僚講説。兩《唐志》"雜藝術類"著録周武帝《象經》一卷，《宋志》無載，亡佚。

《博塞經》一卷。邵綱撰。

　　邵綱：生平事迹不詳。本書所述當爲格五、六博，二者皆爲古代游戲，詳見《後漢書》卷三四注。兩《唐志》"雜藝術類"著録鮑宏《博塞經》一卷、《小博經》一卷，《宋志》無載，亡佚。

《碁勢》十卷。沈敞撰。

　　沈敞：生平事迹不詳。兩《唐志》無載，亡佚。

《碁勢》十卷。二卷，成。

　　不署撰者。兩《唐志》無載，亡佚。其注"二卷，成"不知何意。

《碁勢》十卷。王子沖撰。

　　王子沖：生平事迹不詳。兩《唐志》無載，亡佚。

《碁勢》八卷。

　　不署撰者。兩《唐志》無載，亡佚。

《碁圖勢》十卷。

　　不署撰者。兩《唐志》無載，亡佚。

《碁九品叙録》一卷。范汪等注。

此書前已著録，此爲重録。

《碁後九品序》一卷。袁遵撰。

袁遵：生平事迹不詳。兩《唐志》"雜藝術類"著録《圍碁後九品叙録》一卷，《宋志》無載，亡佚。

《圍碁品》一卷。梁武帝撰。

兩《唐志》"雜藝術類"著録梁武帝《碁評》一卷，《宋志》無載，亡佚。

《碁品序》一卷。陸雲公撰。

陸雲公：字子龍，吳郡（今江蘇境内）人。有才思，善弈棋。累遷中書黄門郎。大同末，受梁武帝詔校定《碁品》。《梁書》卷五〇、《南史》卷四八有傳。本志集部尚有其一部著述。兩《唐志》無載，亡佚。

《碁法》一卷。梁武帝撰。

《梁書》卷三載，梁武帝"六藝閑備，棊登逸品"。兩《唐志》無載，亡佚。

《彈碁譜》一卷。徐廣撰。

徐廣：見本書卷三二"詩類"。《世説新語·巧藝》注引傅玄《彈碁賦序》稱，劉向作彈碁。《顏氏家訓·雜藝》曰，"彈碁亦近世雅戲，消愁釋憒時可爲之"。兩《唐志》無載，亡佚。

《二儀十博經》一卷。

不署撰者。兩《唐志》"雜藝術類"著録隋煬帝《二儀簿經》

一卷，《宋志》無載，亡佚。

《象經》一卷。王褒注。

　　王褒：見本書卷三三"雜傳類"。《北史》卷八三載，周武帝作《象經》，令王褒注之，引據該洽，甚見稱賞。《新唐志》"雜藝術類"著錄王褒《象經》一卷，《宋志》無載，亡佚。

《象經》三卷。王裕注。

　　王裕：生平事迹不詳。《舊唐志》"雜藝術類"著錄王裕撰《象經》一卷，《新唐志》"雜藝術類"著錄王裕注《象經》一卷，《宋志》無載，亡佚。

《象經》一卷。何妥注。

　　何妥：見本書卷三二"易類"。兩《唐志》著錄何妥《象經》一卷，《宋志》無載，亡佚。

《象經發題義》一卷。

　　不署撰者。兩《唐志》無載，亡佚。

　　右一百三十三部，五百一十二卷。
　　實際爲一百二十八部，另有亡書五十三部。

　　兵者，所以禁暴静亂者也。《易》曰："古者弦木爲弧，剡木爲矢，弧矢之利，以威天下。"[1]孔子曰："不教人戰，是謂棄之。"[2]《周官·大司馬》掌九法九伐，[3]以正邦國，是也。然皆動之以仁，行之以義，故能誅暴静亂，以濟百姓。下至三季，[4]恣情逞欲，争伐

尋常，不撫其人，設變詐而滅仁義，至乃百姓離叛，以
致於亂。

[1]易曰：見《易·繫辭下》。其意爲，加弦於彎木上做成弓，
削尖木條做成箭，弓箭的功能，就是用武力威懾天下。剡
（yǎn），削。

[2]孔子曰：見《論語·子路》。原文作“以不教民戰，是謂
棄之”。其意爲，用未受過訓練的百姓去作戰，就等於捨棄他們的
生命。

[3]大司馬：古代官名，屬周官之夏官。九法，周天子治理諸
侯國的九項措施。九伐，周天子制裁諸侯違犯王命行爲的九種辦
法。見《周禮·夏官·大司馬》。

[4]三季：夏、商、周之末年。

《周髀》一卷。趙嬰注。

趙嬰：或曰後漢趙爽，字君卿。其《勾股方圓圖注》五百餘
言，而後世數千言所不能詳。見《疇人傳》卷四。《周髀》，即蓋
天之説，其本包犧氏立周天曆度，其所傳則周公受於殷高，以勾股
爲術，周人志之，故曰《周髀》。見《晋書》卷一一。兩《唐志》
著録趙嬰注《周髀》一卷，《宋志》“曆算類”著録趙君卿《周髀》
二卷。《四庫全書總目》卷一〇六著録《周髀算經》二卷、《音義》
一卷，提要稱此書刻本脱誤，多不可通，今據《永樂大典》内所載
詳加校訂。舊有李籍《音義》，別自爲卷，仍其舊。《周髀》流傳
最古，雖訛誤特甚，然溯委窮源，得其端緒。現存最早的《周髀算
經》二卷，漢趙君卿注、北周甄鸞重述、唐李淳風等注釋，並李籍
《音義》一卷，爲宋刻本；通行本有四庫本、四部叢刊本、四部備
要本等。

《周髀》一卷。甄鸞重述。

甄鸞：見本書卷三三"雜史類"。兩《唐志》著録甄鸞注《周髀》一卷，《宋志》無載。《直齋書録解題》卷一二著録《周髀算經》二卷、《音義》二卷，題趙君卿注、甄鸞重述、李淳風等注釋。此書自此不單獨流傳。

《周髀圖》一卷。

不署撰者。《四庫全書總目》卷一〇六著録《周髀算經》，其提要提及此書内凡爲圖者五，而失傳者三，訛舛者一，僅據正文及注爲之補訂。兩《唐志》無載，亡佚。

《靈憲》一卷。張衡撰。

張衡：字平子，南陽西鄂（今河南南陽市）人。善機巧，尤致思於天文、陰陽、曆算。漢安帝特徵拜郎中，再遷爲太史令，作《靈憲》《筭罔論》，言甚鮮明。永和初，後徵拜尚書。《後漢書》卷五九有傳。本志子、集部尚有其三部著述。兩《唐志》著録張衡《靈憲圖》一卷，《宋志》無載，亡佚。《説郛》存一卷，清王謨、洪頤煊、馬國翰有輯本。

《渾天象注》一卷。吳散騎常侍王蕃撰。

王蕃：字永元，廬江（今安徽境内）人。博學多聞，兼通術藝。甘露二年，孫皓大會群臣，王蕃醉酒失態，被斬於殿下。《三國志》卷六五有傳。王蕃傳劉洪《乾象術》，依乾象法制渾儀，立論法度，通達平正。見《疇人傳》卷五。兩《唐志》著録王蕃《渾天象注》一卷，《宋志》無載，亡佚。清王仁俊有輯本，《全三國文》卷七二有輯文。

《渾天義》二卷。

不署撰者。兩《唐志》著録張衡《渾天儀》一卷，疑即此書。《宋志》無載，亡佚。清孫星衍有輯本，《全後漢文》卷五五有輯文。

《渾天圖》一卷。石氏。

石氏：當指石申。《史記》卷二七《正義》曰，《七録》云石申魏人，戰國時作《天文》八卷。本志子部尚有其著述三部。兩《唐志》無載，亡佚。

《渾天圖》一卷。

不署撰者。兩《唐志》無載，亡佚。

《渾天圖記》一卷。梁有《昕天論》一卷，姚信撰；《安天論》六卷，虞喜撰；《圖天圖》一卷，《原天論》一卷，《神光内抄》一卷。

不署撰者。兩《唐志》無載，亡佚。姚信：見本書卷三二"易類"。《宋書》卷二三載，姚信造《昕天論》。兩《唐志》著録姚信《昕天論》一卷，《宋志》無載，亡佚。清馬國翰有輯本。《安天論》：《晋書》卷九一載，虞喜兼覽讖緯，乃著《安天論》以難渾天説、蓋天説。兩《唐志》著録虞喜《安天論》一卷，《宋志》無載，亡佚。清馬國翰有輯本，《全晋文》卷八二有輯文。《圖天圖》：不署撰者。兩《唐志》無載，亡佚。《原天論》：不署撰者。兩《唐志》無載，亡佚。《神光内抄》：《日本國見在書目録》著録《神光召》二卷，此書是否從其抄出。兩《唐志》無載，亡佚。

《定天論》三卷。

不署撰者。《日本國見在書目録》著録《定天論》三卷，兩

《唐志》無載，亡佚。

《天儀説要》一卷。陶弘景撰。

陶弘景：見本書卷三二"詩類"。《南史》卷七六載，陶弘景又造渾天象。《崇文總目》著録陶弘景《天文星經》五卷，《中興館閣書目》著録陶弘景《象曆》一卷，此二書皆推演甘氏、石氏、巫咸等説，疑即《天儀説要》，兩《唐志》無載，亡佚。

《玄圖》一卷。

不署撰者。《後漢書》卷五九載，張衡著有《懸圖》，章懷太子注曰，《衡集》作《玄圖》，蓋"玄"與"懸"通。疑此書爲張衡所作。兩《唐志》無載，亡佚。

《石氏星簿經讚》一卷。

不署撰者。此書載星宿躔度應驗事。《日本國見在書目録》著録《石氏星經簿讚》二卷；《簿讚》三卷，上卷魏石申，中卷甘文卿，下卷晋石咸；《簿讚》三卷，晋史石申造。《舊唐志》著録《石氏星經簿讚》一卷，石申甫撰；《新唐志》著録石申《石氏星經簿讚》一卷；《宋志》著録《石氏星簿讚曆》一卷；元明以後無載，亡佚。

《星經》二卷。

不署撰者。兩《唐志》無載。《四庫全書總目》卷一○七著録《星經》二卷，提要稱其卷數與《隋志》著録《星經》相合，但多舉隋唐州名，必非秦漢間書，其所載星象亦殘闕，與此書無關。此書亡佚。

《甘氏四七法》一卷。

不署撰者。甘氏，亦稱甘公，名德，魯人。《七録》云楚人，戰國時作《天文星占》八卷。見《史記》卷二七《集解》、《正義》。四七，指二十八宿。兩《唐志》著録甘德《甘氏四七法》一卷，《宋志》無載，亡佚。

《巫咸五星占》一卷。

巫咸，殷賢臣，吳人。見《史記》卷二七《正義》。兩《唐志》無載，亡佚。清孫星衍輯《巫咸占經》一卷。

《天儀說要》一卷。陶弘景撰。

已録，此爲重出。

《録軌象以頌其章》一卷。內有圖。

不署撰者。兩《唐志》無載。《廿二史考異》卷三四有曰，此不似書名，疑有訛。

《天文集占》十卷。晋太史令陳卓定。

陳卓：生平事迹不詳。《晋書》卷一一載，晋武帝時，太史令陳卓總甘、石、巫咸三家所著星圖，大凡二百八十三官，一千四百六十四星，以爲定紀。《日本國見在書目録》著録陳卓《天文要録》十卷，兩《唐志》著録陳卓《天文集占》七卷，《宋志》無載，亡佚。

《天文要集》四十卷。晋太史令韓楊撰。

韓楊：生平事迹不詳。《新唐志》著録韓楊《天文要集》四十卷，《宋志》無載，亡佚。

《天文要集》四卷。

不署撰者。兩《唐志》無載，亡佚。

《天文要集》三卷。

不署撰者。兩《唐志》無載，亡佚。

《天文集占》十卷。梁百卷。梁有《石氏》《甘氏天文占》各八卷。

不署撰者。兩《唐志》著録《天文集占》三卷，《宋志》無載，亡佚。《史記》卷二七《正義》載，甘氏戰國時作《天文星占》八卷，石申戰國時作《天文》八卷。兩《唐志》無載，亡佚。清孫星衍輯《甘氏星經》《石氏星經》各一卷。

《天文占》六卷。李暹撰。

李暹：生平事迹不詳。兩《唐志》無載，亡佚。

《天文占》一卷。

不署撰者。兩《唐志》無載，亡佚。《宋志》著録《天文占》三卷，不知與其是否有關聯。

《天文占氣書》一卷。

不署撰者。兩《唐志》無載，亡佚。

《天文集要鈔》二卷。

不署撰者。兩《唐志》無載，亡佚。

《天文書》二卷。梁有《雜天文書》二十五卷。

不署撰者。兩《唐志》無載，亡佚。《雜天文書》：不署撰者，兩《唐志》無載，亡佚。

《雜天文横占》一卷。

　　不署撰者。兩《唐志》無載，亡佚。

《天文横圖》一卷。高文洪撰。

　　高文洪：生平事迹不詳。兩《唐志》著録高文洪《天文横圖》一卷，《宋志》無載，亡佚。

《天文集占圖》十一卷。梁有《天文五行圖》十二卷，《天文雜占》十六卷，亡。

　　不署撰者。兩《唐志》無載，亡佚。《天文五行圖》：不署撰者。兩《唐志》無載，亡佚。《天文雜占》：不署撰者。兩《唐志》無載，亡佚。

《天文録》三十卷。梁奉朝請祖暅撰。

　　祖暅：見本書卷三二"大序"。《隋書》卷一九載，天監中，祖暅受詔集古天官及圖緯舊説撰《天文録》三十卷。《日本國見在書目録》著録《天文録》卅卷，祖暅撰；兩《唐志》、《宋志》著録祖暅之《天文録》三十卷，元明以後無載，亡佚。

《天文志》十二卷。吳雲撰。

　　吳雲：生平事迹不詳。兩《唐志》無載，亡佚。

《天文志雜占》一卷。吳雲撰。梁有《天文雜占》十五卷，亡。

　　兩《唐志》著録吳雲《天文雜占》一卷，《宋志》無載，亡佚。《天文雜占》：不署撰者。兩《唐志》無載，亡佚。

《天文》十二卷。史崇注。

史崇：生平事迹不詳。兩《唐志》著録史崇《十二次二十八宿星占》十二卷，《宋志》無載，亡佚。

《天文十二次圖》一卷。梁有《天宮宿野圖》一卷，亡。

不署撰者。兩《唐志》無載，亡佚。《天宮宿野圖》：不署撰者。兩《唐志》無載，亡佚。

《婆羅門天文經》二十一卷。婆羅門捨仙人所説。

《婆羅門竭伽仙人天文説》三十卷。

《婆羅門天文》一卷。

以上三書當爲自婆羅門天文書譯出。捨仙人、竭伽仙人，生平事迹不詳。《法苑珠林・傳記》載，《婆羅門天文》一部二十卷，摩勒國沙門釋達摩流支法師譯出。此三書兩《唐志》無載，亡佚。

《陳卓四方宿占》一卷。梁四卷。

兩《唐志》著録陳卓《四方宿占》一卷，《宋志》無載，亡佚。

《黄帝五星占》一卷。

《後漢書》卷一〇稱，星官之書，自黄帝始。兩《唐志》無載，亡佚。清孫星衍輯《黄帝占經》一卷。

《五星占》一卷。丁巡撰。

丁巡：生平事迹不詳。兩《唐志》無載，亡佚。

《五星占》一卷。梁有《五星集占》六卷，《日月五星集占》十卷。

不署撰者。兩《唐志》無載，亡佚。《五星集占》《日月五星集占》：皆不署撰者。兩《唐志》均無載，亡佚。

《五星占》一卷。陳卓撰。

　　《舊唐志》著録陳卓《五星占》二卷，《新唐志》著録陳卓《五星占》一卷，《宋志》無載，亡佚。

《五星犯列宿占》六卷。

　　不署撰者。兩《唐志》無載，亡佚。

《雜星書》一卷。

　　不署撰者。兩《唐志》無載，亡佚。

《星占》二十八卷。孫僧化等撰。

　　孫僧化：東莞（今山東莒縣周邊）人。永熙中，任通直散騎常侍，受魏孝武帝之詔，與太史胡世榮等在門下外省校比天文書，集甘、石二家星經，及漢魏以來二十三家經占，集五十五卷。後集諸家撮要，前後所上雜占，以類相從，日月、五星、二十八宿、中外官及圖，合爲七十五卷。見《北史》卷八九。《舊唐志》著録孫僧化《星占》三十三卷，《新唐志》著録孫僧化等《星占》三十三卷，《宋志》無載，亡佚。

《星占》一卷。梁有《石氏星經》七卷，陳卓記；又《石氏星官》十九卷，又《星經》七卷，郭歷撰。亡。

　　不署撰者。兩《唐志》無載，亡佚。《石氏星經》：兩《唐志》無載，亡佚。郭歷：生平事迹不詳。所撰二書兩《唐志》皆無載，亡佚。

《天官星占》十卷。陳卓撰。梁《天官星占》二十卷，吳襲撰。

    《史記》卷二七《索隱》案：天文有五官。官者，星官也。星座有尊卑，若人之官曹列位，故曰天官。《日本國見在書目錄》著錄《天官星占》六卷，陳卓撰，兩《唐志》無載，亡佚。吳襲：生平事迹不詳。兩《唐志》無載，亡佚。

《星占》八卷。梁又有《星占》十八卷。

    不署撰者。兩《唐志》無載，亡佚。

《中星經簿》十五卷。梁有《星官簿贊》十三卷，又有《星書》三十四卷，《雜家星占》六卷，《論星》一卷，亡。

    不署撰者。兩《唐志》無載，亡佚。《星官簿贊》《星書》《雜家星占》《論星》：皆不署撰者。兩《唐志》均無載，亡佚。

《著明集》十卷。

    不署撰者。兩《唐志》無載，亡佚。

《雜星圖》五卷。

    不署撰者。兩《唐志》無載，亡佚。

《天文外官占》八卷。

    不署撰者。兩《唐志》無載，亡佚。

《雜星占》七卷。

    不署撰者。兩《唐志》無載，亡佚。

《雜星占》十卷。

    不署撰者。兩《唐志》無載，亡佚。

《海中星占》一卷。梁有《論星》一卷。

　　不署撰者。《漢志》"天文家"著録《海中星占驗》十二卷，兩《唐志》無載，亡佚。《論星》：前録《論星》一卷，亡。此另一《論星》乎？兩《唐志》無載，亡佚。

《星圖海中占》一卷。

　　不署撰者。兩《唐志》無載，亡佚。

《解天命星宿要决》一卷。

　　不署撰者。兩《唐志》無載，亡佚。

《摩登伽經説星圖》一卷。

　　不署撰者。兩《唐志》無載，亡佚。

《星圖》二卷。梁有《星書圖》七卷。

　　不署撰者。兩《唐志》無載，亡佚。《星書圖》：不署撰者。兩《唐志》無載，亡佚。

《彗星占》一卷。

　　不署撰者。兩《唐志》無載，亡佚。

《妖星流星形名占》一卷。

　　不署撰者。《晋書》卷一二載，妖星，一曰彗星，二曰孛星……二十一曰地維藏光。流星，天使也。自上而降曰流，自下而升曰飛。大者曰奔，奔亦流星也。兩《唐志》無載，亡佚。

《太白占》一卷。

不署撰者。太白，即金星，又稱啓明、長庚。古星象家以其主殺伐，用兵必占太白。兩《唐志》無載，亡佚。

《流星占》一卷。

不署撰者。兩《唐志》無載，亡佚。

《石氏星占》一卷。吳襲撰。

姚振宗以爲此書乃吳襲《天官星占》二十卷之佚存者。兩《唐志》無載，亡佚。

《候雲氣》一卷。

不署撰者。《晋書》卷一二載，瑞氣，一曰慶雲，亦稱景雲，二曰歸邪，三曰昌光；妖氣，一曰虹蜺，二曰祥雲。兩《唐志》無載，亡佚。

《星官次占》一卷。

不署撰者。兩《唐志》無載，亡佚。

《彗孛占》一卷。

不署撰者。《日本國見在書目録》著録《彗孛占》一卷，兩《唐志》無載，亡佚。

《二十八宿二百八十三官圖》一卷。

不署撰者。疑此書從陳卓所定《天文集占》析出。兩《唐志》無載，亡佚。

《荆州占》二十卷。宋通直郎劉嚴撰。梁二十二卷。

劉嚴：生平事迹不詳。《晋書》卷一二載，漢末劉表爲荆州牧，命武陵太守劉叡集天文衆占，名《荆州占》。《日本國見在書目録》著録《荆州占》廿二卷；《舊唐志》著録劉表《荆州占》二卷，又二十卷，劉叡撰；《新唐志》著録劉表《荆州占》二卷，劉叡《荆州星占》二十卷；《宋志》著録劉表《星經》一卷，又三卷，"五行類"著録劉表《荆州占》二卷。元明以後無載，亡佚。姚振宗以爲劉表所作爲經，劉叡所集爲傳，而劉嚴則將經傳合爲一書。

《翼氏占風》一卷。

翼氏：當指漢代翼奉，字少君，東海下邳（江蘇邳州市）人。好律曆陰陽之占。以中郎爲博士、諫大夫。《漢書》卷七五有傳。本部尚有其三部著述。《漢書》卷七五孟康注提及翼奉《風角》，疑此書從其析出別行。兩《唐志》無載，亡佚。

《日月暈》三卷。梁《日月暈圖》二卷。

不署撰者。《漢志》"天文家"著録《漢日食月暈雜變行事占驗》十三卷，疑此書爲其同類書，或其佚存者。兩《唐志》無載，亡佚。《日月暈圖》：不署撰者。兩《唐志》無載，亡佚。

《孝經内記》二卷。

不署撰者。《漢志》"天文家"著録《圖書祕記》十七篇；本志經部"讖緯類"著録《孝經内事》一卷，又載梁有《孝經内事圖》二卷、《孝經内事星宿講堂七十二弟子圖》。這都與此書爲一類書。兩《唐志》無載，亡佚。

《京氏釋五星災異傳》一卷。

京氏：指漢代京房，見本書卷三二"易類"。《漢志》"易家"著録《災異孟氏京房》六十六篇。兩《唐志》無載，亡佚。《全漢文》卷四四有輯文。

《京氏日占圖》 三卷。

> 不署撰者。兩《唐志》無載，亡佚。

《夏氏日旁氣》 一卷。許氏撰。梁四卷。

> 許氏：不詳何人。夏氏：不詳何人。《漢書》卷二六引夏氏
> 《日月傳》，《歷代名畫記》卷三載《占雲氣圖》，下注曰，京兆夏
> 氏。兩《唐志》無載，亡佚。

《日食弗候占》 一卷。

> 不署撰者。《史記》卷二七載，“朝鮮之拔，星弗於河戍”，
> 《索隱》解弗即孛星，彗星之屬。兩《唐志》無載，亡佚。

《魏氏日旁氣圖》 一卷。

> 魏氏：不詳何人。《歷代名畫記》卷三載，《占日雲氣圖》，下
> 注曰，“京兆夏氏、魏氏並有”。兩《唐志》無載，亡佚。

《日旁雲氣圖》 五卷。

> 不署撰者。《漢書》卷二六載，漢望氣王朔所候，決於日旁。
> 日旁雲氣，人主象。皆如其形以占。《漢志》“天文家”著錄《漢
> 日旁氣行事占驗》三卷、《漢日旁氣行占驗》十三卷。此書兩《唐
> 志》無載，亡佚。

《天文占雲氣圖》 一卷。梁有《雜望氣經》八卷，《候氣占》
一卷，《章賢十二時雲氣圖》二卷。

> 不署撰者。兩《唐志》無載。《雜望氣經》：不署撰者。《漢
> 志》“天文家”著錄《黃帝雜子氣》三十三篇、《常從日月星氣》
> 二十一卷。《歷代名畫記》卷三載有《望氣圖》。兩《唐志》無載，

亡佚。《候氣占》：不署撰者。兩《唐志》無載，亡佚。《章賢十二
時雲氣圖》：不署撰者。《漢志》"天文家" 著録《泰壹雜子雲雨》
三十四卷、《國章觀霓雲雨》三十四卷。《歷代名畫記》卷三載有
《章賢十二時雲雨氣圖》，兩《唐志》無載，亡佚。

《天文洪範日月變》一卷。
《洪範占》二卷。梁有《洪範五行星曆》四卷。

　　以上三書皆不署撰者。《魏書》卷四八載，高允上表言，其被
敕集天文災異，使事類相從，約而可觀。今僅依《洪範傳》《天文
志》，撮其事要，略其文辭，凡爲八篇。疑此三書源於其八篇。兩
《唐志》皆無載，亡佚。

《黃道晷景占》一卷。梁有《晷景記》二卷。

　　不署撰者。《漢志》"曆譜家" 著録《太歲謀日晷》二十九卷、
《日晷書》三十四卷，應與此書相類。兩《唐志》無載，亡佚。
《晷景記》：不署撰者。兩《唐志》無載，亡佚。

《月行黃道圖》一卷。梁有《日月交會圖》鄭玄注一卷，又
《日月本次位圖》二卷。

　　不署撰者。《後漢書·律曆志中》載賈逵曰，於黃道，自得行
度，不爲變，願請太史官日月宿簿及星度課，與待詔星象考校。兩
《唐志》無載，亡佚。《日月交會圖》：《歷代名畫記》卷三載《日
月交會圖》，鄭玄注。兩《唐志》無載，亡佚。《日月本次位圖》：
不署撰者。《歷代名畫記》卷三載《日月交會九道圖》，疑即此圖。
兩《唐志》無載，亡佚。

《月暈占》一卷。

　　不署撰者。兩《唐志》無載，亡佚。

《日月食暈占》四卷。

> 不署撰者。兩《唐志》無載，亡佚。

《日食占》一卷。

> 不署撰者。兩《唐志》無載，亡佚。

《日月薄蝕圖》一卷。

> 不署撰者。兩《唐志》無載，亡佚。

《日變異食占》一卷。

> 不署撰者。兩《唐志》無載，亡佚。

《日月暈珥雲氣圖占》一卷。梁有《君失政大雲雨日月占》二卷。

> 不署撰者。兩《唐志》無載，亡佚。《君失政大雲雨日月占》：不署撰者。兩《唐志》無載，亡佚。

《二十八宿十二次》一卷。

> 不署撰者。《晋書》卷一一載，根據星長的十二躔次（後亦根據二十八宿）將地上的州、國劃分爲十二個區域，使天地二者相對應，以星象變異預測相應地區之吉凶。兩《唐志》不載此書，亡佚。

《二十八宿分野圖》一卷。

> 不署撰者。《歷代名畫記》卷三載《二十八宿分野圖》，兩《唐志》無載，亡佚。

《五緯合雜》一卷。

　　不署撰者。五緯即五星。東方歲星，南方熒惑，西方太白，北方晨星，中央鎮星。言緯者，二十八宿隨天左轉爲經，五星右旋爲緯。見《周禮·春官·大宗伯》疏。兩《唐志》無載，亡佚。

《五星合雜説》一卷。

　　不署撰者。兩《唐志》無載，亡佚。

《垂象志》一百四十八卷。

　　不署撰者。《北史》卷八九載，庾季才撰《垂象志》一百四十二卷。此處脱撰者名。兩《唐志》無載，亡佚。

《太史注記》六卷。

　　不署撰者。《後漢書·百官志》載，太史令掌天時、星曆，凡國有瑞應、災異掌記之。明堂及靈臺丞掌守明堂、靈臺，靈臺掌候日月星氣，皆屬太史。此書當爲太史所職之記録。兩《唐志》無載，亡佚。

《靈臺祕苑》一百一十五卷。太史令庾季才撰。

　　庾季才：字叔奕，新野（今河南新野縣）人。幼穎悟，好占玄象。仕梁，爲中書郎領太史，封宜昌縣伯。入周，加驃騎大將軍、開府儀同三司。隋開皇初，授通直散騎常侍。撰《靈臺祕苑》《垂象志》《地形志》，並行於世。《梁書》卷五一、《隋書》卷七八、《北史》卷八九有傳。本志子部尚有其二部著述（實爲一部）。兩《唐志》著録庾季才《靈臺祕苑》一百二十卷，《宋志》無載。《四庫全書總目》卷一〇八著録《靈臺祕苑》十五卷，提要稱北周太史中大夫庾季才原撰，而宋人所重修也。卷一〇一《存目》著録《靈臺祕苑》一百二十卷，提要稱不著撰人名氏。此書書名、卷數與庾季才所撰相合，然書中所引故實迄於元末，乃明人所編輯。其現存最早的本子爲明抄本，通行本有四庫本。

右九十七部，合六百七十五卷。

九十七部：實際爲九十八部。另有亡書三十三部。

天文者，所以察星辰之變，而參於政者也。《易》曰："天垂象，見吉凶。"[1]《書》稱："天視自我人視，天聽自我人聽。"[2]故曰王政不修，譴見于天，[3]日爲之蝕。后德不修，譴見于天，月爲之蝕。其餘孛彗飛流，[4]見伏陵犯，[5]各有其應。《周官·馮相》"掌十有二歲、十有二月、十有二辰、十日、二十有八星之位，[6]辨其叙事，[7]以會天位"，[8]是也。小人爲之，則指凶爲吉，謂惡爲善，是以數術錯亂而難明。[9]

[1]易曰：見《易·繫辭上》。見，音現。其意爲，天垂示各象，現出或凶或吉。

[2]書稱：見《尚書·泰誓中》。其意爲，天因民以視聽，民所惡者天誅之。

[3]譴（zhé）見（xiàn）：古人以爲異常的天象是上天對人的譴責，出現災變的徵候，謂之譴見。

[4]孛彗：孛、彗皆屬彗星。飛流，飛、流皆指流星。

[5]見（xiàn）伏：顯現隱没，多指星宿的隱現。陵犯，冒犯、侵犯。

[6]馮相：今《周禮》卷二六作"馮相氏"，亦爲古代官名，屬春官。　十有二歲：指太歲左行於地，行有十二辰，一歲移一辰。　十有二月：指斗柄月建一辰，十二月而周，故曰十有二月。

十有二辰：指子、丑、寅、卯、辰、巳、午、未、申、酉、戌、亥。　十日：指甲、乙、丙、丁、戊、己、庚、辛、壬、癸。　二十有八星：東方角、亢、氐、房、心、尾、箕，北方斗、牛、女、虛、危、室、壁，西方奎、婁、胃、昴、畢、觜、參，南方井、鬼、柳、星、張、翼、軫。

[7]辨其叙事：歲、日、月、辰、星宿五者皆與人爲候之，以爲事業次叙，而事得分辨。

[8]以會天位：歲、日、月、辰、星宿五者在天會合，而爲時事之候。

[9]數術：或作術數，其涉古代天文、曆法、占卜等。

《四分曆》 三卷。梁《四分曆》三卷，漢修曆人李梵撰。梁又有《三統曆法》三卷，劉歆撰。亡。

不署撰者。《後漢書·律曆志中》載，明帝永平十二年，詔令張盛署弦望月食加時，《四分》之術，始頗施行。兩《唐志》著録《四分曆》一卷，《宋志》無載，亡佚。李梵：清河（今河北清河縣）人。官至太史令。《後漢書·律曆志中》載，元和二年，章帝召治曆編訢、李梵等綜校其狀。二月下詔，改行《四分》。兩《唐志》無載，疑此即不署撰者之《四分曆》。劉歆：見本書卷三二"春秋類"。《漢書》卷三六載，劉歆考定律曆，著《三統曆譜》。班固贊曰，《三統曆譜》，考步日月五星之度，有意其推本也。兩《唐志》著録劉歆《三統曆》一卷，《宋志》無載，亡佚。

《趙隱居四分曆》一卷。

趙隱居：不知何人。兩《唐志》無載，亡佚。

《魏甲子元三統曆》一卷。

不署撰者。兩《唐志》無載，亡佚。

《姜氏三紀曆》一卷。

《曆序》一卷。姜氏撰。

　　姜氏：當指姜岌，天水（今甘肅天水市）人。《晋書》卷一八載，後秦姜岌造《三紀甲子元曆》，以月蝕檢日宿度所在，爲曆術者宗焉。兩書兩《唐志》皆無載，亡佚。

《乾象曆》三卷。吳太子太傅闞澤撰。梁有《乾象曆》五卷，漢會稽都尉劉洪等注；又有闞澤注五卷；又《乾象五星幻術》一卷。亡。

　　闞澤：字德潤，會稽山陰（今浙江紹興市）人。究覽群書，兼通曆數。嘉禾中，爲中書令，加侍中。赤烏五年，拜太子太傅。著《乾象曆注》以正時日。《三國志》卷五三有傳。《晋書》卷一七載，吳中書令闞澤受劉洪《乾象法》於東萊徐岳，又加解注。《舊唐志》著錄《乾象曆》三卷，闞澤注，闞洋撰（疑爲"劉洪撰，闞澤注"之誤）；《新唐志》著錄劉洪《乾象曆術》三卷，闞澤注。《宋志》無載，亡佚。劉洪：字元卓，泰山蒙陰（今山東蒙陰縣）人。延熹中，以校尉應太史徵，遷常山長史，檢東觀著作作《律曆記》。遷會稽東部都尉。及造《乾象術》，考驗日月，與象相應，皆傳於世。見《後漢書·律曆志中》李賢注引《袁山松書》。《舊唐志》著錄《乾象曆術》三卷，劉洪撰；又著錄《乾象曆》三卷。《新唐志》著錄劉洪《乾象曆術》三卷，闞澤注；又著錄《乾象曆》三卷。《宋志》無載，亡佚。闞澤注五卷，疑爲闞澤注《乾象曆》之別本。《乾象五星幻術》：不署撰者。兩《唐志》無載，亡佚。

《曆術》一卷。吳太史令吳範撰。

　　兩《唐志》無載，亡佚。

《景初曆》三卷。晋楊偉撰。梁有《景初曆術》二卷，《景初曆法》三卷，又一本五卷，并楊偉撰；并《景初曆略要》二卷。亡。

《晋書》卷一七載，魏明帝景初元年，尚書郎楊偉造《景初曆》。《三國志》卷三載，明帝景初元年三月，改《太和曆》曰《景初曆》。兩《唐志》著録楊偉《魏景初曆》三卷，《宋志》無載，亡佚。《景初曆術》《景初曆法》：兩《唐志》皆無載，亡佚。《景初曆略要》：兩《唐志》無載，亡佚。

《景初壬辰元曆》一卷。楊沖撰。

疑此書即楊偉之《景初曆》，故"楊沖"或爲"楊偉"之誤。

《正曆》四卷。晋太常劉智撰。

劉智：見本書卷三二"禮類"。《晋書》卷一八載，武帝侍中平原劉智，以斗曆改憲，推《四分法》，飾以浮説，名爲《正曆》。《新唐志》著録劉智《正曆》四卷，薛夏訓。《宋志》無載，亡佚。

《河西甲寅元曆》一卷。涼太守趙厥撰。

趙厥：河西（黄河以西）人。善曆算，撰《甲寅元曆》。魏太武帝平涼，得趙厥所修《玄始曆》，以其代《景初曆》。見《宋書》卷九八、《魏書》卷一〇七。本志子部尚有其一部著述。《舊唐志》著録《河西甲寅元曆》一卷，李淳風撰，《新唐志》著録趙厥《河西甲寅元曆》一卷，《宋志》無載，亡佚。

《甲寅元曆序》一卷。趙厥撰。

兩《唐志》無載，亡佚。

《宋元嘉曆》二卷。何承天撰。梁又有《元嘉曆統》二卷，《元嘉中論曆事》六卷，《元嘉曆疏》一卷，《元嘉二十六年度日景數》一卷，亡。

《宋書》卷五載，元嘉二十二年，改用御史中丞何承天《元嘉新曆》。兩《唐志》著録何承天《宋元嘉曆》二卷，《宋志》無載，亡佚。《元嘉曆統》《元嘉中論曆事》《元嘉曆疏》《元嘉二十六年度日景數》：皆不署撰者，兩《唐志》無載，亡佚。

《曆術》一卷。何承天撰。梁有《驗日食法》三卷，何承天撰；又有《論頻月合朔法》五卷，《雜曆》七卷，《曆法集》十卷，又《曆術》十卷；《京氏要集曆術》四卷，姜岌撰。亡。

兩《唐志》無載，亡佚。《驗日食法》：兩《唐志》無載，亡佚。《論頻月合朔法》：不署撰者。《宋書》卷一二載錢樂之、嚴粲、皮延宗言，當是與何承天討論頻月合朔法。《雜曆》《曆法集》《曆術》：皆不署撰者，兩《唐志》均無載，亡佚。《京氏要集曆術》：《新唐志》著録《姜氏曆術》三卷，《宋志》無載，亡佚。

《曆術》一卷。崔浩撰。

崔浩：見本書卷三二“易類”。《魏書》卷一○七上載，真君中，司徒崔浩爲《壬寅元曆》，未及施行，浩誅，遂寢。《舊唐志》著録崔浩《曆疏》一卷，《新唐志》著録崔浩《律曆術》一卷，《宋志》無載，亡佚。

《神龜壬子元曆》一卷。後魏護軍將軍祖瑩撰。

祖瑩：字元珍，范陽遒（今河北淶水縣）人。累遷國子祭酒、秘書監。以參議律曆，賜爵容城縣子。天平年間，以功遷儀同三司，進爵爲伯。《魏書》卷八二、《北史》四七有傳。《魏書》卷一○七上載，神龜初，崔光上表言，張洪等與祖瑩等研窮其事，總合九家，共成一曆，請定名《神龜曆》。肅宗以曆就，大赦改元，因名《正光曆》，班於天下。兩《唐志》無載，亡佚。

《魏後元年甲子曆》一卷。

不署撰者。《魏書》卷一〇七上載，張洪至豫州續作甲子、己亥二元；張龍祥在京，獨修前事，以皇魏運水德，爲甲子元。另，李業興亦有《甲子元曆》一卷。疑此書或爲三人之一所作。兩《唐志》無載，亡佚。

《壬子元曆》一卷。後魏校書郎李業興撰。

李業興：上黨長子（今山西長子縣）人。博涉百家，尤長算曆。延昌中，爲《戊子元曆》上之。永平三年，以前造曆之勳，賜爵爲長子伯。累遷尚書左僕射、太原太守。作《甲子元曆》《九宮行棊曆》。《魏書》卷八四、《北史》卷八一有傳。本志子部尚有其三部著述。兩《唐志》無載，亡佚。

《甲寅元曆序》一卷。趙歐撰。

前已錄此書，此爲重出。

《魏武定曆》一卷。

不署撰者。兩《唐志》著錄《後魏武定曆》一卷，《宋志》無載，亡佚。

《齊甲子元曆》一卷。宋氏撰。
《宋景業曆》一卷。景業，後齊散騎常侍。

宋氏：當即宋景業，廣宗（今河北廣宗縣）人。爲陰陽緯候之學，兼明曆數。齊文宣天保初，封長城縣子，受詔撰《天保曆》。《北齊書》卷四九、《北史》卷八九有傳。《隋書》卷一七載，後齊文宣受禪，命散騎侍郎宋景業協圖讖，造《天保曆》。《舊唐志》

著録宋景業《北齊天保曆》一卷、《齊甲子曆》一卷，《新唐志》著録宋景業《北齊天保曆》一卷、《北齊甲子元曆》一卷。《宋志》無載，亡佚。疑以上二書實爲一書，《隋志》分列爲二，兩《唐志》依之。

《周天和年曆》一卷。甄鸞撰。

《隋書》卷一七載，周武帝時，甄鸞造《天和曆》。兩《唐志》著録甄鸞《曆術》一卷，《宋志》無載，亡佚。

《甲子元曆》一卷。李業興撰。

《魏書》卷一〇七下載，興和元年十月，齊獻武王入鄴，復命李業興改正《壬子曆》，立《甲子曆》。《新唐志》著録李業興《後魏甲子曆》一卷，《宋志》無載，亡佚。

《周大象年曆》一卷。王琛撰。

王琛：生平事迹不詳。本志本部尚有其七部著述。兩《唐志》著録王琛《周大象曆》二卷，《宋志》無載，亡佚。

《曆術》一卷。王琛撰。

兩《唐志》無載，然著録《周大象曆》二卷，是否已將《曆術》包括其中。

《壬辰元曆》一卷。

不署撰者。兩《唐志》著録趙𩀌《河西壬辰元曆》一卷，不知是否即此書。《宋志》無載，亡佚。

《甲午紀曆術》一卷。

不署撰者。兩《唐志》無載，亡佚。

《新造曆法》一卷。

不署撰者。《隋書》卷一七載，開皇十四年，高祖令張胄玄參定曆術。劉焯增損劉孝孫曆法，更名《七曜新術》。十七年，張胄玄曆成，奏上。二十年，劉焯以太子新立，復增修其書，名曰《皇極曆》，駁正張胄玄之短。兩《唐志》著錄劉焯《皇極曆》一卷，疑爲此書，《宋志》無載，亡佚。

《開皇甲子元曆》一卷。

《曆術》一卷。華州刺史張賓撰。

張賓：原爲道士。及文帝踐祚，被任命爲華州刺史。與劉暉等十餘人議造新曆，依何承天法，微加增損，開皇四年二月撰成奏上。不久，即頒行施用。見《隋書》卷一七、一八。此二書皆爲張賓等所撰曆書，兩《唐志》無載，亡佚。

《七曜本起》三卷。後魏甄叔遵撰。

甄叔遵：即甄鸞。七曜，指日、月及水、火、木、金、土五星。《漢志》"曆譜家"著錄《顓頊五星曆》十四卷、《日月宿曆》十三卷。《舊唐志》著錄《七曜本起曆》二卷，《新唐志》著錄《七曜本起曆》五卷，《宋志》無載，亡佚。

《七曜小甲子元曆》一卷。

不署撰者。兩《唐志》無載，亡佚。

《七曜曆術》一卷。梁《七曜曆法》四卷。

不署撰者。兩《唐志》無載，亡佚。《七曜曆法》：不署撰者。兩《唐志》無載，亡佚。

《七曜要術》一卷。

　　不署撰者。兩《唐志》無載，亡佚。

《七曜曆法》一卷。

　　不署撰者。兩《唐志》無載，亡佚。

《推七曜曆》一卷。

　　不署撰者。兩《唐志》無載，亡佚。

《五星曆術》一卷。

　　不署撰者。兩《唐志》無載，亡佚。

《天圖曆術》一卷。

　　不署撰者。兩《唐志》無載，亡佚。

《陳永定七曜曆》四卷。

　　不署撰者。兩《唐志》無載，亡佚。

《陳天嘉七曜曆》七卷。

　　不署撰者。兩《唐志》無載，亡佚。

《陳天康二年七曜曆》一卷。

　　不署撰者。兩《唐志》無載，亡佚。

《陳光大元年七曜曆》二卷。

　　不署撰者。兩《唐志》無載，亡佚。

《陳光大二年七曜曆》一卷。

　　不署撰者。兩《唐志》無載，亡佚。

《陳太建年七曜曆》十三卷。

　　不署撰者。兩《唐志》無載，亡佚。

《陳至德年七曜曆》二卷。

　　不署撰者。兩《唐志》無載，亡佚。

《陳禎明年七曜曆》二卷。

　　不署撰者。兩《唐志》無載，亡佚。

《開皇七曜年曆》一卷。

　　不署撰者。兩《唐志》無載，亡佚。

《仁壽二年七曜曆》一卷。

　　不署撰者。兩《唐志》無載，亡佚。

《七曜曆經》四卷。張賓撰。

　　兩《唐志》無載是書，亡佚。

《春秋去交分曆》一卷。

　　不署撰者。兩《唐志》無載，亡佚。

《曆日義說》一卷。

　　不署撰者。《新唐志》著錄《曆日義統》一卷，《宋志》無載，
亡佚。

《律曆注解》一卷。

　　不署撰者。《漢志》"曆譜家"著録《律曆數法》三卷，此書或解釋其書。兩《唐志》無載，亡佚。

《龍曆草》一卷。

　　不署撰者，《隋書》卷一七載，後魏獻帝時，有龍宜弟復修延興之曆。疑"龍"下或脱"宜弟"，或脱"氏"。此書應爲其所作《曆草》，兩《唐志》無載，亡佚。

《推漢書律曆志術》一卷。

　　不署撰者。兩《唐志》無載，亡佚。

《推曆法》一卷。崔隱居撰。

　　崔隱居：隱居，大抵非其名。生平事迹不詳。兩《唐志》無載，亡佚。

《曆疑質讞序》二卷。

　　不署撰者。《隋書》卷一七載，張胄玄曆成，高祖付楊素等校其短長。劉暉等執舊曆術，迭相駁難，其文甚多。疑此書記載其事。兩《唐志》無載，亡佚。

《興和曆疏》二卷。

　　不署撰者。《魏書》卷八四載，興和初，李業興又爲《甲子元曆》，時見施用。此書或爲當時諸臣平議得失之奏疏，或爲後人疏解此曆之作。兩《唐志》無載，亡佚。

《七曜曆數算經》一卷。趙畋撰。

　　兩《唐志》無載，亡佚。

《算元嘉曆術》一卷。

不署撰者。《宋書》卷一三載，元嘉二十年，太祖使著作令史吳癸依漢劉洪之法，制新術，令太史施用之。疑此書爲吳癸所作。兩《唐志》無載，亡佚。

《七曜曆疏》一卷。李業興撰。

兩《唐志》無載，亡佚。

《七曜義疏》一卷。李業興撰。

兩《唐志》無載，亡佚。

《七曜術算》二卷。甄鸞撰。

兩《唐志》著錄甄鸞《七曜曆算》二卷，《宋志》無載，亡佚。

《七曜曆疏》五卷。太史令張冑玄撰。

張冑玄：渤海蓨（今河北景縣）人。博學多通，尤精術數。高祖徵授雲騎尉，直太史，參議律曆事。大業中卒官。《隋書》卷七八、《北史》卷八九有傳。兩《唐志》著錄張冑玄《七曜曆疏》三卷，《宋志》無載，亡佚。

《陰陽曆術》一卷。趙畋撰。梁有《朔氣長曆》二卷，皇甫謐撰；《曆章句》二卷，《月令七十二候》一卷，《三五曆說圖》一卷。亡。

兩《唐志》無載，亡佚。皇甫謐：見本書卷三三"雜史類"。兩《唐志》不載是書，亡佚。《曆章句》《月令七十二候》：皆不署撰者。兩《唐志》無載，亡佚。《三五曆說圖》：不署撰者。三五，

謂三十歲一小變，五百歲一大變。見《史記》卷二七《索隱》。兩
《唐志》無載，亡佚。

《雜注》一卷。

　　不署撰者。兩《唐志》無載，亡佚。

《曆注》一卷。

　　不署撰者。兩《唐志》無載，亡佚。

《曆記》一卷。

　　不署撰者。兩《唐志》無載，亡佚。

《雜曆》二卷。

　　不署撰者。兩《唐志》無載，亡佚。

《雜曆術》一卷。梁《三棊推法》一卷。

　　不署撰者。兩《唐志》無載，亡佚。《三棊推法》：不署撰者。
兩《唐志》無載，亡佚。

《太史注記》六卷。
《太史記注》六卷。

　　兩書皆不署撰者。兩書可能是同一本書，也可能是同類書，爲
太史署日行注記之書。見《後漢書・律曆志中》。兩《唐志》不載
二書，亡佚。

《見行曆》一卷。

　　不署撰者。《隋書》卷一八載，仁壽四年，劉焯言及張冑玄所
上《見行曆》。此書可能是張冑玄於開皇十七年撰成而行用之曆。

兩《唐志》無載，亡佚。

《八家曆》一卷。

不署撰者。《隋書》卷一七載，大象元年，太史上士馬顯等上《丙寅元曆》有表，言及“凡所上曆，合有八家，精粗蹐駁，未能盡善”。此書可能是馬顯等造新曆的藍本。兩《唐志》無載，亡佚。

《漏刻經》一卷。何承天撰。梁有後漢待詔太史霍融、何承天、楊偉等撰三卷，亡。

《南史》卷三三載，何承天改定《元嘉曆》，改漏刻用二十五箭，皆從之。兩《唐志》著錄何承天《刻漏經》一卷，《宋志》無載，亡佚。霍融：生平事迹不詳。《後漢書·律曆志中》載，永元十四年，詔用夏曆漏刻。此三卷書當爲霍融、楊偉、何承天所作之合集。兩《唐志》無載，亡佚。

《漏刻經》一卷。祖暅撰。

《隋書》卷一九載，梁令祖暅爲《漏經》，皆依渾天黃道日行去極遠近，爲用箭日率。兩《唐志》無載，亡佚。

《漏刻經》一卷。梁中書舍人朱史撰。

朱史：生平事迹不詳。《隋書》卷一九載，陳文帝天嘉中，命舍人朱史造漏，依古百刻爲法。《日本國見在書目録》著録《漏尅經》三卷，朱史撰。兩《唐志》著録朱史《刻漏經》一卷，《宋志》無載，亡佚。

《漏刻經》一卷。梁代撰。梁有《天監五年修漏刻事》一卷，亡。

不署撰者。《玉海》卷一一載，《通典》天監六年以舊漏乖舛，

敕員外郎祖常（當爲祖暅）治之，漏刻成。疑此書與前録祖暅撰
《漏刻經》爲一書。《天監五年修漏刻事》：不署撰者。兩《唐志》
無載，亡佚。

《漏刻經》 一卷。陳太史令宋景撰。

　　宋景：生平事迹不詳。兩《唐志》著録宋景《刻漏經》一卷，
《宋志》無載，亡佚。

《雜漏刻法》十一卷。皇甫洪澤撰。

　　皇甫洪澤：生平事迹不詳。兩《唐志》無載，亡佚。

《晷漏經》 一卷。

　　不署撰者。《隋書》卷一九載，開皇十四年，鄜州司馬袁充上
《晷影漏刻》。疑或即此書，兩《唐志》無載，亡佚。

《九章術義序》 一卷。

　　不署撰者。或《九章》舊序，或劉徽注《九章算術》之序。
兩《唐志》無載。

《九章算術》 十卷。劉徽撰。

　　劉徽：生平事迹不詳。《晉書》卷一六載，魏景元四年，劉徽
注《九章》。《日本國見在書目録》著録《九章》九卷，劉徽注；
《新唐志》著録李淳風注《九章算術》九卷；《宋志》著録《注九
章算經》九卷，魏劉徽、唐李淳風注。《四庫全書總目》卷一〇七
著録《九章算術》九卷，提要稱此蓋《周禮·保氏》之遺法，不
知何人所傳。述此書者當在西漢中葉以後。舊本有注，題曰劉徽所
作。《九章算術》爲算經十書之首，北宋以來其術罕傳。將分載於
《永樂大典》者，依類裒集，尚九篇俱在。並推尋其注之意，爲之

補圖，以成全帙。《九章算經》九卷，劉徽注，李淳風注釋，爲宋刻本，今存五卷。此書通行本有四庫本、叢書集成本、四部叢刊本等。1984 年湖北江陵張家山 247 號漢墓出土漢簡《算術書》，其内容與傳世《九章算術》前七章的主要内容十分接近，其成書年代約爲公元 90 年以後。

《九章算術》二卷。徐岳、甄鸞重述。

徐岳：字公河，東萊（今山東萊州市）人。見《宋書》卷一二。《舊唐志》著録徐岳《九章算術》一卷，甄鸞《九章算經》九卷；《新唐志》著録徐岳《九章算術》九卷，甄鸞《九章算經》九卷。《宋志》無載，亡佚。

《九章算術》一卷。李遵義疏。

李遵義：生平事迹不詳。兩《唐志》無載，亡佚。

《九九算術》二卷。楊淑撰。

楊淑：生平事迹不詳。兩《唐志》無載，亡佚。

《九章別術》二卷。

不署撰者。兩《唐志》無載，亡佚。

《九章算經》二十九卷。徐岳、甄鸞等撰。

前已著録徐岳、甄鸞重述《九章算術》二卷，此二十九卷之《九章算術》當爲某人益以他家術數録爲此帙。兩《唐志》無載，亡佚。

《九章算經》二卷。徐岳注。

此書或爲徐岳單注本。兩《唐志》無載，亡佚。

《九章六曹算經》一卷。

不署撰者。兩《唐志》著録甄鸞《五曹算經》五卷。五曹，指田、兵、集、倉、金五曹，六曹何指，不得而知。兩《唐志》無載，亡佚。

《九章重差圖》一卷。劉徽撰。

兩《唐志》著録劉徽《九章重差圖》一卷、《海島算經》一卷，又有訛爲劉向撰《九章重差》一卷。姚振宗以爲這三部書，其實是同一部書，而且是《九章算術》十卷之一，其另本單行，於兩《唐志》中以不同書名三出。

《九章推圖經法》一卷。張崚撰。

張崚：生平事迹不詳。兩《唐志》無載，亡佚。

《綴術》六卷。

不署撰者。《南史》卷七二載，祖冲之注《九章》，造《綴述》。《日本國見在書目録》著録《綴術》六卷，兩《唐志》著録祖冲之《綴術》五卷，李淳風注。《宋志》無載，亡佚。

《孫子算經》二卷。

不署撰者。《舊唐志》著録《孫子算經》三卷，甄鸞撰注；《新唐志》著録李淳風注《甄鸞孫子算經》三卷；《宋志》著録不知名之《孫子算經》三卷，又著録李淳風注釋《孫子算經》三卷。《四庫全書總目》卷一〇七著録《孫子算經》三卷，提要以書中有後漢人語，駁朱彝尊所言《孫子算經》出自孫武之説。此書久佚，從《永樂大典》所載裒集編次，仍爲三卷，而甄鸞、李淳風之注則不可考。《孫子算經》三卷，李淳風等注釋，有宋嘉定六年鮑澣之刻本。此書通行本有四庫本、叢書集成本等。

《趙畋算經》一卷。

兩《唐志》無載，亡佚。

《夏侯陽算經》二卷。

夏侯陽：生平事迹不詳。《舊唐志》著録《夏侯陽算經》三卷，甄鸞注；《新唐志》著録《夏侯陽算經》一卷，甄鸞注；《宋志》著録夏侯陽《算經》三卷。《直齋書録解題》卷一四著録《算經》三卷，夏侯陽撰。曰"今本無注，元豐京監本"。《四庫全書總目》卷一○七著録《夏侯陽算經》三卷，提要稱，從夏侯陽序中言，知其在甄鸞之後，而《唐志》又著録甄鸞注此書，二者矛盾，疑傳其學者，有所竄亂附益。今傳本久佚，唯《永樂大典》有之，又尚幸存原序、原目，可以尋繹編次，條貫其文，裒輯排比，仍依元豐監本，編爲三卷。此書現存清影抄宋本，通行本有四庫本、叢書集成本等。

《張丘建算經》二卷。

張丘建：生平事迹不詳。《舊唐志》著録《張丘建算經》一卷，甄鸞撰；《新唐志》著録《張丘建算經》一卷，甄鸞注；《宋志》著録張丘建《算經》三卷。《直齋書録解題》卷一四著録《算經》三卷，張丘建撰。《四庫全書總目》卷一○七著録《張邱建算經》三卷，提要以爲此書出於甄鸞之前，夏侯陽之後。稱此本爲汲古閣影抄宋本，題甄鸞注經，李淳風等奉敕注釋，劉孝孫撰細草。此書現存最早的本子爲宋刻本，通行本有四庫本、叢書集成本等。

《五經算術録遺》一卷。
《五經算術》一卷。

　　二書皆不署撰者。前者可能是後者之拾遺，內容應屬同類。《日本國見在書目録》著録《五經算》二卷，《舊唐志》著録《五曹算經》三卷，甄鸞撰；《新唐志》著録李淳風注《五經算術》二卷。《四庫全書總目》卷一〇七著録《五經算術》二卷，甄鸞撰、李淳風注。提要言，此書撰者、注者是四庫館臣考證認定的。並稱此書世無傳本，唯散見於《永樂大典》中，雖割裂失次，尚屬完書，依《唐志》所載之數，釐爲上下二卷。通行本有四庫本、叢書集成本等。

《算經異義》一卷。張纘撰。

　　張纘：字伯緒，范陽方城（今河北固安縣）人。起家秘書郎，累任吏部尚書、湘州刺史等職。太清二年，授雍州刺史，前刺史岳陽王蕭詧不受代，遂害之。著有《鴻寶》一百卷、文集二十卷。《梁書》卷三四、《南史》卷五六有傳。本志集部尚有其一部著述。兩《唐志》無載是書，亡佚。

《張去斤算疏》一卷。

　　張去斤：生平事迹不詳。兩《唐志》無載，亡佚。

《算法》一卷。

　　不署撰者。兩《唐志》無載，亡佚。

《黃鍾算法》三十八卷。

　　不署撰者。兩《唐志》無載，亡佚。

《算律呂法》一卷。

　　不署撰者。兩《唐志》無載，亡佚。

《衆家算陰陽法》一卷。

　　不署撰者。兩《唐志》無載，亡佚。

《婆羅門算法》三卷。

　　不署撰者。兩《唐志》無載，亡佚。

《婆羅門陰陽算曆》一卷。

　　不署撰者。《日本國見在書目録》著録《婆羅門陰陽算曆》一
卷，兩《唐志》無載，亡佚。

《婆羅門算經》三卷。

　　疑此書即前已著録之《婆羅門算法》。

　　右一百部，二百六十三卷。

　　一百部：實爲一〇八部。另著録亡書二十五部。

　　曆數者，所以揆天道，察昏明，以定時日，以處百
事，以辨三統，[1]以知陬會，[2]吉隆終始，[3]窮理盡性，
而至於命者也。《易》曰：“先王以治曆明時。”[4]《書》
叙：“朞，三百有六旬有六日，以閏月定四時，成
歲。”[5]《春秋傳》曰：“先王之正時也，履端於始，舉
正於中，歸餘於終。”[6]又曰：“閏以正時，時以序事，
事以厚生，生民之道。”[7]其在《周官》，則亦太史之
職。[8]小人爲之，則壞大爲小，削遠爲近，是以道術破
碎而難知。

　　[1]三統：指夏、商、周三代的正朔。夏正建寅爲人統，商正

建丑爲地統，周正建子爲天統。

　　[2]阨（è）會：灾難。

　　[3]吉隆：吉祥興盛。

　　[4]易曰：見《周易·革卦》，原文作"君子以治曆明時"。其意爲，君子修明曆法，明確時令。

　　[5]書叙：見《尚書·堯典》。朞（jī），一周年、一個月、一晝夜，此指一年。其意爲，一年十二個月，每月三十日，共三百六十日，又有六個月是小月，故一年餘十二日，不足三年即得一月，於是置閏月以定四時之氣節，成一歲之曆象。

　　[6]春秋傳曰：見《左傳》文公元年。其意爲，步曆之始以術爲端首。一年三百六十六日，日月之行又有遲速，而必分爲十二個月，舉中氣以正。月有餘日，則歸之於終，積而爲閏。

　　[7]又曰：見《左傳》文公六年。其意爲，四時漸差，則致閏以正之。順時命事，事不失時，則能豐年，生民之道是也。

　　[8]太史之職：《周禮·春官·太史》載，正歲年以序事，頒之於官府及都鄙，頒告朔於邦國。

《黄帝飛鳥曆》一卷。張衡撰。

　　兩《唐志》著録張衡《黄帝飛鳥曆》，《宋志》無載，亡佚。

《黄帝四神曆》一卷。吴範撰。

　　四神：指蒼龍、白虎、朱雀、玄武四星之精。兩《唐志》無載，亡佚。

《黄帝地曆》一卷。

　　不署撰者。兩《唐志》無載，亡佚。

《黄帝斗曆》一卷。

不署撰者。《新唐志》著録《黃帝斗曆》一卷，《宋志》無載，亡佚。

《黃石公北斗三奇法》一卷。

本志"兵家"著録《黃石公三奇法》，疑與此書爲同一書。

《風角集要占》十二卷。

不署撰者。《後漢書》卷三〇下有注曰，風角謂候四方四隅之風，以占吉凶也。兩《唐志》無載，亡佚。

《風角要占》三卷。梁八卷，京房撰。

京房：見本書卷三二"易類"。兩《唐志》無載，亡佚。

《風角占》三卷。梁有《侯公領中風角占》四卷，亡。

不署撰者。兩《唐志》無載，亡佚。《侯公領中風角占》：不署撰者。兩《唐志》無載，亡佚。

《風角總占要決》十一卷。梁有《風角總集》一卷，《風角雜占要決》十二卷，亡。

不署撰者。兩《唐志》無載，亡佚。《風角總集》《風角雜占要決》：皆不署撰者。兩《唐志》無載，亡佚。

《風角雜占》四卷。梁有《風角雜占》十卷，亡。

不署撰者。兩《唐志》無載，亡佚。

《風角要集》十卷。

不署撰者。兩《唐志》無載，亡佚。

《風角要集》六卷。梁十一卷。

　　不署撰者。兩《唐志》無載，亡佚。

《風角要集》一卷。

　　不署撰者。兩《唐志》無載，亡佚。

《風角要候》十一卷。翼奉撰。

　　翼奉：字少君，東海下邳（今江蘇邳州市）人。篤學不仕，好律曆陰陽之占。元帝在位，以中郎爲博士、諫大夫，年老以壽終。《漢書》卷七五有傳。本部尚有其著述二部。兩《唐志》著録翼奉《風角要候》一卷，《宋志》無載，亡佚。

《風角書》十二卷。梁十卷。

　　不署撰者。兩《唐志》無載，亡佚。

《風角》七卷。章仇太翼撰。

　　章仇太翼：即盧太翼，字協昭，河間（今河北河間市）人。本姓章仇氏。善占候算曆之術，隱於白鹿山。煬帝即位，賜姓盧氏。所言天文之事，不可稱數。《隋書》卷七八、《北史》卷八九有傳。兩《唐志》無載，亡佚。

《風角占候》四卷。梁有《風角雜兵候》十三卷，亡。

　　不署撰者。兩《唐志》無載，亡佚。《風角雜兵候》：不署撰者。兩《唐志》無載，亡佚。

《風角鐶歷占》二卷。吕氏撰。

　　吕氏：不詳何人。兩《唐志》無載，亡佚。

《風角要候》一卷。章仇太翼撰。

　　兩《唐志》無載，亡佚。

《兵法風角式》一卷。

　　不署撰者。兩《唐志》無載，亡佚。

《戰鬭風角鳥情》三卷。梁有《風角五音六情經》十三卷，《風角兵候》十二卷，亡。

　　不署撰者。兩《唐志》無載，亡佚。《風角五音六情經》《風角兵候》：不署撰者。兩《唐志》無載，亡佚。

《風角鳥情》一卷。翼氏撰。

　　翼氏：即翼奉。兩《唐志》無載，亡佚。

《風角鳥情》二卷。儀同臨孝恭撰。

　　臨孝恭：京兆（今陝西西安市）人。明天文算術，每言灾祥之事，未嘗不中。隋文帝令其考定陰陽，官至上儀同。著《遁甲月令》《九宮龜經》《太一式經》等，並行於世。《隋書》卷七八、《北史》卷八九有傳。本志子部尚有其二部著述。兩《唐志》著錄劉（此疑“臨”之誤）孝恭《風角鳥情》二卷，《宋志》無載，亡佚。

《陰陽風角相動法》一卷。梁有《風角迴風卒起占》五卷，《風角地辰》一卷，《風角望氣》八卷，《風雷集占》一卷。

　　不署撰者。兩《唐志》無載，亡佚。《風角迴風卒起占》《風角地辰》《風角望氣》《風雷集占》：皆不署撰者，兩《唐志》均無載，亡佚。

《五音相動法》二卷。

　　不署撰者。兩《唐志》無載，亡佚。

《五音相動法》一卷。梁有《風角五音占》，京房撰，亡。

　　不署撰者。兩《唐志》無載，亡佚。《風角五音占》：疑此書
自京房《易傳》及《風角要占》中抄出。兩《唐志》無載，亡佚。

《風角五音圖》二卷。

　　不署撰者。《歷代名畫記》卷三載《風角五音圖》，兩《唐志》
無載，亡佚。

《風角雜占五音圖》五卷。翼氏撰。梁十三卷，京房撰，翼奉
撰，亡。

　　翼氏：即翼奉。兩《唐志》無載，亡佚。京房撰、翼奉撰，其
間有脫訛，然無所據，待考。

《黃帝九宮經》一卷。

　　不署撰者。《後漢書》卷五九載，《易乾鑿度》曰，“太一取其
數以行九宮”。鄭玄注曰，“太一者，北辰神名也。下行八卦之宮，
每四乃還於中央。中央者，北辰之所居，故謂之九宮”。兩《唐
志》無載，亡佚。

《九宮經》三卷。鄭玄注。梁有《黃帝四部九宮》五卷，亡。

　　《日本國見在書目録》著録《九宮式經》一卷；《九宮經》四
卷，鄭司農經。兩《唐志》無載，亡佚。《黃帝四部九宮》：不署
撰者。兩《唐志》無載，亡佚。

《九宮行棊經》三卷。鄭玄注。

《舊唐志》著録《九宮行棊經》三卷，鄭玄撰；《新唐志》著録鄭玄注《九宮行棊經》三卷。姚振宗以爲《後漢書·鄭玄傳》未言其撰此書，疑後世術數家從《乾鑿度》注本中抄出別行。

《九宮行棊經》三卷。

不署撰者。兩《唐志》無載，亡佚。

《九宮行棊法》一卷。房氏撰。

房氏：不詳何人。兩《唐志》無載，亡佚。

《九州行棊立成法》一卷。王琛撰。

此書名當作《九宮行棊立成法》。兩《唐志》著録王琛《九宮行棊立成》一卷，《宋志》無載，亡佚。

《九宮行棊雜法》一卷。

不署撰者。兩《唐志》無載，亡佚。

《九宮行棊法》一卷。

不署撰者。兩《唐志》無載，亡佚。

《行棊新術》一卷。

不署撰者。兩《唐志》無載，亡佚。

《九宮行棊鈔》一卷。

不署撰者。兩《唐志》無載，亡佚。

《九宮推法》一卷。

不署撰者。兩《唐志》無載，亡佚。

《三元九宮立成》二卷。

　　不署撰者。兩《唐志》無載，亡佚。

《九宮要集》一卷。豆盧晃撰。

　　豆盧晃：生平事迹不詳。兩《唐志》無載，亡佚。

《九宮經解》二卷。李氏注。

　　李氏：不詳何人。《舊唐志》著録《九宮經解》二卷，《新唐志》著録《九宮經解》三卷，《宋志》無載，亡佚。

《九宮圖》一卷。

　　不署撰者。兩《唐志》無載，《宋志》著録《九宮圖》一卷，元明以後無載，亡佚。

《九宮變圖》一卷。

　　不署撰者。兩《唐志》無載，亡佚。

《九宮八卦式蟠龍圖》一卷。

　　不署撰者。兩《唐志》無載，亡佚。

《九宮郡縣録》一卷。

　　不署撰者。兩《唐志》無載，亡佚。

《九宮雜書》十卷。梁有《太一九宮雜占》十二卷，亡。

　　不署撰者。兩《唐志》無載，亡佚。《太一九宮雜占》：不署撰者。兩《唐志》無載，亡佚。

《射候》二卷。

　　不署撰者。兩《唐志》無載，亡佚。

《太一飛鳥曆》一卷。王琛撰。

　　太一，亦作泰一。《史記·封禪書》"天神貴者太一"。《天官書》"中宮天極星，其一明者，太一常居也"。《漢志》"陰陽家"著録《泰一陰陽》二十三卷，"五行家"著録《泰一》二十九卷，"天文家"著録《泰壹雜子雲雨》三十四卷。兩《唐志》無載，亡佚。

《太一飛鳥曆》一卷。

　　不署撰者。兩《唐志》著録《太一飛鳥曆》一卷，《宋志》無載，亡佚。

《太一飛鳥曆》二卷。

　　不署撰者。兩《唐志》無載，亡佚。

《太一十精飛鳥曆》一卷。

　　不署撰者。兩《唐志》無載，《宋志》著録《太一飛鳥十精曆》一卷，元明以後無載，亡佚。

《太一飛鳥立成》一卷。

　　不署撰者。《隋書》卷七八載，蕭吉尤精陰陽算術，著《太一立成》一卷，或即此書。兩《唐志》無載，亡佚。

《太一飛鳥雜決捕盜賊法》一卷。

　　不署撰者。兩《唐志》無載，亡佚。

《太一三合五元要決》一卷。梁有《黄帝太一雜書》十六卷，《黄帝太一度厄祕術》八卷，《太一帝記法》八卷，《太一雜用》十四卷，《太一雜要》七卷，《雜太一經》八卷，亡。

　　不署撰者。兩《唐志》無載，亡佚。《黄帝太一雜書》《黄帝太一度厄祕術》《太一帝記法》《太一雜用》《太一雜要》《雜太一經》：均不署撰者，兩《唐志》皆無載，亡佚。

《太一龍首式經》一卷。董氏注。梁三卷。梁又有《式經》三十三卷，亡。

　　董氏：不詳何人。《新唐志》著録董氏《大龍首式經》一卷，《宋志》無載，亡佚。　《式經》：不署撰者。兩《唐志》無載，亡佚。

《太一經》二卷。宋琨撰。

　　宋琨：生平事迹不詳。《日本國見在書目録》著録《太一經》二卷，宋昆撰；兩《唐志》著録宋琨《式經》一卷，《宋志》無載，亡佚。

《太一式雜占》十卷。梁二十卷。

　　不署撰者。《新唐志》著録《太一式經雜占》十卷，《宋志》無載，亡佚。

《太一九宮雜占》十卷。

　　不署撰者。《新唐志》有著録，《宋志》無載，亡佚。

《黄帝飛鳥曆》一卷。

　　不署撰者。與前録張衡撰《黄帝飛鳥曆》應有一定關聯，或其別本，或同類之書。兩《唐志》無載，亡佚。

《黃帝集靈》三卷。

不署撰者。集黃帝靈異事。《新唐志》有著録，《宋志》無載，亡佚。

《黃帝絳圖》一卷。

不署撰者。《新唐志》著録《黃帝降國》（"降國"當作"絳圖"）一卷，《宋志》無載，亡佚。

《黃帝龍首經》二卷。

不署撰者。《新唐志》有著録，《宋志》著録此書爲一卷。正統本《道藏》中有《黃帝龍首經》二卷，《孫氏祠堂書目》著録《黃帝龍首經》二卷。此書上下二卷，七十二占。

《黃帝式經三十六用》一卷。曹氏撰。

曹氏：不詳何人。《新唐志》有著録，《宋志》無載，亡佚。

《黃帝式用當陽經》二卷。

不署撰者。疑"當陽"爲"常陽"。《日本國見在書目録》著録《黃帝式用常年經》一卷，《新唐志》著録《黃帝式用常陽經》一卷。《郡齋讀書志》卷一四著録《常陽經》一卷，稱《崇文目》題曰《黃帝式用》，蓋六壬占卜術也。元明以後無載，亡佚。

《黃帝奄心圖》一卷。

不署撰者。兩《唐志》無載，亡佚。

《玄女式經要法》一卷。

不署撰者。《新唐志》著録《玄女式經要訣》一卷，《四庫全書總目》卷一一一著録《玄女經》一卷，提要稱舊本題《黄帝授三子玄女經》，蓋術數家依託所爲。

《黄帝陰陽遁甲》六卷。

不署撰者。《後漢書》卷八二上有注曰，"遁甲，推六甲之陰而隱遁也"。兩《唐志》無載，亡佚。

《遁甲決》一卷。吴相伍子胥撰。
《遁甲文》一卷。伍子胥撰。

伍子胥：楚人。楚平王殺其父、兄，伍子胥奔宋、奔鄭，輾轉入吴。吴王闔閭召其爲行人，伐楚建大功。夫差即位，聽太宰嚭之讒言，賜伍子胥自剄死。《史記》卷六六有傳。《漢志》"雜家"著録《伍子胥》八篇，"兵技巧家"著録《五子胥》十篇、《圖》一卷。兩《唐志》著録《遁甲文》一卷，《宋志》無載，亡佚。

《遁甲經要鈔》一卷。

不署撰者。《日本國見在書目録》著録《遁甲經要抄》一卷，抱朴子撰。兩《唐志》無載，亡佚。

《遁甲萬一決》二卷。

不署撰者。兩《唐志》著録《遁甲萬一訣》三卷，《宋志》著録《遁甲萬一訣》。《郡齋讀書志》卷一四著録《遁甲萬一訣》一卷，稱書題唐李靖所纂黄帝書。以休、生、傷、杜、景、死、驚、開八門，推國家之吉凶。元明以後無載，亡佚。

《遁甲九元九局立成法》一卷。

不署撰者。兩《唐志》無載，亡佚。

《遁甲肘後立成囊中祕》一卷。葛洪撰。

《抱朴子·登涉》曰，"余少有入山之志，由此乃行學遁甲書，乃有六十餘卷，事不可卒精，故鈔集其要"。兩《唐志》無載，亡佚。

《遁甲囊中經》一卷。

不署撰者。兩《唐志》著録《遁甲囊中經》一卷，《宋志》無載，亡佚。

《遁甲囊中經疏》一卷。

不署撰者。兩《唐志》無載，亡佚。

《遁甲立成》六卷。

不署撰者。《日本國見在書目録》有著録，兩《唐志》無載，亡佚。

《遁甲叙三元玉曆立成》一卷。郭弘遠撰。

郭弘遠：生平事迹不詳。兩《唐志》無載，亡佚。

《遁甲立成》一卷。

不署撰者。兩《唐志》無載，亡佚。

《遁甲立成法》一卷。臨孝恭撰。

《隋書》卷七八載，臨孝恭著《遁甲月令》十卷。《北史》卷八九載，臨孝恭著《遁甲録》十卷。兩《唐志》著録《遁甲立成法》三卷，不署撰者，疑即此書。《宋志》無載，亡佚。

《遁甲穴隱祕處經》一卷。

不署撰者。兩《唐志》無載，亡佚。

《黃帝九元遁甲》一卷。王琛撰。

兩《唐志》無載，亡佚。

《黃帝出軍遁甲式法》一卷。

不署撰者。兩《唐志》無載，亡佚。

《遁甲法》一卷。

不署撰者。兩《唐志》無載，亡佚。

《遁甲術》一卷。

不署撰者。兩《唐志》無載，亡佚。

《陽遁甲用局法》一卷。臨孝恭撰。

兩《唐志》無載，亡佚。

《雜遁甲鈔》四卷。

不署撰者。兩《唐志》無載，亡佚。

《三元遁甲上圖》一卷。

不署撰者。《新唐志》著錄《三元遁甲立成圖》二卷，疑其爲此書之全帙。《宋志》無載，亡佚。

《三元遁甲圖》三卷。

不署撰者。兩《唐志》著錄葛洪《三元遁甲圖》三卷。《抱朴子·自叙》言，“晚學風角望氣、三元遁甲、六壬太一之法，粗知其旨”。《宋志》無載，亡佚。

《遁甲九宮八門圖》一卷。

　　不署撰者。兩《唐志》著録《遁甲九宮八門圖》一卷，《宋志》無載，亡佚。

《遁甲開山圖》三卷。榮氏撰。

　　榮氏：不詳何人。兩《唐志》著録榮氏《遁甲開山圖》二卷，《宋志》無載，亡佚。

《遁甲返覆圖》一卷。葛洪撰。

　　兩《唐志》無載，亡佚。

《遁甲年録》一卷。

　　不署撰者。兩《唐志》無載，亡佚。

《遁甲支手决》一卷。

　　不署撰者。兩《唐志》無載，亡佚。

《遁甲肘後立成》一卷。

　　不署撰者。兩《唐志》無載，亡佚。

《遁甲行日時》一卷。

　　不署撰者。兩《唐志》無載，亡佚。

《遁甲孤虚記》一卷。伍子胥撰。

　　本志“兵家”著録《六甲孤虚兵法》一卷，兩《唐志》“兵家”著録《伍子胥兵法》一卷，疑皆與此書爲一書。《宋志》無載，亡佚。

《遁甲孤虛注》一卷。

　　不署撰者。兩《唐志》無載，亡佚。

《東方朔歲占》一卷。

　　不署撰者。東方朔，見本書卷三三"地理類"。兩《唐志》無載，亡佚。

《斗中孤虛圖》一卷。

　　不署撰者。兩《唐志》無載，亡佚。

《孤虛占》一卷。

　　不署撰者。兩《唐志》無載，亡佚。

《遁甲九宮亭亭白姦書》一卷。

　　不署撰者。兩《唐志》無載，亡佚。

《戰鬪博戲等法》一卷。

　　不署撰者。兩《唐志》無載，亡佚。

《玉女反閉局法》三卷。

　　不署撰者。《日本國見在書目録》著録《玉女反閉》四卷、《玉女反閉局抄》一卷，兩《唐志》無載，《宋志》著録《遁甲玉女反閉局》一卷，元明以後無載，亡佚。

《逆刺》一卷。京房撰。

　　《漢書》卷六五顔師古注曰，"逢占，逆占事，猶云逆刺也"。兩《唐志》著録京房《逆刺》三卷，《宋志》無載，亡佚。

《逆刺占》一卷。

> 不署撰者。兩《唐志》無載，亡佚。

《逆刺總決》一卷。

> 不署撰者。兩《唐志》無載，亡佚。

《壬子決》一卷。

> 不署撰者。兩《唐志》無載，亡佚。

《鳥情占》一卷。王喬撰。

> 王喬：河東（今山西境内）人。明帝世爲葉令，有神術。或曰此即古仙人王子喬。《後漢書》卷八二上有傳。兩《唐志》著録《鳥情占》一卷，《宋志》無載，亡佚。

《鳥情逆占》一卷。

> 不署撰者。兩《唐志》著録管輅《鳥情逆占》一卷，《宋志》無載，亡佚。

《鳥情書》二卷。

> 不署撰者。兩《唐志》無載，亡佚。

《鳥情雜占禽獸語》一卷。

> 不署撰者。兩《唐志》無載，亡佚。

《占鳥情》二卷。

> 不署撰者。《隋書》卷七八載，耿詢學天文算術，作馬上刻漏，世稱其妙。著《鳥情占》一卷，行於世。疑此書爲其所撰。兩

《唐志》無載，亡佚。

《六情決》一卷。王琛撰。

六情：好、惡、喜、怒、哀、樂。兩《唐志》著録王琛《風角六情決》一卷，《宋志》無載，亡佚。

《六情鳥音内祕》一卷。焦氏撰。

焦氏：疑即焦延壽。焦延壽，字贛，梁（今河南境内）人。以好學得幸梁王，王供其資用，令極意學。既成，察舉補小黃令。見《漢書》卷七五。兩《唐志》無載，亡佚。

《孝經元辰決》九卷。

不署撰者。兩《唐志》無載，亡佚。

《孝經元辰》二卷。

不署撰者。兩《唐志》有著録，《宋志》無載，亡佚。

《元辰本屬經》一卷。

不署撰者。兩《唐志》無載，亡佚。

《推元辰厄會》一卷。

不署撰者。兩《唐志》著録《推元辰厄命》（"命"當作"會"）一卷，《宋志》無載，亡佚。

《元辰事》一卷。

不署撰者。兩《唐志》無載，亡佚。

《元辰救生削死法》一卷。

不署撰者。兩《唐志》無載，亡佚。

《推元辰要祕次序》一卷。

不署撰者。兩《唐志》無載，亡佚。

《元辰章用》二卷。

不署撰者。兩《唐志》著録《元辰章》三卷，疑即此書。《宋志》無載，亡佚。

《雜推元辰要祕立成》六卷。

不署撰者。兩《唐志》無載，亡佚。

《元辰立成譜》一卷。

不署撰者。兩《唐志》無載，亡佚。

《方正百對》一卷。京房撰。

《漢書》卷七五載，永光、建昭間，西羌反，天象有異常。京房上疏，先言其將然，近數月、遠一歲，所言屢中。天子悅之，數召見問。此書當是京房見問之對答。兩《唐志》無載，亡佚。《全漢文》卷四四有輯文。

《晉災祥》一卷。京房撰。

下文《雜殺曆》條下有注曰，梁有《晉災異簿》二卷。此書或爲其佚存，而誤題後漢京房撰。兩《唐志》無載，亡佚。

《災祥集》七十六卷。

不署撰者。兩《唐志》無載，亡佚。

《地形志》八十七卷。庾季才撰。

　　《隋書》卷七八載，隋文帝令庾季才與其子庾質撰《地形志》八十七卷。兩《唐志》無載，亡佚。

《海中仙人占災祥書》三卷。

　　不署撰者。《漢志》"天文家"著録《海中星占驗》《海中五星經雜事》《海中五星順逆》《海中二十八宿國分》《海中二十八宿臣分》《海中日月彗虹雜占》。此書或與以上諸書有關聯。兩《唐志》無載，亡佚。

《周易占事》十二卷。漢魏郡太守京房撰。

　　兩《唐志》無載，亡佚。

《遁甲》三卷。梁有《遁甲經》十卷，《遁甲正經》五卷，《太一遁甲》一卷，亡。

　　不署撰者。兩《唐志》無載，亡佚。《遁甲經》：不署撰者。《新唐志》有著録。《郡齋讀書志》卷一四著録《遁甲經》一卷，稱《李氏書目》曰此九天玄女之術，推九星八門三奇六儀之法。元明以後無載，亡佚。《遁甲正經》《太一遁甲》：均不署撰者。兩《唐志》無載，亡佚。

《遁甲要用》四卷。葛洪撰。

　　兩《唐志》無載，亡佚。

《遁甲祕要》一卷。葛洪撰。

　　《日本國見在書目録》著録《遁甲祕要》一卷，葛洪撰；《新唐志》著録《遁甲祕要》一卷。《宋志》無載，亡佚。

《遁甲要》一卷。葛洪撰。

　　兩《唐志》無載，亡佚。

《遁甲》三十三卷。後魏信都芳撰。

　　《北史》卷八九載，信都芳著《遁甲經》。《新唐志》著錄信都
芳《遁甲經》二卷，《宋志》無載，亡佚。

《三元遁甲》六卷。許昉撰。

　　《新唐志》有著錄，《宋志》無載，亡佚。

《三元遁甲》六卷。陳員外散騎常侍劉毗撰。

　　劉毗：生平事迹不詳。兩《唐志》無載，亡佚。

《三元遁甲》二卷。梁《太一遁甲》一卷，《遁甲三元》三卷。

　　不署撰者。兩《唐志》無載，亡佚。《太一遁甲》《遁甲三
元》：皆不署撰者。兩《唐志》無載，亡佚。

《三元九宮遁甲》二卷。梁有《遁甲三元》三卷，亡。

　　《日本國見在書目錄》著錄《三元九宮遁甲》三卷，兩《唐
志》無載，亡佚。《遁甲三元》不署撰者。疑爲前條之重出。

《三正遁甲》一卷。杜仲撰。

　　杜仲：生平事迹不詳。《新唐志》有著錄，《宋志》無載，
亡佚。

《遁甲》三十五卷。

　　不署撰者。兩《唐志》無載，亡佚。

《遁甲時下決》三十三卷。

　　不署撰者。兩《唐志》無載，亡佚。

《陰陽遁甲》十四卷。

　　不署撰者。兩《唐志》無載，亡佚。

《遁甲正經》三卷。梁五卷。

《遁甲經》十卷。

　　前録《遁甲》三卷條下有注曰，"梁有《遁甲經》十卷，《遁甲正經》五卷"，當即此二書，爲重出。

《遁甲開山圖》一卷。梁《遁甲開山經圖》一卷。

　　不署撰者。《歷代名畫記》卷三載《遁甲開山圖》，王粲（疑爲"王琛)；兩《唐志》著録王琛《遁甲開山圖》一卷。《宋志》無載，亡佚。《遁甲開山經圖》，疑爲前録榮氏《遁甲開山圖》。

《遁甲九星曆》一卷。

　　不署撰者。《新唐志》有著録，《宋志》無載，亡佚。

《遁甲三奇》三卷。

　　不署撰者。《新唐志》有著録，《宋志》無載，亡佚。

《遁甲推時要》一卷。

　　不署撰者。《新唐志》著録《遁甲推要》一卷，《宋志》無載，亡佚。

《遁甲三元九甲立成》一卷。

不署撰者。《新唐志》有著録，《宋志》無載，亡佚。

《雜遁甲》 五卷。梁九卷。《遁甲經外篇》一百卷，《六甲隱圖》并《遁甲圖》二卷，亡。

　　不署撰者。兩《唐志》無載，亡佚。《遁甲經外篇》《六甲隱圖》《遁甲圖》：皆不署撰者。兩《唐志》無載，亡佚。

《陽遁甲》 九卷。釋智海撰。

　　釋智海：生平事迹不詳。《新唐志》著録《陽遁甲》九卷，《宋志》無載，亡佚。

《陰遁甲》 九卷。

　　不署撰者。《新唐志》有著録，《宋志》無載，亡佚。

《武王須臾》二卷。

　　不署撰者。《後漢書》卷八二上有注曰，“須臾，陰陽吉凶立成之法也。今書《七志》有《武王須臾》一卷”。兩《唐志》著録《武王須臾》二卷，《宋志》無載，亡佚。

《六壬式經雜占》 九卷。梁有《六壬式經》三卷，亡。

　　不署撰者。《唐六典》卷一四載，太卜令掌卜筮之法。凡式占辨三式之同異。三式，一曰雷公式，二曰太一式，三曰六壬式。《新唐志》有著録，《宋志》無載，亡佚。《六壬式經》：不署撰者。兩《唐志》無載，亡佚。

《六壬釋兆》六卷。

　　不署撰者。《新唐志》著録《六壬擇非經》（疑“擇非”當爲“釋兆”）六卷，《宋志》無載，亡佚。

《破字要決》一卷。

不署撰者。《顏氏家訓·書證》提及《破字經》。《日本國見在書目錄》著錄《破子》一卷，疑即爲此書。兩《唐志》無載，亡佚。

《桓安吳式經》一卷。梁有《雜式占》五卷；《式經雜要》《決式立成》各九卷；《式王曆》《伍子胥式經章句》《起射覆式》《越相范蠡玉笥式》，各二卷。亡。

桓安吳：似爲撰者名，生平事迹不詳。《新唐志》著錄《桓公式經》一卷，《宋志》無載，亡佚。《雜式占》《式經雜要》《決式立成》：皆不署撰者。兩《唐志》無載，亡佚。《式王曆》：《日本國見在書目錄》著錄《赤松子玉曆》一卷，似即此書。兩《唐志》無載，亡佚。《伍子胥式經章句》《起射覆式》《越相范蠡玉笥式》：皆不署撰者。兩《唐志》無載，亡佚。

《光明符》十二卷。《錄》一卷，梁簡文帝撰。

《南史》卷八載，簡文帝撰《光明符》十二卷。《新唐志》著錄梁主蕭榮（當作“蕭綱”）《光明符》十二卷，《宋志》無載，亡佚。

《龜經》一卷。晉掌卜大夫史蘇撰。梁有《史蘇龜經》十卷；《龜決》二卷，葛洪撰；《管郭近要決》《龜音色》《九宮蓍龜序》各一卷；《龜卜要決》《龜圖五行九親》各四卷；又《龜親經》三十卷，周子曜撰。亡。

史蘇：春秋時期晉卜筮之史。見《左傳》僖公十五年杜預注。《漢志》“蓍龜家”著錄《龜書》《夏龜》《南龜書》《巨龜》《雜龜》卷。兩《唐志》無載。《郡齋讀書志》卷一四著錄《靈龜經》

一卷，稱史蘇撰。論龜兆之吉凶。《崇文目》三卷。《宋志》"五行類"著録史蘇《五兆龜經》一卷，"蓍龜類"著録《靈龜經》一卷。元明以後無載，亡佚。《龜決》：兩《唐志》無載，亡佚。《管郭近要決》：管，似指魏管輅；郭，似指晉郭璞。此書兩《唐志》無載，亡佚。《龜音色》《九宫蓍龜序》：皆不署撰者。兩《唐志》無載，亡佚。《龜卜要決》《龜圖五行九親》：皆不署撰者。兩《唐志》無載，亡佚。周子曜：生平事迹不詳。其書兩《唐志》無載，亡佚。

《史蘇沉思經》一卷。

《新唐志》有著録，《宋志》無載，亡佚。

《龜卜五兆動摇決》一卷。

不署撰者。卜筮有金、木、水、火、土五兆。《新唐志》著録孫思邈《龜上五兆動摇經決》，疑即此書。《宋志》無載，亡佚。

《周易占》十二卷。京房撰。梁《周易妖占》十三卷，京房撰。

兩《唐志》無載，亡佚。《周易妖占》：《宋書》卷三一引京房《易妖》。兩《唐志》無載，亡佚。

《周易守林》三卷。京房撰。

兩《唐志》無載，亡佚。

《周易集林》十二卷。京房撰。《七録》云，伏萬壽撰。

伏萬壽：宋平昌（今山東安丘市）人。元嘉十九年在廣陵爲衛府行參軍。見《法苑珠林》卷二七引《冥祥記》。兩《唐志》著録伏曼容《周易集林》十二卷、伏氏《周易集林》一卷，《宋志》無載，亡佚。

《周易飛候》九卷。京房撰。梁有《周易飛候六日七分》八卷，亡。

　　兩《唐志》無載，亡佚。《周易飛候六日七分》：《後漢書》卷三〇下注引鄭玄曰，“六以候也。八十分爲一日之七者，一卦六日七分也”。兩《唐志》無載，亡佚。

《周易飛候》六卷。京房撰。

　　兩《唐志》著録京氏《周易飛候》六卷，疑此爲前録《周易飛候》九卷之別本。《宋志》無載，亡佚。《説郛》存一卷，清王謨、馬國翰、劉學寵有輯本，名《易飛候》。

《周易四時候》四卷。京房撰。

　　兩《唐志》著録《京氏周易四時候》二卷，《宋志》無載，亡佚。

《周易錯卦》七卷。京房撰。

　　《舊唐志》著録《京氏周易錯卦》八卷，京房撰；《新唐志》著録京房《周易錯卦》八卷。本志“易類”《周易大義》條下注曰，梁有《周易錯》八卷，京房撰。疑即此書。《宋志》無載，亡佚。

《周易混沌》四卷。京房撰。

　　兩《唐志》有著録，《宋志》無載，亡佚。

《周易委化》四卷。京房撰。

　　兩《唐志》無載，亡佚。

《周易逆刺占災異》十二卷。京房撰。

　　《新唐志》著録《費氏周易逆刺占災異》十二卷，下注曰，費直。《宋志》無載，亡佚。

《周易占》一卷。張浩撰。

　　張浩：官至宋義陽王劉昶征北諮議參軍。見《南史》卷三二。兩《唐志》著録張滿《周易林》七卷。疑"浩"與"滿"形近相混。《宋志》無載，亡佚。

《周易雜占》十三卷。
《周易雜占》十一卷。

　　此二書皆不署撰者。書名相同，僅卷數不同，或爲一書的不同傳本。兩《唐志》無載，亡佚。

《周易雜占》九卷。尚廣撰。梁有《周易雜占》八卷，武靖撰，亡。

　　尚廣：生平事迹不詳。《三國志》卷四八裴注引干寶《晉紀》載，陸抗之克步闡，孫晧意張大，乃使尚廣筮並天下。兩《唐志》著録尚廣《周易雜占》八卷，《宋志》無載，亡佚。武靖：生平事迹不詳。兩《唐志》著録武氏《周易雜占》八卷，《宋志》無載，亡佚。

《易林》十六卷。焦贛撰。梁又本三十二卷。

　　焦贛：名延壽，見前録《六情鳥音内祕》條之焦氏。兩《唐志》著録焦贛《焦氏周易林》十六卷，《宋志》"蓍龜類"著録焦贛《易林傳》十六卷。《四庫全書總目》卷一〇九著録《易林》十六卷，題漢焦延壽撰。提要稱，蓋《易》於象數之外，別爲占候一派者，實自贛始，所撰《易林》十六卷，以一卦變六十四，六十四卦變其四千九十有六。《隋志》始著録於"五行家"，似乎後人所附會。焦贛《易林》十卷，有明萬曆刻本；通行之《易林》十六卷本，有四庫本、四部叢刊本、四部備要本等。

《易林變占》十六卷。焦贛撰。

兩《唐志》無載，亡佚。

《易林》二卷。費直撰。梁五卷。

費直：見本書卷三二"易類"。《舊唐志》著録費直《費氏周易林》二卷，《新唐志》著録費直《周易林》二卷。《宋志》無載，亡佚。清馬國翰有輯本。

《易內神筮》二卷。費直撰。梁有《周易筮占林》五卷，費直撰，亡。

《新唐志》著録《周易內卦神筮法》二卷，《宋志》無載，亡佚。《周易筮占林》：《新唐志》著録《周易雜筮占》四卷，《宋志》無載，亡佚。

《易新林》一卷。後漢方士許峻等撰。梁十卷。

許峻：字季山，汝南平輿（今河南平輿縣）人。善占卜之術，多有顯驗。所撰《易林》行於世。見《後漢書》卷八二下。兩《唐志》無載，亡佚。

《易災條》二卷。許峻撰。

兩《唐志》無載，亡佚。

《易決》一卷。許峻撰。梁有《易雜占》七卷，許峻撰，又《易要決》三卷，亡。

两《唐志》無載，《宋志》著録許季山《易訣》一卷，元明以後無載，亡佚。《易雜占》：兩《唐志》著録許峻《周易雜占》七卷，《宋志》無載，亡佚。《易要决》：疑即《易决》。

《周易通靈决》二卷。魏少府丞管輅撰。
《周易通靈要决》一卷。管輅撰。

管輅：字公明，平原（今山東平原縣）人。明仰觀、風角、占、相之道，無不精微。正元二年爲少府丞，三年卒。《三國志》卷二九有傳。兩《唐志》無載以上二書，而著録管輅《周易林》四卷，或即以上二書。

《周易集林律曆》一卷。虞翻撰。梁有《周易筮占》二十四卷，晋徵士徐苗撰，亡。

《三國志》卷五七裴注引《翻別傳》言虞翻依《易》射象，以占吉凶。《新唐志》著録虞翻《周易集林律曆》一卷，《宋志》無載，亡佚。徐苗：字叔胄，高密淳于（今山東安丘市東北）人。州辟從事、治中、別駕，舉異行，公府五辟博士，再徵，皆不就。著《五經同異評》《玄微論》。《晋書》卷九一有傳。兩《唐志》著録徐苗《徐氏周易筮占》二十四卷，《宋志》無載，亡佚。

《周易新林》四卷。郭璞撰。梁有《周易雜占》十卷，葛洪撰，亡。

郭璞：見本書卷三二“詩類”。《晋書》卷七二載，郭璞妙於陰陽算曆，洞五行、天文、卜筮之術。抄京、費諸家要最，更撰《新林》十篇。《日本國見在書目録》著録《周易新林占》三卷，郭璞撰；兩《唐志》無載，亡佚。《周易雜占》：兩《唐志》無載，亡佚。

《周易新林》九卷。郭璞撰。梁有《周易林》五卷，郭璞撰，亡。

　　此二書當是前録《周易新林》之別本。《日本國見在書目録》著録《周易京氏占》，疑爲郭璞所撰。

《易洞林》三卷。郭璞撰。

　　《晋書》卷七二載，郭璞前後筮驗六十餘事，名爲《洞林》。兩《唐志》著録郭璞《周易洞林解》三卷，《宋志》"蓍龜類"著録郭璞《周易洞林》一卷。《説郛》存一卷，清馬國翰、黄奭、劉學寵有輯本。

《周易新林》一卷。
《周易新林》二卷。

　　以上二書皆不署撰者。兩《唐志》著録《周易新林》一卷，《宋志》無載，亡佚。

《易林》三卷。魯洪度撰。

　　魯洪度：生平事迹不詳。兩《唐志》無載，亡佚。

《周易林》十卷。梁《周易林》三十三卷，《録》一卷。

　　不署撰者。《日本國見在書目録》著録《易林》十八卷，京房、郭璞等七人雜撰。兩《唐志》著録《易林》十四卷。《宋志》著録《諸家易林》一卷，疑爲此書之佚存。

《易讚林》二卷。

　　不署撰者。兩《唐志》無載，亡佚。

《易立成林》二卷。郭氏撰。

郭氏：疑即郭璞。此書當爲抄撮郭璞《新林》《洞林》者，兩《唐志》無載，亡佚。

《易立成》四卷。

不署撰者。兩《唐志》無載，亡佚。

《易玄成》一卷。

不署撰者。兩《唐志》無載，亡佚。

《周易立成占》三卷。顏氏撰。

顏氏：不詳何人。《日本國見在書目録》著録《顏氏易占》三卷，兩《唐志》著録《周易立成占》六卷，《宋志》無載，亡佚。

《神農重卦經》二卷。

不署撰者。神農，傳説中五帝之一，名爲炎帝。相傳其始教民爲耒耜以興農業，嘗百草爲醫藥以治疾病。見《史記》卷一。《漢志》"五行家"著録《神農大幽五行》二十七卷，兩《唐志》不載是書，亡佚。

《文王幡音》一卷。

不署撰者。文王，見本志卷三二"易類"序。兩《唐志》無載。《崇文總目》"卜筮類"著録《文王版詞》一卷，《宋志》"五行類"著録《文王版詞》一卷。《直齋書録解題》卷一二著録《周易版詞》一卷，稱不知名氏。當是漢魏以前人所爲。姚振宗以爲"幡音"即"版詞"，故《文王版詞》即此書。元明以後無載，亡佚。

《易三備》三卷。

《易三備》一卷。

　　二書皆不署撰者。《舊唐志》著録《易三備》三卷，又一卷；《新唐志》著録《易三備》三卷，又三卷；《宋志》"蓍龜類"著録《周易三備》三卷，下注曰，題孔子師徒所述，蓋依託也。元明以後無載，亡佚。

《易占》三卷。

　　不署撰者。兩《唐志》著録杜氏《新易林占》三卷，疑即此書。《宋志》無載，亡佚。

《易射覆》二卷。
《易射覆》一卷。

　　二書皆不署撰者。《漢書》卷六五有顏師古注曰，"於覆器之下而置諸物，令闇射之，故云射覆"。《漢志》"蓍龜家"著録《周易隨曲射匿》五十卷。此二書兩《唐志》無載，亡佚。

《周易孔子通覆決》三卷。顏氏撰。

　　顏氏：不詳何人。兩《唐志》無載，亡佚。

《易林要決》一卷。

　　不署撰者。兩《唐志》無載，亡佚。

《易要決》二卷。梁有《周易曆》《周易初學筮要法》各一卷。

　　不署撰者。兩《唐志》無載，亡佚。《周易曆》《周易初學筮要法》：皆不署撰者。兩《唐志》無載，亡佚。

《周易髓腦》二卷。

　　不署撰者。《日本國見在書目録》著録《易髓》二卷，兩《唐志》著録《易髓》一卷，《宋志》無載，亡佚。

《易腦經》一卷。鄭氏撰。

　　鄭氏：或爲郭氏。兩《唐志》著録郭氏《易腦》一卷，《宋志》無載，亡佚。

《周易玄品》二卷。

　　不署撰者。本志卷三二"易類"著録《周易玄品》二卷，與此書當爲同一書，此爲重出。

《易律曆》一卷。虞翻撰。

　　兩《唐志》著録《易律曆》一卷，《宋志》著録虞翻注《京房周易律曆》一卷。《直齋書録解題》卷一二著録《京氏參同契律曆志》一卷，稱虞翻注。專言占象，而不可盡通。元明以後無載，亡佚。

《易曆》七卷。

　　不署撰者。兩《唐志》無載，亡佚。

《易曆決疑》二卷。

　　不署撰者。兩《唐志》無載，亡佚。

《周易卦林》一卷。

　　不署撰者。兩《唐志》無載，《宋志》著録《易卦林》一卷，元明以後無載，亡佚。

《洞林》三卷。梁元帝撰。

　　《梁書》卷五載，梁元帝著有《洞林》三卷。兩《唐志》無载，亡佚。

《連山》三十卷。梁元帝撰。

《梁書》卷五載，梁元帝著有《連山》三十卷。兩《唐志》有著録，《宋志》無載，亡佚。

《雜筮占》四卷。

不署撰者。《新唐志》著録《周易雜筮占》四卷，《宋志》無載，亡佚。

《五兆算經》一卷。

不署撰者。《新唐志》著録孫思邈《五兆算經》一卷，疑即此書，《宋志》無載，亡佚。

《十二靈棊卜經》一卷。梁有《管公明算占書》一卷，《五行雜卜經》十卷，亡。

不署撰者。《日本國見在書目録》著録《靈易》一卷，東方朔撰；又有《八公靈棊經》《八公靈棊卜經》。兩《唐志》無載，《宋志》著録《靈棊經》一卷、李進注《靈棊經》一卷。《郡齋讀書志》卷一四著録《靈棊經》一卷，稱漢東方朔撰，又云張良、劉安，未知孰是。晋顏幼明、宋何承天注。《四庫全書總目》卷一〇九著録《靈棋經》二卷，提要稱此書大抵皆術士依託之詞。考《隋志》有《十二靈棊卜經》一卷，並《南史》記載，知本書出自六朝以前，由來已古矣。宋李進注《靈棋經》已佚，明劉基仿《周易》象傳體作注，以申明其義。此書又名《靈棊本章正經》二卷，東方朔撰，顏幼明、何承天注，陳世凱、劉基解，有正統道藏本。《靈棋經》二卷，其通行本有四庫本、叢書集成本等。管公明：即管輅。兩《唐志》無載是書，《宋志》著録管公明《隔山照》一卷，疑爲此書。《五行雜卜經》：不署撰者。《漢志》"蓍龜家"著錄《鼠序卜黄》二十五卷，兩《唐志》無載，亡佚。

《京君明推偷盜書》一卷。

京君明：即京房。兩《唐志》無載，亡佚。

《天皇大神氣君注曆》一卷。

不署撰者。《日本國見在書目録》著録《天王讖》，疑爲此書。兩《唐志》無載，亡佚。

《太史公萬歲曆》一卷。

不署撰者。《史記·太史公自序》言及其父司馬談爲太史公，掌天官，不治民。兩《唐志》著録司馬談《太史公萬歲曆》一卷，《宋志》無載，亡佚。

《千歲曆祠》一卷。任氏撰。

任氏：不詳何人。兩《唐志》著録任氏《千歲曆祠》二卷，《宋志》無載，亡佚。

《萬歲曆祠》二卷。

不署撰者。兩《唐志》有著録，《宋志》無載，亡佚。

《萬年曆二十八宿人神》一卷。

不署撰者。兩《唐志》無載，亡佚。

《六甲周天曆》一卷。孫僧化撰。

《舊唐志》著録《六甲周天曆》一卷，孫僧化作；《新唐志》著録孫僧化《六甲開天曆》一卷。《宋志》無載，亡佚。

《六十甲子曆》八卷。

　　不署撰者。兩《唐志》無載，亡佚。

《曆祀》一卷。

　　不署撰者。兩《唐志》無載，亡佚。

《田家曆》十二卷。

　　不署撰者。兩《唐志》無載，亡佚。

《三合紀饑穰》一卷。

　　不署撰者。《宋書》卷九八載，元嘉十四年，河西王茂虔奉表
獻方物，獻《皇帝王曆三合紀》一卷。《日本國見在書目錄》著錄
《九宮饑穰曆》，似與此書爲同類書。兩《唐志》無載，亡佚。

《師曠書》三卷。

　　不署撰者。師曠，《左傳》襄公十四年杜預注曰，“師曠，晋
樂大師子野”。《漢志》“小説家”著錄《師曠》六篇，班固注曰，
“見《春秋》，其言淺薄，本與此同，似因託之”。《後漢書》卷八
二上李賢注稱師曠之書爲灾異之書。兩《唐志》著錄《師曠占書》
一卷，《宋志》著錄《師曠擇日法》一卷，下注曰，假黄帝問答。
元明以後無載，亡佚。清洪頤煊有輯本。

《海中仙人占災祥書》三卷。

　　不署撰者。兩《唐志》無載，亡佚。

《東方朔占》二卷。
《東方朔書》二卷。

《東方朔書鈔》二卷。

《東方朔曆》一卷。

《東方朔占候水旱下人善惡》一卷。梁有《擇日書》十卷，
《太歲所在占善惡書》一卷，亡。

　　東方朔：見本書卷三三"地理類"。兩《唐志》著錄《東方朔
占書》一卷，《宋志》無載。《四庫全書總目》卷一〇一著錄《東
方朔占書》三卷，提要稱所載皆測候風雲星月及太歲六十年豐凶占
驗之法，其詞皆俚不文。《隋志》有《東方朔占》《東方朔書》等
五種，蓋古來雜占之書託於東方朔者甚多，而今存者更是僞中之
僞。《全漢文》卷二五有《東方朔占》之佚文。《擇日書》《太歲所
在占善惡書》：不署撰者。兩《唐志》無載，亡佚。

《雜忌曆》二卷。魏光禄勳高堂隆撰。

　　高堂隆：見本書卷三三"刑法類"。兩《唐志》無載，亡佚。

《百忌大曆要鈔》一卷。

　　不署撰者。兩《唐志》無載，亡佚。

《百忌曆術》一卷。

　　不署撰者。兩《唐志》無載，亡佚。

《百忌通曆法》一卷。梁有《雜百忌》五卷，亡。

　　不署撰者。兩《唐志》無載，亡佚。《雜百忌》：不署撰者。
兩《唐志》無載，亡佚。

《曆忌新書》十二卷。

　　不署撰者。兩《唐志》無載，亡佚。

《太史百忌曆圖》一卷。梁有《太史百忌》一卷,亡。

　　不署撰者。《後漢書·百官志二》載,太史令一人,掌奏良日及時節禁忌。此書當時節禁忌之書。兩《唐志》無載,亡佚。《太史百忌》:不署撰者。兩《唐志》無載,亡佚。

《雜殺曆》九卷。梁有《秦災異》一卷,後漢中郎郗萌撰;《後漢災異》十五卷,《晋災異簿》二卷,《宋災異簿》四卷,《雜凶妖》一卷,《破書》《玄武書契》各一卷。亡。

　　不署撰者。兩《唐志》無載,亡佚。郗萌:見本書卷三二"異説類"。疑此書爲"異説類"著録郗萌《春秋災異》之一部分。《後漢災異》:不署撰者。《後漢書·天文志下》載,泰山太守應劭、給事中董巴、散騎常侍譙周並撰建武以來災異。疑此書爲三人所撰。兩《唐志》無載,亡佚。《晋災異簿》《宋災異簿》:皆不署撰者。疑爲二朝所記災異之遺籍。兩《唐志》無載,亡佚。《雜凶妖》:不署撰者。兩《唐志》無載,亡佚。《破書》:不署撰者。破書即言歲破、月破、日破之類。兩《唐志》無載,亡佚。《玄武書契》:不署撰者。兩《唐志》無載。亡佚。

《二儀曆頭堪餘》一卷。

　　堪餘當爲堪輿,下同。不署撰者。兩《唐志》無載,亡佚。

《堪餘曆》二卷。

　　不署撰者。兩《唐志》無載,亡佚。

《注曆堪餘》一卷。

　　不署撰者。兩《唐志》無載,亡佚。

《地節堪餘》二卷。

不署撰者。《新唐志》著録《地節堪輿》二卷，《宋志》無載，亡佚。

《堪餘曆注》一卷。

不署撰者。兩《唐志》著録《堪輿曆注》二卷，《宋志》著録《堪輿經》一卷、《太史堪輿》一卷。不知與此書是否爲同一書。元明以後無載，亡佚。

《堪餘》四卷。

不署撰者。《漢志》著録《堪輿金匱》十四卷，顏師古注引許慎語，"堪，天道；輿，地道"。兩《唐志》無載，亡佚。

《大小堪餘曆術》一卷。梁《大小堪餘》三卷。

不署撰者。兩《唐志》無載，亡佚。

《四序堪餘》二卷。殷紹撰。梁有《堪餘天赦書》七卷，《雜堪餘》四卷，亡。

殷紹：長樂（今福建長樂市）人。好陰陽術數，太安四年上《四序堪輿》，並有表奏上，其後，此書大行於世。《魏書》卷九一、《北史》卷八九有傳。《舊唐志》著録殷紹《黃帝四序堪輿》二卷，《新唐志》著録殷紹《黃帝四序堪輿》一卷，《宋志》著録殷紹《黃帝四序堪輿經》一卷，元明以後無載，亡佚。《堪餘天赦書》《雜堪餘》：皆不署撰者。兩《唐志》無載，亡佚。

《八會堪餘》一卷。

不署撰者。《周禮·占夢》賈公彥疏曰，堪輿大會有八也，小會亦有八。兩《唐志》無載是書，亡佚。

《雜要堪餘》一卷。

不署撰者。疑此爲前録《雜堪餘》四卷之佚存，兩《唐志》無載，亡佚。

《元辰五羅算》一卷。

不署撰者。《郡齋讀書志》卷一四著録《秤星經》三卷，稱以日、月、五星、羅睺、紫炁、月孛十一曜，演十二宫宿變，以推人之貴賤、壽夭、休咎。疑五羅爲五星與羅睺之合稱。兩《唐志》無載，亡佚。

《孝經元辰》四卷。梁有《五行元辰厄會》十三卷，《孝經元辰會》九卷，《孝經元辰决》一卷，亡。

不署撰者。疑以上諸書爲前録《孝經元辰决》九卷、《孝經元辰》二卷、《推元辰厄會》一卷之别本，兩《唐志》皆無載，亡佚。

《元辰曆》一卷。

不署撰者。《新唐志》著録《元辰》一卷，疑即此書。《宋志》無載，亡佚。

《雜元辰禄命》二卷。

不署撰者。《新唐志》有著録，《宋志》無載，亡佚。

《涊河禄命》三卷。梁有《五行禄命厄會》十卷，亡。

不署撰者。《唐六典》卷一四有曰，"凡禄命之義六：一曰禄，二曰命，三曰驛馬，四曰納音，五曰涊河，六曰月之宿也"。《新唐志》著録《涊河禄命》二卷，《宋志》無載，亡佚。《五行禄命厄會》：不署撰者。兩《唐志》無載，亡佚。

《乾坤氣法》一卷。許辯撰。

　　許辯：生平事迹不詳。兩《唐志》無載，亡佚。

《易通統卦驗玄圖》一卷。

　　不署撰者。《顏氏家訓·書證》引《易統通卦驗玄圖》。兩《唐志》無載，亡佚。

《易通統圖》二卷。

　　不署撰者。兩《唐志》無載，亡佚。

《易新圖序》一卷。

　　不署撰者。《新唐志》著録《周易雜圖序》一卷，《宋志》無載，亡佚。

《易通統圖》一卷。

　　不署撰者。或即前録之別本，兩《唐志》無載，亡佚。

《易八卦命禄斗内圖》一卷。郭璞撰。

　　兩《唐志》無載，亡佚。

《易斗圖》一卷。郭璞撰。

　　兩《唐志》無載，亡佚。

《易八卦斗内圖》二卷。

　　不署撰者。《新唐志》著録《周易八卦斗内圖》一卷、又三卷。《宋志》無載，亡佚。

《八卦斗内圖》二卷。梁有《周易八卦五行圖》《周易斗中八卦絕命圖》《周易斗中八卦推遊年圖》各一卷，亡。

不署撰者。兩《唐志》無載，亡佚。《周易八卦五行圖》《周易斗中絕命圖》《周易斗中八卦推遊年圖》：皆不署撰者。兩《唐志》無載，亡佚。

《周易分野星圖》一卷。

不署撰者。兩《唐志》無載，亡佚。

《舉百事略》一卷。

不署撰者。《新唐志》著録《舉百事要略》一卷，《宋志》無載，亡佚。

《五姓歲月禁忌》一卷。

不署撰者。兩《唐志》無載，亡佚。有關"五姓"，可參見《新唐書》卷一〇七《吕才傳》。

《舉百事要》一卷。

不署撰者。兩《唐志》無載，亡佚。疑即前録《舉百事略》。

《嫁娶經》四卷。

不署撰者。兩《唐志》無載，亡佚。

《陰陽婚嫁書》四卷。

不署撰者。兩《唐志》無載，亡佚。

《雜陰陽婚嫁書》三卷。

不署撰者。兩《唐志》無載，亡佚。

《婚嫁書》二卷。

　　不署撰者。兩《唐志》著録《婚嫁書》二卷，《宋志》無載，亡佚。

《婚嫁黄籍科》一卷。

　　不署撰者。兩《唐志》無載，亡佚。

《六合婚嫁曆》一卷。梁《六合婚嫁書》及圖，各一卷。

　　不署撰者。兩《唐志》無載，亡佚。《六合婚嫁書》及圖：不署撰者。兩《唐志》無載，亡佚。

《嫁娶迎書》四卷。

　　不署撰者。兩《唐志》無載，亡佚。

《雜婚嫁書》六卷。

　　不署撰者。兩《唐志》無載，亡佚。

《嫁娶陰陽圖》二卷。
《陰陽嫁娶圖》二卷。

　　皆不署撰者。兩《唐志》無載，亡佚。疑此二書爲同一書。

《雜嫁娶房內圖術》四卷。

　　不署撰者。兩《唐志》無載，亡佚。

《九天嫁娶圖》一卷。

　　不署撰者。兩《唐志》無載，亡佚。

《六甲貫胎書》一卷。

　　不署撰者。兩《唐志》無載，亡佚。

《産乳書》二卷。

　　不署撰者。《隋書》卷七八載，劉祐撰《産乳志》二卷，疑即
此書。兩《唐志》無載，亡佚。

《産經》一卷。

　　不署撰者。兩《唐志》無載，亡佚。

《推産婦何時産法》一卷。王琛撰。

　　兩《唐志》有著録，《宋志》無載，亡佚。

《推産法》一卷。

　　不署撰者。兩《唐志》無載，亡佚。

《雜産書》六卷。

　　不署撰者。兩《唐志》無載，亡佚。

《生産符儀》一卷。

　　不署撰者。兩《唐志》無載，亡佚。

《産圖》二卷。

　　不署撰者。兩《唐志》無載，亡佚。

《雜産圖》四卷。

　　不署撰者。兩《唐志》無載，亡佚。

《拜官書》三卷。

不署撰者。兩《唐志》無載，亡佚。

《臨官冠帶書》一卷。

不署撰者。兩《唐志》無載，亡佚。

《仙人務子傳神通黃帝登壇經》一卷。

仙人務子：疑其爲務成子。《漢志》"小説家"著録《務成子》
十一篇，"五行家"著録《務成子災異應》十四卷，此書或爲其殘
卷。兩《唐志》無載，亡佚。

《壇經》一卷。四等撰。

四等：不似人名，或有脱誤。兩《唐志》無載，亡佚。

《登壇經》三卷。

不署撰者。兩《唐志》著録《登壇經》一卷，《宋志》無載，
亡佚。

《五姓登壇圖》一卷。

不署撰者。兩《唐志》無載，亡佚。

《登壇文》一卷。梁有《二公地基》一卷，《雜地基立成》五
卷，《八神圖》二卷，《十二屬神圖》一卷，亡。

不署撰者。兩《唐志》無載，亡佚。《二公地基》《雜地基立
成》《八神圖》：皆不署撰者。兩《唐志》無載，亡佚。《十二屬神
圖》：《歷代名畫記》卷三載《十二屬神圖》一卷，兩《唐志》無
載，亡佚。

《沐浴書》一卷。梁有《裁衣書》一卷，亡。

　　不署撰者。《論衡·譏日》載，"《沐書》曰，子日沐，令人愛之；卯日沐，令人白頭"。《南史》卷八載，梁簡文帝撰《沐浴經》三卷。兩《唐志》無載，亡佚。《裁衣書》：不署撰者。《論衡·譏日》有曰，"裁衣有書，書有吉凶。凶日製衣則有禍，吉日製衣則有福"。兩《唐志》無載，亡佚。

《占夢書》三卷。京房撰。

　　兩《唐志》無載，亡佚。

《占夢書》一卷。崔元撰。

　　崔元：生平事迹不詳。兩《唐志》無載，亡佚。

《竭伽仙人占夢書》一卷。

　　不署撰者。竭伽仙人疑即婆羅門竭伽仙人，前録其《天文説》三十卷。兩《唐志》無載，亡佚。

《占夢書》一卷。周宣等撰。

　　周宣：字孔和，樂安（今山東博興縣）人。爲郡吏。魏文帝曹丕數問夢，以其爲中郎。周宣叙夢，十中八九。《三國志》卷二九有傳。兩《唐志》著録周宣《占夢書》三卷，《宋志》無載，亡佚。

《新撰占夢書》十七卷。并目録。

　　不署撰者。兩《唐志》無載，亡佚。

《夢書》十卷。

　　不署撰者。兩《唐志》無載，亡佚。

《解夢書》二卷。

　　不署撰者。兩《唐志》無載，亡佚。

《海中仙人占體瞤及雜吉凶書》三卷。

　　不署撰者。瞤（shùn），一解眼跳，一解肌肉掣動。兩《唐志》無載，亡佚。

《海中仙人占吉凶要略》二卷。

　　不署撰者。兩《唐志》無載，亡佚。

《雜占夢書》一卷。梁有《師曠占》五卷，《東方朔占》七卷，《黃帝太一雜占》十卷，《和菀鳥鳴書》《王喬解鳥語經》《噴書》《耳鳴書》《目瞤書》各一卷，《董仲舒請禱書》三卷，亡。

　　不署撰者。《漢志》"雜占家"著錄《黃帝長柳占夢》等十八家。1975 年湖北雲夢睡虎地 11 號秦墓出土秦簡《日書》兩種，都有自題夢的一篇文字，皆講禳除惡夢之法。兩《唐志》無載是書，亡佚。《師曠占》：前已錄《師曠書》三卷，當是此五卷之殘卷。《東方朔占》：前已錄《東方朔占》等數種，疑此爲其一別本。《黃帝太一雜占》：前錄《太一式雜占》，不知是否即此書。和菀：似人名，不詳何人。兩《唐志》無載，亡佚。《王喬解鳥語經》：前已錄王喬《鳥情占》，疑與此爲同一書。《噴書》《耳鳴書》《目瞤書》：皆不署撰者。《漢志》"雜占家"著錄《噴耳鳴雜占》十六卷，兩《唐志》不載此三書，亡佚。近代學者饒宗頤集錄居延漢簡中有關耳鳴、目瞤的內容，撰寫《居延漢簡術數耳鳴目瞤解》，刊登在《大陸雜誌》卷一三上。董仲舒：見本書卷三二"春秋類"。《漢書》卷五六載，董仲舒以《春秋》災異之變推陰陽所以錯行，故求雨，閉諸陽，縱諸陰，其止雨反是，未嘗不得所欲。《漢志》

"雜占家"著録《請雨止雨》二十六卷，疑爲董仲舒所爲。而此書或即董仲舒所留遺者。兩《唐志》無載，亡佚。

《竈經》十四卷。梁簡文帝撰。梁又有《祠竈書》一卷，《六甲祀書》二卷，又有《太玄禁經》《白獸七變經》《墨子枕中五行要記》《淮南萬畢經》《淮南變化術》《陶朱變化術》各一卷，《三五步剛》三十卷，《五行變化墨子》五卷，《淮南中經》四卷，《六甲隱形圖》五卷，《太史公素王妙論》二卷，亡。

　　《南史》卷八載，簡文帝撰有《竈經》二卷，與此書卷數相差頗多，或多後人附益。兩《唐志》無載，亡佚。《祠竈書》：不署撰者，《史記》卷二八載，李少君以祠竈、穀道、却老方見武帝，言祠竈之術。武帝始親祠竈。兩《唐志》著録《祠竈經》一卷，《宋志》無載，亡佚。《六甲祀書》：不署撰者。兩《唐志》無載，亡佚。《太玄禁經》：不署撰者。《後漢書》卷八二下載，徐登善巫術，禁溪水，水爲之不流。《日本國見在書目録》著録《三五禁法》《三五神禁》，與此書爲同類書。兩《唐志》無載，亡佚。《白獸七變經》：不署撰者。《抱朴子·遐覽》言及《白虎七變法》。兩《唐志》無載，亡佚。《墨子枕中五行要記》：《抱朴子·遐覽》稱《墨子五行記》本有五卷，昔劉安未仙去時，鈔取其要，以爲一卷。兩《唐志》無載，亡佚。《淮南萬畢經》：不署撰者。《舊唐志》著録《淮南王萬畢術》一卷，劉安撰；《新唐志》著録《淮南王萬畢術》一卷。《宋志》無載，亡佚。《説郛》存一卷，清孫馮翼、丁晏、茆泮林、黃奭，民國葉德輝有輯本。《淮南變化術》：亦爲劉安所作。兩《唐志》無載，亡佚。《陶朱變化術》：當爲范蠡所作。兩《唐志》無載，亡佚。《三五步剛》：不署撰者。《抱朴子·遐覽》提及《步三罡六紀經》，應與此書爲同類書。兩《唐志》無載，亡佚。《五行變化墨子》：疑與前録《墨子枕中五行要記》爲一書。《淮南中經》：《漢書》卷四四載，劉安招致賓客方士數千

人，又作《中篇》八卷，言神仙黄白之術，亦二十餘萬言。《漢
書》卷三六載，淮南王有枕中《鴻寶苑祕書》，書言神仙使鬼物爲
金之術。兩《唐志》無載，亡佚。《六甲隱形圖》：不署撰者。《歷
代名畫記》卷三載有《六甲隱形圖》，兩《唐志》無載，亡佚。
《太史公素王妙論》：司馬遷撰。司馬遷見本書卷三三"正史類"。
《史記》卷四一《集解》引《太史公素王妙論》。《漢志》、兩《唐
志》無載是書，亡佚。清馬國翰有輯本，《全漢文》卷二六有輯文。

《瑞應圖》三卷。

不署撰者。《日本國見在書目録》著録《瑞應圖》十五卷，
《歷代名畫記》卷三載《古瑞應圖》二卷，二《瑞應圖》是否與此
有關？兩《唐志》無載，亡佚。

《瑞應讚》二卷。梁有孫柔之《瑞應圖記》《孫氏瑞應圖贊》各 三卷，亡。

不署撰者。兩《唐志》無載，亡佚。孫柔之：生平事迹不詳。
《舊唐志》"雜家類"著録孫柔之《瑞應圖記》二卷、熊理《瑞應
圖讚》三卷，《新唐志》著録孫柔之《瑞應圖記》三卷、熊理《瑞
應圖讚》三卷，《宋志》無載，亡佚。《説郛》存孫柔之《孫氏瑞
應圖》一卷，清馬國翰、王仁俊及民國葉德輝有孫書輯本。

《祥瑞圖》十一卷。

不署撰者。《歷代名畫記》卷三著録《祥瑞圖》十卷，下有注
曰，"起天有黄道，失撰者"。又載《符瑞圖》十卷，下注曰，"日
月揚廷光，並集孫氏、熊氏圖"。《舊唐志》"雜家"著録《祥瑞
圖》十卷、顧野王《符瑞圖》十卷；《新唐志》"雜家"著録顧野
王《符瑞圖》十卷，又《祥瑞圖》十卷。《宋志》無載，亡佚。

《祥瑞圖》八卷。侯寘撰。

　　侯寘：生平事迹不詳。《新唐志》"雜家"有著録，《宋志》無載，亡佚。

《芝英圖》一卷。

　　不署撰者。芝英，傳説中的一種瑞草。《宋書》卷二九載，芝英者，王者親近耆老，養有道，則生。兩《唐志》無載，亡佚。

《祥異圖》十一卷。

　　不署撰者。兩《唐志》無載，亡佚。

《災異圖》一卷。

　　不署撰者。兩《唐志》無載，亡佚。

《地動圖》一卷。

　　不署撰者。兩《唐志》無載，亡佚。

《張掖郡玄石圖》一卷。高堂隆撰。

　　《三國志》卷三裴注引《魏氏春秋》語，張掖郡刪丹縣金山玄川溢湧，寶石負圖，狀象靈龜。兩《唐志》"雜家"著録高堂隆《張掖玄石圖》一卷，《宋志》無載，亡佚。

《張掖郡玄石圖》一卷。孟衆撰。梁有《晉玄石圖》一卷，《晉德易天圖》二卷，亡。

　　孟衆：生平事迹不詳。兩《唐志》"雜家"著録孟衆《張掖玄石圖》一卷，《宋志》無載，亡佚。《晉玄石圖》：不署撰者。《晉書》卷三載，泰始三年四月，張掖太守焦勝上言，氐池縣大柳谷有玄石一所，白晝成文，實大晉之休祥，圖之以獻。詔以制幣告於太廟，藏之天府。兩《唐志》無載，亡佚。《晋德易天圖》：不署撰者。兩《唐志》無載，亡佚。

《天鏡》二卷。

不署撰者。兩《唐志》無載，亡佚。清馬國翰、王仁俊有輯本。

《乾坤鏡》二卷。梁《天鏡》《地鏡》《日月鏡》《四規鏡經》各一卷，《地鏡圖》六卷，亡。

不署撰者。《日本國見在書目録》著録《乾坤鏡》一卷，兩《唐志》無載，亡佚。《天鏡》《地鏡》：皆不署撰者。《日本國見在書目録》著録《天鏡經》一卷、《地鏡經》一卷，兩《唐志》無載，亡佚。此二書有清馬國翰、王仁俊輯本。《日月鏡》《四規鏡經》：皆不署撰者。《抱朴子·遐覽》言，道書中有《日月臨鏡經》《四規經》。兩《唐志》無載，亡佚。《地鏡圖》：不署撰者。兩《唐志》無載，亡佚。清王謨、馬國翰、王仁俊有輯本。又，《孫氏祠堂書目》著録洪頤煊集本《地鏡圖》一卷。

《望氣書》七卷。

不署撰者。兩《唐志》無載，亡佚。

《雲氣占》一卷。梁《望氣相山川寶藏祕記》一卷，《仙寶劍經》二卷，亡。

不署撰者。兩《唐志》無載，亡佚。《望氣相山川寶藏祕記》：不署撰者。《漢志》“雜占家”著録《五法積貯寶藏》二十三卷，應與此書爲同類書。兩《唐志》無載，亡佚。《仙寶劍經》：不署撰者。《漢志》“形法家”著録《相寶劍刀》二十卷，應與此書有關聯，故疑“仙”爲“相”之誤。兩《唐志》無載，亡佚。

《地形志》八十卷。庾季才撰。

前已録庾季才《地形志》八十七卷，此爲重出。

《宅吉凶論》三卷。

不署撰者。兩《唐志》無載，亡佚。

《相宅圖》八卷。

不署撰者。《漢書》卷八七上孟康注曰，"堪輿，神名，造圖宅書者"。《歷代名畫記》卷三載，《周公成壞吉凶圖》《相宅園地圖》《陰陽宅相圖》，疑與此書内容相類。兩《唐志》無載，亡佚。

《五姓墓圖》一卷。梁有《冢書》《黃帝葬山圖》各四卷，《五音相墓書》五卷，《五音圖墓書》九十一卷，《五姓圖山龍》及《科墓葬不傳》各一卷，《雜相墓書》四十五卷，亡。

不署撰者。《周禮·春官》屬下有冢人掌公墓之地，辨其兆域而爲之圖。有墓大夫掌凡邦墓之地域爲之圖。《漢志》"形法家"著録《宮宅地形》及《相人》，然漢代尚未專言葬法。兩《唐志》無載，亡佚。梁有諸書皆不署撰者，兩《唐志》無載，亡佚。

《相書》四十六卷。

不署撰者。兩《唐志》無載，《宋志》著録《十七家集衆相書》。《郡齋讀書志》卷一四著録《三十二家相書》三卷。稱或集許負以下三十二家書，成此編。或爲四十六卷《相書》之存殘者。

《相經要録》二卷。蕭吉撰。《相經》三十卷，鍾武隸撰；《相書》十一卷，樊、許、唐氏；《武王相書》一卷，《雜相書》九卷，《相書圖》七卷。亡。

　　《北史》卷八九載，蕭吉撰《相經要録》一卷，兩《唐志》無載，亡佚。鍾武隷：生平事迹不詳。其書兩《唐志》無載，亡佚。樊氏：不詳何人。許氏：當指許負。《北史》卷八九有曰“論相術，則内史叔服、姑布子卿、唐舉、許負”。《日本國見在書目録》著録許負《男相女經》三卷，《宋志》著録許負《相訣》三卷、《形神心鑑圖》一卷。唐氏，應指唐舉。《宋志》著録唐舉《肉眼通神論》三卷。此《相書》疑爲樊、許、唐三家合集，兩《唐志》無載，亡佚。《武王相書》：不署撰者。兩《唐志》無載，亡佚。《雜相書》：不署撰者。兩《唐志》無載。《直齋書録解題》卷一二著録《雜相書》一卷，稱凡二十三種，又有拾遺。元明以後無載，亡佚。《相書圖》：《歷代名畫記》卷三載有《黄帝樊薛許氏相圖》，當與此圖有關。兩《唐志》無載，亡佚。

《相手板經》六卷。梁《相手板經》、《受版圖》、韋氏《相板印法指略抄》、魏征東將軍程申伯《相印法》各一卷，亡。

　　不署撰者。手板，又作手版，即古笏，有事則書之。見《宋書》卷一八。兩《唐志》無載，亡佚。《説郛》存《相手板經》一卷。《受版圖》：不署撰者。兩《唐志》無載，亡佚。韋氏：指韋誕，字仲將。有文才，善屬辭章。建安中，特拜郎中，以光禄大夫遜位。見《三國志》卷二一裴注引《文章叙録》。其書兩《唐志》無載，亡佚。程申伯：名喜，青龍中，爲青州刺史。齊王時爲征北將軍。見《三國志》卷一一。《三國志》卷九裴注引《魏氏春秋》，其文稱《相印法》本出陳長文，陳長文以語韋仲將。又曰，《相印經》本出漢代，有《相印》《相笏經》，又有《鷹經》《牛經》《馬經》。印工宗養以法語程申伯，是故有一十二家《相法》傳於世。兩《唐志》無載，亡佚。

《大智海》四卷。

　　不署撰者。《歷代名畫記》卷三有《妖怪圖》，或即此圖。兩《唐志》無載，亡佚。

《白澤圖》一卷。

　　不署撰者。《歷代名畫記》卷三載《白澤圖》一卷，下有注曰，三百二十事，出《抱朴子》。黄帝巡東海而遇之。兩《唐志》著録《白澤圖》一卷，《宋志》無載，亡佚。清馬國翰、王仁俊、洪頤煊有輯本。

《相馬經》一卷。梁有伯樂《相馬經》、《關中銅馬法》、《周穆王八馬圖》、齊侯大夫甯戚《相牛經》、王良《相牛經》、高堂隆《相牛經》、淮南八公《相鵠經》、浮丘公《相鶴書》、《相鴨經》、《相雞經》、《相鵝經》、《相貝經》，祖暅《權衡記》《稱物重率術》各二卷，劉潛《泉圖記》三卷，亡。

　　不署撰者。《日本國見在書目録》著録《相馬經》二卷，《舊唐志》“農家”著録《相馬經》二卷，《新唐志》“農家”著録《相馬經》三卷。伯樂：春秋秦穆公時人，姓孫，名陽。善相馬。見《莊子·馬蹄》。《日本國見在書目録》著録《伯樂相馬圖》七卷、孫伯樂《相馬經》一卷、知非《相馬經》一卷。兩《唐志》“農家”著録伯樂《相馬經》一卷，又著録徐成等《相馬經》二卷、諸葛穎《相馬經》六十卷。《崇文總目》著録《周穆王相馬經》三卷。《郡齋讀書志》卷一五著録伯樂《相馬經》二卷，又著録《相馬經》一卷，稱未詳撰人。述相馬法式，並著馬之疾狀及治療之術。《直齋書録解題》卷一二著録光禄少卿孫珪《集馬相書》一卷。《宋志》著録蕭繹《相馬經》一卷、常知非《馬經》三卷。元明以後無載，亡佚。《説郛》存一卷，清王仁俊、陶棟有輯本。1973年湖南長沙馬王堆3號漢墓出土帛書，約五千餘字，整理者根據其内容，爲其定名爲《相馬經》，與今傳世的本子，不論是内容還是文體，都有較大出入，可能是戰國時期楚人之作。見 1977 年第 8 期《文物》、《帛書史話》。《關中銅馬法》：不署撰者。《後漢書》卷二四載，馬援好騎，善別名馬。於交阯得駱越銅鼓，乃鑄爲馬式，還朝上之。此馬高三尺五寸，圍四尺五寸。有詔置於宣德殿下，以爲名馬式焉。《周穆王八馬圖》：不署撰者。《史記》卷五載，造父因善御得幸於周穆王，得驥、溫驪等。《索隱》列八馬，稱其即爲八駿。《歷代名畫記》卷五載，晋史道碩有《八駿圖》。《崇文總目》"小說家"著録《八駿圖》一卷，史道規畫。兩《唐志》無載，亡佚。甯戚：齊大夫。《後漢書》卷六〇下其注蔡邕《釋誨》引《淮南子》解之，稱此乃甯戚自薦於齊桓公之事。兩《唐志》"農家"著録甯戚《相牛經》一卷。《郡齋讀書志》卷一五著録《相牛經》一卷。《説郛》存一卷，清王仁俊有輯本。王良：《漢書》卷六四下、卷一〇〇上皆提及王良，古代善馭馬者。其書兩《唐志》無載，亡佚。高堂隆《相牛經》：《世説新語·汰侈》"《牛經》出甯戚，傳百里奚……至魏世高堂生又傳以與晋宣帝，其後王愷得其書焉"。其書兩《唐志》無載，亡佚。淮南八公：《史記》卷一一八《索隱》引《淮南要略》，劉安養士數千，高才者八人，蘇非、李尚、左吳、陳由、伍被、毛周、雷被、晋昌，號曰八公。其書兩《唐志》無載，亡佚。浮丘公：傳説爲王子喬之師。《昭明文選》卷一四《舞鶴賦》注曰，《相鶴經》者，出自浮丘公，公以自授王子晋。兩《唐志》"農家"著録浮丘公《相鶴經》一卷，《宋志》著録趙浮丘公《相鶴經》一卷。元明以後無載，亡佚。《説郛》《百川學海》各存一卷，又有清王仁俊、陶棟輯本。《相鴨經》《相雞經》《相鵝經》：皆不署撰者。兩《唐志》無載，亡佚。《相貝經》：不署撰者。《藝文類聚》卷八四載，《相貝經》，朱仲受之於琴高。故題此書或爲朱仲撰，或爲嚴助撰。兩《唐志》"農家"著録《相貝經》一卷，《宋志》《直齋書録解題》卷一二著録《相貝經》一卷。元明以後無載，亡佚。《説郛》存一卷，又有清王仁俊輯本，題朱仲（或嚴助）撰。《權衡記》：《漢書》卷二一上載，衡，平也；權，重也。衡所以任權而均衡平輕重也。兩《唐志》無載，亡佚。《稱物重率術》：此書或爲祖暅作，或未署撰者。兩《唐志》無載，亡佚。劉潛：字孝儀，彭城（今江蘇徐州市）人。歷任伏波將軍、豫章内史等。侯景寇京邑，被逼失郡。《梁書》卷四一、《南史》卷三九有傳。兩《唐志》無載，亡佚。

右二百七十二部，合一千二十二卷。

二百七十二部：實際著録三百三十八部，又著録亡書一百五十一部。

五行者，金、木、水、火、土，五常之形氣者也。[1] 在天爲五星，[2] 在人爲五藏，[3] 在目爲五色，[4] 在耳爲五音，[5] 在口爲五味，[6] 在鼻爲五臭。[7] 在上則出氣施變，在下則養人不倦。故《傳》曰："天生五材，廢一不可。"[8] 是以聖人推其終始，以通神明之變，爲卜筮以考其吉凶，占百事以觀於來物，覩形法以辨其貴賤。[9]《周官》則分在保章、[10] 馮相、[11] 卜師、[12] 筮人、[13] 占夢、[14] 眡祲，[15] 而太史之職，實司總之。小數者纔得其十桷，[16] 便以細事相亂，以惑於世。

[1] 五常：即五行。
[2] 五星：金星、木星、水星、火星、土星，五大行星。
[3] 五藏：脾、肺、腎、肝、心，人之五臟。
[4] 五色：青、黃、赤、白、黑五色。
[5] 五音：宮、商、角、徵、羽五音。
[6] 五味：酸、苦、甘、辛、鹹五味。

[7]五臭（xiù）：膻、薰、香、腥、腐，五種氣味。

[8]傳曰：見《左傳》襄公二十七年。原文作"天生五材，民並用之，廢一不可"。五材，金、木、水、火、土。

[9]形法：數術之一，指堪輿、骨相等方術。

[10]保章：古代官職，掌天星，以志星辰、日月之變動，以觀天下之遷，辨其吉凶。

[11]馮相：古代官職，掌十有二歲、十有二月、十有二辰、十日、二十有八星之位，辨其叙事，以會天位。

[12]卜師：古代官職，掌開龜之四兆，一曰方兆，二曰功兆，三曰義兆，四曰弓兆。

[13]筮人：古代官職，掌三《易》，以辨九筮之名。一曰《連山》，二曰《歸藏》，三曰《周易》。九筮之名，一曰巫更，二曰巫咸，三曰巫式，四曰巫目，五曰巫易，六曰巫比，七曰巫祠，八曰巫參，九曰巫環，以辨吉凶。

[14]占夢：古代官職，掌其歲時，觀天地之會，辨陰陽之氣，以日月、星辰占六夢之吉凶。

[15]眡（shì）祲（jìn）：古代官職，掌十煇之法，以觀妖祥，辨吉凶。

[16]數：技藝。觕（cū），同"粗"，粗疏、粗略。

《黃帝素問》九卷。梁八卷。

不署撰者。《漢志·方伎略》著錄《黃帝内經》十八卷、《外經》三十七卷。《舊唐志》著錄《黃帝素問》八卷。《新唐志》著錄王冰注《黃帝素問》二十四卷。《宋志》著錄《黃帝内經素問》二十四卷，唐王冰注。《郡齋讀書志》卷一五著錄《黃帝素問》二十四卷，稱昔人謂《素問》者，以素書黃帝之問。《素問》爲《漢志》所著錄《黃帝内經》九卷。先是第七亡逸，（王）冰時始獲，乃詮次注釋。凡八十一篇，分二十四卷。《直齋書錄解題》卷一三著録《黃帝内經素問》二十四卷，稱其爲黃帝與岐伯問答。此固出於後世依託，要是醫書之祖也。《四庫全書總目》卷一〇三著録《黃帝素問》二十四卷，稱後漢張機《傷寒論》引《黃帝内經》，始稱《素問》，《素問》之名起於漢晋間。今存署王冰注、宋林億等校正、孫兆改誤之《黃帝内經素問》二十四卷、亡編一卷，有金刻本。通行本爲道藏本、四庫本等。

《黃帝甲乙經》十卷。《音》一卷。梁十二卷。

不署撰者。《日本國見在書目録》著録《黃帝甲乙經》十二卷，玄晏先生（皇甫謐）撰；《舊唐志》著録《黃帝三部針經》十三卷，皇甫謐撰；《新唐志》著録皇甫謐《皇帝三部鍼經》十二卷、《黃帝甲乙經》十二卷；《宋志》著録《黃帝三部鍼灸經》十二卷，小注曰，“即《甲乙經》”。《四庫全書總目》卷一〇三著録《甲乙經》八卷，提要稱此書有皇甫謐自序，其言曰《黃帝内經》十八卷，今有《鍼經》九卷、《素問》九卷；又有《明堂孔穴鍼灸治要》，皆黃帝岐伯選事。乃撰集三部，使事類相從，删其浮詞，除其重複，至爲十二卷。此書乃裒合舊文而成。《隋志》删皇甫謐名，似乎爲黃帝自作，則於文爲謬。《甲乙經》有四庫本、中國醫學大成本；《鍼灸甲乙經》有古今醫統正脈全書本等。

《黃帝八十一難》二卷。梁有《黃帝衆難經》一卷，吕博望注，亡。

不署撰者。《日本國見在書目録》著録《黃帝八十一難經》九卷，楊玄操撰；《舊唐志》著録《黃帝八十一難經》一卷，秦越人撰；《新唐志》著録秦越人《黃帝八十一難經》二卷；《宋志》著録《扁鵲注黃帝八十一難經》二卷，秦越人撰。《史記》卷一〇五載，渤海郡鄭人，姓秦氏，名越人。《郡齋讀書志》卷一五著録《吕楊注八十一難經》五卷，稱秦越人撰，吴吕廣注，楊玄操演。

秦越人采《黃帝内經》精要之説，凡八十一章。《直齋書録解題》卷一三著録《難經》二卷，稱渤海秦越人撰，濟陽丁德用補注。《四庫全書總目》卷一○三著録《難經本義》二卷，題周秦越人撰，元滑壽注。稱其曰《難經》者，謂經文有疑，各設問難以明之，其中有此稱經云。而《素問》《靈樞》無之者，則今本傳寫脱簡也。此書今有四庫本、古今醫統正脈全書本等。吕博望：即吕廣，疑"博望"爲其字。《郡齋讀書志》言《難經》爲吕廣所注，《直齋書録解題》提及太醫令吕廣重編《難經》，或均指此書。《宋志》無載，亡佚。

《黃帝鍼經》九卷。梁有《黃帝鍼灸經》十二卷，徐悦、龍銜素《鍼經並孔穴蝦蟆圖》三卷，《雜鍼經》四卷，程天祚《鍼經》六卷，《灸經》五卷，《曹氏灸方》七卷，秦承祖《偃側雜鍼灸經》三卷，亡。

不署撰者。兩《唐志》著録《黃帝針經》十卷，《宋志》著録《黃帝鍼經》九卷。《玉海》卷六三載，《針經》亦八十一篇，以九鍼十二原爲首，王冰以《鍼經》爲《靈樞》。此書元明以後無載，亡佚。兩《唐志》著録《黃帝鍼灸經》十二卷，《宋志》著録皇甫謐《黃帝三部針灸經》十二卷，下小注曰"即《甲乙經》"。疑爲今存《鍼灸甲乙經》。徐悦：生平事迹不詳。龍銜素，生平事迹不詳。兩《唐志》著録龍銜素《針經並孔穴蝦蟇圖》三卷，《宋志》無載，亡佚。《雜鍼經》：不署撰者。兩《唐志》無載，亡佚。程天祚：廣平（今河北廣平縣）人。元嘉二十七年助戍彭城，戰敗被俘。得拓跋燾愛賞，封爲南安公。後逃歸宋，爲山陽太守。見《宋書》卷七四。兩《唐志》無載其《鍼經》，亡佚。《灸經》：不署撰者。兩《唐志》無載，亡佚。《曹氏灸方》：不署撰者。兩《唐志》無載，亡佚。秦承祖：性耿介，專好藝術，於方藥不問貴賤皆治療之，多所全獲，當時稱之爲上手。撰方二十卷，大行於世。見《太平御覽》卷七二二。兩《唐志》無載其書，亡佚。

《徐叔嚮鍼灸要鈔》一卷。

徐叔嚮：東海（今江蘇境內）人。祖父徐熙爲名震海內的名醫，其傳承家學，亦能精其業。見《南史》卷三二。《新唐志》有著録，《宋志》無載，亡佚。

《玉匱鍼經》一卷。

不署撰者。兩《唐志》著録《玉匱針經》十二卷，《宋志》《崇文總目》著録吕博《金縢玉匱針經》三卷。元明以後無載，亡佚。

《赤烏神鍼經》一卷。

不署撰者。《唐六典》卷一四載，鍼生習《素問》《黃帝鍼經》《明堂脈訣》，兼習《流注》《偃側》等圖，《赤烏神鍼》等經。兩《唐志》著録張子存《赤烏神針經》一卷，《宋志》無載，亡佚。

《岐伯經》十卷。

岐伯：黃帝臣。受命嘗味草木，典主醫病經方，於是有《本草》《素問》之書。見《太平御覽》卷七二一。兩《唐志》無載，亡佚。

《脉經》十卷。王叔和撰。

王叔和：西晉高平（今山西東金鄉縣）人。博通經方，精意診處，尤好著述。見《郡齋讀書志》卷一五。《新唐志》著録《脉經》十卷，《宋志》著録王叔和《脉經》十卷。《郡齋讀書志》卷一五著録王叔和《脉經》十卷，稱其書纂岐伯、華佗等論脈要訣所成，凡九十七篇。此書今存最早的本子爲宋林億等校定，元天曆三年廣勤書堂刻本；通行本有守山閣叢書本、四部叢刊本等。

《脉經》二卷。梁《脉經》十四卷，又《脉生死要訣》二卷；又《脉經》六卷，黃公興撰；《脉經》六卷，秦承祖撰；《脉經》十卷，康普思撰。亡。

不署撰者。兩《唐志》有著録，《宋志》無載，亡佚。《脉經》十四卷、《脉生死要訣》：皆不署撰者。兩《唐志》無載，亡佚。黃公興：生平事迹不詳。兩《唐志》無載，亡佚。秦承祖：生平事迹不詳。兩《唐志》無載，亡佚。康普思：生平事迹不詳。兩《唐志》無載，亡佚。1973 年湖南長沙馬王堆 3 號漢墓發現帛書《足臂十一脉灸經》《陰陽十一脉灸經》《陰陽脉死候》《脉法》，1983 年湖北江陵張家山 247 漢墓出土漢簡《脉書》，或許與《脉經》有某種關聯。

《黃帝流注脉經》一卷。梁有《明堂流注》六卷，亡。

不署撰者。《新唐志》有著録，《宋志》無載，亡佚。《明堂流注》：不署撰者。兩《唐志》無載，亡佚。

《明堂孔穴》五卷。梁《明堂孔穴》二卷，《新撰鍼灸穴》一卷，亡。

不署撰者。《新唐志》有著録，《宋志》無載，亡佚。《新撰鍼灸穴》：不署撰者。兩《唐志》無載，亡佚。

《明堂孔穴圖》三卷。

不署撰者。兩《唐志》無載，亡佚。

《明堂孔穴圖》三卷。梁有《偃側圖》八卷，又《偃側圖》二卷。

　　不署撰者。疑與上條重出。二《偃側圖》均不見於兩《唐志》，亡佚。

《神農本草》八卷。梁有《神農本草》五卷，《神農本草屬物》二卷，《神農明堂圖》一卷，蔡邕《本草》七卷，華佗弟子吳普《本草》六卷，陶隱居《本草》十卷，隨費《本草》九卷，秦承祖《本草》六卷，王季璞《本草經》三卷，李譡之《本草經》、談道術《本草經鈔》各一卷，宋大將軍參軍徐叔嚮《本草病源合藥要鈔》五卷，徐叔嚮等四家《體療雜病本草要鈔》十卷，王末《鈔小兒用藥本草》二卷，甘濬之《癰疽耳眼本草要鈔》九卷，陶弘景《本草經集注》七卷，趙贊《本草經》一卷，《本草經輕行》《本草經利用》各一卷，亡。

　　不署撰者。《帝王世紀》稱，神農氏教天下耕種五穀而食之，嘗味草木，著《本草》四卷。見《太平御覽》卷七二一。《漢書》卷九二載，樓護誦醫經、《本草》、方術數十萬言。然《漢志》無載《本草》。兩《唐志》著錄《神農本草》三卷，《宋志》無載，亡佚。《神農本草屬物》：不署撰者。"屬物"疑爲"食物"之誤。《漢志·方技略》著錄《神農黃帝食禁》七卷，兩《唐志》無載，亡佚。《神農明堂圖》：不署撰者。《歷代名畫記》卷三載《神農本草例圖》，不知是否即此圖，蔡邕：見本書卷三二"禮類"。《後漢書》卷六〇下《蔡邕傳》未記載其撰此書，兩《唐志》無載，亡佚。吳普：廣陵（今江蘇揚州市）人。從華佗學醫，依華佗要求診治，多所全濟。華佗囑其五禽戲，施行之。見《三國志》卷二九。兩《唐志》著錄吳普《吳氏本草因》六卷，《宋志》無載，亡佚。有清孫星衍、孫馮翼、顧觀光、黃奭、姜國伊、王仁俊輯本。另據《中國醫籍通考》載，尚有焦循輯本（未正式出版）和日人森立之輯本。陶隱居：即陶弘景，見本書卷三三"詩類"。兩《唐志》無載，亡佚。隨費：不知是一人名隨費，還是隨氏、費氏。生平事迹不詳。兩《唐志》無載，亡佚。《本草》六卷：兩《唐志》無載，亡佚。王季璞：生平事迹不詳。兩《唐志》無載，亡佚。李譜之：或作李當之。《本草綱目序例》韓保昇《蜀本草》曰李當之華佗弟子，修《神農本草》三卷，而世少行。兩《唐志》著錄《李氏本草》三卷，《宋志》無載，亡佚。談道術：或作談道述。生平事迹不詳。兩《唐志》無載，亡佚。《本草病源合藥要鈔》：兩《唐志》著錄《本草病源合藥節度》五卷，不署撰者，疑即此書。《宋志》無載，亡佚。《體療雜病本草要鈔》：《唐六典》卷一四載，醫博士以醫術教授諸生，學體療者，七年學成。四家，疑爲徐道度、徐叔嚮、談道術、徐悦。兩《唐志》無載，亡佚。王末：生平事迹不詳。兩《唐志》無載，亡佚。甘濬之：生平事迹不詳。《唐六典》卷一四載，醫博士所授諸生，學瘡腫者，五年學成；學耳目口齒者，二年學成。兩《唐志》著錄《療癰疽耳眼本草要妙（疑“妙”爲“鈔”之誤）》五卷，不署撰者。《宋志》無載，亡佚。《本草經集注》：《南史》卷七六載，陶弘景撰《本草集注》。《日本國見在書目錄》著錄《神農本草》七卷，陶隱居撰。《舊唐志》著錄《本草集經（“經”爲“注”之誤）》七卷，陶弘景撰。《新唐志》著錄陶弘景集注《神農本草》七卷，《宋志》無載，亡佚。現存西陲古方技彙編影鈔敦煌卷子本《本草經集注》二卷，吉石盦影印敦煌卷子本《本草經集注叙錄》一卷。趙贊：生平事迹不詳。兩《唐志》無載，亡佚。《本草經輕行》《本草經利用》：皆不署撰者。兩《唐志》無載，亡佚。1977年在安徽阜陽雙古堆1號漢墓出土的簡策中，有五十餘條涉及醫藥方面的內容，可能是早期的本草、方技、神仙書。

《神農本草》四卷。雷公集注。

　　雷公：劉宋雷斆。《新唐志》有著錄，《宋志》著錄《雷公炮炙》三卷。《郡齋讀書志》著錄《雷公炮炙》三卷，稱宋雷斆撰，胡洽重定。姚振宗以爲此書即雷公集注《神農本草》。元明以後無載，亡佚。

《甄氏本草》三卷。

甄氏：甄權或甄立言，許州扶溝（今河南扶溝縣）人。兄弟二人因母病專醫方，得其旨趣，並多有著述。《舊唐書》卷一九一有傳。《舊唐志》著錄《本草藥性》三卷，甄立言撰；《新唐志》著錄甄立言（一作權）《本草音義》七卷，又《本草藥性》三卷。疑《本草藥性》即《甄氏本草》，爲甄權所作。《宋志》無載，亡佚。

《桐君藥錄》三卷。梁有雲麾將軍徐滔《新集藥錄》四卷，李譜之《藥錄》六卷，《藥法》四十二卷，《藥律》三卷，《藥性》《藥對》各二卷，《藥目》三卷，《神農採藥經》二卷，《藥忌》一卷，亡。

桐君：相傳爲黃帝醫師。參見《全梁文》卷四七《本草序》。《日本國見在書目錄》著錄《桐君藥錄》二卷，兩《唐志》著錄《桐君藥錄》三卷，《宋志》無載，亡佚。徐滔：生平事迹不詳。兩《唐志》無載，亡佚。《藥錄》：兩《唐志》無載，亡佚。《藥法》《藥律》：皆不署撰者。兩《唐志》無載，亡佚。《藥性》：不署撰者。兩《唐志》無載，亡佚。《藥對》：不署撰者。《舊唐志》著錄《雷公藥對》二卷，《新唐志》著錄徐之才《雷公藥對》二卷。《本草綱目序例》曰《雷公藥對》，北齊徐之才撰，凡二卷。《宋志》無載，亡佚。《藥目》：不署撰者。兩《唐志》著錄《藥目要用》二卷，《宋志》無載，亡佚。《神農採藥經》《藥忌》：皆不署撰者。兩《唐志》無載，亡佚。

《太清草木集要》二卷。陶隱居撰。

《日本國見在書目錄》著錄《太清諸草木方集要》二卷，兩

《唐志》著録《太清諸草木方集要》二卷。《宋志》無載，亡佚。

《張仲景方》十五卷。仲景，後漢人。梁有《黃素藥方》二十五卷，亡。

張仲景：名機，南陽（今河南南陽市）人。舉孝廉，官至長沙太守。後漢名醫，多有著述。參見宋林億《上傷寒論序》。《日本國見在書目録》著録《張仲景方》九卷，兩《唐志》著録王叔和《張仲景藥方》十五卷，《宋志》無載，然而至今流傳多種署名張仲景的醫學著作。《黃素藥方》：不署撰者。《抱朴子·雜應》載崔中書《黃素方》。《舊唐志》著録《黃素方》十五卷，《新唐志》著録謝泰《黃素方》二十五卷。《宋志》無載，亡佚。

《華佗方》十卷。吳普撰。佗，後漢人。梁有《華佗内事》五卷，又《耿奉方》六卷，亡。

華佗：一名旉，字元化，沛國譙（今安徽亳州市）人。後漢名醫，醫術高超。曹操聞其名，召其侍奉左右。因去家思歸，託辭不返。曹操怒，將其下獄，竟殺之。《後漢書》卷八二下、《三國志》卷二九有傳。《舊唐志》著録《華氏藥方》十卷，下注曰，華佗方，吳普集。《新唐志》著録吳普集《華氏藥方》十卷，下注曰，華佗。《宋志》著録《華佗藥方》一卷，元明以後無載，亡佚。《華佗内事》：兩《唐志》無載，亡佚。耿奉：生平事迹不詳。兩《唐志》無載，亡佚。

《集略雜方》十卷。

不署撰者。兩《唐志》無載，亡佚。

《雜藥方》一卷。梁有《雜藥方》四十六卷。

不署撰者。《日本國見在書目録》著録《雜藥方》一卷，中尉王榮撰。疑一卷《雜藥方》爲四十六卷之殘存。

《雜藥方》十卷。

　　不署撰者。兩《唐志》著録陳山提《雜藥方》十卷，《宋志》無載，亡佚。

《寒食散論》二卷。梁有《寒食散湯方》二十卷，《寒食散方》一十卷，皇甫謐、曹翕《論寒食散方》二卷，亡。

　　不署撰者。《新唐志》有著録，《宋志》無載，亡佚。《寒食散湯方》《寒食散方》：不署撰者。兩《唐志》無載，亡佚。《論寒食散方》：《晋書》卷五一載，皇甫謐上疏言服寒食散的狀況。《三國志》卷二〇載，曹翕乃曹操之孫，入晋，封廩丘公。撰《解寒食散方》，與皇甫謐所撰並行於世。兩《唐志》無載，亡佚。

《寒食散對療》一卷。釋道洪撰。

　　釋道洪：生平事迹不詳。兩《唐志》無載，亡佚。

《解寒食散方》二卷。釋智斌撰。梁《解散論》二卷。

　　釋智斌：生平事迹不詳。兩《唐志》無載，亡佚。《解散論》：不署撰者，亦不言亡，疑其即下列之《解寒食散論》。

《解寒食散論》二卷。梁有徐叔嚮《解寒食散方》六卷，釋慧義《寒食解雜論》七卷，亡。

　　不署撰者。兩《唐志》無載，亡佚。《解寒食散方》：兩《唐志》無載，亡佚。釋慧義：俗姓梁，北地人。少出家，備通經義。後得宋武帝依重。見《高僧傳》卷七。兩《唐志》無載其書，亡佚。

《雜散方》八卷。梁有《解散方》《解散論》各十三卷，徐叔嚮
《解散消息節度》八卷，《范氏解散方》七卷，《解釋慧義解散方》
一卷，亡。

　　不署撰者。兩《唐志》無載，亡佚。《解散方》《解散論》：皆
不署撰者。兩《唐志》無載，亡佚。《解散消息節度》：《舊唐志》
著錄《寒食散方并消息節度》二卷、徐叔和（"和"爲"嚮"之
誤）《解寒食方》十三卷；《新唐志》著錄《寒食散方并消息節度》
二卷、徐叔嚮《解寒食方》十五卷。《宋志》無載，亡佚。范氏：
姚振宗根據丁國鈞《晋書藝文志》載，《七録·醫方》有范汪《東
陽方》一百七十六卷，認爲此范氏當爲范汪。范汪，見本書卷三二
"禮類"。兩《唐志》無載，亡佚。《解釋慧義解散方》：不署撰者。
兩《唐志》無載，亡佚。

《湯丸方》十卷。

　　不署撰者。兩《唐志》無載，亡佚。

《雜丸方》十卷。梁有《百病膏方》十卷，《雜湯丸散酒煎薄帖
膏湯婦人少小方》九卷，羊中散《雜湯丸散酒方》一卷，《療下湯
丸散方》十卷。

　　不署撰者。兩《唐志》著錄《雜丸方》一卷，《宋志》無載，
亡佚。《百病膏方》：不署撰者。兩《唐志》著錄《百病膏方》十
卷，《宋志》無載，亡佚。《雜湯丸散酒煎薄帖膏湯婦人少小方》：
不署撰者。兩《唐志》無載，亡佚。羊中散：即羊欣，字敬元，泰
山南城（今山東泰安市）人。起家輔國參軍，歷任新安太守，除中
散大夫。兼善醫術，撰《藥方》數十卷。《宋書》卷六二、《南史》
卷三六有傳。本志子、集部尚有其二部著述。疑此書從《藥方》中
析出別行。兩《唐志》無載，亡佚。《療下湯丸散方》：不署撰者。
疑亦爲羊欣所作。兩《唐志》無載，亡佚。

《石論》一卷。

不署撰者。《新唐志》《崇文總目》著録晏封《乾寧晏先生制伏草石論》六卷，《宋志》著録晏封《草石論》六卷，疑即此書，元明以後無載，亡佚。

《醫方論》七卷。梁有張仲景《辨傷寒》十卷，《療傷寒身驗方》、徐文伯《辨傷寒》各一卷，《傷寒總要》二卷，支法存《申蘇方》五卷，王叔和《論病》六卷，張仲景《評病要方》一卷，徐叔嚮、談道述、徐悦《體療雜病疾源》三卷，甘濬之《癰疽部黨雜病疾源》三卷，《府藏要》三卷，亡。

不署撰者。兩《唐志》無載，亡佚。《辨傷寒》：《新唐志》著録《張仲景方》十五卷，又《傷寒卒（“卒”疑“雜”之誤）病論》十卷；《宋志》著録張仲景《傷寒論》十卷。《直齋書録解題》卷一三《傷寒論》十卷，張仲景撰。稱又名《傷寒雜病論》。又有一説，以爲《傷寒雜病論》是另一書，其一後改名爲《金匱玉函》八卷，其二則去其論傷寒者，止傳其論雜病及方藥者，名爲《金匱玉函要略》三卷。詳見《郡齋讀書志》卷一五。《四庫全書總目》卷一〇三著録《傷寒論》十卷，漢張機撰，晉王叔和編，金成無己注。提要稱書前有宋高保衡、孫奇、林億等校上序。明方有執作《傷寒論條辨》則詆叔和所編與無己所注多所改易竄亂，並以序例一篇爲叔和僞託而删之。現存最早本子爲明萬曆二十七年趙開美刻仲景全書本，通行本有四庫本、四部叢刊本、四部備要本等。《療傷寒身驗方》：不署撰者。兩《唐志》無載，亡佚。徐文伯：字德秀，丹陽（今江蘇丹陽市）人，徐叔嚮之侄，亦精醫術，兼有學行。《南史》卷三二、《北史》卷九〇有傳。兩《唐志》無載其書，亡佚。《傷寒總要》：不署撰者。兩《唐志》無載，亡佚。支法存：《千金方序》曰，沙門支法存，嶺表（今嶺南）人。性敦方藥。自永嘉南渡，士大夫不服水土，多患脚弱，唯法存能拯濟之。見《太平御覽》卷二七四。兩《唐志》無載其書，亡佚。《論病》《評病要方》：兩《唐志》無載，因署王叔和、張仲景名之書有多種流傳至今，應是王叔和編定張仲景書的一部分。《體療雜病疾源》：應與前著録徐叔嚮等四家《體療雜論本草要鈔》是一個系列的典籍。兩《唐志》無載，亡佚。《癰疽部黨雜病疾源》：應與前著録甘濬之《癰疽耳眼本草要鈔》是一個系列的典籍。兩《唐志》無載，亡佚。《府藏要》：不署撰者。兩《唐志》無載，亡佚。

《肘後方》六卷。葛洪撰。梁二卷。陶弘景《補闕肘後百一方》九卷，亡。

　　葛洪：見本書卷三二“禮類”。《太平御覽》卷七二二載，《晋中興書》曰葛洪善養性之術，撰經用救驗方三卷，號曰《肘後方》，又撰《玉函方》一百卷。《舊唐志》著録葛洪《肘後救卒方》四卷，《新唐志》著録葛洪《肘後救卒方》六卷。《太平御覽》卷七二三載，陶弘景撰《集驗方》五卷，廣《肘後》爲百一製。兩《唐志》著録陶弘景《補肘後救卒備急方》六卷，《宋志》著録葛洪《肘後備急百一方》三卷。《直齋書録解題》卷一三著録《肘後百一方》三卷，稱晋葛洪撰，梁陶隱居增補。《四庫全書總目》卷一〇三著録《肘後備急方》八卷，提要稱本書初名《肘後卒救方》，陶弘景補其闕漏，得一百一首，爲《肘後百一方》。金楊用道又取唐慎微《證類本草諸方》爲《附廣肘後方》。《隋志》既稱陶書已亡，疑此書無《百一方》在内，特後人取陶弘景原序冠之耳。此書現存最早的本子爲明萬曆二年李杺刻本《葛仙翁肘後備急方》八卷，通行本爲四庫本等。

《姚大夫集驗方》十二卷。

　　姚大夫：即姚僧垣，字法衛，吳興武康（今浙江湖州市）人。

仕梁，爲太醫正。入周，遷上開府儀同大將軍。隋開皇初，進爵北絳郡公。僧垣醫術高妙，爲當世所推。撰《集驗方》等，行於世。《周書》卷四七、《南史》卷六九、《北史》卷九〇有傳。《日本國見在書目錄》著錄《集驗方》十二卷，姚僧垣撰。兩《唐志》著錄姚僧垣《集驗方》十二卷，《宋志》無載，亡佚。

《范東陽方》一百五卷。《錄》一卷。范汪撰。梁一百七十六卷。梁又有《阮河南藥方》十六卷，阮文叔撰；釋僧深《藥方》三十卷，《孔中郎雜藥方》二十九卷，《宋健平王典術》一百二十卷；《羊中散藥方》三十卷，羊欣撰；《褚澄雜藥方》二十卷，齊吳郡太守褚澄撰。亡。

范汪：見本書卷三二“禮類”。《太平御覽》卷七二二載，《晋書》曰，范汪愛善醫術，撰方五百餘卷，又一百七卷，後人詳用，多獲其效。《舊唐志》著錄《雜藥方》一百七十卷，下注曰，“范汪方，尹穆撰”；《新唐志》著錄尹穆纂《范東陽雜藥方》一百七十卷，下注曰，“范汪”。《宋志》無載，亡佚。阮文叔：名炳，字文叔，河南尹。精意醫術，撰藥方一部。見《三國志》卷一六裴注所引《杜氏新書》。兩《唐志》著錄阮炳《阮河南方》十六卷，《宋志》無載，亡佚。僧深：齊宋間人，善療脚弱氣之疾，撰錄法在存（疑“法在存”爲“支法存”之誤）等諸家醫方三十餘卷，經用多效，時人號曰《深師方》焉。見《太平御覽》卷七二四。《舊唐志》著錄《僧深集方》三十卷，釋僧深撰；《新唐志》著錄僧僧深《集方》三十卷。《宋志》無載，亡佚。孔中郎：姚振宗據《孔氏著述考》載，孔氏二十六代孫孔汪著有《雜藥方》二十九卷，認爲孔中郎即孔汪。孔汪，字德澤，會稽山陽（今江蘇淮安市）人。歷任交、廣二州諸軍事，廣州刺史等職，甚有政績。《晋書》卷七八有傳。兩《唐志》無載，亡佚。《宋健平王典術》：不署撰者。宋健平王爲宋文帝之子劉宏。此書概爲其王國典醫所作。

兩《唐志》無載，亡佚。《羊中散藥方》：《宋書》卷六二曰，羊欣
兼善醫藥，撰方三十卷。兩《唐志》無載，亡佚。褚澄：字彥道，
河南陽翟（今河南禹州市）人。爲侍中，領右軍將軍。《南齊書》
卷二三、《南史》卷二八有傳。兩《唐志》著錄褚澄《雜藥方》十
二卷，《宋志》著錄褚澄《褚氏遺書》一卷。元明以後無載，
亡佚。

《秦承祖藥方》四十卷。見三卷。梁有《陽昕藥方》二十八
卷，《夏侯氏藥方》七卷，《王季琰藥方》一卷，徐叔嚮《雜療方》
二十二卷，徐叔嚮《雜病方》六卷，《李謐之藥方》一卷，《徐文
伯藥方》二卷，亡。

　　《舊唐志》著錄《藥方》十七卷，秦承祖撰；《新唐志》著錄
秦承祖《藥方》四十卷。《宋志》無載，亡佚。陽昕：生平事迹不
詳。兩《唐志》無載，亡佚。夏侯氏：不知何人。兩《唐志》無
載，亡佚。王季琰：生平事迹不詳。或與前錄王季璞爲一人。兩
《唐志》無載，亡佚。《舊唐志》著錄徐叔和（“和”爲“嚮”之
誤）《雜療方》二十卷、《體療雜病方》六卷；《新唐志》著錄徐叔
嚮《雜療方》二十卷、《體療雜病方》六卷。《宋志》無載，亡佚。
《李謐之藥方》：兩《唐志》無載，亡佚。《徐文伯藥方》：兩《唐
志》無載，亡佚。

《胡洽百病方》二卷。梁有《治卒病方》一卷；《徐奘要方》
一卷，無錫令徐奘撰；《遼東備急方》三卷，都尉臣廣上；《殷荆
州要方》一卷，殷仲堪撰。亡。

　　胡洽：生平事迹不詳。《舊唐志》著錄《胡居士方》三卷，胡
洽撰；《新唐志》著錄胡洽《胡居士治百病要方》三卷；《崇文總
目》著錄《胡道洽方》三卷；《宋志》著錄《胡道洽方》一卷。元
明以後無載，亡佚。《治卒病方》：不署撰者。兩《唐志》無載，

亡佚。徐奘：《梁書》卷一三載，梁高祖遣上省醫徐奘視沈約疾，還具以狀聞。兩《唐志》無載，亡佚。臣廣：生平事迹不詳。兩《唐志》無載，亡佚。殷仲堪：見本書卷三二“詩類”。《晉書》卷八四載，殷仲堪因父病，躬學醫術，究其精妙。兩《唐志》無載，亡佚。

《俞氏療小兒方》四卷。梁有《范氏療婦人藥方》十一卷，徐叔嚮《療少小百病雜方》三十七卷，《療少小雜方》二十卷，《療少小雜方》二十九卷，《范氏療小兒藥方》一卷，王末《療小兒雜方》十七卷。亡。

俞氏：不知何人。《唐六典》卷一四載，醫博士以醫術教授諸生，分而爲業。學少小者，五年學成。《舊唐志》著録《少小節療方》一卷，俞寶撰；《新唐志》著録《俞氏治小兒方》四卷、俞寶《小女（疑“小女”爲“少小”之誤）節療方》一卷。《宋志》無載，亡佚。范氏：疑即范汪。兩《唐志》著録《婦人方》十卷，疑爲此書，當爲《范東陽方》一百七十六卷中別行之本。《宋志》無載，亡佚。王末：生平事迹不詳。兩《唐志》無載，亡佚。

《徐嗣伯落年方》三卷。梁有徐叔嚮《療脚弱雜方》八卷，徐文伯《辨脚弱方》一卷，甘濬之《療癰疽金創要方》十四卷，甘濬之《療癰疽毒惋雜病方》三卷，甘伯齊《療癰疽金創方》十五卷，亡。

徐嗣伯：或作徐嗣，字叔紹，徐叔嚮子。精醫術，官至正員郎，爲臨川王所重。《南齊書》卷二三、《南史》卷三二有傳。兩《唐志》著録徐嗣伯《徐氏落年方》三卷，《宋志》無載，亡佚。“落年”，其意難解。《日本國見在書目録》著録徐太山《隨手方》一卷，本志著録徐太山《墮年方》二卷，疑“墮年”爲“隨手”之誤。徐太山即徐文伯，與徐嗣伯爲堂兄弟，可能都有隨手方。疑

"墮年"又誤作"落年"。《療脚弱雜方》：兩《唐志》著録徐叔嚮《脚弱方》八卷，《宋志》無載，亡佚。《辨脚弱方》：兩《唐志》無載，亡佚。《療癰疽金創要方》：兩《唐志》著録甘濬之《療癰疽金瘡要方》十四卷，《宋志》無載，亡佚。《療癰疽毒惋雜病方》：兩《唐志》無載，亡佚。甘伯齊：生平事迹不詳。兩《唐志》著録甘伯齊《療癰疽金瘡方》十二卷，《宋志》無載，亡佚。

《陶氏效驗方》六卷。梁五卷。梁又有《療目方》五卷，甘濬之《療耳眼方》十四卷，《神枕方》一卷；《雜戎狄方》一卷，宋武帝撰；《摩訶出胡國方》十卷，摩訶胡沙門撰；又范曄《上香方》一卷，《雜香膏方》一卷。亡。

　　《南史》卷七六載，陶弘景撰《本草集注》《效驗方》《肘後百一方》。兩《唐志》著録陶弘景《效驗方》十卷，《宋志》無載，亡佚。《療目方》：不署撰者。兩《唐志》著録《療目方》五卷，《宋志》無載，亡佚。《療耳眼方》：兩《唐志》無載，亡佚。《神枕方》：不署撰者。與下録《神枕方》應爲一書，詳見下條。宋武帝：見本志"大序"。兩《唐志》無載，亡佚。摩訶胡：不知何人。兩《唐志》無載，亡佚。范曄：見本書卷三三"正史"。《南史》卷三三載，范曄撰《和香方》。《上香方》《雜香膏方》，兩《唐志》皆無載，亡佚。

《彭祖養性經》一卷。

　　彭祖：傳説其爲殷大夫，姓錢名鏗，顓頊之玄孫，封於彭。至殷末年已七百六十七歲而不衰老，遂往流沙之西，非壽終也。見《史記》卷四〇、《搜神記》。《新唐志》有著録，《宋志》無載，亡佚。後人凡引彭祖養生者，皆爲僞託。

《養生要集》十卷。張湛撰。

　　張湛：見“道家類”。《晋書》卷七五載，范甯患眼疾，就中書郎張湛求方，張湛言養生方。兩《唐志》“道家類”“醫術類”皆著録張湛《養生要集》十卷，《宋志》無載，亡佚。

《玉房祕决》十卷。

　　不署撰者。《舊唐志》著録《玉房祕録訣》八卷，沖和子撰；《新唐志》著録沖和子《玉房秘訣》十卷，下注曰“張鼎”。張鼎自號沖和子，其他事迹不詳。《宋志》無載，亡佚。

《墨子枕内五行紀要》一卷。梁有《神枕方》一卷，疑此即是。

　　不署撰者。前“五行類”《竈經》條下著録《墨子枕内五行要記》一卷，應即此書。從此條下注稱梁有《神枕方》一卷，當與《陶氏效驗方》條下著録之《神枕方》一卷爲重出。兩《唐志》無載《墨子枕内五行紀要》，《新唐志》著録《神枕方》一卷，《宋志》無載，亡佚。

《如意方》十卷。

　　不署撰者。《日本國見在書目録》著録《如意方》十卷；《新唐志》著録梁武帝《坐右方》十卷、《如意方》十卷。《南史》卷八載，梁簡文帝撰《如意方》十卷。疑《新唐志》脱“梁簡文帝”四字。《宋志》無載，亡佚。

《練化術》一卷。

　　不署撰者。後録陶隱居《練化雜術》一卷，疑即此書。兩《唐志》無載，亡佚。

《神仙服食經》十卷。

不署撰者。兩《唐志》著録《神仙服食方》十卷，《新唐志》又著録《神仙服食經》十二卷，《宋志》無載，亡佚。

《雜仙餌方》八卷。

不署撰者。兩《唐志》無載，亡佚。

《服食諸雜方》二卷。梁有《仙人水玉酒經》一卷。

不署撰者。兩《唐志》無載，亡佚。《仙人水玉酒經》：不署撰者。兩《唐志》無載，亡佚。

《老子禁食經》一卷。

不署撰者。兩《唐志》無載，亡佚。姚振宗疑此書即爲《日本國見在書目録》著録之《老子神仙服藥經》，《崇文總目》著録之《老子服食經》，姑備一考。

《崔氏食經》四卷。

不署撰者。《日本國見在書目録》著録《食經》四卷，崔禹錫撰（“禹錫”爲“浩”之誤）。《魏書》卷三五載，崔浩有《食經叙》。崔浩，見本書卷三二“易類”。兩《唐志》著録崔浩《食經》九卷，《宋志》無載，亡佚。

《食經》十四卷。梁有《食經》二卷，又《食經》十九卷；《劉休食方》一卷，齊冠軍將軍劉休撰。亡。

不署撰者。兩《唐志》無載，亡佚。《食經》二卷、《食經》十九卷：均不署撰者，兩《唐志》無載，亡佚。劉休：字弘明，沛郡相（今安徽濉溪縣）人。宋明帝嗜飲食，劉休多藝能，爰及鼎味，問無不解。齊建元四年，出爲豫章内史加冠軍將軍，卒。《南齊書》卷三四、《南史》卷四七有傳。兩《唐志》無載，亡佚。

《食饌次第法》一卷。梁有《黃帝雜飲食忌》二卷。

不署撰者。兩《唐志》無載，亡佚。《黃帝雜飲食忌》：不署撰者。《漢志·方技·經方》著録《神農黃帝食禁》七卷，疑此書爲其遺存。

《四時御食經》一卷。梁有《太官食經》五卷，又《太官食法》二十卷，《食法雜酒食要方白酒并作物法》十二卷，《家政方》十二卷，《食圖》《四時酒要方》《白酒方》《七日麵酒法》《雜酒食要法》《雜藏釀法》《雜酒食要法》《酒并飲食方》《鮭及鎗蟹方》《羹臛法》《䐿腤胸法》《北方生醬法》各一卷，亡。

不署撰者。《新唐志》著録《四時御食經》一卷，《宋志》無載，亡佚。《太官食經》《太官食法》：皆不署撰者。兩《唐志》著録《太官食法》一卷、《太官食經》十九卷，《宋志》無載，亡佚。《食法雜酒食要方白酒并作物法》《家政方》：皆不署撰者。兩《唐志》無載，亡佚。《食圖》至《北方生醬法》共十二種（其間有一重複）各一卷，從其書名上看，可推測其內容與《食法雜酒食要方白酒并作物法》或《家政方》類同，其總卷數又與此二書相合，疑其是此二書之一的篇名。

《療馬方》一卷。梁有《伯樂療馬經》一卷，疑與此同。

不署撰者。兩《唐志》無載，亡佚。

《黃帝素問》八卷。全元起注。

全元起：《南史》卷五九載，侍郎全元起欲注《素問》，訪以砭石。《日本國見在書目録》著録《黃帝素問》十六卷，全元起注；《新唐志》著録全元起注《黃帝素問》九卷；《宋志》著録《素問》八卷，隋全元起注。《四庫全書總目》卷一〇三著録《黃帝素問》二十四卷，題唐王冰注。提要稱《隋志》所載《黄帝素問》祇八卷，全元起注已闕其第七。王冰在每篇之下必注全元起本第幾字，猶可考見其舊第。此書有四庫本。

卷三四

志第二十九

《脉經》二卷。徐氏撰。

徐氏：不知何人。兩《唐志》無載，亡佚。

《華佗觀形察色并三部脉經》一卷。

不署撰者。兩《唐志》無載，亡佚。

《脉經决》二卷。徐氏新撰。

徐氏：不知何人，或許即前録徐氏。《新唐志》著録徐氏《脉經訣》三卷，《宋志》著録徐氏《脉經》三卷，元明以後無載，亡佚。

《脉經鈔》二卷。許建吳撰。

許建吳：生平事迹不詳。兩《唐志》無載，亡佚。

《黄帝素問女胎》一卷。

不署撰者。兩《唐志》無載，亡佚。疑其爲《黄帝素問》的一部分。

《三部四時五藏辨診色决事脉》一卷。

不署撰者。兩《唐志》著録《三部四時五臟辨候診色脈經》一卷，《宋志》無載，亡佚。

《脉經略》一卷。

不署撰者。兩《唐志》無載，亡佚。

《辨病形證》七卷。

　　不署撰者。兩《唐志》無載，亡佚。

《五藏决》一卷。

　　不署撰者。兩《唐志》著録《五藏訣》一卷，《宋志》著録《五藏要訣》一卷，元明以後無載，亡佚。

《論病源候論》五卷。《目》一卷，吴景賢撰。

　　吴景賢：或作吴景，生平事迹不詳。《日本國見在書目録》著録《病源論》五十卷，巢元方撰；兩《唐志》著録吴景《諸病源候論》五十卷；《新唐志》又著録《巢氏諸病源候論》五十卷，下注曰"巢元方"；《宋志》著録巢元方《巢氏諸病源候論》五十卷。《直齋書録解題》卷一三著録《巢氏病源論》五十卷，稱隋太醫博士巢元方等撰，大業六年也。《四庫全書總目》卷一〇三著録《巢氏諸病源候論》五十卷，提要疑此書本屬官書，巢元方與吴賢，一爲監修，一爲編撰，故或題景名，或題元方名，實止一書。《隋志》吴景作吴景賢，"賢"或"監"之誤。其作"五卷"，亦當脱"十"字。考其書内容可證此書爲舊本無疑。現存最早本子爲元刻《重刊巢氏諸病源候總論》五十卷，通行本有四庫本、中國醫學大成本等。

《服石論》一卷。

　　不署撰者。兩《唐志》無載，亡佚。疑與前録《石論》爲一書。

《癰疽論方》一卷。

　　不署撰者。兩《唐志》無載，亡佚。

《五藏論》五卷。

不署撰者。《日本國見在書目録》著録《五藏論》一卷，兩《唐志》著録《五藏論》一卷，《宋志》著録《五藏論》一卷，元明以後無載，亡佚。

《瘧論并方》一卷。

不署撰者。兩《唐志》無載，亡佚。

《神農本草經》三卷。

不署撰者。兩《唐志》著録《神農本草》三卷，此或爲相傳本經之舊。

《本草經》四卷。蔡英撰。

蔡英：生平事迹不詳。前録蔡邕《本草》七卷，此"蔡英"或"蔡邕"之誤。兩《唐志》無載，亡佚。

《藥目要用》二卷。

不署撰者。兩《唐志》有著録，《宋志》無載，亡佚。

《本草經略》一卷。

不署撰者。兩《唐志》無載，亡佚。

《本草》二卷。徐太山撰。

徐太山：即徐文伯，因其曾任太山太守，故有此稱。兩《唐志》無載是書，亡佚。

《本草經類用》三卷。

不署撰者。兩《唐志》著録《藥類》二卷，疑即此書。《宋志》無載，亡佚。

《本草音義》三卷。姚最撰。

姚最：見本書卷三三"古史類"。《北史》卷九〇載，姚最爲姚僧垣次子，未習醫術。天和中，齊王憲奏遣其習之。每有人告請，效驗甚多。兩《唐志》無載是書，亡佚。

《本草音義》七卷。甄立言撰。

《舊唐書》卷一九一載，甄立言撰《本草音義》七卷，《古今録驗方》五十卷。《新唐志》著録甄立言（一作權）《本草音義》七卷，《宋志》無載，亡佚。

《本草集録》二卷。

不署撰者。兩《唐志》無載，亡佚。

《本草鈔》四卷。

不署撰者。兩《唐志》無載，亡佚。

《本草雜要決》一卷。

不署撰者。兩《唐志》無載，亡佚。

《本草要方》三卷。甘濬之撰。

此書或爲《癰疽耳眼本草要鈔》九卷之佚存本，兩《唐志》無載，亡佚。

《依本草録藥性》三卷。《録》一卷。

不署撰者。《唐六典》卷一四載，諸醫鍼生讀《本草》者，即令識藥形知藥性。此書當記這類内容。兩《唐志》無載，亡佚。

《靈秀本草圖》六卷。原平仲撰。

原平仲：生平事迹不詳。《歷代名畫記》卷三載《靈秀本草圖》六卷，下注曰“起赤箭，終蜻蜓。源平仲撰”。兩《唐志》有著録，《宋志》無載，亡佚。

《芝草圖》一卷。

不署撰者。《日本國見在書目録》著録《芝草圖》二卷，下注曰“上、下”。兩《唐志》有著録，《宋志》無載，亡佚。

《入林採藥法》二卷。

不署撰者。兩《唐志》無載，亡佚。

《太常採藥時月》一卷。

不署撰者。兩《唐志》無載，亡佚。

《四時採藥及合目録》四卷。

不署撰者。《唐六典》卷一四載，凡藥有多種屬性，皆辨其所出州土，每歲貯納，擇其良者而進焉。兩《唐志》著録《四時採取諸藥及合和》四卷，《宋志》無載，亡佚。

《藥録》二卷。李密撰。

李密：字希邕，趙郡平棘（今河北趙縣）人。從齊高祖舉義，遥授并州刺史，封容城縣侯。天保初，以舊功授散騎常侍。因母病，乃精習經方，洞曉針藥，母疾得愈，由是以醫術知名。《北齊書》卷二二、《北史》卷三三有傳。兩《唐志》無載，亡佚。

《諸藥異名》八卷。沙門行矩撰。本十卷，今闕。

　　行矩：又作行智，生平事迹不詳。《舊唐志》著録《諸藥異名》十卷，釋行智撰；《新唐志》著録僧行智《諸藥異名》十卷。《宋志》無載，亡佚。

《諸藥要性》二卷。

　　不署撰者。兩《唐志》無載，亡佚。

《種植藥法》一卷。

　　不署撰者。《唐六典》卷一四載，京師置藥園一所，擇良田三頃，有藥園生於此學習勞作。兩《唐志》無載，亡佚。

《種神芝》一卷。

　　不署撰者。《抱朴子·黃白》有曰，而仙經有以五石、五木種芝，芝生，取而服之，亦與自然芝無異，俱令人長生。兩《唐志》無載，亡佚。

《藥方》二卷。徐文伯撰。

　　前録徐文伯《藥方》二卷亡，此處又著録徐文伯《藥方》二卷，或許此書實未亡。

《解散經論并增損寒食節度》一卷。

　　不署撰者。兩《唐志》無載，亡佚。

《張仲景療婦人方》二卷。

　　《日本國見在書目録》著録《治婦人方》三卷，兩《唐志》無載。《直齋書録解題》卷一三著録張仲景《金匱要略》三卷，稱此書上卷論傷寒，中論雜病，下載其方並療婦人，乃録而傳之。

《徐氏雜方》一卷。

　　徐氏：不詳何人。兩《唐志》無載，亡佚。

《少小方》一卷。

　　不署撰者。兩《唐志》無載，亡佚。

《療小兒丹法》一卷。

　　不署撰者。兩《唐志》無載，亡佚。

《徐太山試驗方》二卷。

　　兩《唐志》無載，亡佚。

《徐文伯療婦人瘕》一卷。

　　《南史》卷三二載，明帝宫人患腰痛牽心，文伯曰，此髮瘕。以油投之，即吐得物如髮。兩《唐志》無載是書，亡佚。

《徐太山巾箱中方》三卷。

　　兩《唐志》無載，亡佚。

《藥方》五卷。徐嗣伯撰。

　　兩《唐志》無載，亡佚。

《墮年方》二卷。徐太山撰。

　　《日本國見在書目録》著録徐太山《隨手方》一卷，疑“墮年”爲“隨手”之誤。前録《徐嗣伯落年方》三卷，“落年”或爲“隨手”之一誤再誤。兩《唐志》著録徐嗣伯《落年方》三卷，無載徐太山《墮年方》二卷，文伯與嗣伯是兄弟，可能都有隨手方，在流傳中合二爲一。

《效驗方》三卷。徐氏撰。

　　徐氏：不詳何人。兩《唐志》無載，亡佚。

《雜要方》一卷。

　　不署撰者。兩《唐志》無載，亡佚。

《玉函煎方》五卷。葛洪撰。

　　《抱朴子·雜應》曰，余所撰百卷名曰《玉函方》。疑此書爲自《玉函方》百卷析出別行者。兩《唐志》無載。

《小品方》十二卷。陳延之撰。

　　陳延之：生平事迹不詳。《直齋書錄解題》卷一三著錄《外臺秘方》言，至於《小品》，深師崔氏、許仁則、張文仲之類，今無傳者，猶間見於此書。兩《唐志》著錄徐延之《小品方》十二卷，《宋志》無載，亡佚。

《千金方》三卷。范世英撰。

　　范世英：生平事迹不詳。《新唐志》有著錄，《宋志》無載，亡佚。

《徐王方》五卷。
《徐王八世家傳效驗方》十卷。
《徐氏家傳祕方》二卷。

　　徐王：當指徐之才，因其曾被封王，故稱徐王。徐之才，丹陽（今江蘇丹陽市）人。仕梁豫章王綜，至綜入魏，薦之才善醫術。

武平中，遷尚書令，封西陽郡王。《魏書》卷九一、《北齊書》卷三三、《北史》卷九〇有傳。徐氏自徐熙以醫術名家相傳，傳子秋夫，再傳道度、叔嚮，再傳文伯、嗣伯、謇，再傳雄、踐，再傳之才、之範，再傳敏齊，號稱八世。《舊唐志》著錄《徐王八代效驗方》十卷，徐之才撰，《徐氏家祕方》二卷；《新唐志》著錄徐之才《徐王八代效驗方》十卷，又《家祕方》三卷，《宋志》無載，亡佚。兩《唐志》無載《徐王方》，或因其即後二書的別行本。

《藥方》五十七卷。後魏李思祖撰。本百一十卷。

李思祖：名脩，陽平館陶（今河北館陶縣）人。歷爲中散令，以功賜爵下蔡子。集學士等百餘人在東宮撰諸藥方百餘卷，行於世。後卒於太醫令。《魏書》卷九一、《北史》卷九〇有傳。兩《唐志》著錄孝思（疑“孝”爲“李”之誤，脱“祖”）《雜湯丸散方》五十七卷，《宋志》無載，亡佚。

《稟丘公論》一卷。

稟丘公：即曹翕。《三國志》卷二〇裴松之有曰，曹翕入晋，改封稟丘公。有《寒食散方》與皇甫謐書合爲一帙。此當爲曹翕所論之一卷，兩《唐志》無載，亡佚。

《太一護命石寒食散》二卷。宋尚撰。

宋尚：生平事迹不詳。兩《唐志》無載，亡佚。

《皇甫士安依諸方撰》一卷。

皇甫士安：即皇甫謐。前錄皇甫謐、曹翕《論寒食散方》二卷，亡。此處又著錄皇甫書一卷及曹翕書一卷，可證梁有皇甫謐、曹翕書於隋實未亡。兩《唐志》無載，亡佚。

《序服石方》一卷。

> 不署撰者。疑爲《服石方》之序，兩《唐志》無載，亡佚。

《服玉方法》一卷。

> 不署撰者。兩《唐志》著録《服玉法并禁忌》一卷，《宋志》無載，亡佚。

《劉涓子鬼遺方》十卷。龔慶宣撰。

> 龔慶宣：南齊人。劉涓子：宋武帝族人。晋隆安二年爲彭城内史。義熙六年從宋武帝北征慕容超，在丹陽郊外得此方書。見《南史》卷一三、龔慶宣《劉涓子鬼遺方序》。《日本國見在書目録》著録《劉涓子》十一卷，龍（“龔”之誤）慶宣撰；兩《唐志》著録龔慶宣《劉涓子男（“鬼”之誤）方》十卷；《崇文總目》著録《劉涓子鬼遺方》十卷，原釋龔慶宣撰。《直齋書録解題》卷一三著録《劉涓子神仙遺論》十卷，東蜀刺史李頔録。稱此方略治癰疽之法。《宋志》著録《劉涓子神仙遺論》，東蜀李頔録，及《劉涓子鬼論》一卷。今存《劉涓子鬼遺方》五卷，齊龔慶宣撰，現存最早的本子爲宋刻本，通行本爲叢書集成本、中國醫學大成本等。

《療癰經》一卷。

> 不署撰者。兩《唐志》無載，亡佚。

《療三十六瘻方》一卷。

> 不署撰者。兩《唐志》無載，亡佚。

《王世榮單方》一卷。

> 王世榮：名顯，陽平樂平（今山東聊城市）人。少任本州從事，以醫術自通。後應世宗之詔撰藥方三十五卷，班布天下，以療

諸疾。延昌二年，以營療之功封衛國縣伯。世宗崩，肅宗即位，詔削其爵位。《魏書》卷九一、《北史》卷九〇有傳。《日本國見在書目録》著録《雜藥方》一卷，王榮（"王"後脱"世"字）撰。兩《唐志》無載，亡佚。

《集驗方》十卷。姚僧垣撰。

前著録《姚大夫藥方》十二卷，疑與此書爲一書。

《集驗方》十二卷。

不署撰者。疑即前著録之《姚大夫藥方》十二卷。《日本國見在書目録》著録《集驗方》十二卷，姚僧垣撰，又著録《集驗》十二卷，姚大夫撰。皆屬重出。

《備急單藥方》三卷。許澄撰。

許澄：高陽（今河北高陽縣）人。有學識，以醫術顯。歷任尚藥典御、諫議大夫，封賀川縣伯。《隋書》卷七八、《北史》卷九〇有傳。兩《唐志》無載，亡佚。

《藥方》二十一卷。徐辨卿撰。

徐辨卿：生平事迹不詳。姚振宗根據《北史》卷九〇載，徐之才二子的字分別爲少卿、同卿，疑辨卿爲徐之範之子敏齊的字。敏齊亦傳家業，從醫。兩《唐志》無載，亡佚。

《名醫集驗方》六卷。

不署撰者。兩《唐志》著録《名醫集驗方》三卷，《宋志》無載，亡佚。

《名醫別録》三卷。陶氏撰。

　　據李時珍《本草綱目序例》言，神農本草藥分三品，計三百六十五種，以應周天之數。梁陶宏景復增漢魏以下名醫所用藥三百六十五種，謂之《名醫別録》，凡七卷。陶氏當指陶宏景。兩《唐志》著録《名醫別録》三卷，《宋志》無載，亡佚。

《删繁方》十三卷。謝士秦撰。

　　謝士秦：生平事迹不詳。《日本國見在書目録》著録《删繁論》十卷，謝雲泰撰；兩《唐志》著録謝士太《删繁方》十二卷。疑"謝士秦"爲"謝士泰"之誤。《宋志》無載是書，亡佚。

《吳山居方》三卷。

　　吳山居：不知何人。兩《唐志》無載，亡佚。

《新撰藥方》五卷。

　　不署撰者。兩《唐志》無載，亡佚。

《療癰疽諸瘡方》二卷。秦政應撰。

　　秦政應：生平事迹不詳。兩《唐志》無載，亡佚。

《單複要驗方》二卷。釋莫滿撰。

　　釋莫滿：生平事迹不詳。兩《唐志》無載，亡佚。

《釋道洪方》一卷。

　　兩《唐志》無載是書，亡佚。

《小兒經》一卷。

　　不署撰者。兩《唐志》無載，亡佚。

《散方》二卷。

　　不署撰者。兩《唐志》無載，亡佚。

《雜散方》八卷。

　　不署撰者。前已録《雜散方》八卷，疑與此書爲一書。

《療百病雜丸方》三卷。釋曇鸞撰。

　　釋曇鸞：生平事迹不詳。兩《唐志》無載，亡佚。

《療百病散》三卷。

　　不署撰者。兩《唐志》無載，亡佚。

《雜湯方》十卷。成毅撰。

　　成毅：生平事迹不詳。兩《唐志》著録《雜湯方》八卷，《宋志》無載，亡佚。

《雜療方》十三卷。

　　不署撰者。兩《唐志》無載，亡佚。

《雜藥酒方》十五卷。

　　不署撰者。兩《唐志》無載，亡佚。

《趙婆療漯方》一卷。

　　趙婆：不知何人。兩《唐志》無載，亡佚。

《議論備豫方》一卷。于法開撰。

　　于法開：事蘭公爲弟子。因與支遁有競，故遁居剡縣，更學醫術，妙通醫法。居白山靈鷲寺。見《世說新語・文學》、《高僧傳》卷四。兩《唐志》無載，亡佚。

《扁鵲陷冰丸方》一卷。

不署撰者。《漢書》卷二五下有晋灼注曰，"方士詐以藥石若陷冰丸投之冰上，冰即消液，因假爲神仙道使然也"。此書當爲漢武、宣時方士所作，託之扁鵲，並非真正方藥，乃左道惑衆之術。兩《唐志》無載，亡佚。

《扁鵲肘後方》三卷。

不署撰者。兩《唐志》無載，《宋志》著録扁鵲《療黄經》三卷、《枕中祕訣》三卷，或皆由此書輾轉傳述者。然今亦不傳。

《療消渴衆方》一卷。謝南郡撰。

謝南郡：生平事迹不詳。《日本國見在書目録》著録《治消渴方》一卷，兩《唐志》無載，亡佚。

《論氣治療方》一卷。釋曇鸞撰。

《舊唐志》著録釋鸞《調氣方》一卷，《新唐志》著録僧鸞《調氣方》一卷，《宋志》無載，亡佚。

《梁武帝所服雜藥方》一卷。

不署撰者。兩《唐志》無載，亡佚。

《大略丸》五卷。

不署撰者。兩《唐志》無載，亡佚。

《靈壽雜方》二卷。

不署撰者。兩《唐志》無載，亡佚。

《經心録方》 八卷。宋俠撰。

　　宋俠：洺州清漳（今河北邯鄲市）人。以醫術著名，官至朝散大夫、藥藏監。撰《經心録》十卷，行於世。《舊唐書》卷一九一、《新唐書》卷二〇四有傳。《日本國見在書目録》著録《經心録方》六卷，《舊唐志》著録宋俠《經心方》八卷，《新唐志》著録宋俠《經心方》十卷，《宋志》無載，亡佚。

《黃帝養胎經》 一卷。

　　不署撰者。兩《唐志》無載，亡佚。

《療婦人産後雜方》 三卷。

　　不署撰者。兩《唐志》無載，亡佚。

《黃帝明堂偃人圖》 十二卷。

　　不署撰者。《舊唐志》著録《黃帝十二經明堂偃側人圖》十二卷，《新唐志》著録曹氏《黃帝十二經明堂偃側人圖》十二卷，《宋志》無載，亡佚。

《黃帝鍼灸蝦蟆忌》 一卷。

　　不署撰者。兩《唐志》無載，亡佚。

《明堂蝦蟆圖》 一卷。

　　不署撰者。兩《唐志》無載，亡佚。

《鍼灸圖要決》 一卷。

　　不署撰者。兩《唐志》無載，亡佚。

《鍼灸圖經》十一卷。本十八卷。

　　不署撰者。兩《唐志》無載，亡佚。

《十二人圖》一卷。

　　不署撰者。兩《唐志》無載，亡佚。

《鍼灸經》一卷。

　　不署撰者。兩《唐志》無載，亡佚。

《扁鵲偃側鍼灸圖》三卷。

　　不署撰者。兩《唐志》無載，亡佚。

《流注鍼經》一卷。

　　不署撰者。兩《唐志》無載，《宋志》著錄《扁鵲鍼傳》，疑
即此書。然今亦亡。

《曹氏灸經》一卷。

　　曹氏：不知何人。前錄《曹氏灸方》七卷，亡。此書或爲其佚
存者。

《偃側人經》二卷。秦承祖撰。

　　前錄秦承祖《偃側雜鍼灸經》三卷，亡。此或其不亡者。然今
亦亡。

《華佗枕中灸刺經》一卷。

　　兩《唐志》無載，亡佚。

《謝氏鍼經》一卷。

  謝氏：不知何人。兩《唐志》無載，亡佚。

《殷元鍼經》一卷。

  殷元：生平事迹不詳。兩《唐志》無載，亡佚。

《要用孔穴》一卷。
《九部鍼經》一卷。

  兩書皆不署撰者。《唐六典》卷一四載，鍼博士掌教鍼生，以經脈孔穴使識浮沉澀滑之候，又以九鍼爲補瀉之法。兩《唐志》無載二書，亡佚。

《釋僧匡鍼灸經》一卷。

  釋僧匡：生平事迹不詳。兩《唐志》無載，亡佚。

《三奇六儀鍼要經》一卷。

  不署撰者。兩《唐志》無載，亡佚。

《黃帝十二經脉明堂五藏人圖》一卷。

  不署撰者。兩《唐志》著録《黃帝十二經脉明堂五藏圖》一卷，《宋志》無載，亡佚。

《老子石室蘭臺中治癩符》一卷。

  不署撰者。兩《唐志》無載，亡佚。

《龍樹菩薩藥方》四卷。

  不署撰者。《日本國見在書目録》著録《龍樹眼經》一卷，兩

《唐志》無載。《郡齋讀書志》卷一五著録《龍樹眼論》三卷，稱
右佛經龍樹大士者能治眼疾。或假其説集治七十二種目病之方。此
書今亡。

《西域諸仙所説藥方》二十三卷。《目》一卷。本二十五卷。

    不署撰者。兩《唐志》無載，亡佚。

《香山仙人藥方》十卷。

    不署撰者。兩《唐志》無載，亡佚。

《西域波羅仙人方》三卷。

    不署撰者。兩《唐志》無載，亡佚。

《西域名醫所集要方》四卷。本十二卷。

    不署撰者。兩《唐志》無載，亡佚。

《婆羅門諸仙藥方》二十卷。

    不署撰者。兩《唐志》無載，亡佚。

《婆羅門藥方》五卷。

    不署撰者。兩《唐志》無載，亡佚。

《耆婆所述仙人命論方》二卷。《目》一卷。本三卷。

    不署撰者。《日本國見在書目録》著録《耆婆茯苓散方》一
卷，《耆婆脈訣》十二卷，或與此書有相通之處。兩《唐志》無
載，亡佚。

《乾陀利治鬼方》十卷。

《新録乾陀利治鬼方》 四卷。本五卷，闕。

　　乾陀利：生平事迹不詳。《新録乾陀利治鬼方》疑爲他人所爲。
兩《唐志》無載二書，皆亡佚。

《伯樂治馬雜病經》 一卷。

　　前録《療馬方》一卷，下有注曰，“梁有《伯樂療馬經》一
卷，疑與此同”。此亦前之《療馬方》。兩《唐志》無載，亡佚。

《治馬經》 三卷。俞極撰，亡。

　　俞極：生平事迹不詳。

《治馬經》 四卷。

《治馬經目》 一卷。

《治馬經圖》 二卷。

《馬經孔穴圖》 一卷。

《雜撰馬經》 一卷。

　　皆不署撰者。《唐六典》卷一一載，尚乘局有獸醫七十人，掌
療馬病。馬有傷寒者、有傷熱者、有傷者，皆據經方以療焉。《日
本國見在書目録》著録《治馬病方》一卷、《治馬法》六卷、《治
馬病書》六卷。兩《唐志》無載以上五書，皆亡佚。

《治馬牛駝騾等經》 三卷。《目》一卷。

　　不署撰者。兩《唐志》無載，亡佚。

《香方》 一卷。宋明帝撰。

　　宋明帝：見本書卷三二“論語類”。兩《唐志》無載，亡佚。

《雜香方》 五卷。

不署撰者。《日本國見在書目録》著録《諸香方》一卷，兩《唐志》無載，亡佚。

《龍樹菩薩和香法》 二卷。

不署撰者。《日本國見在書目録》著録《龍樹井和香方》一卷，兩《唐志》無載，亡佚。

《食經》 三卷。馬琬撰。

馬琬：生平事迹不詳。《日本國見在書目録》著録《食經》三卷，馬院撰。兩《唐志》無載，亡佚。

《會稽郡造海味法》 一卷。

不署撰者。兩《唐志》無載，亡佚。

《論服餌》 一卷。

不署撰者。兩《唐志》無載，亡佚。

《淮南王食經》并《目》百六十五卷。大業中撰。

不署撰者。《舊唐志》著録《淮南王食經》一百二十卷，諸葛穎撰，《淮南王食目》十卷，《淮南王食經音》十三卷，諸葛穎撰；《新唐志》著録諸葛穎《淮南王食經》一百三十卷、《音》十三卷、《食目》十卷。此書爲大業中所撰，兩《唐志》稱撰者爲諸葛穎，諸葛穎乃隋朝人，《隋書》卷七六有傳。疑《淮南王食經》當爲《淮南玉食經》，“王”爲“玉”之誤。此書《宋志》無載，亡佚。

《膳羞養療》 二十卷。

不署撰者。兩《唐志》無載，亡佚。

《金匱録》二十三卷。《目》一卷。京里先生撰。

　　京里先生：生平事迹不詳。兩《唐志》著録京里先生《金匱仙藥録》三卷、《神仙服食經》十二卷，疑此二書皆爲《金匱録》二十三卷之佚存。《宋志》無載，亡佚。

《練化雜術》一卷。陶隱居撰。

　　兩《唐志》無載，亡佚。

《玉衡隱書》七十卷。《目》一卷。周弘讓撰。

　　周弘讓：見本書卷三三"雜傳類"。兩《唐志》無載，亡佚。

《太清諸丹集要》四卷。陶隱居撰。

　　兩《唐志》著録《太清諸丹藥録》四卷，不署撰者。《宋志》無載，亡佚。

《雜神丹方》九卷。

　　不署撰者。兩《唐志》無載，亡佚。

《合丹大師口訣》一卷。

　　不署撰者。兩《唐志》無載，亡佚。

《合丹節度》四卷。陶隱居撰。

　　兩《唐志》無載，亡佚。

《合丹要略序》一卷。孫文韜撰。

　　孫文韜：一名韜，字文藏，會稽剡（今浙江嵊州市）人。陶真白弟子。見高似孫《剡録》所引《真誥》。兩《唐志》無載，亡佚。

《仙人金銀經并長生方》一卷。

不署撰者。兩《唐志》無載，亡佚。

《狐剛子萬金决》二卷。葛仙公撰。

葛仙公：見本部"道家類"。《舊唐志》著録《狐子方金訣》二卷，葛仙公撰；《新唐志》著録葛仙公《録狐子方金訣》二卷。《宋志》無載，亡佚。

《雜仙方》一卷。

不署撰者。兩《唐志》無載，亡佚。

《神仙服食經》十卷。

不署撰者。兩《唐志》無載，亡佚。

《神仙服食神祕方》二卷。

不署撰者。兩《唐志》無載，亡佚。

《神仙服食藥方》十卷。抱朴子撰。

《舊唐志》著録《太清神仙服食經》五卷、又一卷，抱朴子撰；《新唐志》著録抱朴子《太清神仙服食經》五卷，《太清神仙服食經》五卷。《宋志》無載，亡佚。

《神仙餌金丹沙祕方》一卷。

不署撰者。兩《唐志》無載，亡佚。

《衛叔卿服食雜方》一卷。

> 衛叔卿：中山（今河北平山縣）人。子度世遵其囑餌五色雲母仙去。見《太平御覽》卷六六二引《三洞珠囊》。兩《唐志》無載，亡佚。

《金丹藥方》四卷。

> 不署撰者。兩《唐志》無載，亡佚。

《雜神仙丹經》十卷。

> 不署撰者。兩《唐志》無載，亡佚。

《雜神仙黃白法》十二卷。

> 不署撰者。《抱朴子·黃白篇》言，神仙經黃白之方二十五卷，千有餘首。黃者金也，白者銀也。《遐覽篇》言，道經中有《黃白要經》《八公黃白經》各一卷，《枕中黃白經》五卷。兩《唐志》著錄《黃白祕法》一卷，又二十（疑爲“十二”之誤）卷。《宋志》“神仙家”著錄《神仙庚辛經》一卷。此書今亡。

《神仙雜方》十五卷。

> 不署撰者。兩《唐志》無載，亡佚。

《神仙服食雜方》十卷。

> 不署撰者。兩《唐志》無載，亡佚。

《神仙服食方》五卷。

> 不署撰者。兩《唐志》無載，亡佚。

《服食諸雜方》二卷。

不署撰者。兩《唐志》無載，亡佚。

《服餌方》三卷。陶隱居撰。
　　兩《唐志》無載，亡佚。

《真人九丹經》一卷。
　　不署撰者。兩《唐志》無載，亡佚。

《太極真人九轉還丹經》一卷。
　　太極真人：即葛仙公。《抱朴子·遐覽篇》言，從祖仙公從左元放受《太清丹經》三卷及《九鼎丹經》一卷。兩《唐志》無載，亡佚。

《練寶法》二十五卷。《目》三卷。本四十卷，闕。
　　不署撰者。兩《唐志》無載，亡佚。

《太清璇璣文》七卷。沖和子撰。
　　兩《唐志》著録沖和子《太清璿璣文》七卷，《宋志》無載，亡佚。

《陵陽子説黄金祕法》一卷。
　　陵陽子：據《列仙傳》言，陵陽子明者，銍鄉（今安徽宿州市）人。好釣魚，得白龍，而放之。後得白魚，按魚腹中書所言之法，服食三年。乘龍止陵陽山。姚振宗以爲這衹是傳説，不足憑。兩《唐志》著録明月公《陵陽子祕訣》一卷，《宋志》無載，亡佚。

《神方》二卷。

不署撰者。兩《唐志》無載，亡佚。

《狐子雜决》三卷。

狐子：即狐剛子。兩《唐志》有著録，《宋志》無載，亡佚。

《太山八景神丹經》一卷。

不署撰者。或爲徐太山所作。兩《唐志》無載，亡佚。

《太清神丹中經》一卷。

不署撰者。兩《唐志》著録《太清神丹中經》三卷，《宋志》無載，亡佚。

《養生注》十一卷。《目》一卷。

不署撰者。兩《唐志》無載，亡佚。

《養生術》一卷。翟平撰。

翟平：生平事迹不詳。兩《唐志》無載，亡佚。

《龍樹菩薩養性方》一卷。

兩《唐志》無載，亡佚。

《引氣圖》一卷。

不署撰者。兩《唐志》無載，亡佚。

《道引圖》三卷。立一，坐一，臥一。

不署撰者。兩《唐志》無載。《郡齋讀書志》卷一六著録《導引養生圖》一卷，稱梁陶弘景撰。《宋志》"神仙家"著録陶弘景《導引養生圖》一卷。此書今亡。

《養身經》一卷。

> 不署撰者。兩《唐志》無載，亡佚。

《養生要術》一卷。

> 不署撰者。兩《唐志》無載，亡佚。

《養生服食禁忌》一卷。

> 不署撰者。兩《唐志》無載，亡佚。

《養生傳》二卷。

> 不署撰者。兩《唐志》無載，亡佚。

《帝王養生要方》二卷。蕭吉撰。

> 蕭吉：見本書卷三二"樂類"。《北史》卷八九載，蕭吉撰《帝王養生方》二卷。兩《唐志》無載，亡佚。

《素女祕道經》一卷。并《玄女經》。

> 不署撰者。《抱朴子·極言篇》言，黄帝論道養則資玄、素二女。兩《唐志》無載，亡佚。

《素女方》一卷。

> 不署撰者。兩《唐志》無載，亡佚。

《彭祖養性》一卷。

> 前已録《彭祖養性經》，二者爲一書，此爲重出。

《剡子説陰陽經》一卷。

　　剡子：見《春秋左氏傳・昭公十七年》。姚振宗以爲此書爲他人依託剡子所作。兩《唐志》無載，亡佚。

《序房内祕術》一卷。葛氏撰。

　　葛氏：當指葛洪。《舊唐志》著録《玉房祕術》一卷，葛氏撰；《新唐志》著録葛氏《房中祕術》一卷。《宋志》無載，亡佚。

《玉房祕决》八卷。

　　不署撰者。前已録《玉房秘訣》十卷。《舊唐志》著録《玉房祕録訣》八卷，沖和子撰；《新唐志》著録沖和子《玉房祕訣》十卷，下注"張鼎"。此疑重出。

《徐太山房内祕要》一卷。

　　兩《唐志》無載，亡佚。

《新撰玉房祕决》九卷。

　　不署撰者。疑爲隋煬帝敕撰。兩《唐志》無載，亡佚。

《四海類聚方》二千六百卷。

　　不署撰者。兩《唐志》著録《類聚方》二千六百卷，《宋志》無載，亡佚。

《四海類聚單要方》三百卷。

　　不署撰者。兩《唐志》著録隋煬帝《四海類聚單方》十六卷，《宋志》無載，亡佚。

　　　　右二百五十六部，合四千五百一十卷。

二百五十六部：實際爲二百五十四部。又録亡書一百二十
七部。

醫方者，所以除疾疢，[1]保性命之術者也。天有陰
陽風雨晦明之氣，人有喜怒哀樂好惡之情。節而行之，
則和平調理，專壹其情，則溺而生疾。是以聖人原血脉
之本，因鍼石之用，假藥物之滋，調中養氣，通滯解
結，而反之於素。[2]其善者，則原脉以知政，推疾以及
國。《周官》醫師之職，掌聚諸藥物，凡有疾者治之。[3]
是其事也。鄙者爲之，則反本傷性。故曰："有疾不治，
恒得中醫。"[4]

[1]疾疢（chèn）：病害。
[2]素：始、本。
[3]以上兩句，見《周禮注疏》卷五。原文作"醫師掌醫之政
令，聚毒藥以共醫事。凡邦之有疾病者、有疕瘍者造焉，則使醫分
而治之"。
[4]以上兩句，見《漢志》，原作"諺云'有病不治，常得中
醫'"。錢大昭《漢書辨疑》曰，今吴人猶云不服藥爲中醫。即有
病不吃藥，相當於醫與不醫之間，中醫也。

凡諸子，合八百五十三部，六千四百三十七卷。
八百五十三部：實際爲一千一百七十六部，又有亡書五百一十
三部。

《易》曰："天下同歸而殊塗，一致而百慮。"[1]儒、
道、小説，聖人之教也，而有所偏。兵及醫方，聖人之

政也，所施各異。世之治也，列在衆職，下至衰亂，官失其守。或以其業遊説諸侯，各崇所習，分鑣並騖。[2]若使總而不遺，折之中道，亦可以興化致治者矣。《漢書》有《諸子》《兵書》《數術》《方伎》之略，今合而叙之，爲十四種，謂之子部。

[1]以上兩句，見《易·繫辭下傳》。意爲天下人走不同的路，而走到同一地方；有多種考慮，達到的則是同一目的。

[2]分鑣（biāo）並騖（wù）：鑣，一指馬嚼子，又指一種兵器。騖，奔馳。意爲雖方式不同，但爲同一目標努力。